Erich Staisch

HAMBURG
und sein Stadtverkehr

Vom Pferdebus zur Stadtschnellbahn
Eine 150jährige Fahrt durch Hamburg

Rasch und Röhring

Allen, die geholfen haben...

Allen Förderern und aktiven Helfern an diesem Jubiläumsband sei an dieser Stelle aufrichtiger Dank gesagt.
Ohne die „Konzertierte Aktion" von Industrie und Zulieferfirmen, ohne die vielen Hamburger Institutionen, Behörden und Verkehrsbetriebe, die die Arbeit durch die Bereitstellung von Material unterstützt haben, wäre eine solche umfassende Monographie des öffentlichen hamburgischen Stadtverkehrs nicht möglich gewesen.
Besonders erfreulich war das einhellige Entgegenkommen der privaten Sammler, die ihre „Schatzkammern" dafür öffneten. Äußerst wertvoll waren die Ratschläge und die Mithilfe der Herren Niels Focken und Egon Ihde.
Ohne Gewähr für die Vollständigkeit seien nachstehend die Personen genannt, die ihre Unterlagen und Bilder für die Sichtung und Auswertung angeboten haben:

Lutz Achilles	Reinhold Heller	Herbert Nöske
Holger Albert	Adolf Hillermann	Kurt Otto
Hildegard Arnemann	Egon Ihde	Hans Rehders
Herbert Auer	Klaus Jakob	Carl-Boie Salchow
Bodo Beiler	Bernhard Klobedanz	Gerd Schmalfeld
Dieter Chlouba	Karl Heinz Koch	Manfred Schwanke
Ingo Engling	Max Kipke	Claus-Jürgen Wincke
Hilmar Feutlinske	Eva Lembcke	Heinz Windelband
Niels Focken	Hans-Peter Lindemann	Jens Wrage
Werner Grabmeister	Richard Lutz	Franz Unterlauf
Robert Haupt	Alwin Mertes	Kai Ziemer

ERICH STAISCH

CIP-Titelaufnahme der Deutschen Bibliothek

Staisch, Erich:
Hamburg und sein Stadtverkehr: 150 Jahre Hamburger Stadtverkehr / Erich Staisch. – Hamburg:
Rasch und Röhring, 1989
☐ ISBN 3-89136-279-X

Copyright © 1989 by Rasch und Röhring Verlag, Hamburg
Umschlaggestaltung: GDS, Grafik Design Studio GmbH, Hamburg
Lithographie: Cleeves Reprotechnik, Hamburg
Satzherstellung: RAWA Satztechnik, Hamburg
Druck- und Bindearbeiten: Wullenwever-Druck, Lübeck
Printed in Germany

Inhalt

Allen, die geholfen haben		4
Zum Geleit		6
Vorwort		7
1.	Die Verkehrsverhältnisse in Hamburg vor dem Pferdeomnibus	9
2.	Der Pferdeomnibus in Hamburg und Altona	12
3.	Die Eisenbahn kommt	16
4.	Die Pferde-Eisenbahn	18
5.	Die Eisenbahn in der Stadt	24
6.	Schiffe auf der Alster – Frühe Stadtverkehrsmittel	27
	– Der Weg zur Weißen Flotte	30
7.	Die Elbe verbindet Harburg und Hamburg	33
8.	Hamburg und seine Eisenbahnen bis zur Gründung des Freihafens	36
9.	Der Zollanschluß Hamburgs und die Hintergründe	37
10.	Die Hafen-Dampfschiffahrt A.G. (HADAG)	40
11.	Die elektrische Straßenbahn in Hamburg	44
12.	Johann Andreas Culin und Sohn	49
13.	Hamburg in voller Fahrt ins 20. Jahrhundert	51
14.	Die Eisenbahn – Partner im Hamburger Stadtverkehr	56
15.	Hamburg erhält eine Hochbahn	61
16.	Eine Millionenstadt im Baufieber	68
17.	Der Stadtverkehr im Ersten Weltkrieg	72
18.	Die Nachkriegszeit – der Verkehr in den zwanziger Jahren	80
19.	Der hamburgische Stadtverkehr in den dreißiger Jahren	95
20.	Der öffentliche Verkehr Hamburgs im Zweiten Weltkrieg	114
21.	Ein Kriegsende – der Neubeginn im Verkehr	124
22.	Die Hamburger Straßenbahn in den fünfziger Jahren	140
23.	Der Stadtbus in den fünfziger Jahren	144
24.	Die Baujahre	148
25.	Die Verkehrssituation zur Zeit der Verbundgründung	154
26.	Die City-S-Bahn	175
27.	Der HVV konsolidiert sich	179
28.	Die Harburger S-Bahn	187
29.	Das Ende der Hamburger Straßenbahn	193
30.	Mit dem Stadtbus in die Gegenwart	198
31.	Auf dem Weg zum 150. Geburtstag	205
32.	Analysen, Meinungen, Zukunftsperspektiven	208
	Daten zur hamburgischen Verkehrsgeschichte, Bildnachweis, Bibliographie, Register	222

Wilhelm Rahlfs

Zum Geleit

150 Jahre Stadtverkehr in Hamburg stehen für 150 Jahre Geschichte der Hansestadt Hamburg. Sie kennzeichnen das enge Wechselspiel zwischen der Entwicklung unserer Stadt und dem Stadtverkehr. 1839 stand Hamburg an der Schwelle zum »Tor zur Welt«. Der Verkehr in der Stadt nahm rapide zu, die Verkehrswege waren überlastet. Ein Hamburger ergriff die Initiative und richtete den ersten Liniendienst mit Pferdeomnibussen ein.

150 Jahre später fahren anstelle der Pferdeomnibusse moderne U- und S-Bahnen, Busse, Hafen- und Alsterschiffe; anstatt eines holprigen Weges besteht ein dichtes und weitverzweigtes Schienennetz über und unter Tage.

Mit unkonventionellen Entscheidungen hat Hamburg in der Vergangenheit dem Öffentlichen Personennahverkehr schon oft über deutsche Grenzen hinaus zu Erfolg verholfen:

Die Idee des Verkehrsverbundes wurde in Hamburg als erster Stadt der Welt entwickelt und erfolgreich praktiziert. Studien zum Öffentlichen Personennahverkehr, vor allem zum Park+Ride-Verkehr, wurden von anderen Städten übernommen. Heute fahren täglich rund 1,4 Mio Menschen mit Verkehrsmitteln des Hamburger Verkehrsverbundes im Raum Hamburg mit 3000 km² Größe.

Die Stadt Hamburg will auch zukünftig den Öffentlichen Personennahverkehr weiter ausbauen. Dabei werden Sicherheit, Komfort und Schnelligkeit, aber auch Wirtschaftlichkeit wichtige Kriterien sein. Ziel ist es, durch verkehrspolitische Maßnahmen vor allem die innerstädtischen Bereiche vom Individualverkehr zu entlasten.

Hamburg wird neue, richtungsweisende Wege bei der technischen Ausstattung und Organisation des Öffentlichen Personennahverkehrs gehen müssen, um seinen Fahrgästen auch in Zukunft eine attraktive Alternative zum Pkw bieten zu können.

Senator Wilhelm Rahlfs
Präses der Behörde für
Wirtschaft, Verkehr und Landwirtschaft

Martin Runkel

Peter J. Westphal

Vorwort

»150 Jahre öffentlicher Stadtverkehr in Hamburg!« Das Jubiläum gibt uns Anlaß, auf beachtliche Leistungen der Vergangenheit zurückzublicken, auf Erfolge, die weltweit aufhorchen ließen.
Gleichzeitig fühlen wir uns aber auch durch dieses Jubiläum angespornt, den für unsere Stadt unverzichtbaren Öffentlichen Personennahverkehr leistungsfähig zu erhalten und zukunftsorientiert weiter auszubauen.
Hamburg und sein Umland befinden sich in einer permanenten Umgestaltung. Ursachen sind die noch immer ungebremst zunehmende Motorisierung, neue Wohngebiete oder neue »Einkaufslandschaften«, die zunehmende sinnvolle Nutzung der Freizeit und der Besuch der Naherholungsgebiete. Es ist die »Stadt« als Anziehungspunkt mit ihren Shoppingcentern, den Sportanlagen und Kulturstätten.
Diesen Entwicklungen muß sich der HVV anpassen, wenn er bleiben soll, was er ist: eine Garantie für die Mobilität aller Bürger. Nur mit uns funktioniert ein intaktes Wirtschaftsleben. Nur mit uns gibt es bei hoher Transportkapazität die dringend erforderliche Schonung der Umwelt. Nur wir bieten die Daseinsvorsorge für alle Gruppierungen in der Bevölkerung, auch für die sozial Schwachen.
Sinnvoll eingesetzte Technik und ein an unseren Fahrgästen orientiertes Marketing werden dazu beitragen, daß diese Ziele auch in Zukunft Bestand haben.
Wir wollen, daß jeder gerne mit uns fährt. Dazu brauchen wir die volle Unterstützung der verantwortlichen Politiker, denn nur mit ihren Entscheidungen kann ein sinnvoller öffentlicher Stadtverkehr angeboten werden, der den Anforderungen von heute und morgen gerecht wird. Jeder HVV-Benutzer ist ein Umweltschützer, und wir meinen, daß wohl jedermann bestrebt ist, seine Heimatstadt liebens- und lebenswert zu erhalten.

Wir fahren Sie in die Zukunft!

Dr.-Ing. Martin Runkel
Mitglied des Direktoriums
des Hamburger Verkehrsverbundes

Dipl.-Ing. Peter J. Westphal
Mitglied des Direktoriums
des Hamburger Verkehrsverbundes

1. Die Verkehrsverhältnisse in Hamburg vor dem Pferdeomnibus

Anfang des 16. Jahrhunderts hatte ein Ungar in dem kleinen Ort Kosz eine geniale Idee. Er trennte Ober- und Unterteil eines Pferdewagens und verband sie durch Lederriemen, so daß Erschütterungen, die von allen Reisenden als Plage empfunden wurden, weitgehend vermieden werden konnten. Liebevoll hieß das Gefährt bald »Koszi«. Zunächst bei Hofe und in der Kaufmannschaft, fand es auch außerhalb Ungarns schnell Verbreitung.

Schon während des Dreißigjährigen Krieges war die »Kutsche« in Hamburg zu sehen. Es gab sie bald in vielen Varianten: nämlich als Kalesche, Chaise, Coupé, Journalière, Berline oder Landauer, und reiche Fahrzeugbesitzer statteten ihre Wagen binnen kurzem prunkvoll aus. Das forderte zur Nachahmung und übermäßigem Luxus heraus. Bereits 1668, also nur zwanzig Jahre nach Ende des Dreißigjährigen Krieges, war der Rat der Stadt Hamburg gezwungen, ein Gebot zu erlassen, »... daß die hiesigen Bürger und Einwohner keine solche Ueppigkeit und Hoffahrt mit ihren Wagen treiben sollen, indem sie dieselben vergulden, versilbern oder mit Sammt ausfüttern, durch welchen Uebermuth nicht allein Gottes Zorn erwecket, sondern auch der Benachbarten Haß und Mißgunst auf diese Stadt geladen und Mancher um seine zeitliche Wohlfahrt gebracht wird«. Aber die Fahrzeugbesitzer umgingen diese Regeln, indem sie den Prunk unter »gestickten Decken oder Plüschkissen« versteckten, wenn sich die Polizei näherte. Die Kutsche war zum Statussymbol geworden, und ihre Zahl nahm immer mehr zu, so daß der tägliche Stau in den Gassen vorprogrammiert war – ganz zu schweigen von den Parkplatzproblemen.

Die Zeitung *Patriot* schrieb zu diesem Thema im Jahr 1724, daß »... die meisten Eigner derselben keine Stallgebäude für dieselben beschaffen konnten, sondern ihre Karossen auf die großen Hausdielen stellen mußten, während die dazu gehörenden Pferde in den unter den Häusern liegenden Kellern ein beschwerliches Unterkommen fanden. Von der Vielheit der Karossen, da Hamburg außerdem noch zehnmal so viele Miethskutschen aufzuweisen hatte, als es hundert Jahre früher hier Privat-Fuhrwerke gab, waren die Gassen zu eng. Wenn die Vorfahren aus ihren Gräbern auf den Kirchhöfen herausblicken könnten, welche Menge von prächtigem und gemächlichem Fuhrwerk sonntags vor den Kirchen halte, so würden sie sich entsetzen, da sie glauben müßten, daß die halbe Stadt nunmehr das Podagra (Fußgicht) habe.«

Im Jahre 1717 tauchte in Hamburg die Sänfte auf, auch Portechaise genannt. Sie wurde jedoch nicht zur Konkurrentin für die Mietwagen. Die Sänfte diente der Bequemlichkeit, denn die ungepflasterten Gassen waren für den Fußgänger bei Regenwetter oder beim Überschwappen der Gosse eine Zumutung. Allerdings kam Hamburgs Rat nicht umhin, auch im Zusammenhang mit diesem Gefährt verschiedene Maßregeln zu erteilen. Die Träger

1 Kutsche in Berlinenform

2 Sänftenträger unterwegs

3 Hamburg 1729

erhielten die Ermahnung, »... daß sie Allen und Jeden, die sich der Porte-Chaise bedienen wollten, bereitwilligst und mit Höflichkeit entgegen kommen sollten«. Die Benutzer der Sänfte andererseits hatten sich »... gegen die zum Tragen der Sänften bestellten Leute bescheiden zu zeigen, ohne sich, falls sie sich über dieselben zu beschweren hätten, an denselben mit Schlägen zu vergreifen, sondern solches gehörigen Ortes bei den Gerichtsverwaltern gebührend anzuzeigen«. Aber auch für die am Transport Unbeteiligten gab es Anweisungen. So hatten »... alle Hauer- und andere Kutscher, Krahntrekker, Bierführer und die Unreinlichkeit aus der Stadt bringenden Karrenführer, wenn sie dergleichen Porte-Chaisen in den engen Gassen begegneten, den ihnen zum Halten winkenden Trägern mit Freundlichkeit entgegen zu kommen und die Sänften passieren zu lassen, nicht aber mit Ungestüm auf sie einzujagen, einzustürzen und noch weniger dieselben mit Schelten, Stößen oder Schlägen zu traktieren, oder auch an den Sänften mit Umwerfung oder Zerschlagung derselben ihre Bosheit auszuüben«.

Kutschen, Karossen oder Sänften waren für die normalen Bürger unbezahlbar, was aber nicht heißt, daß diese Menschen damals nicht auch unterwegs waren. Vor den Toren hielten Bauern oder Fuhrleute mit alten Kaleschen oder den schon im 17. Jahrhundert gebräuchlichen Stuhlwagen, um die Passagiere gegen geringen Fuhrlohn zu befördern. Man zahlte für die Fuhre nach Hamm, Eimsbüttel oder Wandsbek 12 Schillinge bis eine Mark; nach Niendorf, Stellingen oder Borstel zwei Mark.

Gegen 1800 kamen in Hamburg die Sänften aus der Mode; wenig später, etwa zur Zeit der Befreiungskriege, auch die prunkvollen, schweren Karossen. Leichtigkeit, Wendigkeit und das offene Fahrzeug waren von nun an gefragt. Statt der früheren Kutsche benutzte man neuerdings ein Kabriolett, dessen Deichsel gefedert auf der Achse befestigt war. Der Kasten lag vorn und hinten auf doppelten Druckfedern, so daß auch »Damen Spaß am Kutschieren« fanden. Später gab es die runden, offenen Wagen, die im Volksmund »Punschbowlen« hießen. Darin konnte eine ganze Gesellschaft im Kreis sitzen, sich miteinander unterhalten, gemeinsam essen und trinken.

Ostern 1824 führte John Andly die englischen Stagecoaches (Reisewagen) ein. Sie verbanden Blankenese, Wandsbek, Eppendorf und Eimsbüttel mit der Innenstadt. Die Passagiere konnten sowohl drinnen in dem großen, schwerfälligen, von vier Pferden gezogenen Wagen als auch draußen auf den Vorder- und Hintersitzen Platz nehmen. Außerdem gründete Andly am 13. Dezember 1824 den ersten Droschkendienst Hamburgs, hatte mit diesen beiden Unternehmungen aber kein Glück. Denn schon im Mai 1827 ließ er seine 50 Droschken und 10 Stagecoaches öffentlich versteigern und gründete unter dem Firmennamen *John Andly & Noakes* auf der Drehbahn ein Wagenmagazin. Doch den Anstoß zu einem regelrechten Droschkenbetrieb hatte er gegeben, und bald fuhren in Hamburg zahlreiche numerierte Einspänner, für die durch eine Polizeiverfügung vom September 1833 eine Taxe festgesetzt wurde, nach der ein Weg in der Stadt 8 Schillinge, die Stunde aber eine Mark kostete, während man für die Stunde außerhalb der Stadt eine Mark und 4 Schillinge bezahlte. Ein recht teures Vergnügen! Die Zeit war reif für einen geordneten Linienverkehr für alle = »omnibus«. Aber wie sah es damals eigentlich in Hamburg aus?

Bis 1874 galten in Hamburg folgende Zahlungsmittel:
1 Couranttaler = 3 Mark
1 Mark hamb. Courant = 16 Schillinge (ß)

4 *Mit Bauernwagen und Prunkkalesche vor dem Steintor unterwegs (um 1700)*

5 *Ein Ausflug mit dem Stuhlwagen (um 1800)*

2. Der Pferdeomnibus in Hamburg und Altona

Hamburg hatte im Jahr 1839 eine Ausdehnung, die der heutigen City entsprach. Die Stadt war vom Stadtgraben und den alten Befestigungswällen umschlossen. Durch wenige Tore gelangte man in die Stadt: genannt seien Steintor, Holstentor, Dammtor, Ferdinandstor, Millerntor, Deichtor, Klostertor, Sandtor oder Brooktor. Die Festungswerke waren längst geschleift, und der Gärtner Altmann hatte herrliche Anlagen aus den Resten geschaffen, nur die Tore bestanden immer noch. Versehen mit Ketten und Stangen, geboten sie allen, ihre Waren zu deklarieren und das Sperrgeld zu zahlen. Erst in der Neujahrsnacht 1860/61 schaffte man die Torsperre ab.

Die Menschen wohnten recht beengt; die Straßen waren sehr schmal: Der Große Burstah war 7 Meter breit, die Steintwiete sogar nur 3,50 Meter. Wohnung und Arbeitsstätte lagen oft im selben Haus oder so dicht beieinander, daß man zu Fuß zur Arbeit gehen konnte oder keine langen Anfahrtswege zurückzulegen hatte. Die damaligen Vororte – heute feste Bestandteile der Stadt – wie Eppendorf, Niendorf oder gar Ohlsdorf waren Ziele weit draußen vor der Stadt, wohin die Hamburger vielleicht mal einen Sonntagsausflug machten, so wie wir heute zur Ostsee oder in die Heide. Gab es zu diesen Dörfern wirtschaftliche Beziehungen, zum Beispiel Handel mit landwirtschaftlichen Produkten, so waren die Bauern- oder Milchwagen bewährte und ausreichende Transportmittel für Reisewillige. Anders sah es im Westen Hamburgs aus. Verließ man die Stadt durch das Millerntor und wanderte über den Hamburger Berg, stand man bald wieder vor einem Stadttor, dem Nobistor, das nach Altona führte. Altona war eine Stadt im dänischen Verwaltungsbereich mit sehr lebhaftem Handel und Geschäftsleben, durchaus mit dem Hamburgs vergleichbar. Deshalb bestand hier eine große Nachfrage nach Transportmöglichkeiten, als die Firma *Basson & Co.* am 31. Oktober 1839 einen Omnibus mit der Bezeichnung »Erste Linie« zwischen Hamburg und Altona einsetzte. *Basson* verstand es gut, ihr neues Angebot gebührend anzupreisen. Sie ließ in den *Priviligirten wöchentlichen gemeinnützigen Nachrichten von und für Hamburg* am 30. Oktober 1839 verkünden:

»Die Unternehmer der Hochobrigkeitlich gestatteten Omnibus-Linie zwischen Hamburg und Altona beehren sich folgendes Nähere zur Kenntnis des Publicums zu bringen:
1) Vom Donnerstag, 31. 10 1839, an werden täglich bequeme in Federn hängende und zur Aufnahme von 12 Personen eingerichtete Omnibus-Wagen zwischen beiden Städten hin- und zurückfahren. Vorläufig werden vier besonders numerirte Wagen diesen Dienst versehen und alle halbe Stunde von Hamburg und Altona abfahren. Die Abfahrt des ersten Wagens, sowohl in Hamburg als in Altona, wird um 9 Uhr Morgens stattfinden und von dieser Zeit an, vorläufig bis zur Hamburger Thorsperre, werden die Omnibusse in ununterbrochener Circulation bleiben.
2) Die Wagen werden, der Obrigkeitlichen Vorschrift gemäß, von Hamburg aus durch die Steinstraße über den Speersort, durch die Bergstraße, den alten Jungfernstieg über den Neuenwall, beide Steinwege den Hamburger Berg nach Altona, u. z. durch die Reichenstraße, den Grund, die Prinzen- und Mühlenstraße bis zum Anfange der Palmaille, von Altona aus aber in umgekehrter Ordnung hin- und zurückfahren.
3) Die Abfahrplätze sind in Hamburg an der Ecke der Steinstraße und des Schweinemarkts, und in Altona an der Palmaille, dem Theater gegenüber. An jedem beliebigen Orte können auf ein dem Conducteur gegebenes Zeichen Passagiere ein- und aussteigen.
4) Der Eintritt in die Wagen, deren Benutzung dem ganzen Publicum bestimmt ist, ist jedem anständig Gekleideten ohne Ausnahme gestattet.
5) Leute mit Packen, deren Größe die Bequemlichkeit der anderen Passagiere beeinträchtigen könnte, können nicht aufgenommen werden. Aus derselben Rücksicht kann es nicht gestattet werden, in dem Wagen zu rauchen, auch Hunde mit hineinzunehmen.
6) Der Preis jeder Fahrt für jegliche Entfernung zwischen beiden Abfahrtspuncten ist auf 4 ß à Person festgesetzt, die beim Einsteigen in den Wagen an den Conducteur erlegt werden.
7) Der einem jeden Wagen beigegebene Conducteur ist besonders angewiesen, für die Pünctlichkeit des Dienstes und für die genaue Befolgung der eingeführten Ordnung zu sorgen. Etwaige Beschwerden gegen die Conducteure bittet man in die zu diesem Zwecke an den Abgangsorten niedergelegten Bücher einzutragen und soll denselben schleunigst abgeholfen werden.
8) Sobald eine Abänderung in den obigen Bestimmungen eintritt, soll das Publicum davon benachrichtigt werden.

Die Unterzeichneten schmeicheln sich mit der Hoffnung, daß dieses von einer Hohen Behörde nach reiflicher Erwägung für zeitgemäß und zweckmäßig erachtete, und auf umsichtige Prüfung nach Maßgabe besonderer Vorschriften gestattete und von ihnen dem Vorgange anderer großen Städte nachgebildete und mit nicht geringem Aufwande von Capital und Arbeit ins Leben gerufene neue Unternehmen sich des allgemeinen Beifalles, sowie der ungetheilten Gunst und Theilnahme des Publicums erfreuen wird. Ein Unternehmen, dessen Bestimmung ist, die enge Verbindung zwischen beiden benachbarten Städten wesentlich zu erleichtern und wie die Erfahrung in ähnlichen und analogen Fällen hier und anderswo bezeugt, ohne Beeinträchtigung Dritter im Innern beider, das bei der fortschreitenden Zunahme an Umfang und Bevölkerung stets fühlbarere Bedürfnis einer raschen und wohlfeilen Communication auf eine neue Weise zu befriedigen und fördernd zu beleben, wird, das hoffen sie zuversichtlich, der aufmunternden Teilnahme des Publicums so wenig, als des wirksamen Schutzes der Behörde entbehren.

Basson & Co., Schweinemarkt Nr. 51«

Diese umwälzende Neuerung hätte schon 40 Jahre früher eingeführt werden können, doch Hamburgs Stadtväter, die die Entwicklung Altonas sehr argwöhnisch beobachteten, hatten 1798 ein erstes Konzessionsgesuch abgelehnt, um den Altonaern nicht zu viele Vorteile einzuräumen. Im Jahr 1839 wurden diese Vorbehalte endlich überwunden, das war der Beginn des öffentlichen Personennahverkehrs in Hamburg. Schon im Dezember 1839 gab es drei Linien, die Hamburg und Altona verbanden. Da Altona im dänischen Ausland lag, war es verboten, Waren oder zollpflichtige Gegenstände mitzunehmen. Der Fahrpreis von 4 Schillingen (= 25 Pfennige) war noch recht hoch, aber trotzdem nur halb so teuer wie eine Droschkenfahrt.

Die Firma *Basson & Co.* begann ihren Linienverkehr, der Verkehrsgeschichte machte, mit vier in England gekauften Wagen. Sie wurden von zwei Pferden gezogen und hatten zwölf Sitzplätze; ein- und aussteigen konnte man durch eine Tür in der Rückwand, wo sich auch der Platz für den Conducteur befand. Kutscher und Conducteur erhielten bei einer täglichen Arbeitszeit von 12 Stunden je 10 Mark in der Woche.

Gegen Ende der fünfziger Jahre kam ein neuer, verbesserter Wagentyp auf, der außer einem für vier Personen eingerichteten Rauchercoupé noch zehn Deckssitze besaß, so daß jetzt insgesamt 26 Personen befördert werden konnten. Wer auf den oberen Sitzen Platz nehmen wollte, mußte allerdings ein geschickter Kletterer sein, denn es führten lediglich einige am Wagenende angebrachte Handgriffe und Tritte nach oben; Treppen gab es erst ab 1865. Die Omnibusse fuhren im Winter oft vierspännig, an gefährlichen Stellen, z. B. bei Steigungen, sogar mit einem Vorreiter, im Volksmund »de Knokenrieder« genannt.

Einen Berufsverkehr im heutigen Sinne gab es natürlich noch nicht; davon kann man erst ungefähr ab 1890 sprechen. Der Betrieb der *Bassonschen* Pferdeomnibusse begann deshalb auch erst um 9 Uhr morgens. Nach anfänglichen Schwierigkeiten setzte sich das neue Nah-

6   Pferdeomnibus auf dem Jungfernstieg

verkehrsmittel rasch durch. Bald gingen Omnibusse verschiedener Unternehmer nach Eppendorf, Hoheluft und Groß Borstel, nach Eimsbüttel, Barmbek und Wandsbek; es gab eine Börsenlinie und besondere Theaterwagen. Die Omnibusse fanden bei Privatleuten und in der Geschäftswelt großen Anklang, obwohl das Fahren häufig alles andere als bequem war. Die Damen meinten anfänglich, es sei nicht schicklich, im Omnibus zu fahren, aber das änderte sich bald, so daß die Männer klagten, die Damen machten sich auf den Decksitzen – als Raucherplatz damals den Herren vorbehalten – breit.

7 8

Die Verbindungen nach Eppendorf, Hoheluft und Eimsbüttel erforderten noch über Jahrzehnte Zuschüsse, die kein Unternehmer auf Dauer aufbringen konnte, so daß diese Linien relativ schnell den Besitzer wechselten. Allerdings ist der Begriff »Linie«, abgesehen von den Altonaer Verbindungen, wo es bald einen 15-Minuten-Takt gab, sehr gewagt, denn grundsätzlich wurden die anderen »Linien« nur etwa zwei- bis dreimal täglich betrieben, im Winter oft gar nicht. Erst später verdichtete man den Fahrplan mehr und mehr.

Ab 1866 (dem Jahr der Pferdebahn-Eröffnung) fuhren die innerstädtischen Pferdeomnibusse generell stündlich, denn – anders als befürchtet – hatte sich das Aufkommen der Pferdebahnen positiv ausgewirkt. Die Pferdeomnibusse wurden keinesfalls schlagartig von dem neuen Verkehrsmittel abgelöst, sondern es bildete sich eine segensreiche Kooperation. Die Hamburger begannen zu begreifen, daß der öffentliche Nahverkehr eine Verbindung zwischen Wohnung und getrennt davon liegender Arbeitsstelle sein konnte, und sie siedelten sich mehr und mehr in den Vororten an. Die Verkehrsziffern stiegen. Etwa 25 Jahre lang fuhren Pferdeomnibusse und Pferdebahnen im »Großraum« Hamburg. Sie ergänzten einander zum Vorteil der Einwohner, Hamburg hatte damit ein erstes gut durchdachtes Verkehrsnetz.

9 Nach und nach eroberte der Pferdeomnibus auch das damalige Umland

10 Pferdeomnibus in St. Georg Ecke Kirchenallee und Steinthorweg (um 1850)

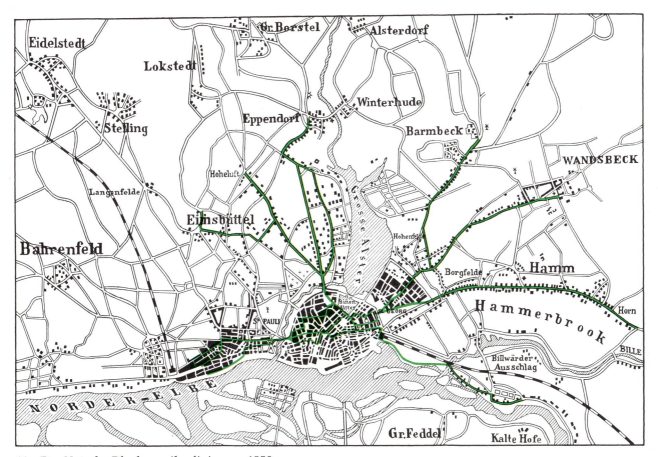

11 Das Netz der Pferdeomnibuslinien um 1850

3. Die Eisenbahn kommt

Die Bauernbefreiung (letztes Ablösungsgesetz in Preußen vom 2. März 1850) brachte der ländlichen Bevölkerung die ersehnte persönliche Befreiung, aber für zahllose Bauern war der erhoffte Aufbau einer selbständigen Existenz unmöglich. Wer nicht Gutsknecht werden oder bleiben wollte, mußte dorthin gehen, wo man ihn brauchte, entweder nach Amerika oder in die Stadt. Arbeitskräfte waren fast ausschließlich in den westdeutschen Gebieten mit Kohle- und Erzvorkommen und in den Hafenstädten gefragt. Erfahrungen mit Industriearbeit und den daraus entstehenden sozialen Bedürfnissen gab es nicht. Freie Arbeitskräfte waren in großer Anzahl verfügbar und deshalb auch zu niedrigen Löhnen zu haben. Vorbilder für die beginnende Industrialisierung waren England und Frankreich.

Ein Arbeitstag war mindestens zwölf Stunden lang. Preußen verbot zwar 1839 die Beschäftigung von Kindern unter neun Jahren, und die Arbeitszeit für Neun- bis Sechzehnjährige war auf zehn Stunden täglich beschränkt, aber es gab keine Aufsichtsbehörde, die die Einhaltung dieser Bestimmungen überwachte. Es zählte einzig und allein der Erfolg des Unternehmens.

Von 1825 bis 1840 erhöhte sich die Kohleproduktion in Preußen allmählich von 1,1 auf rund 4 Millionen Tonnen, im gesamten Reichsgebiet waren es 1857 11,3, 1865 bereits 21,8 Millionen Tonnen. Der steile Anstieg hing mit der Expansion der Eisenherstellung zusammen und diese wiederum mit dem Einsatz von Eisenbahnen. Es war die große Zeit der Eisenbahn; als Gütertransportmittel war sie zum unentbehrlichen Bindeglied zwischen Rohstoffquellen und Fabriken geworden.

Bei diesen glänzenden Erfolgen ist es verständlich, daß überall in der Welt versucht wurde, die Dampfeisenbahn auch als Stadtverkehrsmittel einzusetzen. Das gelang bald in New York und London; im Raum Hamburg tauchte die Eisenbahn 1842 als Verbindung vom Deichtor nach Bergedorf auf, blieb also »vor den Toren«. Gewisse Ängste vor dem »Feuerroß« beeinflußten diese Entscheidung. Als es 1844 erstmals zwischen Altona und Kiel dampfte, standen in Tornesch viele Neugierige in banger Erwartung an den Bahngleisen und warteten auf den ersten Zug aus Altona. Als plötzlich jemand schrie: »Oh, dor sün ja keen Perd vör!«, gab es kein Halten mehr: Alles ergriff die Flucht – auch der Bahnwärter!

Ab 1846 fuhren Züge zwischen Elbe und Spree, und 1847 gab es eine Verbindung zwischen Harburg und Hannover. Die Eisenbahn löste mit Bravour die Postkutsche ab – doch im eigentlichen Stadtverkehr war sie noch nicht gefragt, denn Pendlerströme zwischen Stadt und Umland gab es noch nicht. Die große Stunde der Eisenbahn im Stadtverkehr sollte erst später kommen. Trotzdem nutzte die Stadtbevölkerung die Eisenbahn, und eine neue Welt tat sich auf. Der Sonntagsausflug per Eisenbahn, der oft zum Sonderpreis zu haben war, vermittelte einen Hauch von Luxus.

12

13

14 Berliner Bahnhof in Hamburg um 1850, im Vordergrund das Klostertor mit Stadtgraben

15 Rangierende Lokomotive im Bahnhof Friedrichsruh um 1850

4. Die Pferde-Eisenbahn

Es ist bemerkenswert, daß der Triumphzug der Eisenbahn vor den Toren der Stadt endete und die unbändige Kraft der Dampfmaschine auf Rädern es nur auf Raten schaffte, auf die Stadtstraße vorzudringen. Nicht die Dampfmaschine war gefordert, sondern zunächst der »eiserne« Weg; eigentlich logisch, denn Holzspeichenrad und natürliche Fahrbahnoberfläche erlaubten dem Pferdeomnibus weder eine größere Kapazität noch eine höhere Beschleunigung. Die geringe Reibung von Stahlrad auf Stahlschiene versprach, vereint mit animalischer Kraft, eine ganz andere Perspektive, und so begann die Pferde-Eisenbahn ihre Fahrt. Dies war der »Durchbruch« für den Stadtverkehr von heute. Nach einer Faustformel verdoppelte die Pferde-Eisenbahn die Leistungsfähigkeit eines von zwei Pferden gezogenen Pferdeomnibusses mit je einem Kutscher und einem Schaffner. Das sollte sich auch später in günstigeren Fahrpreisen niederschlagen, Preisen also, die letztlich für jedermann bezahlbar wurden. Die tägliche Fahrt mit einem öffentlichen Verkehrsmittel war so berechenbar geworden, daß die Trennung von Arbeit und Wohnung kein Problem mehr war. Die gewonnene Bewegungsfreiheit vermittelte ein neues Lebensgefühl. Jahre später entstanden aufgelockerte Bauten, die Stadtkerne dünnten aus (in Hamburg leider durch den »Großen Brand« von 1842 beschleunigt), und viele der übervölkerten und unhygienischen Elendsviertel konnten saniert werden. Statt dessen entstanden in Hamburg, wie überall in den Großstädten, ausgedehnte Geschäftsviertel; der Begriff »City« bildete sich.

In New York gab es 1832 die erste Pferde-Eisenbahn; der Sprung nach Europa gelang in den fünfziger Jahren. Als *l'Américain* rollte die Pferdebahn 1854 erstmals in Paris. Überall in den europäischen Städten zeigte man starkes Interesse an dieser Bahn. Ab 1865 fuhr sie in Berlin und 1866 schließlich auch in Hamburg, wo sie ab 16. August zwischen Wandsbek und der Hamburger Innenstadt verkehrte. Betreiber war die *Pferde-Eisenbahn-Gesellschaft*. Der Erfolg dieser Wandsbeker Pferdebahn muß überwältigend gewesen sein. Neue Verbindungen entstanden bald, so nach Barmbek (1867), Eimsbüttel (1868), Hoheluft (1870) und Hamm (1875). Die Vororte blühten auf; schnelle Verkehrsmöglichkeiten in die City, zum Rathausmarkt oder zur Börse waren gefragt. Weitere Forderungen an die *Pferde-Eisenbahn-Gesellschaft (PEG)*, so etwa der Alsterring, die Verbindungen nach Ohlsdorf, Rothenburgsort oder nach Horn, konnten aus finanziellen Gründen nicht erfüllt werden. Eine neue Gesellschaft sollte diesen Service übernehmen, die 1880 gegründete *Straßen-Eisenbahn-Gesellschaft (SEG)*.

Und wie stand es mit Altona? Sicher hätte die *Pferde-Eisenbahn-Gesellschaft* diese lukrative Strecke gern zuerst befahren, aber enge Straßen und starke Steigungen ließen das Projekt scheitern. Erst als es nach der Erfindung der fünfrädrigen, auslenkbaren Wagen möglich wurde, in engen Straßen, wie etwa im Alten Steinweg, mit einem Gleis auszukommen, konnte diese Bahn ab 1878 betrieben werden. Diese Linie (später »Centralbahn«) war bald die rentabelste aller Pferdebahnen, sie brachte Dividenden ein, an die keine Gesellschaft je herangekommen ist. In dem fünfrädrigen Wagen sah man damals die Zukunft, auch andere Linien bauten auf das »fünfte Rad am Wagen«.

Aber die Entwicklung ging weiter. Schon seit 1873 liefen Versuche mit Dampfwagen; ein Ergebnis war die Dampf-Straßenbahn zwischen Wandsbek und Hamburg, die seit 1879 fahrplanmäßig verkehrte. Auch die Elektrizität hatte man sich bereits zunutze gemacht. 1886 fuhren zwei Akkumulatorenwagen nach Barmbek, die sich aber nicht so recht bewährten. Als schließlich die zuverlässige Stromversorgung über eine Oberleitung angeboten wurde, zögerte man in Hamburg nicht, den Stadtverkehr zu elektrifizieren.

17 Fünfrädriger Wagen (Nr. 30) der Hamburg-Altonaer Pferdebahn-Gesellschaft

Die Linien der Pferdeeisenbahn=Gesellschaft in Hamburg

1. **Hamburg Rathausmarkt — Wandsbek Zollamt**
   (in Betrieb seit 16. 8. 1866).

   Linienführung: über Hermannstraße — Ferdinandstraße — Glockengießerwall — Steinthorbrücke — Steindamm — Lübeckerthor — Lübeckerstraße — Wandsbekerchaussee — in Wandsbek: Hamburgerstraße — Lübeckerstraße.

   Zweiglinien:

   a) zum Bahnhof Wandsbek (in Betrieb seit 24. 10. 1866)

   Linienführung: in Wandsbek von der Lübeckerstraße abzweigend durch die Marktstraße, die Schloß- und Rennbahnstraße kreuzend bis zum Bahnhof Wandsbek.

   b) nach Groß Jüthorn (in Betrieb seit 18. 12. 1869)

   Linienführung: am Wandsbeker Marktplatz bei der Goethestraße abzweigend durch diese und die Jüthornstraße bis Groß Jüthorn.

   c) zum Hotel Marienthal
   (Betrieben vom 1. 5. 1874 — 27. 12. 1922)

   Linienführung: zunächst im Zuge der Groß Jüthorner Linie bis zur Jüthornstraße, dann durch die 2. Marienstraße — 2. Lindenstraße — Octaviostraße — Parkstraße bis zum Hotel Marienthal.

2. **Hamburg Rathausmarkt — Barmbeck Zollamt**
   (in Betrieb seit 8. 6. 1867)

   Linienführung: Zunächst im Zuge der Wandsbeker Linie bis zur Lübeckerstraße, dann Mühlendamm — Kuhmühle — Schürbeckerstraße — Hamburgerstraße — Am Markt bis zum Osterbeck.

   Zweiglinie: Schürbeck — Uhlenhorsterweg — Walhalla
   (betrieben vom 15. 11. 1868 — 3. 3. 1869 und 7. 2. 1870 bis 14. 3. 1870)

3. **Hamburg Rathausmarkt — Eimsbüttel Marktplatz**
   (in Betrieb seit 5. 9. 1868)

   Linienführung: über Hermannstraße — Ferdinandstraße — Lombardsbrücke — Esplanade — Dammthor — Grindelallee — Schlump — Schäferkampsallee — Fruchtallee — Eimsbütteler Marktplatz.

   Zweiglinie nach Hoheluft (in Betrieb seit 4. 5. 1870)

   Linienführung: Zunächst im Zuge der Eimsbütteler Linie vom Rathausmarkt bis zur Grindelallee Ecke Schlump, dann über Grindelberg — Hoheluftchaussee bis zum Grenzhaus Hoheluft.

4. **Hamburg Rathausmarkt — Hamm Marktplatz**
   (in Betrieb seit 11. 12. 1875)

   Linienführung: zunächst im Zuge der Wandsbeker Linie bis zum Steinthor (Schadendorfs Hotel), dann Große Allee — Beim Strohhause — Berlinerthor — Bürgerweide — Mittelstraße — Hamm Marktplatz bei der Hammer Kirche.

Im Juli 1881 fusioniert diese Gesellschaft mit der Straßeneisenbahn-Gesellschaft in Hamburg.

19 St. Pauli-Landungsbrücken mit wartenden Pferdebahnen

20 Dampfstraßenbahn im Depot Wendemuth (Wandsbek)

21 Die Pferdebahn zwischen Hamburg und Wandsbek, 1866

22 Fünfzehn Jahre später geht es mit Dampf nach Wandsbek

Hamburg=Altonaer Pferdebahn=Gesellschaft

In Betrieb seit 15. 4. 1878

Linienführung: Hamburg Rathausmarkt (unmittelbar hinter der Börse) — Alterwall (rückkehrend Großer Burstah — Große Johannisstraße) — Graskeller — Ellernthorsbrücke — Alter Steinweg — Groß Neumarkt — Neuer Steinweg (rückkehrend über Mühlenstraße — Schlachterstraße) — Zeughausmarkt — Millernthor — Reeperbahn — Langereihe — Nobisthor — Reichenstraße — Große Bergstraße bzw. Königstraße bis zur Endhaltestelle in Altona in der Bahnhofstraße zwischen Markt- und Königstraße.

Ab 11. 8. 1881 wird die Linie über die Rathausstraße — Speersort — Steinstraße bis zur Kunstgewerbeschule in St. Georg (Steinthorplatz / Große Allee) verlängert.

Ab 1. 9. 1885. Durch Fertigstellung des Straßenzuges Heiligengeistbrücke — Michaelisstraße. Aenderung der Linienführung: von Altona kommend jetzt nicht mehr durch die Schlachterstraße, sondern über Michaelisstraße — Michaelis- und Heiligengeistbrücke nach dem Gr. Burstah.

Alter Steinweg jetzt nur noch für die Richtung nach Altona.

Anfang August 1886 wird die Schleifenfahrt um die Börse über den Altenwall wegen des beginnenden Rathaus-Neubaus aufgehoben und die Linie in beiden Richtungen über die Große Johannisstraße und Großer Burstah geleitet.

23

Die Linien der Straßeneisenbahn=Gesellschaft in Hamburg (bis Mitte 1890)

1. **Ringbahn um die Alster.**

    Linienführung: Pferdemarkt — Breitestraße — Lilienstraße — Georgsplatz — Ernst Merckstraße — Langereihe — Barcastraße — Buchtstraße — Mundsburgerbrücke — Papenhuderstraße — Hofweg — Am Mühlenkamp — Langerkamp — Dorotheenstraße — Winterhuder Marktplatz — Eppendorferstraße — Kirchenweg — Eppendorferlandstraße — Eppendorfer Chaussee — Rotherbaum Chaussee — Dammthor — Esplanade — Lombardsbrücke — Glockengießerwall — Georgsplatz — Rosenstraße — Pferdemarkt.

    Eröffnungsdaten:
    Winterhude — Uhlenhorst — Pferdemarkt 7. 6. 1880
    Winterhude — Rotherbaum — Stephansplatz 22. 7. 1880
    Stephansplatz — Lombardsbrücke — Pferdemarkt 13. 8. 1880
    Verlegung der Endstation vom Pferdemarkt zum Gänsemarkt für die Rothenbaumlinie: 2. 8. 1881.
    Nach Fertigstellung der Gerhofstraße unter Aufhebung der Endhaltestellen Pferdemarkt und Gänsemarkt Einführung des Ringbetriebes über Rathausmarkt 1.10. 1883

2. **Linie Winterhude — Alsterdorf — Ohlsdorf**

    In Betrieb seit 24. 7. 1880, zunächst als Durchgangslinie ab Pferdemarkt über Uhlenhorst und Rotherbaum, später als Pendellinie Winterhuder Marktplatz — Ohlsdorf.

3. **Linie Dornbusch — Rothenburgsort,**

    (in Betrieb seit 20. 10. 1880)

    Linienführung: Dornbusch — Große Reichenstraße — Fischmarkt — Kleine Reichenstraße — Hopfensack — Meßberg — Deichthorstraße — Deichthor — Banksstraße — Billh. Röhrendamm — Vierländerstraße bis zur Zollstätte.

4. **Linie Dornbusch — Horn** (in Betrieb seit 2. 11. 1880)

    Linienführung: Dornbusch bis Kl. Reichenstraße auf dem Gleis der Rothenburgsorter Linie, dann Hopfensack — Meßberg — Klosterstraße — Bahnhofsplatz — Klosterthor — Spaldingstraße — Anckelmannstraße — Borgfelderstraße — Hammerlandstraße — Hornerlandstraße — Letzter Heller.

5. **Ringbahn um die innere Stadt** (in Betrieb seit 14. 6. 1881)

    Linienführung: Bahnhofsplatz (vor Höfers Hotel) — über den Wall beim Johanniskloster vorbei nach dem Steinthor — Glockengießerwall — Lombardsbrücke — Esplanade — über die neuen Wallanlagen zwischen Damm- und Holstenthor — aus dem Holstenthor längs der Allee beim Heiligengeistfeld nach dem Millernthor, dann längs der geneigten Ebene nach dem Hafen — Johannisbollwerk — Vorsetzen — Baumwall, über die neue Brücke am Niederbaum — Sandthorquai — Brookthorquai — Poggenmühle — Wandrahmsbrücke — Meßberg — Klosterstraße — Bahnhofsplatz.

    Im Zusammenhang mit der Umgestaltung des Freihafengebietes Aenderung der Linienführung ab 27. 9. 1888: Baumwall — Steinhöft — Schaarthor — Kajen — Beim neuen Krahn — Bei den Mühren — Zippelhaus — Dovenfleth — Meßberg.

5a. **Zweiglinie Holstenthor — Carolinenstraße — zweiter Durchschnitt** (in Betrieb seit 14. 6. 1881)

6. **Linie Winterhude — Mittelweg — Gänsemarkt**
    (in Betrieb seit 2. 8. 1881)

    Linienführung: Dorotheenstraße — Maria Louisenstraße — Heilwigstraße — Frauenthal — Mittelweg — Dammthor — Stephansplatz — Gänsemarkt (ab 1. 10. 1883 bis Rathausmarkt).

7. **Linie Adolphsplatz — Eimsbüttel/Langenfelde**
    (in Betrieb seit 29. 9. 1881)

    Linienführung: Adolphsplatz — Adolphsbrücke — Bleichenbrücke — Große Bleichen — Wexstraße — Großneumarkt — Kohlhöfen — Poolstraße — Holstenplatz — Feldstraße — Neuer Pferdemarkt — Neue Rosenstraße — Bartelsstraße — Vereinsstraße — Meißnerstraße — Eppendorferweg — Osterstraße — Parkstraße — Müggenkampstraße.

8. **Linie Rathausmarkt — Barmbeck**
    (Aenderung der Linienführung ab 17. 7. 1883)

    Linienführung: Vom Rathausmarkt bis Georgsplatz wie bisher, dann Ernst Merckstraße — Langereihe — Barcastraße — Graumannsweg — Kuhmühle und weiter auf dem alten Weg bis Barmbeck Zoll.

    Auf dem alten Wege über Mühlendamm — Steindamm wird am gleichen Tage eine Zwischenlinie vom Winterhuderweg bis Rathausmarkt eingerichtet.

9. **Linien Rathausmarkt — Eimsbüttel und Hoheluft**
    (Aenderung der Linienführung ab 1. 12. 1883)

    Linienführung: Vom Rathausmarkt nicht mehr über Hermannstraße — Lombardsbrücke, sondern über Königstraße — Gerhofstraße — Gänsemarkt — Dammthorstraße, dann die Eimsbütteler Linie weiter über An der Verbindungsbahn — Schröderstiftstraße nach Eimsbüttel,

    Auf dem Abschnitt Grindelallee—Schlump:

    Einrichtung einer Zwischenlinie: Schlump, Ecke Schäferkampsallee — Grindelallee — Dammthor — Gänsemarkt — Rathausmarkt

10. Linie Brandstwiete — Eimsbüttel (in Betrieb seit 19. 12. 1885)

Linienführung: Brandstwiete/Dovenfleth — Fischmarkt — Kl. Bäckerstraße — Dornbusch — Gr. Bäckerstraße — Börsenbrücke — Adolphsplatz — Adolphsbrücke — Bleichenbrücke — Heuberg — Hohe Bleichen — ABC-Straße — Gänsemarkt — Dammthorstraße — Ringstraße — durch den botanischen Garten — zwischen den Kirchhöfen — Lagerstraße — Neue Rosenstraße — Schanzenstraße — Weidenallee — Weidenstieg bei der Kirche.

11. Weitere Linie Deichthorstraße — Rothenburgsort

(in Betrieb seit 19. 8. 1886)

Linienführung: Deichthorstraße — Deichthor — Banksstraße — Billhorner Röhrendamm bis zur Stadtwasserkunst.

12. Linie Fischmarkt — Hammerbrookstraße

(in Betrieb seit 21. 10. 1887)

Linienführung: Vom Fischmarkt zunächst im Zuge der Horner Linie bis zur Spaldingstraße (Lübecker Bahnhof), dann durch die Hammerbrookstraße bis zur Süderstraße.

13. Verstärkungslinie Rathausmarkt — Uhlenhorst (Langerzug)

(in Betrieb seit 1. 12. 1888), nur an Werktagen

Interimistische Linie für die Industrie- und Gewerbe-Ausstellung am Holstenthor: Vom Mühlendamm — Steindamm — Steinthorplatz — Glockengießerwall — Lombardsbrücke — Esplanade — Ringstraße — Holstenplatz, betrieben vom 1. 6. — 7. 10. 1889.

14. Linie Süderstraße — Baumwall (in Betrieb seit 12. 3. 1890)

Linienführung: Süderstraße Ecke Ausschlägerweg — Amsinckstraße — Bahnhofsplatz — Meßberg — Dovenfleth — Bei den Mühren — Kajen — Baumwall.

24

Altonaer Ringbahn

In Betrieb seit 31. 5. 1882.

Linienführung: Endhaltestelle Klopstockstraße — Palmaille — Große Mühlenstraße — Große Prinzenstraße — Rathausmarkt — Grund — Kleine Freiheit — Große Brunnenstraße — Adolfstraße — Juliusstraße — Schulterblatt — Hamburger Straße — Allee — Bahnhofstraße.

Im Juli 1882 wird die Endhaltestelle nach Belle-Alliance (Ecke Schulterblatt und Hamburger Straße) verlegt und von der Bahnhofstraße direkt in die Palmaille eingebogen, so daß die Klopstockstraße nicht mehr berührt wird.

Im März 1883 wir zur Finanzierung weiterer Linien

The Hamburg, Altona and North Western Tramways Company, Limited,

gegründet, die am 1. 5. 1884 auch die Altonaer Ringbahn übernimmt.

Linie Millernthor — Eimsbüttel (in Betrieb seit 1. 8. 1883).

Linienführung: Millernthor — Eimsbütteler Straße — Neuer Pferdemarkt — Schulterblatt — Eimsbütteler Chaussee — Sophienallee — Pinneberger Weg bis Eimsbütteler Marktplatz.

Linie Millernthor — Holstenstraße (in Betrieb seit 28. 9. 1883).

Linienführung: Millernthor — Eimsbütteler Straße — Kieler Straße — Rosenstraße — Holstenstraße bis zur Allee.

Linie Millernthor — Hoheluft (in Betrieb seit 31. 5. 1884).

Linienführung: zunächst im Zuge der Eimsbütteler Linie bis zur Eimsbütteler Chaussee, dann Eppendorfer Weg — Schulzweg — Im Gehölz — Gärtnerstraße bis zur Hoheluftchaussee.

14. 11. 1885 Verlängerung der Eimsbütteler und Hohelufter Linie vom Millernthor über die Michaelisstraße bis zum Rödingsmarkt, rückkehrend über Alten und Neuen Steinweg.

1. 4. 1888 Verlängerung der Holstenstraße-Linie bis zum Rödingsmarkt.

Große Hamburg=Altonaer Straßenbahn=Gesellschaft

1. Linie Altona Klopstockstraße — St. Georg Große Allee/Lindenstraße.

sog. „Hochbahn", in Betrieb seit 16. 9. 1887.

Linienführung: Vom Zollamt in der Klopstockstraße — Palmaille — Breitestraße — Altonaer Hochstraße — Hamburger Hochstraße — Langestraße — Antonistraße — Hafenstraße — Johannisbollwerk — 2. und 1. Vorsetzen — Baumwall — Steinhöft — Schaarthorsbrücke — Rödingsmarkt — Großer Burstah — Große Johannisstraße — Rathausmarkt — Hermannstraße — Ferdinandstraße — Glockengießerwall — Ernst Merckstraße — Langereihe — Gr. Kirchenweg — Baumeisterstraße — Hansaplatz — Lüneburgerstraße — Kreuzweg (rückkehrend Pulverteich) — Große Allee bis Ecke Lindenstr.

Wegen ungenügender Benutzung dieser Linie auf der Altonaer Seite wird am 5. 5. 1890 eine neue Zwischenlinie von St. Georg bis zur Hafenstraße (nahe Pinnasberg) eingerichtet, sodaß nur noch jeder zweite Wagen bis Altona durchfährt.

2. Linie Hohenfelde — St. Pauli, in Betrieb seit 8. 5. 1890.

Linienführung: Lübeckerstraße (nahe dem Mühlendamm) — Lübeckerthor — Lohmühlenstraße — Brunnenstraße — Rostockerstraße — Hansaplatz — Baumeisterstraße — Großer Kirchenweg — Langereihe — Ernst Merckstraße — Glockengießerwall — Ferdinandstraße — Hermannstraße — Rathausmarkt — Große Johannisstraße — Großer Burstah — Graskeller — Alter Steinweg — Großneumarkt — Neuer Steinweg — Zeughausmarkt (rückkehrend über Mühlenstraße — Michaelisstraße — Heiligengeistbrücke) — Millernthor — Reeperbahn — Langereihe bis zum Wilhelmsplatz.

25 Diese Briefmarke wurde von der Privatpostanstalt Verdier & Falke am 22. 3. 1888 herausgegeben

5. Die Eisenbahn in der Stadt

»Welche Veränderungen müssen jetzt eintreten in unserer Anschauungsweise und in unseren Vorstellungen. Sogar die Elementarbegriffe von Zeit und Raum sind schwankend geworden. Durch die Eisenbahn wird der Raum getötet, und es bleibt uns nur noch die Zeit übrig.« Heinrich Heine (1797 – 1856)

In der Tat erlaubte die schnelle Eisenbahn eine bislang nicht gekannte Mobilität. Aus einzelnen Bahnlinien entstand ein Verkehrsnetz, zeitliche und räumliche Blöcke tauten wie Eis in der Sonne, es sei denn, politische Grenzen verhinderten es (noch). Und gerade dieses Hindernis wurde zum Motor für das Eindringen der Eisenbahn in die Wohngebiete von Altona und Hamburg. Der internationale Eisenbahnverkehr brauchte eine »Verbindungsbahn«.

Das kam so: Der dänische König Christian VIII. ließ ab 1844 seine »Ostseebahn« zwischen Altona und Kiel pendeln und erschloß über ein Geflecht von weiteren Bahnen die Zimbrische Halbinsel. Jetzt fehlte ihm noch der Anschluß an das europäische Eisenbahnnetz, und der war nur durch eine Verbindung mit der Hamburg-Berliner Bahn zu erreichen.

Seit 1856 verhandelte ein unabhängiges Komitee darüber, welchen Weg eine Verbindungsbahn nehmen könnte. Da gab es sowohl weitsichtige als auch recht abenteuerliche Pläne; der Hamburger Hafen sollte angeschlossen werden, andere forderten den Alsterhalbring, der 100 Jahre später als U-Bahn-Trasse zwar vorgeplant, aber nicht ausgeführt wurde.

26 *Bahnhof Sternschanze der Verbindungsbahn, rechts im Bild die Zollvereinsniederlage*

27 1864: Österreichische Infanterie fährt vom Bahnhof Altona zur Front

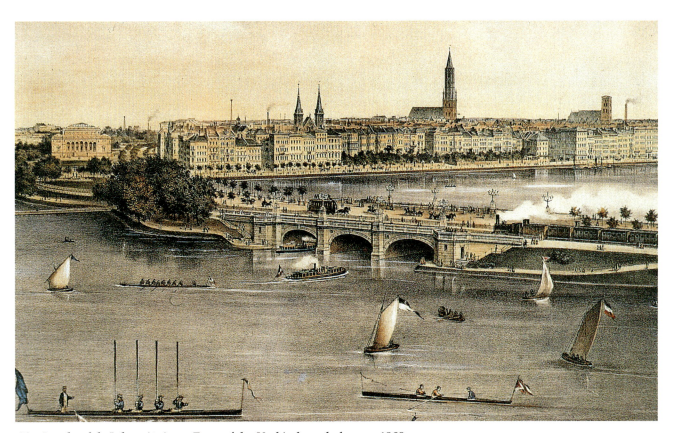

28 Lombardsbrücke mit einem Zug auf der Verbindungsbahn, um 1868

Im Jahre 1860 besiegelten das Königreich Dänemark und die Freie und Hansestadt Hamburg den Vertrag über den Bau einer »Verbindungsbahn zwischen dem Altonaer Bahnhof der Ostseebahn und dem Hamburger Bahnhof der Berliner Bahn«. Auf Altonaer Gebiet begannen die Bauarbeiten sofort. Man wählte den kürzesten Weg in Richtung Schulterblatt, der damaligen Grenzstraße zwischen Dänemark und Hamburg. Das machte alle anderen Pläne Hamburgs zunichte, die Eisenbahn voll in den Stadtverkehr einzubeziehen. Das Ziel Schulterblatt war gegeben, die Trassierung folgte vom Berliner Bahnhof bis zum Dammtor den Windungen der ehemaligen Befestigungen über Ferdinandstor und Lombardsbrücke. Vom Dammtor bis zur Sternschanze ging es gradlinig weiter. Bis zum dänischen Bahnhof Schulterblatt war es nur noch ein kurzer Weg. Der Deutsch-Dänische Krieg (1864), die Spannungen davor und die Konsolidierungsverhandlungen danach, verzögerten die Fertigstellung dieser Bahn.

Die Lombardsbrücke mußte eigens für die Eisenbahn neu erbaut werden. Diese Brücke, das Wahrzeichen Hamburgs, hat folgende Geschichte:

1625 Teilung der »Großen Alster« in Binnen- und Außenalster. Die beiden Damm- und Wallenden verband eine schmale hölzerne Klappbrücke als Fußgängersteig.
1688 Erneuerung der bis an die Wallöffnung vorgeschobenen Brücke in Holz (die erste Brücke).
1739 Verbreiterung der Brücke für den Wagenverkehr und Erneuerung in Holz.
1778 Wegen Verkehrszunahme weitere Erneuerung in Holz.
1813 Die Brücke erhielt Bohlenwände mit Schießscharten (französische Maßnahme).
1827 Erneuerung der mehr in die Wallachsen nach Norden verschobenen Brücke (Entwurf von Wimmel, in Holz, Steinbau nachahmend). Statt der vorherigen fünf Durchfahrten jetzt drei mit entsprechend weiteren Bogen.
1865–1868 Infolge des Ausbaues der Verbindungsbahn Erneuerung der um 15 Meter nordwärts und 9,60 Meter ostwärts verlegten Brücke durch J. H. Maack in Ziegeln und Quadern. Symmetrische Anordnung in der Mitte der Gesamtanlage. Die Züge der Verbindungsbahn mußten von 1866 bis 1868 über eine neu errichtete, provisorische Holzbrücke mit verlangsamter Geschwindigkeit fahren.
1901–1902 Verbreiterung der Brücke wegen des viergleisigen Ausbaues der Eisenbahn um weitere 16 Meter.
1953 Fertigstellung der Neuen Lombardsbrücke.

Es war zwar weitsichtig, die Verbindungsbahn sofort zweigleisig auszubauen, aber doch nicht zu Ende gedacht, denn die Trasse verlief im Straßenniveau. So wurde die Verbindungsbahn sehr bald zu einem ärgerlichen Verkehrshindernis für den anwachsenden Straßenverkehr.

Wer erwartet hatte, daß die neue Verbindungsbahn im hamburgischen Verkehr rasch eine Rolle spielen würde, sah sich getäuscht. Dabei waren die Fahrpreise gewiß kein Hindernis. Im Gegenteil, eine Fahrt zwischen Hamburg und Altona kostete in der 3. Klasse drei Schillinge, mit der Pferdebahn vier Schillinge. Nein, es war einfach das unvollkommene Angebot mit nur 24 unregelmäßig auf den Tag verteilten Zugfahrten, bei denen außerdem immer auf den Anschluß der Fernzüge Rücksicht genommen wurde. Die Pferdebahn fuhr alle 15 Minuten, deshalb entschied sich der Fahrgast dafür.

Der Ausflugsverkehr per Bahn gewann dagegen immer mehr Freunde, besonders nach der Eröffnung der Linie Altona – Blankenese am 19. Mai 1867.

Interessant, weil es so viele Parallelen in der Folgezeit bis in die Gegenwart hinein gegeben hat, ist der Bericht der Zeitung *Hamburgischer Correspondent* über die ersten Tage des Krieges von 1864: »Hamburg wurde zur Bühne eines erregenden Schauspiels. Auf dem Bahnhof der Berliner Bahn, für die sich Moltke nicht von ungefähr eingesetzt hatte, lief tagelang alle drei Stunden ein Militärtransport ein, einmal blaue, ungarische Husaren mit kleinen wilden Pferden, dann blanke preußische Kürassiere und rote Ziethen-Husaren, dann wieder Windischgrätz-Dragoner in langen, weißen Mänteln, dazwischen Geschütze, Trainwagen und Munition. Die Hamburger konnten sehen, staunen, auch jubeln. Nur wenigen wurde deutlich, daß für ihre Vaterstadt, die so erpicht war auf Selbständigkeit und nun den Großmächten als Aufmarschbasis gegen Dänemark dienen mußte, eine neue Epoche begonnen hatte: Von nun an hatte Hamburg kein Wort mehr mitzusprechen in der großen Politik. Es ist bezeichnend, daß der Durchmarsch dem Senat vorher nicht mitgeteilt worden war und daß ihm auf seine Beschwerde gesagt wurde, das sei vergessen worden.«

Am 16. Juli 1866 endlich konnte die Verbindungsbahn in ihrer ganzen Länge von knapp sieben Kilometern eröffnet werden, nachdem im September 1865 der Altonaer Teil bis zum Schulterblatt bereits freigegeben worden war. Altona legte offenkundig keinen Wert auf Zwischenstationen und baute nur die Grenzstation Schulterblatt, während Hamburg die Eisenbahn von vornherein als Element zur Aktivierung des Stadtverkehrs gesehen hatte und sofort Zwischenstationen schuf wie Klostertor (in der Nähe des heutigen Hauptbahnhofs gelegen), Bahnhof Dammtor und Sternschanze.

6. Schiffe auf der Alster

Frühe Stadtverkehrsmittel

Hamburg und Alster werden oft in einem Atemzug genannt. Fremde und Einheimische schwärmen gleichermaßen von dem schönen Stadtbild. Dabei ist die Alster nicht natürlich entstanden. Zunächst war da ein kleiner Wiesenfluß, der sich mäanderhaft durch den Ufersumpf schlängelte. Zwischen der heutigen Großen Johannisstraße und dem Großen Burstah lag die Furt, die zur Ebbezeit von barfüßigen Menschen sowie Pferd und Wagen überquert werden konnte. An dieser Stelle ließ Ende des 12. Jahrhunderts der Graf von Schauenburg den ersten Staudamm durch die Alster bauen, dazu noch eine Brücke und eine Mühle. Schon 1235 fiel die Entscheidung, weiter nördlich einen weiteren Staudamm anzulegen, wozu man in diesem sumpfigen Gelände 15 Jahre benötigte. Hunderte von Eichenpfählen mußten eingerammt werden, bevor der »Oberdamm« fertig wurde, der den Namen »Reesendamm« erhielt; später nannte man ihn »Jungfernstieg«. In einer Chronik des Jahres 1665 ist zu lesen: »Es wurde ein Fußweg längs der Alster angelegt und mit Bäumen bepflanzt, so daß ein Spaziergang darunter entstand. Dieser Spaziergang war seit der Zeit Jungfernstieg genannt, weil das Frauenzimmer sich zum öfteren dahin verfügt zu lustiren«. Jener zweite Staudamm war es also, der die Alster zu den noch heute bewunderten Dimensionen anschwellen ließ. Die Wespentaille Lombardsbrücke und die damit verbundene Bildung von Außen- und Binnenalster sind nach und nach entstanden.

Schon immer diente der Alsterlauf dem Frachtverkehr. Zum Teil mußten die Schiffe von Treidelpfaden aus geschleppt werden. Noch heute erinnert der Leinpfad an diese Zeit der Treidelschiffahrt. Neben dem Güterverkehr auf dem Wasser bildete sich rasch auch eine Art Personenschiffahrt auf »Schüten« oder »Archen«. Der *Patriot* schreibt dazu am 5. Oktober 1724: »Die Ufer der Außen-Alster waren ein beliebtes Ziel der Lustböte. Besonders die Kuhmühle, welche eine ansehnliche Mühlenwohnung hatte, wurde von vielen Zünften und anderen Gesellschaften zur Sommerszeit aufgesucht, weil man mit den Alsterschüten dorthin in einer viertel Stunde zu Wasser gelangen konnte. Oft ließen sich die vergnügten Gesellschaften bei der Rückfahrt allzuviel Zeit, so, daß der Rath am 17. Juli 1748 ein Mandat erlassen mußte, daß die Alsterschüten mit ihren Insassen nicht durch verspätete Rückkehr die abendliche Schließung des Baums (Zollvorrichtung unter der Lombardsbrücke) aufhalten sollten.«

Ferner heißt es in einer alten Chronik: »Um 1780 fuhr man gern nach der Mundsburg, einem Hof, den ein gewisser Mund in der Mitte des 18. Jahrhunderts vom Staat erstanden hatte, worauf er dort einen geschmackvollen Garten anlegte, sowie nach der Uhlenhorst, deren anmuthige Anlagen der dortige Wirth von der Kämmerei gepachtet hatte, oder auch nach Harvestehude und der Rabe.«

Auch der Wirt des Mühlenkamps F. J. Lindner empfahl sein Lokal im *Hamburger Relations-Kourier* vom 7. Juli 1796: »Den Freunden der Landlust, insonderheit der Alsterfahrt empfiehlt sich Unterzeichneter auf dem sogenannten Mühlenkamp, in einer stillen und angenehmen Gegend bei Uhlenhorst an der Alster gelegen, wohnhaft, auch für gegenwärtigen Sommer gehorsamst. Er wird sich bemühen, denen respectiven Gönnern und Freunden, die ihn mit ihrem Besuch zu beehren belieben werden, sowohl mit Essen als Getränken zu ihrer Zufriedenheit aufzuwarten. Gesellschaften, die zu speisen belieben, bitte ich, es ein paar Tage vorher zu bestellen, welches mündlich oder durch ein Billet in der ersten Brandtstwiete in Nr. 19 oder auch bei den Eigenern der beiden Archen, Ohlmeier und Paulsen am Jungfernstieg, mit der Anzeige, was sie zu haben belieben, geschehen kann. Gesellschaften, welche sich gerne ohne Zwang unter sich belustigen wollen, ist dieser Ort und sodann vorzüglich in den Wochentagen, zu empfehlen. Auch habe ich noch ein Paar Zimmer für einzelne Personen zu vermiethen.«

Dazu liest man in der schon erwähnten Chronik dann: »Wer nicht in einer Wirthschaft speisen wollte, ließ sich einige Gerichte, besonders frisch zubereitete Fische, an denen die Alster damals noch Ueberfluß hatte, in sein Schiff bringen und verschmauste sie dort. Außer den kleineren Gondeln hatte man die eben erwähnten beiden großen gedeckten und mit Fenstern sowie Tisch und Bänken versehenen Archen, die von größeren Gesellschaften

29 Ansicht des verbreiterten Jungfernstiegs um 1798, vorn die Reesendammbrücke, in der Bildmitte die Niluswache

30 Beim Uhlenhorster Fährhaus um 1860: Links die Wagenfähre, rechts vorn die »Alina«, der erste Alsterdampfer

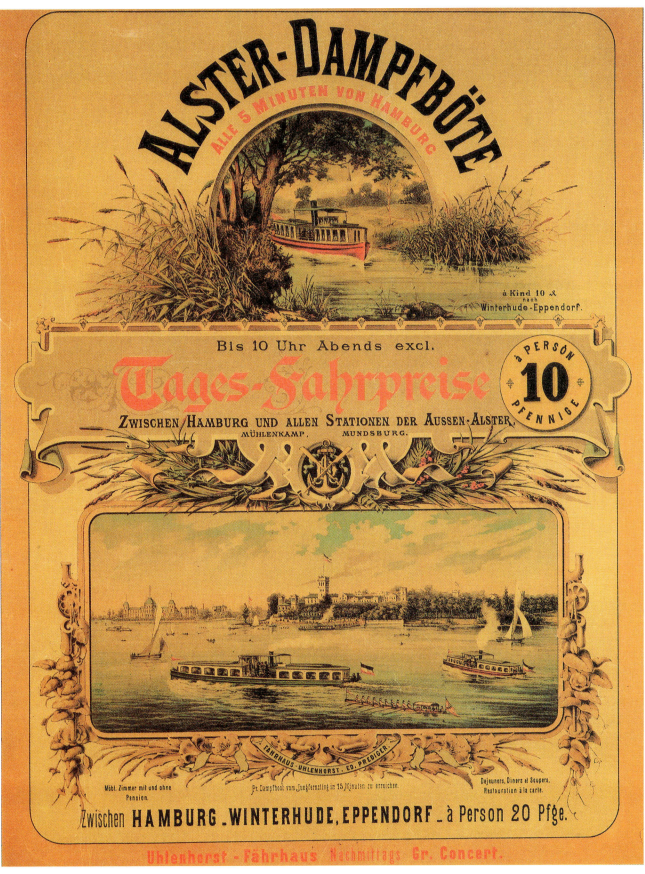

gemiethet wurden und auf welchen man gern Paukenschläger und Trompeter mitnahm, um während der Fahrt die Gesellschaft durch liebliche Weisen zu verlustieren.«

Die Schüten – die Lustboote also – wurden gerudert und standen am Anleger Jungfernstieg für jedermann bereit. Ab 1844 gab es weitere Vermieter an den anderen Anlegern der Außenalster. Allmählich bildete sich auch ein Bedarf für einen regelrechten Geschäftsverkehr heraus, denn immer mehr Menschen siedelten sich, sofern sie das nötige Geld dazu hatten, rings um die Alster an, und man bevorzugte, auf dem Wasser in die Innenstadt zu fahren, statt mit Pferd und Wagen. So gab es bald auch feste Taxen: Eine Fahrt vom Jungfernstieg bis nach Eppendorf kostete 1 Mark und 6 Schillinge. – Ost- und Westufer der Außenalster waren ebenfalls durch eine Fährverbindung erschlossen, ab 1845 sogar mit Kettenbetrieb.

Ein Geheimtip war es in der Mitte des vergangenen Jahrhunderts nicht mehr, sich in Eppendorf, auf der Uhlenhorst oder in Harvestehude anzusiedeln, und das Problem der Verkehrsverbindung zwischen Wohnstätte und Arbeitsplatz vergrößerte sich. Es ist also nicht verwunderlich, daß ein Assekuranzmakler, Herr G. A. Droege, wohnhaft auf der Uhlenhorst, sich um die Realisierung einer Alsterdampferverbindung bemühte. Schon im Jahre 1854 reichte er sein Gesuch für die Konzession einer solchen Verbindung zwischen Eppendorf und dem Jungfernstieg ein. Natürlich gab es tausendfache Einwände, von dem Arbeitsplatzverlust der Ruderbootsvermieter über die Schmuggelgefahr bis zu Warnungen vor Feuer und anderen Gefahren. Aber Beharrlichkeit führte auch schon damals zum Ziel. Zwei Jahre später (1856) hatte Droege seine Genehmigung in der Tasche. Den Dampfer fand er auf dem Rhein schippernd, einen Raddampfer namens *Stadt Mülheim*, 23 Meter lang und mit einem Fassungsvermögen von 60 Personen. Er organisierte den Transport von der Rheinmündung via Nordsee zur Elbe. Soweit schien alles klar – nur die Besatzung war nicht ganz im Bilde. Sie speiste den Dampfkessel unterwegs mit dem salzigen Nordseewasser. Noch am Grasbrook in der Elbe liegend, schlug das Schiff leck und versank (1857). Der beharrliche Herr Droege jedoch verlor nicht den Mut und versuchte es noch einmal. Er kaufte wiederum einen Raddampfer vom Rhein. Mit hoffnungsvollem grünen Anstrich und auf den schönen Namen *Helene* getauft, gelangte dieser Dampfer mit viel Geschick und Raffinement tatsächlich durch die Alsterschleusen. Die Probefahrt am 3. August 1857 sollte *das* Ereignis für Hamburg sein. Der Bürgermeister und zwei Senatoren waren dabei – und erlebten ein Fiasko! Die Schaufelräder erzeugten so beängstigende Wellen, daß die Fahrt abgebrochen werden mußte. Die Konzession wurde nicht erteilt. Nun verlor Herr Droege das Interesse an einer Alster-Dampfschiffahrts-Linie; er gab auf.

Der Weg zur »Weißen Flotte«

Durch den Reinfall Droeges wurde der Schiffsverkehr mitten in Hamburg erst richtig zum Thema. Nur wenige Wochen später beantragte ein Fachmann, der Schiffsmakler J. P. Parrau, die Konzession für den Schiffsbetrieb auf der Alster mit einem Schraubendampfer. Er hatte aus den Fehlern seines Vorgängers gelernt und war sich seiner Sache wohl sehr sicher, denn er gab der *Reiherstiegwerft* den Bauauftrag bereits, bevor der Senat ihm die Genehmigung erteilte. Und sein Kalkül ging auf: Im März 1859 erhielt Parrau die Konzession, und schon am Pfingstsonnabend, dem 11. Juni 1859, konnte er sein Boot vor den Augen Hunderter Schaulustiger probefahren lassen. *Alina* hieß sein 13,50 Meter langes und 2,50 Meter breites Boot für 50 Personen. Ab 15. Juni 1859 gab es nun einen Linienverkehr auf der Alster. Die *Alina* wurde ein voller Erfolg. Die Preise waren mäßig, so daß sich fast jeder den Luxus einer Dampferfahrt leisten konnte: 3 Schillinge kostete die Fahrt zwischen Jungfernstieg und Mühlenkamp, 4 Schillinge bis Eppendorf. Schnell orderte Parrau ein zweites Schiff; unter dem Namen *Hilda* fuhr es ab Frühjahr 1860. Beide Schiffe erhielten einen roten Rumpfanstrich – die Hamburger Alster hatte ihre Farbpünktchen. Die Geschwindigkeit der Schiffe lag knapp unter 9 km/h.

Bei diesem Angebot hatten die Bootsvermieter und konzessionierten Fährleute keine Chance mehr. Aber sie waren so klug und setzten gemeinsam ebenfalls auf die Dampfkraft. Ab 1860 besaßen die *Vereinigten Alsterschiffer* auch zwei Dampfschiffe; zur besonderen Unterscheidung waren sie grün gestrichen. Es störte sie nicht, daß sie neue Anlegestege und am Jungfernstieg eine »zweite Treppe« bauen mußten. Selbst das Gehalt eines speziellen Zollbeamten für die Akzise-Vorrichtung am Alsterbaum vor der Lombardsbrücke mußte von den Unternehmern bezahlt werden, das beeinträchtigte jedoch nicht das Geschäft – denn es war in der Tat gutes Geld zu machen auf der Alster.

Und dann geschah etwas ganz Neuartiges: Parrau und die *Vereinigten Alsterschiffer* gründeten einen Verkehrsverbund mit abgestimmtem Fahrplan und einem einheitlichen Tarifschema, sie benutzten Anlegestege und alle sonstigen Anlagen gemeinschaftlich – und das im Jahr 1860! (Erst 1965 wurde eine solche Übereinkunft wieder getroffen!) Zwei Jahre später kam noch ein dritter Unternehmer dazu, der Winterhuder Fährmann Rambcke; sein Nachfolger war J. F. Guttmann. Anfangs wollte es zu dritt überhaupt nicht klappen, doch dann ging auch das. 58 Abfahrten täglich ab Jungfernstieg! Kein Unternehmen in Hamburg bot einen dichteren Fahrplan. Die Alsterschiffe verbanden Winterhude und Eppendorf mit der Stadt und fuhren nach Mühlenkamp. Sie betrieben ab 1873 die Fähre Harvestehude – Uhlenhorst, legten bei

32 Jungfernstieg mit Pferdeomnibus, in der Bildmitte Alsterdampfer, um 1860

der Auguststraße an, kreuzten zwischen Rabenstraße und Schwanenwik.

1865 fuhren nicht nur zehn Alsterdampfer auf Hamburgs Binnensee, sondern auch andere Fahrzeuge: vom Segel- und Ruderboot bis zur »Gondel«. Im Jahr 1877 lenkten die Alsterschiffe erstmals auch in den Eilbekkanal ein mit Endstation Kuhmühle, ab 1890 schließlich bis zur Von-Essen-Straße. Das Verkehrsangebot folgte dem Bedarf, der durch die neuen Mietshäuser in Barmbek, Winterhude und Eppendorf entstanden war.

Ein heiterer Himmel also über der Alster mit ihren flinken Dampfern, bis die dunkle Wolke Pferdebahn erschien. Sie fing die Fahrgäste oft ab, bevor sie bis zum Landungssteg kamen. Zu dieser Zeit trat Otto Wichmann auf, ein kluger Geschäftsmann, der 1880 den *Vereinigten Alsterschiffern* zunächst Schiffe, Ausrüstung und Rechte abkaufte und 1887 Alleininhaber der gesamten Alsterflotte wurde. Auf die Konkurrenz der Pferdebahnen reagierte Wichmann mit einer Senkung des Fahrpreises. Der Höchstpreis betrug 1882 nicht mehr 25, sondern 20 Pfennig; ein Jahr später unterbot Wichmann die Pferdebahn um 5 Pfennig, indem er ab 1883 den Zehn-Pfennig-Einheits-Tarif einführte. Der Alsterschiffsreeder ging sogar noch einen Schritt weiter. Er kannte die Sorgen und Nöte eines Teils seiner Fahrgäste, der Arbeiter, die zu großen Teilen im Hafen beschäftigt waren. Deshalb bezahlte nur 5 Pfennig, wer zwischen vier und sieben Uhr morgens mit dem Alsterdampfer fuhr.

In den neunziger Jahren des vorigen Jahrhunderts gab es auf der Alster dreißig Dampfer unter Wichmanns Regie. Das Liniennetz sah 1894 wie folgt aus:

Vom Jungfernstieg
nach Winterhude/Eppendorf (gelb-rote Flagge, waagerecht geteilt) über Rabenstraße, Uhlenhorster Fährhaus, Bellevue, Krugkoppel (neu erbaut), Frauenthal. Einzelne Fahrten unter rot-gelb-roter Flagge, senkrecht geteilt, über Sophienterrasse statt Fährhaus.
Nach Mühlenkamp (weiß-schwarze Flagge, waagerecht geteilt) über Rabenstraße, Uhlenhorster Fährhaus, Sierichstraße. Einzelne Fahrten unter weiß-schwarzweißer Flagge, senkrecht geteilt, über August- statt Rabenstraße.
Nach Barmbek (Von-Essen-Straße) (rote Flagge) über Schwanenwik, Mundsburger Damm, Kuhmühle, Lessingstraße, Richardstraße. Jedes zweite Schiff unter rot-weiß-roter Flagge, waagerecht geteilt, legte zusätzlich Lohmühlenstraße an.
Nach Schwanenwik (grün-weiße Flagge, waagerecht geteilt) über Rabenstraße, Auguststraße, Walhalla.
Von St. Georg
nach Sophienterasse (blaue Flagge),
von St. Georg (Pantelmanns Steg) über Gurlittstraße, Rabenstraße, Uhlenhorster Fährhaus, Bellevue.
Fährverbindungen
Fährdamm – Uhlenhorster Fährhaus (schwarz-weißrote Flagge, waagerecht geteilt),
Rabenstraße – Lohmühlenstraße (gelbe Flagge).

Ab Jungfernstieg fuhren damals bis zu 18 Dampfer stündlich. Jedes Schiff hatte Platz für 104 bis 165 Personen. Fast vergessen ist heute, daß alle Schiffe auch an der Lombardsbrücke hielten. Mit diesem Programm fuhr die Wichmannsche Alsterflotte sicher in das 20. Jahrhundert. Ab 1902 bekamen seine Schiffe einen vollständig weißen Anstrich – das Geburtsjahr der »Weißen Flotte«. Ab 1911 gab es ein interessantes, verkaufsförderndes Angebot: Die Alsterschiffe fuhren nun die ganze Nacht hindurch im 30-Minuten-Abstand, was gerne genutzt wurde, denn Autos gehörten noch nicht zum Stadtverkehr.

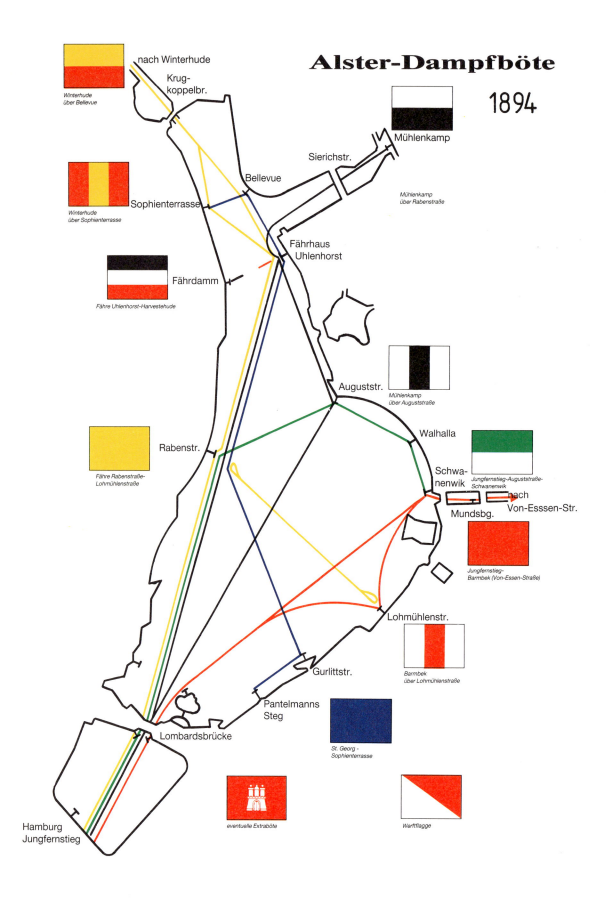

7. Die Elbe verbindet Harburg und Hamburg

Die Geschichte Harburgs begann um das Jahr 1000 mit der Anlage einer Grenzbefestigung; im Sumpf gelegen, nannte man dieses Bauwerk Horeburg, was »Sumpfburg« bedeutet. In diese Horeburg zog später ein herzoglicher Vogt ein und machte ein schloßähnliches Anwesen daraus. Außerdem wurde ein Knüppeldamm angelegt, nämlich die Schloßstraße, und die gibt es in Harburg zumindest dem Namen nach noch heute. Die Elbe als Handelsweg im Norden und das südliche Hinterland mit Handelswaren aller Art ließen Harburg bald zum Marktflecken und Stapelplatz heranwachsen, wobei Hamburg diese Entwicklungen sehr genau verfolgte.

Der erste »Harburger Herzog«, Otto I., ließ 1546 ein neues großes Kaufhaus errichten (heute würde man es als Lagerhaus oder Speicher bezeichnen), dem bald weitere schuppenähnliche Bauten folgten. Die Harburger Spediteure wurden zum reichsten Berufsstand, sie saßen im Rat und stellten den Bürgermeister. Bis die Eisenbahn kam, waren sie die einzigen Betreiber des Güterverkehrs in das tiefe Binnenland; Ausnahme war der Schiffsverkehr auf Flüssen und Kanälen. Um 1800 waren für den Verkehr auf der Elbe mit Hamburg neun große Frachtewer vorhanden, die 27 Eigentümern gehörten; acht kleine Ewer besorgten den Personenverkehr. Schon im 16. Jahrhundert schlossen sich die Harburger Fährschiffer zu einer Gilde zusammen, der *Schypgilde tho Horborch*. Sie gaben sich ein Statut, das man als das *Harburger Schiffer-Reglement* im Jahr 1788 erneuerte.

Das neue Zeitalter begann im Süderelberaum mit dem Eintreffen des ersten Dampfschiffes am 17. Juni 1816. Eine Zeitung berichtete: »Diesen Nachmittag kam hier das Dampfschiff *The Lady of the Lake* mit Capt. J. Watson Coock an. Es ist erst diesen Morgen um 6 Uhr von Cuxhaven abgegangen, und in dieser kurzen Zeit gegen den Strom, bloß vom Dampf betrieben, heraufgekommen. Es machte darauf mehrere Manövres, welche über alle Erwartungen gut ausfielen.«

Das Dampfschiff trat in Konkurrenz zu den Segelschiffen. Schon zwei Jahre später ließ die Hamburger Firma *Kleudgen* den ersten Dampfer zwischen Hamburg und Harburg fahren. Er hieß eigentlich ganz nüchtern *Dampffähre*, erhielt aber wegen seiner Qualmwolken den Spitznamen »De Smöker« und war ein Mittel-Raddampfer. Doch dieses Schiff war sehr schwerfällig und schaffte es kaum, bei Gegenwind vorwärtszukommen. Die Ewerführer jubelten und gaben eines Tages sogar eine Notiz an die Zeitung: »Gestern hatten wir das Vergnügen, das Hamburger schnellfahrende Dampfschiff in unserem Hafen zu sehen. Wir fuhren mit unserem Ewer zugleich mit demselben bey ganz contrairem Winde wieder nach Altona ab. Zu unserer großen Freude aber segelten wir selbigem in Köhlbrand Strom vorbey. Harburg, den 11ten Juni 1818. W. Holtzmann und Eppen.«

Doch die damalige Bevölkerung sah den Anbruch des Dampfzeitalters anders. Ein Zeitgenosse berichtete im Jahr 1819: »Da ging ich neulich am Elbstrande spazieren, und sehe, daß so manche meiner menschlichen Brüder voll Jubels das daselbst stationierte Dampfschiff bestiegen. Auf einmal wandelte mich jovialischen Schlucker auch mal die Lust an 8 Groschen mir zu entziehen, um mich auch nach Haarburg hinüberdampfen zu lassen. Dieser Einfall hat mich aber auch baß erfreut. War gut, daß ich noch einige Zweidrittel im Säckelchen hatte, die freilich auf solche Weise auszugeben, nicht bestimmt waren; aber die unvermutheten Ermuthungen, welche mir diese Dampfreise verschaffte, waren es doch werth, daß ich diesmal ein wenig ausbeutelte. Ganz Haarburg fand ich im Taumel unschuldiger Freude. Das war ein Gewimmel von Schaulustigen ... Nun war ich aber verdammt neugierig zu wissen, welchen Anlaß dieses Volksfest doch haben möge. Und das erfuhr ich denn ... seit hundert und mehr Jahren hatten die Bürger kein Vogelschießenfest mehr so bejubelt wie dieses erste nach dem Abzug der französischen Besetzung. Der Triumph sollte gefeiert werden.«

Die hamburgischen und hannoverschen Behörden setzten die Firma *Kleudgen* unter Druck, ihr schwerfälliges Schiff nach nicht einmal zwölf Jahren durch einen Neubau zu ersetzen. So wrackte man den *Smöker* ab, und die Touren übernahm ab 1829 der Seitenraddampfer *Neptun*. Was kaum für möglich gehalten wurde, trat ein: Die neue *Neptun* war noch langsamer als der *Smöker*! Oft reichten zwei Stunden Fahrzeit für die Strecke von Hamburg nach Harburg nicht aus. Es war klar, daß unter diesen Umständen das alleinige Privileg für Kleudgens Witwe nicht zu halten war. Die hannoverschen Behörden wollten auch von Harburger Seite aus ein Dampfschiff fahren lassen und konzessionierten 1839 die *Kronprinz von Hannover*. Betrieben wurde dieser Dampfer von den Harburger Fährleuten. Doch auch dieser Neubau brauchte rund 90 Minuten für eine Überfahrt und war damit der *Neptun* kaum überlegen.

Ein Teil der Harburger Fährleute hatte sich unterdessen auf der Elbe umgesehen und dort die *Primus* entdeckt, einen 1839 in England erbauten Dampfer, der zwar klein, aber flink war und sich bei Fahrten von Hamburg nach Hoopte bewährt hatte. 1841 übernahmen die Fährleute die *Primus*, die neben Personen vor allem auch Post transportierte.

Nun waren also drei Dampfer zwischen Hamburg und Harburg unterwegs, davon zwei »Schleicher«. Sie wurden in den folgenden Jahren ersetzt. Zunächst trat ab 1843 die *Phönix* an die Stelle der *Neptun*. Die *Kronprinz von Hannover* brannte im folgenden Jahr, vor Harburg liegend, völlig aus, was einige Erleichterung hervorrief. Als Ersatzschiff stellte man mit dem Raddampfer *Courier* die bisher größte Einheit in Dienst; der Neubau von 1846 faßte 500 Personen. Der zwar bewährte, aber auf Dauer zu kleine Dampfer *Primus* mußte 1846 einem Nachfolger gleichen Namens Platz machen, der schon einige Jahre zwischen Altona und Itzehoe unter dem Namen *Die Stoer* seinen Dienst getan hatte.

Ab 1844 legten die Harburger Dampfer auch in Altona an; sie ermöglichten den Reisenden der Christianbahn, die in jenem Jahr erstmals zwischen Kiel und Altona dampfte, eine rasche Elbüberquerung. Hierfür war ein Schiffahrtsvertrag zwischen Hannover und Hamburg abgeschlossen worden, durch den das »Privilegium« der Harburger Schiffer vollends erlosch.

Aber auch »an Land« wandelte sich in Harburg das Leben überraschend durch das Eintreffen der Eisenbahn im Jahre 1847. Es begann unaufhaltsam der Niedergang des Kaufhaus- und Frachtfuhrwesens. Die Güterbeförderung per Eisenbahn war billiger und schneller, so daß die schwerfälligen Frachtfuhrwagen, die sonst durch die Straßen Harburgs rumpelten, immer seltener wurden – denn selbstverständlich entschied sich der Kaufmann für die Eisenbahn. Ohne Zwischenlagerung in den Kaufhäusern erfolgte die Weiterbeförderung der Güter über den Direktumschlag Bahn/Schiff oder die Zwischenlagerung in bahneigenen Güterschuppen. Die Kaufhäuser verkamen, die Arbeiter suchten sich eine neue Beschäftigung: Sie wurden Eisenbahner.

Die Harburger paßten die Infrastruktur für den Schiffsverkehr sehr schnell den veränderten Verhältnissen an. Der Dockhafen wurde zwischen 1845 und 1849 ausgebaut und 1848 zum Freihafen erklärt. Dieser Schritt war nötig, weil Hamburg keinen Anschluß an das südelbische Eisenbahnnetz hatte, in Harburg aber die Eisenbahn aus dem Süden endete. Ferner gab es eine weitere erfreuliche Nachricht für den Schiffsverkehr. Im Jahr 1850 entfiel der einer Geißel gleichende »Stader Zoll«.

Der 1854 vollzogene Anschluß des Königreichs Hannover an den Deutschen Zollverein bedeutete für Harburg einen wirtschaftlichen Wendepunkt. Im neuen technischen Zeitalter war Harburg ein idealer Standort, es wurde Industriestadt. Tabak- und Ölfabriken wurden errichtet, aber auch andere Industriezweige entwickelten sich. Die Einwohnerzahl stieg von 11 000 im Jahr 1860 auf mehr als 50 000 rund 30 Jahre später. Ganz ähnlich sah es auch in Wilhelmsburg aus. Dort stieg die Einwohnerzahl im selben Zeitraum von 3 880 auf 15 000, und es war ebenfalls die Industrie, die die Menschen anlockte.

Die Dampfschiffe auf der Elbe hatten Dauerkonjunktur; deshalb mußten die alten Hamburg-Harburger Dampfer durch gleichnamige Neubauten ersetzt werden: im Jahr 1863 die *Primus* (II), 1865 die *Courier* und 1867 die *Phönix*. Zu diesen drei bekannten Namen hatte sich 1851 ein weiteres Schiff gesellt, die *Delphin*, die bereits 1840 für die Linie nach Hoopte gebaut worden war. Sie wurde von der Reederei *Wachsmuth & Krogmann* übernommen, die damit auf der Harburger Linie Fuß fassen konnte. Die erste *Delphin* mußte 1862 einem – natürlich gleichnamigen – Neubau weichen.

Nach und nach ging der ganze Fährverkehr nach Harburg in die Hände von *Wachsmuth & Krogmann* über. Die Schiffe mit dem markanten Kennzeichen, schwarzer Schornstein mit rotem Ring und weißem Andreaskreuz, waren bis 1937 ein Gütesiegel für den Dampferverkehr nach Harburg.

34 Raddampfer »Courier« um 1830 vor Blankenese

35 Der Hamburg-Harburger Raddampfer »Neptun« um 1840 auf dem Köhlbrand

36 Blick vom Stintfang auf die St. Pauli-Landungsbrücken mit Raddampfern nach Harburg

8. Hamburg und seine Eisenbahnen bis zur Gründung des Freihafens

Verkehrsgeschichtlich wurden im Jahr 1866 Maßstäbe gesetzt. In jenem Jahr starteten nicht nur der Pferdebahnbetrieb und der fahrplanmäßige Verkehr der Eisenbahn auf der Verbindungsbahn, sondern es kam auch im Hafen zu einer Kopplung des Seeschiffs mit der Eisenbahn, was sicher förderlich für das Fortbestehen und die Entwicklung der Stadt war. Am 11. August 1866 dampfte es im Hafen erstmals am Kai und auf dem Wasser. Die *Hamburger Nachrichten* beschrieben diesen Augenblick so: »... am 11. August traten die neuen Hafenanlagen am Sandthorquai nebst der Hafenbahn in Benutzung. Zur Feier dieses für den Waarenverkehr zwischen den Schiffen und der Eisenbahn wichtigen Ereignisses war auf dem Berlin-Hamburger Bahnhofe und besonders auf der neuen Anlage und den hinter derselben liegenden Häusern festlich geflaggt. Die großartige Anlage wurde von Mitgliedern des Senats und der Bürgerschaft, sowie auch von anderen Personen zahlreich in Augenschein genommen. Längs dem Quai sind sieben an der Wasserseite offene Schuppen erbaut, welche, sämtlich unter einem Dache, mit Einschluß der zur Einfahrt dienenden Zwischenräume zwischen denselben, zusammen eine Länge von 3600 Fuß haben und sich von der Abendroth-'schen Mühle bis beinahe an die Brookthorbrücke erstrecken. Die Tiefe der Schuppen beträgt etwa 50 Fuß. Drei derselben sind ganz fertig und der Benutzung übergeben. Sie sind mit Gasbeleuchtung, Brückenwaagen und allen zum Transport der Waaren erforderlichen Gerätschaften versehen. Dicht am Wasser läuft ein Schienengeleise für die zum Beladen und Löschen der Schiffe dienenden Dampfkrähne, deren bereits sieben aufgestellt sind, von welchen mehrere sich zur Ansicht in Thätigkeit befanden. Die Einfahrten zwischen den Schuppen verbinden die Quaistraße mit den hinter den Schuppen liegenden Schienengeleisen, wo die Eisenbahnwagen unmittelbar an den Quai fahren, so daß die Schiffe direct aus den Wagen laden und in dieselben löschen können. Nach der Landseite sind die Schuppen mit zahlreichen eisernen Luken zum Absetzen der Waaren auf die Eisenbahn versehen. Die äußere Erscheinung der ganzen Anlage ist sehr geschmackvoll. Der hiesige Handelsverkehr aber erhält durch diese langersehnte Einrichtung bedeutende Erleichterungen und Vortheile.«

Damit begann die Geschichte Hamburgs als moderne, aktive Hafenstadt. Schon im Jahr darauf (1867) löschten am Sandthorquai insgesamt 660 Schiffe ihre Waren, eine bedeutende Zahl, wenn man berücksichtigt, daß bis zum Ersten Weltkrieg das Binnenschiff der Hauptträger des Güterverkehrs via Hafen Hamburg war.

Es begannen Jahrzehnte des steten Fortschritts und der ungestümen Entwicklung der Hansestadt. Die Bevölkerungszahl stieg in jenen Jahren beträchtlich. Zählte man 1851 nur 175 000 Einwohner, so waren es 1861 schon 200 000, im Jahr 1872 bereits 300 000 mit weitersteigender Tendenz. In der ersten Hälfte des 19. Jahrhunderts kamen die Zugereisten vorwiegend aus dem linkselbischen Niedersachsen, nun waren es Holsteiner und Mecklenburger. Die Eisenbahn machte es möglich! Der Süden rückte durch den Bau der Eisenbahn-Brücken über die Süder- und Norderelbe im Jahr 1872 näher. Die Bahnverbindung erhielt in Hamburg einen eigenen Kopfbahnhof, den Pariser oder auch Venloer Bahnhof, der ab 1892 dann Hannoverscher Bahnhof hieß.

Als der preußische Staat in den Jahren 1883/85 die Streckennetze der Altona-Kieler und der Berlin-Hamburger Gesellschaften aufkaufte und damit auch zum Pächter der Verbindungsbahn wurde, veränderte sich etwas im Eisenbahn-Stadtverkehr. Sofort eingeleitete Untersuchungen, die Verbindungsbahn und die ihr angeschlossenen Bahnstrecken optimal in den Stadt- und Vorortverkehr einzubeziehen, ergaben, daß weder das Fahrplanangebot noch die Fahrpreise einen Anreiz boten. Diese Ergebnisse führten vom 1. Juni 1886 an zum Reformkurs: die Züge fuhren häufiger und, wenn möglich, im Fahrplantakt, ein ermäßigter Bahntarif für den Stadtverkehr sowie ein Anstoßtarif für bestimmte Vorortstrecken wurden eingeführt. Weiteren Anreiz sollten günstige Zeitkarten bringen. Als man am 1. Mai 1888 den Tarif nochmals korrigierte, war das Jahresabonnement der Bahn das günstigste Angebot für Verkehrsleistungen in der Hansestadt. Hiermit leistete die Bahn einen sozialen Beitrag auch gerade für die Bürger, die aufgrund der Freihafengründung ihre Wohnungen räumen und in anderen Stadtteilen eine neue Bleibe finden mußten.

9. Der Zollanschluß Hamburgs und die Hintergründe

Im Jahr 1834 war der Zoll- und Handelsverein unter Führung Preußens gegründet worden. Er sollte die Kleinstaaterei mit den vielen Binnenzöllen einschränken. Hamburg, Bremen und Lübeck traten diesem Verein nicht bei, denn sie betrachteten sich als Freihafenstädte. Insbesondere Hamburg versuchte wegen seiner Handelsbeziehungen, diesen Status zu erhalten. Nach dem Deutschen Krieg von 1866 schuf Bismarck den Norddeutschen Bund, dem sich neben Preußen 17 norddeutsche Kleinstaaten anschlossen, 1867 auch Hamburg. Die Stadt mußte die Militärhoheit an Preußen abtreten; das hamburgische Bürgermilitär (das nie hatte eingreifen müssen) wurde aufgelöst. Hamburg war nun Garnisonsstadt für zwei Bataillone des preußischen Infanterie-Regiments 76. Mit dem Beitritt zum Norddeutschen Bund holten die Hamburger Schiffe ihre Fahnen mit den drei Türmen nieder, und es wehten fortan die schwarz-weiß-roten Fahnen. Hamburg besaß 1866 517 Segelschiffe und 22 Dampfer mit insgesamt 188 000 Registertonnen, 30 Jahre später 286 Segelschiffe und 349 Dampfer mit einem Gesamtvolumen von 850 000 Registertonnen. Eine stattliche Anzahl.

Mit der stärker gewordenen Stellung Deutschlands verbesserte sich auch Hamburgs Position im Außenhandel. Nach 1871 genoß die Stadt den Schutz des Reichs. In der Frage des Zollanschlusses aber zeigten sich die Hanseaten nach wie vor unnachgiebig. Sie wollten ihre alten Freihandelsrechte noch immer nicht aufgeben. In der Verfassung des Norddeutschen Bundes hieß es, daß die Hansestädte als freie Häfen so lange außerhalb der deut-

37   Im Indiahafen: Direktverladung Bahn – Schiff mit Hilfe eines Dampfkranes

schen Zollgrenzen verbleiben würden, bis sie selbst den Zeitpunkt eines Anschlusses für richtig erachteten. Nun kam es aber so, daß das Reich 1879 seinen Freihandel zugunsten eines neuen Schutzzollsystems opferte. Hamburg und Bremen stimmten im Bundesrat dagegen. Die Fronten in den Verhandlungen um einen Zollanschluß der beiden Städte verhärteten sich. Bismarck drohte. Im Jahr 1880 entsandte Hamburg den Senator Versmann in die Besprechungen. Damit kamen die Verhandlungen in Bewegung; die Ergebnisse sahen so aus: Die Stadt wurde ins Zollinland einbezogen, das Hafengelände aber – durch Teile der Elbinseln beträchtlich erweitert – blieb Zollausland. Das Freihafengebiet bestand zu großen Teilen aus unerschlossenen grünen Marschwerdern. Es bot Entwicklungsraum für Jahrzehnte. Innerhalb des Freihafengebietes durften Waren zollfrei gelagert und zollfrei verarbeitet werden. Auch Werften und andere Industrien konnten sich auf dem Terrain ansiedeln. Die Zollverwaltung sollte in hamburgischen Händen liegen. An den Kosten für die Neugestaltung des Hafens würde das Reich sich mit einem Zuschuß von 40 Millionen Mark beteiligen.

Am 25. Mai 1881 schloß das Deutsche Reich den endgültigen Vertrag mit Hamburg; die Hamburger Bürgerschaft stimmte dem am 15. Juni 1881 zu. Hamburg, eine Stadt mit 413 000 Einwohnern, stand vor einem neuen Abschnitt seiner Geschichte. Die uneingeschränkte Herrschaft als Freihandelsstadt ging zu Ende. Am 1. Januar 1882 bezog man die Unterelbe ins deutsche Zollgebiet ein. Schiffe mit dem Ziel Hamburg (Zollausland) mußten von nun an die schwarz-weiße Zollflagge als Zeichen dafür zeigen, daß sich ein auf die Zollinteressen vereidigter Lotse an Bord befand.

Eines der wichtigsten Vorhaben innerhalb der Freihafenplanung war nun der Bau eines neuzeitlichen Lagerhausviertels. Diese Speicherstadt mußte »... in großem Stile einheitlich und mit besonderer Rücksicht auf das Interesse der Kaufmannschaft und auf den Welthandel Hamburgs erbaut werden und in der Nähe der City liegen«. Raum für diese ausgedehnte Anlage konnte allein auf dem Großen Grasbrook geschaffen werden. Das Wohnviertel zwischen dem Kehrwieder und der Wandrahmsbrücke, das »Brookviertel«, mußte dafür abgerissen werden. Es hatte im Wirtschaftsleben Hamburgs eine wesentliche Rolle gespielt und bestand durchaus nicht nur aus abbruchreifen Häusern. Die Durchführung des Projektes verlangte die Umsiedlung von 18 500 Bewohnern des nördlichen Freihafengebiets; sie mußten nach Barmbek, Hammerbrook oder Eimsbüttel ziehen. Der Grundsteuerwert der zu enteignenden Flächen betrug 54,5 Millionen Mark. Ferner sah der Plan vor, für die Flußschiffahrt zwischen Oberelbe, Zollstadt und Unterelbe einen im Zollinland gelegenen breiten Zollkanal ohne Zollschranken anzulegen. Dieser Zollkanal setzte die Errichtung eines einheitlichen zusammenhängenden Freihafengebietes voraus.

Am 15. Oktober 1888 schloß sich die Freihafenstadt Hamburg dem deutschen Zollgebiet an. Die feierliche Einweihung des Freihafenbezirks, der die Tradition der alten Freihafenstadt fortführen sollte, fand am 29. Oktober 1888 in Anwesenheit Kaiser Wilhelms II. statt, der vier Monate vorher im Alter von 29 Jahren den Thron bestiegen hatte. Der Kaiser vollzog die Schlußsteinlegung an der Brooktorbrücke, deren Brückenpfeiler mit den Figuren der Germania und der Hammonia geschmückt waren.

38 *Baugrube des Freihafenkanals im März 1885*

39 Eisenbahn-Norderelbbrücke 1872

40 Der Hannoversche Bahnhof in Hamburg 1872

10. Die Hafen-Dampfschiffahrt A. G. (HADAG)

Nicht erst mit der Gründung des Freihafens im Jahr 1888 war der Hamburger Hafen mit seinen Randgebieten die größte hanseatische Arbeitsstätte, die sich mit ihren weitverzweigten Hafenbecken, Werften und Lagerhäusern fein verästelt über ein großes Gebiet erstreckte. Das machte es zu der damaligen Zeit unmöglich, überall mit einem »fahrbaren Untersatz« hinzukommen. So mußten allgemein recht schwierige, zum Teil sogar abenteuerliche Wege in Kauf genommen werden. Die Pferdebahn fuhr zwar bis zum Oberhafen, gehörte aber zur Rothenburgsorter Linie, die an der Wandrahmsbrücke an die Ringbahn stieß und nicht immer Anschluß hatte. Wer aus dem Raum Altona kam, benutzte zunächst die dortige Pferdebahn, »Hochbahn« genannt, die vom hochgelegenen Elbufer Altona mit dem Baumwall verband. Dafür war ein Fahrschein nötig, der nicht auf der Ringbahn galt. Über die Elbe boten sich nicht weniger als fünf verschiedene Schiffsverbindungen an. Die Betreiber waren jedoch untereinander zerstritten und darum weniger auf einen abgestimmten Fahrplan als auf das gegenseitige »Wegschnappen« der Fahrgäste bedacht. Auch dafür mußten die Arbeiter erneut in die Tasche greifen, und das für Verkehrsmittel, die es mit der Pünktlichkeit nicht so genau nahmen und ihre Fahrgäste oftmals »im Regen stehen« ließen. Verständlich also, daß – wann immer das Wetter es gestattete – die Arbeiter per »Handpaddel« über die Elbe ruderten. Es war billiger und vielleicht sogar schneller, aber nicht ganz ungefährlich.

Seit 1881 war der Hamburger Staat bestrebt, diese »Unbequemlichkeiten und Unzulänglichkeiten« zu beenden und eine einheitliche Passagier-Dampferfahrt-Gesellschaft im Hamburger Hafen zu gründen. Ernst Hadenfeldt und Dr. Semler waren die führenden Köpfe, denen es recht schnell gelang, das Aktienkapital von 1,2 Millionen Mark aufzutreiben. Am 8. 8. 1888 wurde die *Hafen-Dampfschiffahrt A. G. (HADAG)* in das Handelsregister eingetragen, die mit ihrem Programm über eine im Freihafen-Vertrag ursprünglich geforderte Zollkanallinie weit hinausging. Sie kam auch den Vorstellungen der Zolldeputation entgegen, die sich durch die Aktivitäten nur einer Gesellschaft weniger Zollprobleme im Hafen-Fährverkehr erhoffte. Der *HADAG* war es nun überlassen, mit den Pächtern der Fährlinien über den Erwerb der Konzessionen und der Schiffe zu verhandeln, was sich als schwierig erwies, denn die bisherigen Pächter wußten, daß der Staat eine Änderung herbeiführen wollte – und pokerten hoch. Letztlich kam es aber doch zu einer Einigung, und am 4. August 1888 erhielt die *HADAG* die Genehmigung für den Betrieb der Fährverbindungen mit einer Vertragszeit von 20 Jahren.

Bis zur Übernahme der Fährleistungen durch die *HADAG* gab es im Hamburger Hafen folgende Verbindungen:

Kehrwiederspitze – Steinwerder – Kleiner Grasbrook – Magdeburger Hafen – Veddel – Peute

Großer Grasbrook – Veddelhöft (die sogenannte Badefähre), betrieben durch die Firma *J. H. Grell* mit acht Schiffen, zum Beispiel *Theodor Körner, Senat* oder *Bürgerschaft.*

Kehrwiederspitze – Kleiner Grasbrook – Worthdamm, betrieben durch die Firma *P. Gall & Sohn* mit fünf Dampfern, etwa *Baumwall, Kaiserquai* oder *Strandquai.*

St. Pauli Landungsbrücken – Westufer Fährkanal, betrieben durch die Firma *Gebr. Lüders*, die auch die Verbindung zwischen Brooktorhafen und Neumühlen unterhielt. Aus ihr entwickelte sich später der *HADAG*-Service Hamburg – Blankenese. (Übrigens hatte Blankenese schon seit 1828 einen Dampferanschluß durch die Hamburg-Stade-Altländer Linie, die 1879 den Raddampfer *Elbe* von der 1877 gegründeten Werft *Blohm & Voss* bauen ließ.)

St. Pauli Markt- und Landeplatz – Schanzengraben, betrieben vom Pächter Christian Walther mit vier Booten.

Die *HADAG* hatte auch alle Schiffe der Pächter gekauft und übernahm damit ab 1888 den Verkehr zu folgenden Konditionen: Überfahrt mit einer der Querfähren: 5 Pf, Großer Grasbrook – Veddelhöft (Badefähre): 2 Pf für Hin- u. Rückfahrt.

Bei diesen Preisen und angesichts der Investitionskosten war an eine ausgeglichene Bilanz nicht zu denken. Zwei Jahre nach Gründung der *HADAG* wurden an den Fähranlegern Drehkreuze für zusteigende Fahrgäste

41 HADAG-Fährdampfer »Lessing« (Baujahr 1900, zugelassen für 175 Personen) am Reiherkai

montiert. Chronisten behaupteten, daß dadurch das übermäßige »Schwarzfahren« eingedämmt werden sollte, andere meinten, daß die mit Zählwerken ausgerüsteten Drehkreuze eine Überladung der Schiffe verhindern halfen. Vielleicht hatten die Drehkreuze ja eine oppelfunktion!

Neu eingerichtet wurde mit Gründung der HADAG die Zollkanal-Linie. Dort verkehrten nur rot angestrichene Dampfer, während die HADAG schon von Beginn an Grün als Hausfarbe gewählt hatte. Die Zollkanal-Linie hatte folgende Anlegestellen: Roosenbrücke – Kajen – Mattentwiete – Steckelhörn – Wandrahmsbrücke – Deichtor – Stadtdeich – Brandhofer Schleuse – (Norder-)Elbbrücke – Veddel. Durch die leistungsstarke Pferdebahn wurde diese Linie bald entbehrlich und im Jahr 1891 eingestellt.

Ab 1899 begann die HADAG mit der Renovierung ihrer Schiffe. Nicht weniger als 21 Schiffe wurden erneuert. Zu diesem Zeitpunkt besaß die HADAG 47 Schiffe, was aber nicht bedeutete, daß es ihr nun besser ging als in den Gründungsjahren. Infolge der Investitionen und der niedrigen Fahrpreise kam die HADAG nicht aus den roten Zahlen heraus. Ein Antrag auf Tariferhöhung wurde ihr mit der Begründung abgelehnt, daß dies für die Arbeiterschaft unzumutbar wäre. Der »Arbeitertarif« mußte eingefroren werden, und die HADAG erhielt dafür einen Finanzausgleich vom Hamburger Staat. Übrigens war eine der eifrigsten Befürworter eines höheren HADAG-Tarifs die Hamburg-Altonaer Pferdebahn-Gesellschaft. Wohl aus nicht ganz uneigennützigen Gründen.

1899 übernahm die HADAG die Jollenführer-Dampfer G.m.b.H., die 1907 dann liquidiert wurde und in der HADAG aufging. Die »Jollenführer« waren ursprünglich alte Fahrensleute, die die im Jonashafen an den Duckdalben liegenden Schiffe mit ihren Ruderjollen bedienten. 1888 hatten sie sich zur Jollenführergilde zusammengeschlossen und kleine Dampfschiffe angeschafft. Damit hatten sie zwar einen größeren Aktionskreis im Hafen und konnten Schiffe auch in anderen Hafenbecken erreichen, übernahmen sich aber finanziell.

Ebenfalls 1899 kaufte die HADAG die Lauenburger Dampfer von der Firma Gebr. Burmeister, Lauenburg. Es handelte sich um die Schiffe Kaiser Wilhelm II., Hamburg, Lauenburg, Germania, Concordia, Courier und Patriot. Im Jahr 1905 stellte die HADAG dann allerdings fest, daß die Bergedorf-Geesthachter Eisenbahn – obwohl gerade erst gegründet und noch nicht in Betrieb – dieser Dampfschiffsverbindung nach Geesthacht-Lauenburg schaden könnte. Sie verkaufte die Schiffe schnell wieder an den früheren Eigner. Noch heute erinnert der Raddampfer Kaiser Wilhelm mit Standort Lauenburg an die große Zeit der Lauenburger Dampfer unter Hugo Basedow. Nun orientierte die HADAG sich nach Westen und liebäugelte mit der Verbindung nach Finkenwerder. Die Elbinsel wurde von den Raddampfern Harmonie und Union angelaufen. Rasch einigte die HADAG sich mit dem Gemeindevorstand und den zwei Eigentümern und fuhr im August 1900 erstmals Finkenwerder an.

Im Oktober 1900 trat Jan Molsen in den Dienst der HADAG. Er sollte sie durch die Jahre des Ersten Weltkrieges und die schlimmen Nachkriegsjahre steuern.

42 An den Landungsbrücken liegt der Passagierdampfer »Hamburg«, links wacht der Zollkutter »Fährcanal« über die Zollgrenze, in der Mitte die HADAG-Fähre »Kirchenpauer« (um 1908)

43 Der Lauenburger Dampfer »Germania« hat in Hoopte angelegt; die kleine »Flora« ist das Fährschiff nach Zollenspieker

44 Anleger Kehrwiederbrücke mit zwei HADAG-Dampfern

11. Die elektrische Straßenbahn in Hamburg

Die letzten drei Jahrzehnte des 19. Jahrhunderts haben die Stadtentwicklung bis weit in unsere Zeit hinein geprägt. Hamburgs Bevölkerungszahl stieg von 300 000 im Jahr 1872 auf 700 000 im Jahr 1899. Das Bild des alten Kaufmannshauses, in dem Kontor, Wohnung und Warenlager unter einem Dach zusammengefaßt waren, verschwand. Der Freihafen hatte diesen Prozeß noch beschleunigt. Die Trennung von Arbeitsstelle und Wohnung machte das Stadtverkehrsmittel unentbehrlich. Aber die Pferdebahnen mit ihrer Höchstgeschwindigkeit »leichter Trab« waren dem ständig steigenden Bedarf nur noch bedingt gewachsen. Eine Kapazitätserweiterung war wegen der engen Straßen nicht möglich.

1881 zeigte Werner von Siemens in Berlin die hohe Überlegenheit der Elektrizität als Antriebskraft für Stadtverkehrsmittel gegenüber dem Einsatz von Zugtieren. Die beste Art der elektrischen Ausrüstung hatte Frank J. Sprague in den USA entwickelt. Er führte 1888 in Richmond (Virginia) eine gefederte Rollen-Stromabnehmerstange für die Stromentnahme aus einem Fahrdraht, die Idee des Belgiers Charles van Depoele, überzeugend vor. Über Amerika kam dieses System sehr schnell auch nach Europa.

Die erste so betriebene Strecke in Deutschland wurde von der *Union Electricitäts-Gesellschaft* (heute *AEG*) in Lizenz der Sprague-Patente in Halle gebaut und 1891 eröffnet. Rasch folgten diesem Beispiel Gera, Bremen, Kiew, Kyoto, Kapstadt und andere. Die Welt schien vom Fahrdraht umfaßt und vereinigt. Und trotzdem ist es auffällig, daß klassische Großstädte, Hamburg eingeschlossen, nicht die ersten waren, die die Neuerung verwirklichten. Wie kam das? In London, Paris, Berlin, Wien, Budapest, Rom, New York – überall gab es Bedenken, das majestätische oder malerische historische Stadtbild durch einen Mastenwald und Fahrdrähte zu zerstören. London und Wien waren am beharrlichsten; ihre Innenstädte erhielten nie eine Straßenbahn. In Hamburg ging es um den Jungfernstieg, die Prachtstraße, deren Aussehen keinesfalls durch die Technik verschandelt werden sollte. Erst um 1900 siegte die Einsicht, den Verkehrsfluß nicht am Jungfernstieg vorbeiführen zu können.

Wie kam die elektrische Straßenbahn dann doch nach Hamburg? Die Beispiele und Erfolge anderer Städte überzeugten schließlich, die Elektrizität war schneller, sauberer und kostensparend. Auch die Einsicht, daß die Elektrifizierung nicht gleichzusetzen war mit der Einführung eines neuen »Verkehrssystems«, half bei der Entscheidung, denn es ging im Kern darum, die vorhandenen Pferdebahn-Gleise mit Fahrdraht zu überspannen und neue Triebfahrzeuge zu beschaffen. Nur wo Bedarf bestand, sollte ein zweites Gleis hinzukommen bzw. Trassenkorrekturen oder Verlängerungen die Infrastruktur verbessern. Es war richtig, daß man nach hanseatischer Art zunächst so behutsam vorgehen wollte.

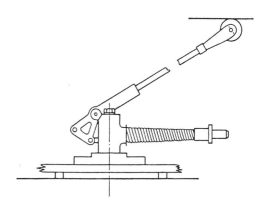

45 Stangenstromabnehmer mit Kontaktrolle

Infolge einer Ausschreibung erhielt die *Union Electricitäts-Gesellschaft* den Zuschlag für die Arbeiten bei der *Straßen-Eisenbahn-Gesellschaft*. Sie garantierte als einzige ein Kostenlimit – und hielt es auch ein. Die Genehmigung für die Umstellung wurde von der Stadt vorerst nur für drei Linien der *SEG (Straßen-Eisenbahn-Gesellschaft)* erteilt, und zwar für die Ringbahn um die innere Stadt, die Linien Pferdemarkt – Eimsbüttel und Schlump – Veddel. Die Arbeiten begannen im Jahr 1893, am 5. März 1894 fuhr in Hamburg die erste elektrische Straßenbahn auf der Ringlinie, nur Wochen später auch auf den anderen beiden Linien. Die Umwandlung der Pferdebahn in einen elektrifizierten Betrieb war bei der *SEG* Mitte 1896 im wesentlichen abgeschlossen. Zu diesem Zeitpunkt fehlten nur noch die Verbindungen:

- Wandsbek – Marienthal – Jüthorn
  (Einstellung erst am 27. Dezember 1922 wegen permanenter Einsprüche der *Lübeck-Büchener Eisenbahn,* die um ihren Besitzstand bangte)
- Eppendorfer Baum – Neues Krankenhaus Eppendorf
  (Umstellung im Jahr 1897)
- Hoheluft – Lokstedt
  (Umstellung im Jahr 1898).

Bevor auf weitere Details des Umstellungsprozesses eingegangen wird, soll dargestellt werden, welche Gesellschaften sich in Hamburg, Altona, Harburg oder Blankenese damals die Verkehrsbedienung teilten. Die *Straßen-Eisenbahn-Gesellschaft (SEG)* wurde schon beschrieben. Sie war der größte Anbieter. Aus dieser Gesellschaft entwickelte sich schließlich nach der Vereinigung mit der Hochbahn die heutige Firma *Hamburger Hochbahn Aktiengesellschaft (HHA).*

Die *Große Hamburg-Altonaer Straßenbahn-Gesellschaft* war die erste Gesellschaft, die den Durchgangsverkehr Borgfelde – Altona aufnahm (1887). Sie fuhr über Hafenstraße – Hamburger Hochstraße – Altonaer Hochstraße bis zum Zollamt an der Palmaille. Im Volksmund hieß sie die »Hochbahn«. Sie wurde 1891 wegen finanzieller Schwierigkeiten von der *SEG* übernommen.

Die *Hamburg-Altonaer Trambahn-Gesellschaft (HAT)* begann ihren Service 1882 zunächst mit der Eröffnung der einspännig und eingleisig betriebenen Altonaer Ringbahn unter Anwendung des Systems auslenkbarer Wagen mit Hilfe eines »fünften« Rades. Dafür wählte man das Patent des dänischen Ingenieurs Adolph Keifler. Die Altonaer Ringlinie fuhr die Strecke Klopstockstraße – Palmaille – Kleine Freiheit – Große Brunnenstraße – Schulterblatt – Belle Alliance – Bahnhof Altona – Klopstockstraße. Ein Jahr später kam die Verbindung Millerntor – Holstenstraße hinzu. Im Jahr 1884, also zwei Jahre nach Betriebsbeginn der Altonaer Ringbahn, übernahm eine englische Gesellschaft den Betrieb, *The Hamburg, Altona & Northwestern Tramways Comp. Ltd.* Die *Northwestern* baute in den Folgejahren noch die Linien Millerntor – Hoheluft und Millerntor – Eimsbüttel, gab aber 1891 auf und verkaufte das Unternehmen an eine deutsche Aktiengesellschaft, die sich nun *Hamburg-Altonaer Trambahn-Gesellschaft AG* nannte. Leider hatte diese Gesellschaft die allgemeine Umstellung auf den elektrischen Betrieb in Hamburg und Altona nicht gut verkraften können, denn viele ihrer Fahrgäste wanderten ab, weil sie inzwischen lieber mit der »Elektrischen« fuhren. Deshalb hatte die Gesellschaft so knappe Finanzen, daß ihr selbst die Umstellung nicht gelang.

46 Linie 19 am Mühlenkamp auf dem Weg von Winterhude zum Rathausmarkt (um 1900)

47 *Verkehrsengpaß Großer Burstah zur Zeit der Jahrhundertwende*

Schließlich übernahm die Elektro-Firma *Schuckert & Co.* nicht nur die Elektrifizierung, sondern auch gleich die ganze Firma. Mit Beginn des elektrischen Betriebs ab 1897 stellte die Firma auch ihre Tarifpolitik um. Auf allen ihren Linien führte sie einen Zehn-Pfennig-Einheitstarif ein. Der Zuspruch war groß, doch statt voller Kassen gab es nur volle Züge, die in die Pleite fuhren. Die *Straßen-Eisenbahn-Gesellschaft (SEG)* sprang ein und übernahm 1899 die Konkursmasse nebst Linienkonzessionen.

Ein äußerst dynamisches und gesundes Unternehmen war die *Hamburg-Altonaer Pferdebahn-Gesellschaft (HAPf)*. Sie unterhielt eine sehr lukrative Strecke, die durchweg bevölkerungsreiche Bezirke bediente: St. Georg über Reeperbahn bis zum Nobistor, und dort teilte sie sich in Bergstraßenlinie und Königstraßenlinie. Am Bahnhof Altona (heutiges Rathaus) kamen die Linienzweige wieder zusammen. Auch die *HAPf* litt nach der Elektrifizierung der *SEG* zunächst unter sinkenden Fahrgastzahlen, konterte aber sehr schnell: 1895 begannen die Umstellungsarbeiten. In diesem Jahr gab sich die Gesellschaft auch einen neuen Namen, sie firmierte nun als *Hamburg-Altonaer Centralbahn-Gesellschaft*, von den Benutzern lieber »Centralbahn« oder auch »Chinesenbahn« genannt wegen des gelben Wagenanstrichs und der pagodenähnlichen Dachkonstruktion. Die Centralbahn elektrifizierte nicht nur, sondern erweiterte auch sofort ihr Netz, so in Hamburg vom Besenbinderhof aus (ursprünglich Endhaltestelle Richtung Altona) ostwärts über die Straßen Beim Strohhause, Berliner Tor bis zur Claus-Groth-Straße (Borgfelde) und in Altona bis zur Fischersallee. 1896 waren alle Umstellungsarbeiten und Neubauten fertig. Nun stellte auch diese Gesellschaft ihr Fahrpreissystem um. Alle Zahlgrenzen wurden aufgehoben und einheitlich der Zehn-Pfennig-Tarif eingeführt. Das war zu jener Zeit eine gewaltige Verbesserung für den Fahrgast; zahlte er vorher schon für eine Fahrt vom Altonaer Bahnhof bis zum Hamburger Rathaus 15 Pfennig (einige Jahre früher sogar noch 40, dann 25 Pfennig), so schloß der neue Zehn-Pfennig-Tarif jetzt sogar die Weiterfahrt bis zum Klostertorbahnhof und nach Borgfelde ein. Obwohl das gleiche Angebot für die *Trambahn-Gesellschaft* den Ruin bedeutet hatte, führte es hier zum vollen Erfolg. Die Benutzerzahlen stiegen von 6,2 im Jahr 1895 auf knapp 10 Millionen im Umstellungsjahr 1896, und auch die Bilanz stimmte. Bis 1913 wurden Dividenden von durchschnittlich neun Prozent gezahlt. Ein gesundes Unternehmen! Kein Wunder, daß erst nach Konzessionsablauf im Jahr 1922 die Übernahme durch die *Hamburger Hochbahn Aktiengesellschaft* erfolgen konnte.

Vergessen wird meistens die *Elektrische Bahn Altona-Blankenese A. G. (Köln)*, die im Jahr 1899 ihren Betrieb aufnahm. Dabei ist sie für die hamburgische Verkehrsge-

48 Schon 1889 errang die SEG für den Bau von Pferdebahnwagen eine Goldmedaille

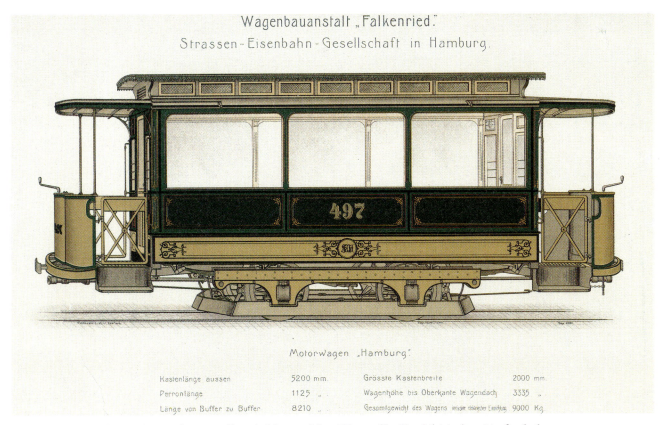

49 Auch später baute die Werkstatt Falkenried formschöne Wagen für die elektrischen Straßenbahnen

schichte nicht uninteressant: 1892 stellte der Berliner Ingenieur und Unternehmer August Beringer den Antrag, eine elektrische Kleinbahn von Altona nach Blankenese bauen zu dürfen. In einem Vertrag mit der Stadt Altona erhielt Beringer das Recht, für seine Bahn die Straßen von Altona, Othmarschen, Nienstedten und Blankenese benutzen zu dürfen. Die Bahn sollte am Ostrand der Stadt Altona beginnen, die Orte Othmarschen, Nienstedten und Dockenhuden bedienen und den Süllberg erklimmen. Die *Hamburg-Altonaer Trambahn-Gesellschaft* äußerte Bedenken, und dies verzögerte die anstehende Genehmigung. Inzwischen meldete sich der Ingenieur Rowan aus Berlin. Er hatte schon 1887 ein Gesuch gestartet, eine Dampfstraßenbahn auf der Elbchaussee zwischen Altona und Blankenese fahren zu lassen. Er verwies auf seine gegenüber Beringer älteren Rechte und konnte zudem beweisen, daß seine Bahn in Stockholm und in anderen Städten erfolgreich funktionierte und dort von der Bevölkerung angenommen worden war. Trotzdem wurde Rowans Gesuch mit der Begründung abgelehnt, ein Dampfwagen wäre nicht mehr zeitgemäß und passe nicht in diese Gegend. Dadurch kam das »Beringer-Projekt« einer elektrischen Bahn wieder in die Diskussion. Die *Aktiengesellschaft für Electricitäts-Anlagen* in Köln schaltete sich ein und übernahm die Geschäfte. So konnte am 26. August 1899 der Betrieb durch die Firma *Elektrische Bahn Altona-Blankenese A. G. (Köln)* aufgenommen werden. Es war ein guter Start, denn es gab ja bisher dort als relevante Verkehrsmittel nur die dampfbetriebene preußische Vorortbahn nach Blankenese und die Dampfer auf der Elbe. Der anfängliche 20-Minuten-Verkehr mußte 1900 auf eine 10-Minuten-Folge verdichtet werden, jede zweite Fahrt wurde über die Gleise der *SEG* bis nach Barmbek verlängert. Aber bereits am 1. Oktober 1901 war dieses Verfahren wegen Verrechnungsschwierigkeiten wieder aufgegeben worden. Als die elektrische Hamburg-Altonaer Stadt- und Vorortbahn ihren Betrieb bis Blankenese aufnahm und ab 29. Januar 1908 der volle Fahrplan auf dieser Strecke angeboten wurde, strömten die Fahrgäste zur neuen Bahn. Schon im Dezember 1908 galt das Aktienkapital in Höhe von 1,2 Millionen Mark als verloren; im Jahr 1921 stellte die Blankeneser Straßenbahn ihren Betrieb ganz ein.

Die Beliebtheit der neuen elektrischen Straßenbahnen war enorm und wird an zwei Zahlen deutlich. Im Jahr 1894 beförderten alle Straßenbahnunternehmen in Hamburg und Altona zusammen insgesamt 62,8 Millionen Fahrgäste, im Jahr 1900 waren es 104,8 Millionen, davon etwa 75 Prozent *SEG*-Fahrgäste. Auch diese »große« Gesellschaft stellte ihre Preispolitik auf die Wettbewerber ein, aber sie tat es in Raten. Der alte Tarif, nach dem für jede Teilstrecke 5 Pfennig zu zahlen waren, verteuerte das Fahren auf langen Strecken sehr. Unter Beibehaltung der bewährten Teilstreckeneinteilung wurde zu Beginn des Jahres 1897 der Fahrpreis für die beiden ersten Teilstrecken auf 10 Pfennig (wie bisher), für je zwei weitere aber auf nur 5 Pfennig festgesetzt, so daß der frühere Fahrpreis von 20 auf 15 Pfennig und von 25/30 Pfennig auf 20 Pfennig ermäßigt wurde. Man erwartete dadurch eine solche Frequenzsteigerung, daß die nicht unerhebliche Mindereinnahme sich wieder ausgleichen würde. Aber man hatte sich verkalkuliert. Auf der Verbindung Wandsbek – Rathausmarkt wurden damals folgende Zahlen ermittelt: 28 Prozent mehr Wagenkilometer, 10 Prozent mehr Fahrgäste, 6 Prozent weniger Einnahme als vor der Tarifreform. Trotzdem – die Straßenbahnen klingelten Hamburg in den Klub der Millionenstädte hinein!

50 *Hamburg-Altonaer Trambahn an der Hauptkirche in Altona*

51 *Hamburg-Altonaer Centralbahn am Stadttheater Altona*

12. Johann Andreas Culin und Sohn

Läßt sich die hamburgische Verkehrsgeschichte des 19. Jahrhunderts personifizieren? Zunächst eine absonderliche Frage. Aber wenn man sich den beruflichen Werdegang von Vater und Sohn Culin einmal näher ansieht, denkt man vielleicht anders darüber. Johann Andreas Culin wurde 1826 in Hamburg geboren. Er begann seinen Berufsweg sehr jung als Techniker bei der Hamburg-Bergedorfer Eisenbahn. Unter seiner Leitung erhielt diese erste hamburgische Eisenbahn 1845 das zweite Gleis, nachdem der Weiterbau bis Berlin beschlossen worden war. Danach war Culin kurzzeitig bei der Lauensteinschen Waggonfabrik in Hamburg als technischer Leiter tätig. Diese Fabrik belieferte die Bergedorfer Bahn mit Waggonmaterial. Als Lauenstein und seine Partner sich dann entschlossen, für Hamburg eine Pferde-Eisenbahn zu bauen, engagierten sie J. A. Culin als technischen Berater. Doch der Behördenentscheid dauerte Culin zu lange. Er nahm zwischenzeitlich den Auftrag an, die Bahnstrecke Lübeck – (Bad) Kleinen zu vermessen und im Winter 1863/64 zu erbauen. Unterdessen war in Berlin das erste Pferdebahn-Projekt Deutschlands genehmigt worden. Culin reiste dort hin und erstellte in den Jahren 1864/65 die Pferdebahnstrecke von Berlin nach Charlottenburg.

Am 18. Januar 1866 erteilte der Hamburger Senat die Genehmigung zum Bau und Betrieb von Pferdebahnen auf Hamburger Gebiet, und Culin kam zurück, um als leitender Ingenieur sofort mit den Bauarbeiten der Linie Hamburg – Wandsbek zu beginnen. Sie konnte am 16. August 1866 eröffnet werden. Auch die anderen Pferdebahnlinien, nach Barmbek, Eimsbüttel, Hoheluft und Groß-Jüthorn, waren Werke Culins, der bald zum Direktor der *Pferde-Eisenbahn-Gesellschaft* avancierte. Aufgrund des starken Zuspruchs, den die Pferdebahnen erlebten, und der erkennbaren Kapazitätsgrenzen suchte Culin nach neuen Wegen der Verkehrsbewältigung. Auswege sah er im Dampfbetrieb oder der Elektrizität. Er unterstützte alle in diese Richtungen gehenden Versuche, so in den Jahren 1876/77 auch die des Ingenieurs Samuelson, der auf der Strecke Hamburg – Wandsbek seine Dampfwagen ausprobierte, bei denen Lokomotive und Personenwagen auf einem Untergestell vereinigt waren. Nach einem längeren Versuch erwies sich dies jedoch als unwirtschaftlich.

Im Anschluß hieran testete Culin 1878 Dampflokomotiven auf der Wandsbeker Strecke. Sie wurden teils von *Kitson* aus Leith (Großbritannien), teils von *Krauss & Co.* aus München und der Schweizer Lokomotivfabrik *Winterthur* bezogen. Der Dampfbetrieb mit *Winterthur*-Lokomotiven überzeugte. Ab 1879 wurde auf der Wandsbeker Strecke der Pferde- durch den Dampfbetrieb ergänzt, bis die Pferdebahn dort schließlich durch die Bereitstellung von 21 Lokomotiven ganz eingestellt werden konnte. Die Dampfbahnen sind erst 1897 durch die elektrische Straßenbahn entbehrlich geworden.

Am 1. August 1881 fusionierte die Culinsche *Pferde-Eisenbahn-Gesellschaft* mit der vom Bankhaus *Erlanger & Söhne,* Frankfurt, gegründeten *Straßen-Eisen-*

52 *J.A. Culin, Foto von 1870*

bahn-Gesellschaft und führte von jetzt ab diesen Namen. Culin blieb auch nach der Vereinigung der erste Direktor dieses Unternehmens. Da die Dampflokomotiven auch Nachteile hatten, wie Lärm- und Rauchentwicklung, und die Wirtschaftlichkeit nicht zufriedenstellend war, suchte Culin zwischenzeitlich immer wieder nach besseren Lösungen. Er nahm deshalb 1885 das Angebot des Ingenieurs J. L. Huber an, zwei durch Akkumulatoren betriebene Straßenbahnwagen probeweise auf der Barmbeker Strecke laufen zu lassen. Diese Versuche waren nicht überzeugend und wurden im Folgejahr eingestellt. Der Blick der Entscheidungsträger war in jenen Jahren schon in Richtung Berlin gerichtet. Dort hatte Werner von Siemens auf der Gewerbeausstellung des Jahres 1879 bewiesen, daß dem elektrischen Strom für den Antrieb von Lokomotiven die Zukunft gehörte.

Während der Vorarbeiten für einen elektrischen Straßenbahnbetrieb in Hamburg mußte Culin im Jahr 1892 wegen Krankheit ausscheiden; seinem Nachfolger, Johannes Röhl, blieb es vorbehalten, der elektrischen Straßenbahn in Hamburg freie Fahrt zu geben. 1893 wurde Culin Ehrenmitglied des *Internationalen Permanenten Straßenbahnvereins*, aus dem sich der heute bedeutende Weltverband *Union Internationale des Transports Publics (UITP)* mit Sitz in Brüssel entwickelte. Culin starb 1896; er hatte die Einführung der elektrischen Straßenbahn in Hamburg noch erleben dürfen.

Doch der Name Culin behielt für die Fachwelt seine Bedeutung. Culins Sohn Gustav Amandus Andreas, 1852 geboren, trat schon 1870 in die Fußstapfen seines Vaters. In diesem Jahr begann seine Laufbahn als Ingenieur-Assistent bei der von seinem Vater geleiteten *Pferde-Eisenbahn-Gesellschaft*. Sein erklärtes Ziel war die Verbesserung des Schienenweges. Eine einteilige Straßenbahn-Rillenschiene mußte her, und G. A. A. Culin klopfte deshalb bei allen damals bekannten Walzwerken an. Aber »Unsinn« oder »undurchführbar« – das waren die Worte, die er immer wieder zu hören bekam. Endlich, im Jahr 1879, glückte der Aktiengesellschaft *Phoenix* die Walzung. Ein Triumph! Die *Phoenix*-Rillenschiene eroberte den Weltmarkt; eine Erfindung aus Hamburg ging um die Welt. Culin jedoch ruhte nicht aus. Er verbesserte durch weitere Erfindungen den Schwachpunkt des Schienenweges, den Schienenstoß, konstruierte den »Blattstoß«, die Kremplasche und den Schienenfeilhobel, mit dem man die Unebenheiten an den Schienenstößen leichter beseitigen konnte. Kurz, er war seinerzeit der bedeutendste Gleisbaufachmann. Nach der Übernahme der *Straßen-Eisenbahn-Gesellschaft* durch die *Hamburger Hochbahn Aktiengesellschaft* im Jahre 1918 wurde G. A. A. Culin gerne weiterbeschäftigt. Er arbeitete bei der neuen Firma als Oberingenieur und Prokurist. Noch nach seiner Pensionierung war er ein gefragter Sachverständiger. Er starb achtzigjährig. In Horn, unweit der U-Bahn-Haltestelle Rauhes Haus, gibt es eine Straße und eine Bushaltestelle, die den Namen Culin tragen.

53 Rillen- oder Phönixschiene für Straßenbahnen, die Erfindung von J. A. Culin

54 Generaldirektor Johannes Röhl

13. Hamburg in voller Fahrt ins 20. Jahrhundert

Im Jahr 1892 grassierte in Hamburg die Cholera; der Aufschwung in Handel und Verkehr stagnierte. Rund 17 000 Menschen erkrankten an dieser Seuche, 8 605 starben. Nicht nur in Hamburg, sondern auch außerhalb seiner Grenzen wurde mit Entsetzen reagiert. Schiffe liefen den Hafen Hamburg nicht mehr an, der Eisenbahnverkehr nach vielen Städten, wie Köln, Wien oder Kopenhagen, wurde eingestellt; zu Tausenden blieben die via Hamburg reisenden Auswanderer unterwegs oder am Amerika-Kai hängen. Die Reichsgrenze im Osten wurde für Auswanderungswillige über Hamburg gesperrt. Den Reedereien entstanden Millionenverluste. Professor Robert Koch, aus Berlin an die Alster geeilt, äußerte sich mit bitteren Worten über die sanitären Verhältnisse der Hamburger Gängeviertel in Alt- und Neustadt. Der größte Teil der Cholera-Toten wurde in Ohlsdorf in Massengräbern beigesetzt. Der Friedhof (1877 von Johann Wilhelm Cordes als erste überkonfessionelle Begräbnisstätte Deutschlands geschaffen) war damals nur über Winterhude zu erreichen, und zwar über die 1880 eröffnete Abzweiglinie der Alsterringbahn. Erst am 11. April 1895 wurde die elektrische Straßenbahn von Barmbek nach Ohlsdorf eröffnet. Der Zuspruch war sofort sehr groß, denn es bestand schon lange ein dringender Bedarf nach einer direkten Verbindung zum Zentralfriedhof. Ein speziell für Trauergäste konstruierter »Salonwagen« wurde zwar 1897 vorgestellt, jedoch nie eingesetzt. Die *SEG* ließ deshalb ihre verschiedenen Ideen für einen Spezialservice fallen und wandte sich verstärkt den allgemeinen Verkehrsproblemen zu. Die Leistungsfähigkeit der Straßenbahn wurde nun zum Gradmesser für den Wirtschaftsboom, der inzwischen voll wieder eingesetzt hatte. Im Jahr 1897 konnte die *SEG* ihre vierachsigen Straßenbahntriebwagen vorstellen, die sich nicht nur in Hamburg bewährten. Sie wurden in der *Wagenbauanstalt Falkenried* (heute *FFG*) gebaut, die ursprünglich in Wandsbek ansässig war, wo man seit 1866 die Pferdebahnwagen pflegte. Der Wagenbau begann 1885, und bereits 1889 erhielt ein solcher Neubau eine Goldmedaille. 1892 verlagerte man den Betrieb nach Falkenried. Seit 1897 exportierte *Falkenried* Straßenbahnen in die ganze Welt, und zwar anfangs 276 Fahrzeuge und im Jahr 1900 schon 728. Jahr um Jahr vermehrten sich die Auslieferungen, bis sie 1915 kriegsbedingt enden mußten.

In Hamburg fuhren 1895 200 elektrische Straßenbahnwagen, in denen man doppelt so viele Fahrgäste beförderte als noch ein paar Jahre zuvor mit Pferd und Wagen. Überall schritt die Elektrifizierung dynamisch voran. Das Netz erweiterte sich vor allem nach Süden, ermöglicht durch die 1899 eröffnete Süderelbbrücke. Harburg hatte im Jahr 1850 nur 5500 Einwohner, 1900 schon zehnmal soviel. Eine Pferdebahn gab es in Harburg nie, wohl aber seit 1873 einen Pferdeomnibus, der für die Reisenden ein wichtiges Bindeglied zwischen dem Dampfschiffsbollwerk und der Eisenbahn darstellte. Die *1. Omnibus-Compagnie* stand für diese Tour im Liniendienst bereit, und ab 1886 schaltete sich noch ein zweiter Unternehmer, der Posthalter Eddelbüttel, in den Omnibusverkehr ein.

Vom Pferdeomnibusbetrieb sprang Harburg gleich in das elektrische Zeitalter. Kaum hatte Strombaudirektor Narten 1897 mit dem Bau der Süderelbbrücke begonnen, schloß der Magistrat der Stadt Harburg mit der *Hamburg-Altonaer Trambahn-Gesellschaft* bereits einen Vertrag über eine Linie von der neuen Brücke aus über Schloßstraße, Sand, Lüneburger Straße bis Wilstorf sowie über eine zweite Linie vom Bahnhof Harburg durch Moorstraße, Buxtehuder Straße bis zur Gasanstalt an der Stader Straße. Die *Trambahn-Gesellschaft* ihrerseits mußte sich verpflichten, die Straßenbahn über Wilhelmsburg hinaus bis zur bestehenden Straßenbahnverbindung an der Veddel zu verlängern. Diese Bedingung erwies sich allerdings als ein Stolperstein, denn die Veddeler Linie gehörte einer Konkurrenz-Gesellschaft, der *SEG*. Keiner gönnte dem anderen den Erfolg und letztlich das Geld der Fahrgäste.

Als die *Trambahn-Gesellschaft* 1901 in der *SEG* aufging, war der Weg frei – doch das war leider zu spät für die erste Fahrt über die Süderelbbrücke am Tag der Einweihung, dem 30. September 1899. Erst am 24. Mai 1902 war es soweit: Der Sonderzug mit Ehrengästen fuhr über die Süderelbbrücke in die Stadt ein und erreichte hier Straßenbahnschienen, die schon drei Monate vorher einen »Inselbetrieb« innerhalb der Stadt Harburg erlaubt hat-

55 Zwei Straßenbahnlinien begegnen sich auf dem Sand in Harburg, die Linien 23 und die (spätere) 32 (um 1910)

ten. Dabei handelte es sich um die spätere Linie 32; die erste »Brückenlinie« erhielt die Nummer 23. Ab 18. November 1903 gab es statt dessen die Linie 33, die bis zum 17. Mai 1955 die »Harburger« Straßenbahn blieb. Die letzte Straßenbahn verschwand aus dem Harburger Stadtbild am 23. Mai 1971; es war die Linie 12.

Während der Stadtverkehr in Hamburg, Harburg und Altona unvorstellbare Ausmaße annahm und in seiner Vielschichtigkeit erstmals die Wachstumsgrenzen wegen zu weniger oder zu enger Straßen zu spüren bekam, verharrten die Stadtväter nicht in Passivität, sondern handelten auf den unterschiedlichsten Ebenen. Die Cholera-Epidemie von 1892 (übrigens die letzte Seuche in der Stadt) hatte den Blick auf das unwegsame und unhygienische Gängeviertel gelenkt. Ähnlich wie seinerzeit bei der Freihafengründung wurde nun zunächst die Neustadt zwischen Vorsetzen und St. Michaeliskirche zum Sanierungsgebiet erklärt und abgerissen. Diese Arbeiten begannen im Jahr 1890. Durch das nordöstliche Geviert wurde eine breite Straße angelegt, die heutige Kaiser-Wilhelm-Straße. Sie stand seit dem 12. November 1892 für den Pferdebahnbetrieb zur Verfügung; dadurch konnten die »Fünfrad-Wagen« der SEG zurückgezogen werden. Im Ostteil der Stadt aber stockte der Verkehr wegen des permanenten Hindernisses »Eisenbahn«. Es erscheint heute unglaublich, daß die seit dem Reformtarif von 1886 etwa in einem 20-Minuten-Abstand dampfenden Züge der Verbindungsbahn im Straßenniveau fuhren und dabei nicht weniger als 21 Straßen kreuzten. Rechnet man noch die Züge der Gegenrichtung hinzu, so war die Stadt (namentlich der Stadtteil Klostertor) praktisch zweigeteilt. Die anfänglich nur durch einen Wärter bewachten Kreuzungen mußten bei einem sich nähernden Zug rasch durch Sperrketten gesichert werden. Ab 1888 gab es dann Schranken. Da die Verständigung nur durch Glockensignale geschah und die Züge schneller fuhren, war die Abschnürung noch größer geworden, weil so mancher Wärter seine Schranken frühzeitig verschloß. Hinzu kam, daß zwischen dem Klostertorbahnhof (dem faktischen Endpunkt der Verbindungsbahn) und dem Berliner Bahnhof stets ein reger Rangierbetrieb im Straßenniveau herrschte. Durchgangszüge wurden grundsätzlich mit voranschreitendem Bahnwärter vom oder zum Hannoverschen Bahnhof in den Straßen »überführt«. So durfte es nicht weitergehen! Der Eigentümer der Bahn – seit 1883/84 der preußische Staat – hatte gewiß auch ein großes Interesse daran, die Kalamitäten zu beseitigen, doch ging es hier um zwischenstaatliche Vereinbarungen. Und außerdem waren so kurze Zeit nach der Verstaatlichung riesige Aufgaben zu bewältigen. Die Schaffung des Freihafens erforderte von der Eisenbahn eine völlige Neuordnung der Güterverkehrsanlagen, es mußten neue Rangierbahnhöfe sowohl im Freihafen als auch außerhalb des Zollzaunes, wie etwa in Wilhelmsburg, gebaut werden.

56 Ansichtskarte vom »neuen« Harburger Hauptbahnhof

Die Eröffnung des Kaiser-Wilhelm-Kanals 1895 trennte alle Bahnlinien im Norden Deutschlands auf. Sie mußten den Großschiffahrtsweg auf Hoch- oder Drehbrücken kreuzen. Nicht zuletzt wollte der Hamburger Hafen im Wettbewerb mit den anderen europäischen Häfen mithalten können. Schnelligkeit war auch damals schon gefragt, ganz besonders, wenn es um den Auswandererverkehr ging. Und die Zahlen waren beträchtlich. So verließen allein im Jahr 1913 364 000 Menschen über Hamburg ihre europäische Heimat, um in Übersee eine neue Existenz zu finden. Den Reedern schwebte der Ausbau des Hafens Cuxhaven vor, der als Exklave Ritzebüttel zu Hamburg gehörte, um dort den Auswandererverkehr abzuwickeln. Es fehlte nur noch die schnelle und leistungsfähige Eisenbahnverbindung. Mit einer Finanzspritze der belgischen Firma *Société belge des chemins de fer* baute die *Unterelbesche Eisenbahn-Gesellschaft* die Eisenbahn Harburg – Cuxhaven, die am 11. November 1881 in voller Länge eröffnet wurde. Sie erhielt in Harburg einen eigenen Endbahnhof, »Unterelbescher Bahnhof«.

Schwierig gestalteten sich für den Durchgangsverkehr Hamburg – Cuxhaven die Gleisverbindungen in Harburg. Dort standen seinerzeit drei Bahnhöfe: der alte »Staatsbahnhof« von 1847, der Durchgangsbahnhof an der ehemaligen Grubestraße, in Sichtweite der Süderelbbrücke, und nun auch noch der Unterelbebahnhof. Die einzige Gleisverbindung untereinander und damit auch zwischen Hamburg und Cuxhaven bildete ein Güterzuggleis, im Straßenpflaster verlegt, das sowohl den Bahnhof Grubestraße als auch den Unterelbebahnhof mit dem Staatsbahnhof am Hafen verband. Nur unter »Kopfmachen« in diesem Bahnhof war also eine recht mühselige und sehr zeitaufwendige Verbindung zwischen der Hansestadt und Cuxhaven möglich. Das entsprach aber nicht den Vorstellungen von einem »schnellen Hafen«. So unter Druck gesetzt, begannen die großen Umbauarbeiten der Eisenbahn im Unterelbegebiet zunächst südlich des Stromes. In Harburg entstand ein neuer Gemeinschaftsbahnhof, der am 1. Mai 1897 eröffnet werden konnte. Er ersetzte die anderen Bahnhöfe bis auf »Unterelbe«, der für die Bedienung des Stadtverkehrs seine Bedeutung bis 1984 behielt. Geblieben aber war nach wie vor das Kopfmachen aller Züge, die die Cuxhavener Strecke befuhren. Außerdem war man damals nicht weitsichtig genug, die Unterelbebahn über das Straßenniveau herauszuheben. Die Schranken waren ein Dauerthema in der Öffentlichkeit.

Bei der Realisierung der Umbauarbeiten der Eisenbahnanlagen in Hamburg und Altona zerfiel der Gesamtkomplex in zwei große Vorhaben, das Altonaer und das Hamburger. Als Klammer zwischen beiden Unternehmungen wirkte die Verbindungsbahn. Über die Lage des neuen Bahnhofs in Altona ist heiß diskutiert worden. Auf jeden Fall – und da waren sich alle einig – sollte die Doppel-Stadt Altona/Ottensen nicht länger in zwei Teile zerschnitten bleiben, so, wie es durch die Lage des Bahnhofs am hohen Elbufer an der Palmaille geschehen war. Als Kompromiß entstand das Bahnhofsgebäude mit seiner Schalterhalle und der Bahnsteiganlage ohne Treppenkonstruktionen zu ebener Erde, was für die Reisenden bis heute als sehr angenehm empfunden wird. Für die Bahnhofsgleise wurden Erdmassen aufgefahren, nahe Straßen unterführt (Lessingtunnel) und die Streckengleise aufgeständert oder auf Böschungen über den Straßen fortgeführt. So gingen die Arbeiten sozusagen doppelspurig voran; die Blankeneser Bahn verlor durch ihre Hochlage die störenden Bahnschranken und wurde gleichzeitig von 1892 bis 1897 zweigleisig ausgebaut.

Die Verbindungsbahn erhielt vier Gleise; alle Schranken verschwanden. Den Bahnhof Schulterblatt legte man still und eröffnete statt dessen am 1. Mai 1893 den Haltepunkt Holstenstraße. Die weiteren Arbeiten an der Verbindungsbahn verzögerten sich durch umfangreiche Dammschüttungen und Hochbauten erheblich. Erst zehn Jahre nach Fertigstellung des Haltepunktes Holstenstraße sind die beiden neuen Bahnhöfe Sternschanze (zuerst Schanzenstraße genannt) und Dammtor eröffnet worden (1903).

Aber zunächst zurück nach Altona. Dort erfolgte der Um- und Neubau in zwei Phasen. Um den Zugverkehr von und nach Norden sowie den Blankeneser Betrieb nicht allzusehr in Mitleidenschaft zu ziehen, hatte man zunächst den Westteil des Bahnhofs fertiggestellt und gleichzeitig den Zugverkehr über den alten Bahnhof an der Palmaille abgewickelt. Als 1893 dieser westliche Teil stand, begannen die Arbeiten auf der östlichen Seite, bis am 30. Januar 1898 in Anwesenheit von Kaiser Wilhelm II. der Bahnhof Altona schließlich seinen vollen Betrieb aufnehmen konnte.

Während also Altona mit seinem neuen Hauptbahnhof die Fachwelt schon beeindruckte und man das Modell im Verkehrs- und Baumuseum Berlin zeigte, war die Stadt Hamburg noch mitten in den Verhandlungen über Lage, Bau und Betriebsabwicklung seines Hauptbahnhofes. Schließlich einigten sich Preußen, die *Lübeck-Büchener Eisenbahn-Gesellschaft* und die Hansestadt am 30. Dezember 1898; die schwierigen Arbeiten konnten beginnen. Hier ging es nicht nur um den Bau eines neuen Hauptbahnhofes, sondern vier große voneinander getrennte Bahnhöfe sollten durch eine Zentralstation ersetzt werden. Das waren die Anlagen des Berliner, des Klostertor-, des Lübecker und des Hannoverschen Bahnhofs. Am 5. Dezember 1906 war es dann soweit! Der Hamburger Hauptbahnhof wurde eröffnet. Das Ergebnis

57   Bau der Sternbrücke im Zuge der Hochlegung der Verbindungsbahn

58 *Der Hauptbahnhof im Bau, ca. 1905*

hat die Menschen in Erstaunen versetzt. Das konnte man auch den Pressestimmen entnehmen, wie folgendes Beispiel zeigt:

»Der Eisenbahnhof! Er ist die Seele der die Erde und die Menschen untereinander verbindenden Schienenstränge und Züge. Von ihm aus jagen wir in die Länder und von Ferne zu Ferne. Es gibt keine Fremde mehr. Es verschmelzen sich von Bahnhof zu Bahnhof die Kulturen. Und das ist der Erwerb unserer Zeit, der Tage, die uns geboren und erzogen haben. Wie das Mittelalter die gotischen Kathedralenwunder gedichtet hat, so muß unser balladeskes Zeitalter der Werke der donnernden Eisenhämmer, der sausenden Maschinen, der rastlosen Erfindergenies gerade in den Bahnhöfen die Tempel bauen, in denen wir die Kulturstärke unserer Tage erkennen. . . .«

Die hohen Hallen versinnbildlichten aber nicht nur die himmelstürmende Dynamik des Eisenbahnverkehrs, sie kündeten nicht nur von der einfallsreichen Ingenieurskunst, nein, sie waren auch notwendig – ganz einfach, um die Reisenden durch den Lokomotiven-Qualm nicht zu sehr zu belästigen.

59 *Die Schalterhalle im neuen Bahnhof Sternschanze, 1903*

14. Die Eisenbahn – Partner im Hamburger Stadtverkehr

Bei den ersten Plänen zur Umgestaltung der Eisenbahnanlagen in Hamburg und Altona war nicht allein der Bau von Hauptbahnhöfen in Altona, Hamburg oder auch Harburg das hohe Ziel, sondern es ging auch um die Rolle der Eisenbahn im Stadtverkehr. Berlin hatte den Weg gewiesen. So sollte ein Gleispaar extra für den Stadtverkehr zwischen Altona und dem Hauptbahnhof gebaut werden, offen blieb jedoch, wo es in Hamburg enden würde. Als Kompromiß mit der *Lübeck-Büchener Eisenbahn* war seinerzeit zwar Hasselbrook ausgehandelt worden, aber niemanden befriedigte diese Lösung. Zwischenzeitlich waren nun verkehrsgeschichtlich bedeutsame Ereignisse eingetreten, und es konnte neues Ideengut in die Planungen einfließen. Für jedermann unüberhörbar klingelte sich die elektrische Straßenbahn durch die Städte und überzeugte alle Fachleute. Fahrgäste demonstrierten durch die rege Benutzung für die Elektrische. Bei der *Straßen-Eisenbahn-Gesellschaft* verwies man stolz auf die beiden Vergleichszahlen: 1895 waren es dort 50 Millionen Fahrgäste, 1900 schon 80 Millionen, und die Zahlen stiegen weiter. Das Angebot der elektrischen Straßenbahnen wuchs permanent durch Verlängerungen, Neubauten oder Verknüpfungen. Das Gleisnetz allein der *SEG* vergrößerte sich von 196 Kilometer (1895) auf 275 Kilometer im Jahr 1900.

Durch diese Tatsachen waren die Eisenbahn-Ingenieure »elektrisiert«. Hatte nicht Werner von Siemens bei seinen Demonstrationen im Jahr 1881 in Berlin-Lichterfelde ausdrücklich von einer Hochbahn gesprochen? Man wollte also Genaueres wissen, und die Firma *Siemens & Halske* ließ um die Jahrhundertwende zwischen Berlin und Zehlendorf elektrische Züge fahren, mit Gleichstrom über eine dritte Schiene. 1902 wurden diese Fahrversuche eingestellt. Man wußte nun, daß Gleichstrom durchaus für den Bahnbetrieb geeignet war, doch mit der Einschränkung, aus Sicherheitsgründen höchstens 1500 Volt in einer Stromschiene zu transportieren. Diese geringe Voltzahl ist auf längeren Strecken unwirtschaftlich, weil durch den Leitungswiderstand zuviel Energie verlorengeht, was diese Form des Antriebs für Großbahnen ungeeignet machte; für Stadtbahnen allerdings eröffnete sich dadurch eine gute Perspektive.

Aber auch Forschungen an anderen Stromsystemen gingen weiter. Spektakulär war das Ereignis auf der Militärbahn Marienfelde – Zossen, ein Jahr nach der Einstellung des Großversuchs von *Siemens & Halske*. Am 28. Oktober 1903 fuhr ein Versuchstriebwagen mit Drehstrom-Fahrmotoren, ebenfalls von Siemens, mit einer Höchstgeschwindigkeit von 210,2 km/h. Die Fachwelt horchte auf. Niemand aber ahnte, daß es bis zur rationellen Verwendung von Drehstrom bei der Fernbahn noch 75 (DB:BR 120) und bei der Stadt-Schnellbahn (DT 4 für die Hamburger U-Bahn) noch 85 Jahre dauern sollte.

Jetzt fehlten nur noch Erkenntnisse, ob die Wechselstromtechnik für den Bahnbetrieb verwendbar sei. Und wie so oft in Wissenschaft und Technik, erreichten zwei Forschungsgruppen gleichzeitig verwertbare Ergebnisse, nämlich die *AEG* in Berlin und die Firma *Westinghouse* in den USA. An diese Fortschritte und Ergebnisse knüpfte die *Preußisch-Hessische Staatsbahnverwaltung* ihre Hoffnung, endlich die Grundlage für ein einfaches Bahnsystem gefunden zu haben. Sie stellte der *AEG* die vier Kilometer lange Strecke Niederschöneweide – Johannistal – Spindlersfeld für einen Versuchsbetrieb mit Einphasen-Wechselstrom von 6 000 Volt und 25 Hertz zur Verfügung. Er wurde 1903 aufgenommen. Dabei stellte sich heraus, daß Wechselstrom für die Eisenbahn geeigneter war als Dreh- oder Gleichstrom. Endgültige Ergebnisse waren aber nicht zu erreichen, da die Versuchsstrecke mit vier Kilometern Länge zu kurz war. Bei der Suche nach einer anderen Strecke fiel die Wahl – auf Hamburg. Hier waren die Bauarbeiten rund um den neuen Hauptbahnhof gerade in vollem Gange, und man hatte noch immer nicht darüber entschieden, wo denn die Verbindungsbahn nun enden sollte. Gegen den zwischen den Wohnbezirken Hamm und Eilbek vorgesehenen Endpunkt Hasselbrook gab es inzwischen handfeste Argumente aus dem damals schon dichtbevölkerten Bezirk Barmbek, in den immer mehr umgesiedelte Arbeiter aus den Sanierungsgebieten einzogen. Sie forderten einen besseren Verkehrsanschluß. Die Gesamtbevölkerung und auch der Senat verwiesen auf den Zentralfriedhof in Ohlsdorf, der nur mit der Straßenbahn zu erreichen war. Kurz – die Verlängerung der Verbindungsbahn bis Ohlsdorf wurde

60 Elektrozug der Hamburg-Altonaer Stadt- und Vorortbahn aus dem Jahr 1907

immer wahrscheinlicher. Die *Preußisch-Hessische Staatsbahn* fand in dieser sich abzeichnenden Bahnverbindung die ideale Versuchsstrecke für Wechselstromzüge. Die Verlängerung über Altona hinaus bis Blankenese war dann nur ein weiterer logischer Schritt. Am 12. Dezember 1904 schlossen die *Preußisch-Hessische Staatsbahnverwaltung* und die Stadt Hamburg den sogenannten »Ohlsdorfer Vertrag«, in dem der Ausbau der Bahnverbindung über den Hauptbahnhof hinaus bis Ohlsdorf (über Barmbek) und die Elektrifizierung der 26,6 Kilometer langen Gesamtstrecke Blankenese – Ohlsdorf vereinbart wurden. Mit diesem Vertrag sind zwei eigentlich verschiedene Interessenbereiche miteinander gekoppelt worden. Für die Stadt bedeuteten die Vereinbarungen eine verbesserte Infrastruktur zusätzlich zur elektrischen Straßenbahn, für die Staatsbahn gab es endlich ein Versuchsfeld für einen Wechselstrombetrieb.

Das aber war nicht alles! Eisenbahn-Ingenieure und Verkehrsplaner begannen – parallel zur Elektrifizierung – aus diesem »Inselbetrieb« ein Stadtbahn-System zu machen. Dafür waren Fahrzeuge, Betriebsanlagen, die Betriebseinrichtungen und eine aktive Fahrpreispolitik in Einklang zu bringen. Dies dürfte den Planern nicht schwergefallen sein, denn in Berlin gab es bereits ein Vorbild. Dort hatte Baurat Orth schon im Jahre 1871 die Idee entwickelt, die Ringbahn in der Gestalt des bekannten Hundekopfes durch eine Durchmesserbahn quer durch die Stadt zu ergänzen: Diese Stadtbahn wurde 1882 vollendet. Das Handblocksystem und damit der Hauptsignalabstand wurde so eng gewählt, daß schon damals Zugfolgezeiten von zweieinhalb Minuten möglich waren (und das im Dampfzugbetrieb!). Anschließend erhielt die Ringbahn besondere Gleise für den Nahverkehr und ein sinnvolles Kommunikationssystem, so daß Züge vom nördlichen und südlichen Ring direkt in die Stadtbahnlinie hineinfahren konnten. Auf diese Weise entstand das Netzsystem Stadt- und Ringbahn. Nach der nochmaligen Erweiterung (bis 1916) in die Vororte hinein sprach man dann von der »Berliner Stadt-, Ring- und Vorortbahn«, aus der nach der Elektrifizierung in den Jahren zwischen 1924 und 1930 die weltberühmte Berliner S-Bahn wurde.

Die Entwicklung in Hamburg verlief ähnlich. Wie bei den Berliner Versuchen im Raum Niederschöneweide 1904, wählte man für das Hamburger System ebenfalls eine Frequenz von 25 Hertz für den Wechselstrom (6300 Volt). Günstige Preise für Stromerzeuger und Umspanner, erfolgreiche Versuche in den USA und in Schweden und schließlich die Entwicklung des Winter-Eichberg-Motors bei der *AEG* machten die Entscheidung nicht schwer (DB heute: 15 000 Volt, $16^2/_3$ Hertz). Zur Stromerzeugung baute die Bahn ein eigenes Kohlekraftwerk in Altona (in der heutigen Schleswiger Straße) in unmittelbarer Nachbarschaft der Gleisanlagen. Mit zwei 71 Meter hohen Schornsteinen entstand es zwischen 1905 und

61 Das Kraftwerk für die Stromversorgung der Stadt- und Vorortbahn

1907 – Symbol der neuen Zeit. In den Anfangsjahren lag die Stromerzeugung bei einer Kapazität von 6000 kW und konnte später temporär bis zu 27 000 kW gesteigert werden. Dieses Kraftwerk bewährte sich anfangs recht gut; unwirtschaftlich wurde es erst später aufgrund von Verschleißerscheinungen. Bis 1924 bewältigte das Bahnkraftwerk die Stromversorgung allein, eingeschlossen die Altonaer Hafenbahn. Als dann die Verlängerung des elektrischen Betriebs von Ohlsdorf nach Poppenbüttel erfolgte, reichte es nicht mehr aus, und die *Hamburgischen Electricitäts-Werke* mußten sich einschalten.

Nichts war dem Zufall überlassen worden. Die preußischen Abteilwagen bewährten sich bereits zu Tausenden, und die Betriebsweise war schon in Niederschöneweide erfolgreich erprobt worden. Die Vielfachaufhängung für Fahrdrähte konnte von dort übernommen werden und auch die Kriterien für die Auswahl der Fahrzeuge. Die Wagen lieferten *Linke & Hofmann* und die Firma *van der Zypen & Charlier;* die elektrische Ausrüstung kam von der *AEG* und von den *Siemens-Schuckert-Werken.* Die Fahrzeugeinheit war ein Doppelwagen mit Schraubenkupplung, jeder Doppelwagen bestand aus zwei dreiachsigen kurzgekuppelten Wagenhälften, die am äußersten Ende auf einem Drehgestell und an der Kurzkupplung auf einer freien Lenkachse (Bo'1+1+1 2') ruhten. Der Antrieb einer Einheit erfolgte durch zwei oder drei Motoren, die in die Drehgestelle eingebaut waren und mit einfacher Zahnradübersetzung auf je eine Treibachse wirkten (Einphasenwechselstrom mit 25 Hertz, 6 300 Volt). Die Wagenkästen mit sieben Einzelabteilen waren aus Holz gebaut. An den Stirnseiten befanden sich die Führerstände. Jeder Doppelwagen hatte 44 Sitzplätze in der zweiten und 80 Sitzplätze in der dritten Wagenklasse. Die Zahl der Stehplätze betrug 126, so daß insgesamt also 250 Plätze vorhanden waren. Ein Vollzug der damaligen Zeit bestand aus vier Einheiten. Er konnte demnach 1 000 Menschen befördern. Eine starke Leistung, zumal die Signalanlagen einen Fünf-Minuten-Abstand (im Bedarfsfall sogar einen geringeren) zuließen. Der Motor schaffte – je nach Ausrüstung – pro Einheit 300 bis 330 PS, die Höchstgeschwindigkeit betrug 50 km/h. Die Industrie erhielt zunächst den Auftrag über 60 Einheiten.

Um einen raschen Fahrgastfluß zu gewährleisten, war der Mittelbahnsteig die Regelbauart und die Höhe so bemessen, daß ein Einstieg ohne Trittstufe – als Novum gegenüber dem Fernverkehr – möglich war. Wo erforderlich, wurde für die Stoßzeiten Personal eingesetzt, das als Türschließer zur Beschleunigung beitrug (vornehmlich Dammtor, Hauptbahnhof, Berliner Tor). Bei Signalstörungen wurde – wie in Berlin – auf schriftliche Weisungen verzichtet und für besondere Fälle das »Fahren auf mündlichen Auftrag« eingeführt.

Nicht nur das Produkt nahm zeitgemäße, moderne Formen an, sondern auch die Preispolitik paßte sich dem

Markt an. Nach anfänglichen Schwierigkeiten kristallisierte sich ein neuer Stadt- und Vororttarif heraus; die Bahn bot ab 1. Januar 1912 folgendes an: Der Stadttarif galt von Altona bis Barmbek und war in drei Preiszonen aufgeteilt. Der Vororttarif war ein Kilometertarif, und das Angebot war im Gegensatz zu dem von 1886 erweitert. Das Tarifgebiet endete nun an den Stationen Wedel (statt Blankenese) und Elmshorn (statt Pinneberg), während die Endstationen Harburg und Friedrichsruh unverändert blieben. Da die Strecke Hamburg – Lübeck seinerzeit noch privat betrieben wurde, galt der Vororttarif dort nicht. Die Gesellschaft hatte ihre eigene Preisgestaltung.

Die Einführung des elektrischen Betriebs war mit erheblichen Anfangsschwierigkeiten verbunden. Der Betrieb war zwar von vornherein als Studie konzipiert worden, doch die Störungen des fahrplanmäßig ausgewiesenen Angebots stießen auf massive Beschwerden der Kunden. Das wurde erst besser, als am 29. Januar 1908 der volle elektrische Betrieb auf der »Hamburg-Altonaer Stadt- und Vorortbahn« aufgenommen werden konnte. Diesen Namen behielt die Bahn, bis er durch die Kurzbezeichnung »S-Bahn« 1934 abgelöst wurde. Eine Fahrt von Blankenese bis Ohlsdorf dauerte fahrplanmäßig 63 Minuten; gegenwärtig braucht die S 11 44 Minuten.

Fahrzeiten auf der Stadt- und Vorortbahn.

Von Station	nach																		
	Blankenese	Hochkamp	Klein Flottbek	Groß Flottbek-Othmarschen	Bahrenfeld	Altona Hbf.		Altona Holstenstraße	Hamburg Sternschanze	Hamburg Dammtor	Hamburg Hbf.	Berliner Tor	Landwehr	Hasselbrook	Wandsbecker Chaussee	Friedrichsberg	Barmbeck	Rübenkamp	Ohlsdorf
	Minuten																		
Blankenese....	0	3	6	9	12	an 16	ab 17	21	24	27	30	33	35	38	40	42	46	50	53
Ohlsdorf.....	54	50	47	44	41	37	36	32	29	26	23	20	17	15	12	10	8	4	0

Grundform des Fahrplans der Stadt- und Vorortbahn Blankenese—Ohlsdorf.

1. Werktagsfahrplan.

Richtung Blankenese — Ohlsdorf.

Es fahren die Züge:
Von Altona Hbf. nach Barmbeck
(Stadtbahn)
von 4 17 vorm. bis 5 27 vorm. in Abständen von . . . . . 10 Minuten,
von 5 27 vorm. bis 8 17 vorm. in Abständen von . . . . . 5 Minuten,
von 8 17 vorm. bis 11 37 vorm. in Abständen { 5 Min. n. Hasselbrook,
von   { 10 „   „ Barmbeck,
von 11 37 vorm. bis 9 07 nachm. in Abständen von . . . . . 5 Minuten,
von 9 07 nachm. bis 11 57 nachm. in Abständen { 5 Min. n. Hasselbrook,
von   { 10 „   „ Barmbeck,
von 11 57 nachm. bis 1 17 nachts in Abständen von . . . . . 10 Minuten.

Von Blankenese nach Barmbeck*
von 4 40 vorm. bis 5 40 vorm. in Abständen von . . . . . 20 Minuten,
von 5 40 vorm. bis 9 20 vorm. in Abständen von . . . . . 10 Minuten,
von 9 20 vorm. bis 11 40 vorm. in Abständen von . . . . . 20 Minuten,
von 11 40 vorm. bis 9 40 nachm. in Abständen von . . . . . 10 Minuten,
von 9 40 nachm. bis 1 00 nachts in Abständen von . . . . . 20 Minuten.

* Von Groß Flottbek-Othmarschen nach Barmbeck fahren die Züge von 5 49 vorm. bis 1 09 nachts in Abständen von 10 Minuten.

Von Blankenese nach Ohlsdorf
von 4 40 vorm. bis 11 40 vorm. und von 11 50 vorm. bis 4 10 nachm. in Abständen von . . . . . 20 Minuten,
von 4 10 nachm. bis 8 00 nachm. in Abständen von . . . . . 10 Minuten,
von 8 00 nachm. bis 1 00 nachts in Abständen von . . . . . 20 Minuten.

2. Sonntagsfahrplan.

Richtung Blankenese — Ohlsdorf.

Es fahren die Züge:
Von Altona Hbf. nach Barmbeck
(Stadtbahn)
von 4 57 vorm. bis 7 57 vorm. in Abständen von . . . . . 10 Minuten,
von 7 57 vorm. bis 12 57 nachm. in Abständen { 5 Min. n. Hasselbrook,
von   { 10 „   „ Barmbeck,
von 12 57 nachm. bis 7 37 nachm. in Abständen von . . . . . 5 Minuten,
von 7 37 nachm. bis 9 07 nachm. in Abständen { 5 Min. n. Hasselbrook,
von   { 10 „   „ Barmbeck,
von 9 07 nachm. bis 12 27 nachts überwiegend in Abständen von 5 Minuten,
von 12 27 nachts bis 1 17 nachts in Abständen von . . . . . 10 Minuten.

Von Blankenese nach Barmbeck und Ohlsdorf*
von 4 40 vorm. bis 9 20 vorm. in Abständen von . . . . . 20 Minuten,
von 9 20 vorm. bis 6 50 nachm. in Abständen von . . . . * 10 Minuten,
von 6 50 nachm. bis 11 10 nachm. in Abständen { 10 Min. n. Barmbeck,
von   { 20 „   „ Ohlsdorf,
von 11 10 nachts bis 1 00 nachts in Abständen von . . . . . 10 Minuten.

* Von Altona Hbf. nach Ohlsdorf fahren die Züge von 12 57 nachm. bis 5 27 nachm. überwieg. in Abständ. v. 5 Min.

62 Winterfahrplan 1913/14

63   *Bahnhof Bahrenfeld mit Zug nach Blankenese, um 1910*

64   *Bahnhof Blankenese, Bahnhofsvorplatz vor dem Ersten Weltkrieg*

15. Hamburg erhält eine Hochbahn

So vielfältig wie die urspünglichen Bezeichnungen für diese Bahn, so vielgestaltig waren auch die Vorschläge dafür, wie sie aussehen sollte. »Wir Hamburger sind nicht immer rasch von Entschluß, aber was wir schließlich in Angriff nehmen, pflegt gut zu werden«, dieser Satz, auf der Eröffnungsrede anläßlich der Hochbahn-Einweihung im Jahre 1912 von Bürgermeister Dr. Burchard ausgesprochen, zeugt von dem heute immer noch gebräuchlichen hamburgischen Understatement, denn es stimmt einfach nicht, daß die »Entscheidungsträger« damals zaghaft Entschlüsse faßten. Die Zeit war viel zu dynamisch, das Wachstum beispiellos, so daß es sehr richtig war, die Tauglichkeit einer neuen, universellen »Stadt- und Vorortbahn«, einer »Hoch- und Untergrundbahn«, einer »Schwebebahn«, einer »Friedhofsbahn«, einer »Hochbahn«, einer »Untergrundbahn«, oder wie auch immer man sie nannte, vor der Realisierung genau zu prüfen.

Andererseits drängte die Zeit, denn es entstanden neue Industriebetriebe, und Menschen wanderten in immer größerer Zahl zu, was zu sozialen Spannungen hätte führen können. Die Bevölkerung wuchs innerhalb von nur fünf Jahren um fast 100 000, so daß es 1902 800 000 Einwohner gab. Für die Stadt bedeutete das zusätzlichen Wohnungsbau für jährlich 20 000 Menschen, was eine immer größere Ausdehnung der Stadt bedingte, die den Erwerbstätigen ständig längere Fahrzeiten aufzwang. Weil leistungsfähig und flächendeckend, kam für die Pendler nur die elektrische Straßenbahn in Frage. Die Umstellung auf die elektrische Traktionsart war im Jahre 1897 allgemein vollzogen, und ab 1901 gab es nur noch die Betreiber *Hamburger Straßen-Eisenbahn-Gesellschaft* und *Centralbahn*. Die Gleislängen dieser beiden Gesellschaften betrugen 1902 294 Kilometer. Die Hauptlinien gingen strahlenförmig vom Stadtkern aus und folgten den alten Landstraßen an den Stadtrand und in die Vororte, zwei Querverbindungen führten von Altona/St. Pauli nach Eppendorf/Schlump, während der kleine und der große Alsterring nichts anderes waren als je zwei im Norden und Süden miteinander verbundene Radiallinien. Natürlich luden nicht alle Straßenbahnlinien ihre Fahrgäste an der Peripherie der Innenstadt ab, sondern fuhren in die City hinein. Das pulsierende Leben fand am Großen Burstah, am Graskeller oder am Rödingsmarkt statt. (Die Mönckebergstraße gibt es erst seit 1910.) Dort gab es dann auch das tägliche Verkehrschaos. Einige Zahlen belegen das: Im Jahr 1902 fuhren durch den Glockengießerwall *stündlich* 204 Straßenbahnwagen, durch die Ferdinandstraße 132 und durch den Großen Burstah 180. So ist es verständlich, daß schon bei der Konzeption der Fahrpläne für die Fahrt durch die Innenstadt nur eine Geschwindigkeit von sechs km/h zugrunde gelegt wurde (also nicht schneller als ein Fußgänger!), und selbst dieser Fahrplan konnte in der Praxis kaum eingehalten werden. Für jedermann sichtbar, waren also die Grenzen des Straßenbahnwachstums vorgezeichnet. Der Einsatz von 18sitzigen Beiwagen bei der *SEG* ab 1902 brachte nur eine vorübergehende Erleichterung, denn schon 1901 erlaubte die Polizei den Betrieb mit zwei Beiwagen, vorausgesetzt, daß sie alle mit elektrischen Durchgangsbremsen ausgerüstet waren. Als der Ansturm weiterwuchs, gestattete sie auch Fahrgastzahlen pro Wagen, die über die im Wageninneren angegebenen Zahlen für Sitz- und Stehplätze hinausgingen. (Wer wollte oder konnte bei dieser permanenten Fülle auch noch die Nasen zählen?) Die Motorleistungen der vierachsigen Triebwagen steigerten sich allgemein von 25 auf 45 PS, und ab 1902 begann man, Schutzvorrichtungen an den Triebwagen einzubauen, um schwere Unfälle mit Straßenpassanten möglichst zu vermeiden. Tatsächlich hat sich diese Einrichtung als sehr segensreich erwiesen und gehörte bis zum Schluß zum Zubehör.

Der tüchtige und ideenreiche Direktor der *Straßen-Eisenbahn-Gesellschaft (SEG)*, Johannes Röhl, wußte sehr wohl, daß die Misere nur über neue, bessere Angebote zu beenden war. Ist er vielleicht der noch unbekannte Vater der heutigen in aller Welt eingeführten Stadtbahn, der Light Rail (LRT) oder der Métro Léger? Röhl wollte das Straßenbahnnetz mit seinen Radialstrecken erhalten und die Streckenführungen innerhalb der City als Unterpflasterstraßenbahnen fortführen. Wo das nicht möglich war, sollte die Straßenbahn zumindest die Straßenkreuzungen untertunnelt durchfahren. Der Grundgedanke war also, den Stadtverkehr über zwei Ebenen zu bewältigen, um die Urbanität der Stadt nicht zu zerstören. Als Ergänzung zum vorhandenen Straßenbahnnetz wollte Röhl außerdem dem Gedanken des Senats folgen, eine Stadt- und Vorortbahn zu bauen. Die Pläne wurden vorgelegt, von der Baudeputation gutgeheißen und vom Senat am 18. Dezember 1901 der Bürgerschaft vorgelegt. Alles schien gutzugehen, zumal die Pläne als Gemeinschaftsproduktion der Firmen *Siemens & Halske, AEG* und *SEG* überzeugten.

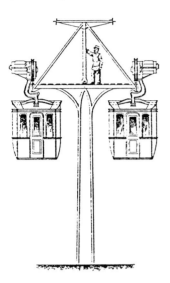

65 *Die Langensche Schwebebahn*

In der Bürgerschaft aber stieß man sich an der Vertragsklausel, wonach die Konzessionsdauer 90 Jahre betrug, was ebenfalls auf den nur bis 1922 gültigen Vertrag der *SEG* für die von ihr betriebenen Straßenbahnen ausgedehnt werden sollte. Man bildete einen Ausschuß, der sich zunächst die gerade eröffnete Hoch- und Untergrundbahn in Berlin sowie die Schwebebahn in Barmen-Elberfeld auf Tauglichkeit für Hamburg ansehen sollte. Diese Schwebebahn hatte den Ausschuß anscheinend beeindruckt, denn die *Continentale Gesellschaft für elektrische Unternehmungen* in Nürnberg, ihre Erbauerin, durfte einen neuen Entwurf für Hamburg einreichen. Im Mai 1902 ersuchte die Bürgerschaft den Senat, den *SEG*-Antrag abzulehnen und statt dessen baldigst eine neue Vorlage für den Bau und Betrieb einer Stadt- und Vorortbahn nach dem Standbahn- oder Schwebebahn-System vorzulegen. Das Schwebebahn-System ist 1904 endgültig abgelehnt worden, und im Jahr 1906 wurden das Firmen-Konsortium *Siemens & Halske A.G.* und die *AEG* zu einem Festpreis von anfänglich 41,5 Millionen Mark mit dem Bau einer Hoch- und Untergrundbahn, einer Standbahn also nach damaliger Ausdrucksweise, beauftragt. Damit endete nun das Jahrzehnte dauernde Thema »Hamburger Stadt- und Vorortbahnen«. Es begann mit einem Vorschlag von Franz Andreas Meyer, Oberingenieur der Baudeputation, der bereits im Jahr 1893 vorgeschlagen hatte, eine Vororte-Ringbahn mit Dampfbetrieb nach Londoner Muster im Anschluß an die Verbindungsbahn zu bauen. Später ging es um eine »Friedhofsbahn« mit Dampfzügen vom Bahnhof Sternschanze nach Ohlsdorf. 1895 regte der Zivilingenieur C. O. Gleim zusammen mit *Siemens* und *AEG* den Bau einer elektrischen Bahn an, die die Stadt unter gleichzeitiger Anbindung der Außenbezirke erschließen sollte. Die Baudeputation selbst entwickelte im Jahr 1898 einen Plan, der erstmals von einer Kreisform ausging. Schließlich lag dann 1901 der Vorschlag der *Straßen-Eisenbahn-Gesellschaft* vor, der zwar abgelehnt wurde, aber schon die heutige Streckenführung zeigte.

Am 7. Oktober 1906, zwei Monate vor der Eröffnung des Hamburger Hauptbahnhofes, geschah es dann: Zwischen dem heutigen Bahnhof Uhlandstraße und dem Berliner Tor erfolgte der erste Spatenstich für ein Bauwerk, das die Infrastruktur der Hansestadt noch heute positiv beeinflußt, die Hamburger U-Bahn. Von dort aus wurden die Arbeiten in beiden Richtungen fortgesetzt. Das Gesamtprojekt umfaßte die 17,48 Kilometer lange Ringlinie und drei Zweiglinien, insgesamt 28,74 Kilometer Streckenlänge. Die Ringlinie setzte sich aus zwei strahlenförmigen Linien beiderseits der Alster zusammen. Sie erfaßte die City, den Hafenrand mit den Landungsbrücken und den *HADAG*-Fähren. Die wichtigsten Wohngebiete in Barmbek, Winterhude und Eppendorf wurden durch sie erschlossen. Dafür richtete man 23 Haltestellen ein. Die Zweiglinie nach Eimsbüttel war 2,65 Kilometer lang mit vier Haltestellen. Aufgabe dieser Bahn war es, vornehmlich den bevölkerungsreichen Stadtteil Eimsbüttel zu bedienen. Vom Ring abzweigend, wurden von Schlump aus die Haltestellen Christuskirche, Emilienstraße, Osterstraße und die Endhaltestelle Hellkamp geschaffen. Hellkamp ist 1966 bei der Weiterführung der Linie bis Hagenbecks Tierpark aufgegeben worden. Statt dessen eröffnete man die Haltestelle Lutterothstraße.

Die Zweiglinie nach Ohlsdorf mit einer Gesamtlänge von 5,38 Kilometern sollte das Alstertal erschließen und außerdem den Zentralfriedhof verkehrstechnisch gut anbinden. Dafür sind auf diesem Streckenabschnitt vier Haltestellen eingerichtet worden, von Kellinghusenstraße abzweigend die Stationen Hudtwalckerstraße, Lattenkamp, Alsterdorf und Ohlsdorf. Die heutige Haltestelle Sengelmannstraße wurde erst im Zusammenhang mit der City-Nord am 28. September 1975 eröffnet. Die Zweiglinie Rothenburgsort mit einer Länge von 3,23 Kilometern erhielt ebenfalls vier Stationen, und zwar die Haltestellen Spaldingstraße, Süderstraße, Brückenstraße und Rothenburgsort. Dort sollte vorerst die Endstation sein. Ein gewaltiges Bauvorhaben also, diese Ringbahn mit ihren Zweigbahnen, an dessen Spitze Dr. Ing. Wilhelm Stein stand. Und das Vorhaben stand unter Zeitdruck. Laut Vertrag mußte die Ringbahn fünf Jahre nach Baubeginn fertig sein, die Zweiglinien nach Ohlsdorf und

66 Schon fast fertig: Der Tunnel der Hochbahn in Hohenfelde (am 27. November 1907)

67 Der Kuhmühlenteich mit Alsterdampfer. Die Hochbahnbrücke ist im Bau (9. Mai 1911)

Eimsbüttel jeweils zwei Jahre und die Bahn nach Rothenburgsort drei Jahre danach. Bald nach Beginn des Baus beendete man endlich auch den Namenswirrwarr. Seit 1910 hieß die entstehende Bahn amtlich »Hochbahn«, obwohl das Projekt nur zu rund einem Drittel aus Stützbauten und Brücken bestand und ein Viertel der Bahn sogar im Untergrund geführt wurde.

Noch während des Baus wurde mit Vertrag vom 25. Januar 1909 die Betriebskonzession der Hochbahn an die Firma *Siemens & Halske* und die *Allgemeine Elektricitäts-Gesellschaft AEG* übertragen. Diese Firmen hatten auf eigene Kosten das Kohlekraftwerk in Barmbek und die dazugehörigen Unterwerke sowie die Leitungen, Fahrzeuge, Wagenhallen und Werkstätten, die Signalanlagen und anderes zu beschaffen. Die beiden Elektrizitätsfirmen gründeten daraufhin unter Mithilfe der *Deutschen Bank* am 27. Mai 1911 die *Hamburger Hochbahn Aktiengesellschaft* mit einem Kapital von 15 Millionen Mark. An die Spitze des Aufsichtsrates wurde der Hamburger Reeder Albert Ballin berufen, zum Vorsitzer des Vorstandes Dr. Ing. Wilhelm Stein bestellt.

Nach dem Vertrag sollte die Hochbahn fünf Jahre nach dem ersten Spatenstich zwar schon fahren, doch Grunderwerbsschwierigkeiten und Streiks an rund 300 Tagen hatten die Bauarbeiten verzögert. Allerseits wurde dafür Verständnis gezeigt – man sah das Werk ja wachsen. Und drei Monate später als vorgesehen erlebte Hamburg endlich das Hochbahn-Wunder: Der erste Zug startete am 15. Februar 1912. In zwei Sonderzügen fuhren 450 Ehrengäste vom Rathausmarkt bis zum Betriebswerk in Barmbek, die ersten 6,5 Kilometer des insgesamt 17,48 Kilometer langen Rings waren fertig. Viel Lob wurde aus diesem Anlaß verteilt. Am besten mag es wohl Bürgermeister Dr. Heinrich Burchard ausgedrückt haben, als er sagte: ». . . Wie haben sich in Hamburg in wenigen Jahrzehnten die öffentlichen Beförderungsmittel auf dem festen Lande verändert. Im Jahr 1866 trat, lebhaft begrüßt, zunächst nur auf bevorzugten Strecken, die Pferdebahn an Stelle des alten Omnibusses; es folgte der Dampfbetrieb auf der Wandsbeker Linie, bis 1893 der Senat den elektrischen Betrieb genehmigte, eine Neuerung, die wegen Veränderung des Straßenbildes zunächst vielfach unliebsam beurteilt wurde. Und weiter: Welche Veränderungen im Laufe der letzten 30 Jahre gab es in betreff Bewohnung großer Stadtteile? Der Zollanschluß entvölkerte die Kehrwieder-Wandrahms-Insel und trieb Tausende und Abertausende in die, zu langgedehnten Stadtteilen sich entwickelnden früheren Vororte. Ihnen folgten die Scharen der infolge der fortschreitenden Sanierung aus der südlichen Neustadt und nördlichen Altstadt dislozierten Bewohner, und neue Menschenmengen aus der südlichen Altstadt schicken sich an, die altgewohnten Wohnstätten zu

68 *Die Hochbahn fährt! Haltestelle Sierichstraße, Mai 1912*

69 Bahnhof Barmbek, 16. März 1912. Rechts der Bahnsteig der elektrischen Stadt- und Vorortbahn

70 Hochbahnbrücke für die Zweiglinie nach Rothenburgsort über die Staatsbahngleise

verlassen. Dazu kommt der stetige Zuzug und die normal sich vollziehende Zunahme der ortsansässigen Bevölkerung. Da galt es vorzusorgen für eine zeitgemäße Ausbildung der Beförderungsmittel, die Schaffung guter Verbindungen zwischen dem Mittelpunkte der Stadt und ihrer Peripherie, sowie zwischen den einzelnen Stadtteilen untereinander, und nicht zum wenigsten zwischen den früheren Vororten und den Arbeitsstätten der Hafengegend diesseits und jenseits der Elbe. Der Elbtunnel, die elektrisch betriebene Vorortsbahn und jetzt die Hochbahn reden eine vernehmliche Sprache. So dürfen wir mit einiger Befriedigung heute zurückschauen, aber auch zuversichtlich in die Zukunft blicken.« Der Bürgermeister beendete seine Ansprache mit dem Satz: »Für alle Hamburger ist die Hochbahn geschaffen – allen soll sie nützen!«

In den nachfolgenden Tagen bis zum 1. März 1912 durfte die Bevölkerung kostenlos probefahren, ein Erlebnis, das vielen im Gedächtnis geblieben ist, ging es doch erstmals »unter die Erde«. Den ersten Linienverkehr zwischen Rathausmarkt und Barmbek bot die Hochbahn zum Einheitspreis von 15 Pfennig an; im Frühverkehr waren nur 10 Pfennig zu zahlen. Die 3,7 Kilometer lange Strecke Barmbek – Kellinghusenstraße wurde ab 10. Mai betrieben, ab 25. Mai der Abschnitt Kellinghusenstraße – Landungsbrücken, 4,7 Kilometer lang. Schließlich war am 29. Juni 1912 die Reststrecke Landungsbrücken – Rathausmarkt fertig und damit die Ringlinie voll befahrbar. Am 23. Mai 1914 wurde die Zweiglinie Eimsbüttel – Hellkamp eröffnet. Die Ohlsdorfer Zweiglinie ist von 1908 bis 1914 erbaut worden; ab 1. Dezember 1914 fuhren dort zwischen Kellinghusenstraße und Ohlsdorf die Züge im 20-Minuten-Takt. Der Erste Weltkrieg hatte bereits begonnen.

Die Abzweigung der Zweiglinie Rothenburgsort erfolgte unmittelbar am Ostende der Ringlinien-Haltestelle Hauptbahnhof unter dem Steintorplatz. Sie wurde dann ab dem Besenbinderhof oberirdisch weitergeführt. Mit kühnem Schwung verlief sie auf einer ansteigenden Rampe über die Norderstraße zur Eisenbahntrasse Hauptbahnhof – Berliner Tor. Die 1913 fertiggestellte Stahlbrücke hatte eine Weite von 49,5 Metern bei einer Brückenunterkanten-Höhe von 12 Metern. Die Brücke schien überdimensioniert für die Überspannung von sechs Bahngleisen. Es lag jedoch eine Auflage der Staatsbahn vor, die Brücke so zu gestalten, daß später zehn (!) Gleise Platz finden könnten.

Der Erste Weltkrieg verzögerte den Bau dieser Zweiglinie; es mangelte an Arbeitskräften, und die Baustoffe wurden knapp. Trotzdem konnten die Arbeiten an der Bahnlinie am 15. Juli 1915 abgeschlossen werden. In Rothenburgsort war eine Übergangsmöglichkeit zur Staatsbahn geschaffen worden. Dort galt, wie schon berichtet, der ermäßigte Tarif der Stadt- und Vorortbahn.

Ein kleiner Betriebsbahnhof mit drei Kehr- und Abstellgleisen schloß die Linie ab. Zwar hatte man im Kriegsjahr 1917 die Weiterführung dieses Hochbahnzweiges bis zum Billbrook beschlossen, aber dabei blieb es. (Die weiteren Planungen in diesem Raum in Verbindung mit der Freihafen-Hochbahn werden an anderer Stelle erklärt.)

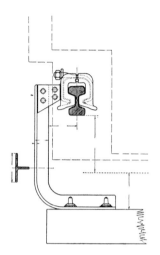

71 Schnitt durch die Stromschienenanlage

Im Gegensatz zum Wechselstrombezug der im Jahr 1907 eröffneten preußischen Hamburg-Altonaer Stadt- und Vorortbahn fuhr die Hochbahn von Beginn an mit Gleichstrom von 800 Volt Spannung aus einer von unten bestrichenen Stromschiene. Den Strom bezog sie aus einem eigenen Kraftwerk, das in der Nachbarschaft der Werkstätten in Barmbek stand. Die maximale Leistung lag bei 8000 kW. Der Strom wurde als hochgespannter Drehstrom (6000 Volt) zu zwei Unterwerken, am Hauptbahnhof und in Eppendorf, geleitet, dort gleichgerichtet, niedergespannt und der Stromschiene zugeführt.

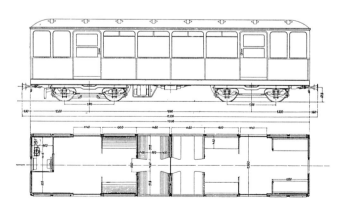

72 Hochbahnwagen (T-Wagen)

73 *Verkehr in zwei Ebenen am Barmbeker Markt*

Im Eröffnungsjahr besaß die Hochbahn 80 Wagen (Typ T), die jeweils zu zweiteiligen Einheiten gekuppelt wurden. Die Länge einer Einheit betrug 24,9 Meter. Sie waren 3,4 Meter breit; Gewicht einer Einheit: 60 Tonnen. Die Motoren einer Einheit leisteten viermal 80 kW. Die Spitzengeschwindigkeit betrug 55 km/h. Die Polizei erlaubte jedoch anfangs nur eine Geschwindigkeit von höchstens 50 km/h, die allerdings nicht erreicht wurde. Auf der Ringlinie fuhr die Hochbahn mit einer Reisegeschwindigkeit von nur 28 km/h. »Mit einer Anfangsbeschleunigung von 0,7 m/s war die Hochbahn der Dampfbahn sieben- bis zehnmal überlegen. Eine noch größere Beschleunigung würde wahrscheinlich unbequem sein«, stand in dem Prospekt für die Eröffnungsfahrt.

Ein zweiteiliger Triebwagen bot 70 Sitzplätze, aufgeteilt in eine zweite und dritte Klasse, sowie 190 Stehplätze. Die unterschiedlichen Wagenklassen waren äußerlich am Anstrich erkennbar: Die zweite Klasse war rot lackiert, die dritte Klasse gelb. Für die Innenausstattung verwendete man Mahagoniholz. Die Lieferungen kamen von verschiedenen Firmen, zum großen Teil auch von der *Wagenbauanstalt Falkenried* der *Straßen-Eisenbahn-Gesellschaft*. Ein Standardzug fuhr anfangs mit zwei, später mit vier Wagen, d. h. mit zwei gekuppelten Einheiten, und bot somit eine Kapazität von 520 Plätzen.

Der Ansturm auf die neue Hochbahn war von Anfang an höher als erwartet. Schon am 1. März 1912, dem Eröffnungstag für den Linienverkehr Rathausmarkt – Barmbek, zählte man 60 000 Menschen, am Sonntag darauf, dem 3. März, sogar 90 000, und am Ende des Jahres 1912 waren es 24,8 Millionen Fahrgäste. Aber der Zuspruch wuchs noch weiter; das Angebot reichte bald nicht mehr aus. Schon im zweiten Betriebsjahr mußten 50 Wagen nachbestellt, das Kraftwerk erweitert (nach außen erkennbar am zweiten Schornstein) und in Barmbek eine vierte Wagenhalle für 64 Wagen errichtet werden.

Die Fahrpreise waren ähnlich wie bei der *Hamburg-Altonaer Stadt- und Vorortbahn* in Zonen aufgeteilt; 1912 gab es einen Drei-Zonen-Tarif. Mit einem Fahrschein für die 1. Zone für 10 Pfennig durfte man in der 3. Klasse bis zur fünften Station fahren, die 2. Zone zum Preis von 15 Pfennig reichte bis zur zehnten Station, und für 20 Pfennig kaufte man eine Fahrt für die 3. Zone und damit für das Gesamtnetz.

1914 wurden weitere Wagen bestellt, während die Fahrgastzahlen mit steigender Tendenz auf über 800 000 wöchentlich kletterten. Insgesamt 50 Wagen konnten trotz der entbehrungsreichen Kriegsjahre bis 1917 noch geliefert werden, so daß schließlich 180 Wagen vorhanden waren.

16. Eine Millionenstadt im Baufieber

Hamburg hatte im Jahr 1910 erstmals mehr als eine Million Einwohner, die Städte Altona, Wandsbek und Harburg mit insgesamt 500 000 Menschen noch nicht einmal mitgerechnet. Am dichtesten bevölkert waren die Stadtteile Eimsbüttel, Barmbek, St. Georg und Hammerbrook. Hamburg schien »grenzenlos« zu sein; viele Bürger zogen aus der Enge der Stadt in den Grüngürtel Altonas oder in das preußische Wandsbek. Die Straßenbahnen wiesen den Weg, denn auch sie machten vor den Stadtgrenzen nicht halt. Im Norden, oberhalb des Alsterbeckens, entstanden völlig neue Wohngebiete. Ohlsdorf und Fuhlsbüttel bildeten »Kolonistenstädte«, nachdem das parzellierte Alstertal die Siedlerströme aus Hamburg angelockt hatte. Eine Schnellbahn, »Alstertalbahn« genannt, zwischen Ohlsdorf und Poppenbüttel, war von privater Hand projektiert worden; der Bau begann im Jahr 1913. Auch die Langenhorner Bahn, schon 1906 zwischen Ohlsdorf und Langenhorn geplant und dann als Zweig zur Ohlsdorfer Bahn trassiert, feierte 1913 ihren »ersten Spatenstich«. Mit viel Erwartungsfreude fingen im Jahr 1912 die Erdarbeiten für die Walddörferbahn an; sie sollte im Herbst 1915 fertig sein. Barmbek wurde wegen dieser Bahn zur Dauer-Baustelle. Trotzdem gab es in diesem Stadtteil mit 100 000 Einwohnern rund um die Hamburger Straße und Dehnhaide ein recht bewegtes und volkstümliches Leben. Fast symbolisch für jene Barmbeker Zeit ist vielleicht »Klein Erna«, diese erdichtete Figur, die für zahllose Spottgeschichten herhalten mußte.

Am Nordrand von Barmbek erweckte der seit 1910 im Bau befindliche Stadtpark das rege Interesse der Bevölkerung, bis er schließlich, im Jahr 1914 teileröffnet, die Menschen in großen Scharen anzog. Die neue Hochbahn machte die Anfahrt bequem. So wurde er zu einem beliebten Naherholungsziel und einer willkommenen Bereicherung zu dem 1907 eingeweihten und durch die elektrische Straßenbahn erschlossenen Tierpark von Hagenbeck.

Die Innenstadt selbst schien wie von Maulwürfen durchwühlt zu sein. Nachdem die Sanierungsarbeiten im Michaeliskirchspiel fertig waren, begann im Zusammenhang mit dem Hochbahnbau der Bau einer neuen Straße vom Hauptbahnhof/Schweinemarkt über Pferdemarkt bis zum 1897 neu errichteten Rathaus. Mit 29 Metern Breite wuchs hier eine Prachtstraße, die deutlich die Handschrift des genialen Fritz Schumacher trug. Nach seiner Diktion entstand in Anpassung an den dominanten Bau der Petrikirche ein »durchkomponierter Fluß der Massen mit harmonisierten Fassaden in rotem Backstein, eine Verkehrsader mit Akzent«. Im Jahr 1910 ist dieser »Durchbruch« fertiggestellt (ab 18. März 1910 fuhren dort die ersten Straßenbahnen) und nach dem ehemaligen Bürgermeister benannt worden – unsere Mönckebergstraße. Während dort *Karstadt* sein Warenhaus gründete, *Tietz* (heute *Alsterhaus*) am Jungfernstieg eröffnete, Kontorhäuser mit gefährlich erscheinenden Paternosteraufzügen aus der Erde schossen, man das Lessingtheater am Gänsemarkt einweihte, Lichtspieltheater mit bis zu 1250 Sitzplätzen und eingebauter Orgel (Stummfilmzeit) in den Zeitungen inserierten, begann ab 1913 die Räumung des südlichen Teils der Altstadt. Im Volksmund hieß diese Gegend auch »Abruzzen«; die verwinkelten Anbauten und niedrigen Durchgänge zu Hinterhäusern oder die aufgetürmten Erweiterungsbauten machten wahrscheinlich den Eindruck einer unwirtlichen Gebirgslandschaft. Unglaublich, daß allein aus 150 Häusern der Niedernstraße 7000 Menschen umquartiert werden mußten! Von der Schwindsucht waren dort alle bedroht. Wer konnte, zog nach Barmbek; arme Leute suchten sich eine Wohnstatt in Hammerbrook, Klein Mecklenburg genannt, und kamen vom Regen in die Traufe.

Der Stadtteil St. Georg war geprägt durch die vielen Handwerker, die dort wohnten und arbeiteten. Die Gesellen wohnten in der Nähe ihrer Arbeitsstätten, so daß sie mittags zu Hause essen konnten. Kleine Fabriken und Manufakturen standen inmitten von Wohnhäusern. Drehorgelspieler und Pankoken-Musiker fühlten sich dort heimisch. Der noch heute weltbekannte »Hamburger Zimmermann« in seiner malerischen Tracht begann meistens am Borgesch seine Wanderung. Beliebt war in St. Georg der tägliche Einkauf frischer Waren, die auf der Schottschen Karre durch Zurufe angeboten wurden.

Die nahe Alster lockte im Sommer zum Baden. In den Badeanstalten Alsterlust und Schwanenwik konnten sich Frauen und Männer (streng getrennt!) erfrischen. Allein

74 Die Mönckebergstraße im Werden, 1910

in der Männerabteilung wurden in der Saison von 1911 658 000 Gäste gezählt. Wer aber den Hauch der weiten Welt atmen wollte, fuhr mit der Centralbahn für 10 Pfennig bis zur Fischers Allee in Altona. Nur ein paar Schritte abwärts, und »das Nordseebad des kleinen Mannes« Neumühlen-Övelgönne gehörte ihm. Irgendwo im Westen lag der Ozean; die vielen Schiffe auf der Elbe brachten den Wellenschlag, zu dem jeder träumen konnte... Die HADAG mit ihren Fähren war auch da, und wer wollte, konnte sich von Neumühlen übersetzen lassen nach Waltershof, zum Köhlbrand. Für fünf Pfennig, Kinder nur zwei Pfennig, fand ein Ausflug an die Elbe oft seinen krönenden Abschluß.

Das Herz der Hansestadt aber schlug im Hafen. Dort waren jetzt 64 000 Meter Kaimauer für Schiffe aus aller Welt empfangsbereit. Und sie kamen! Allein im Jahr 1912 zählte man 15 000 ein- und ausfahrende Seeschiffe. Als im selben Jahr die *Imperator* mit 52 117 Bruttoregistertonnen in der *Vulkan-Werft* vom Stapel lief und im Jahr darauf ihre Jungfernfahrt machte, besaß Deutschland damit das größte Passagierschiff der Welt. Noch größere Schiffe, die *Vaterland* und die *Bismarck*, wurden bald darauf bei *Blohm + Voss* auf Kiel gelegt. Im Hafen Hamburg gab es vor dem Ersten Weltkrieg 102 000 Industriearbeiter, allein 13 000 arbeiteten bei *Blohm + Voss*. Sie alle gelangten entweder zu Fuß durch den im Jahr 1911 eröffneten Elbtunnel zur Arbeitsstelle oder mit den Schiffen der *HADAG* oder der Harburger Linie von *Wachsmuth & Krogmann*. Die *Hapag* war stolz, inzwischen die größte Reederei der Welt zu sein. Sie bediente 1913 über 75 Linien in rund 400 Häfen. Alles schien weltoffen und friedlich.

**Badestrand
KATTWYK**

Der beliebte Badestrand am Köhlbrand

Länge etwa 1,1 Kilometer

Strandhalle

Plätze für Wochenendhäuser und Zelte

Restauration Joachim Körner

Am Strand Strandkörbe und Liegestühle

Zu erreichen mit den Hamburg-Harburger Dampfschiffen in einer halben Stunde

Spezial-Ausschank der Bavaria-St. Pauli-Biere

75 Werbung für Kattwyk als Ausflugsziel, 1922

76 *Hafenarbeiter auf dem Heimweg vor dem Elbtunnel (kurz nach dessen Eröffnung) in Steinwerder*

Im Sommer 1913 machte man die Stadtrundfahrt noch vierspännig mit der Mailcoach; im Preis von 3,50 Mark war die Hafenrundfahrt inbegriffen. Viel Geld in einer Zeit, in der ein Schuhmacher in der Stunde 54 bis 60 Pfennig verdiente oder ein Hilfsarbeiter am Kai 3,80 bis 4,20 Mark für eine ganze Schicht bekam. Ein Zugfahrer bei der Hochbahn erhielt damals ein Monatsgehalt von 114 bis 122 Mark brutto. Ein Pfund Schweinefleisch kostete 48 Pfennig, ein Pfund Butter 72 Pfennig, ein Ei 5 und ein Pfund Kartoffeln 3 Pfennig. Bei diesen Preisen ist es verständlich, daß man in der Tat »den Pfennig ehrte«. Wenn möglich, wurde die Benutzung öffentlicher Verkehrsmittel vermieden. Man tröstete sich damit, daß ein Marsch von 40 oder 60 Minuten täglich gesund für »Lungen und Moral« sei. Um Kosten zu sparen, begann man zu dieser Zeit allgemein ohne Tischzeit durchgehend zu arbeiten. Wo dies nicht durchführbar war, suchte man in der Nähe der Arbeitsstelle einen Mittagstisch auf; das »Börsenfrühstück« und der »Börsenteller« stammen aus jenen Jahren. Im Hafen wurden die »Kaffeeklappen« eingeführt (Kaffee 5 Pfennig, Eintopf 30 Pfennig).

Nur wenige reiche Leute konnten sich eine Equipage oder gar ein neuzeitliches Auto leisten – aber es kam trotzdem! Am 1. Januar 1907 zählte man in Hamburg bereits 471 Automobile, darin eingeschlossen 190 Motorräder und 50 Lastkraftwagen. Und die legendäre Fahrt von Frau Berta Benz in einem dreirädrigen Motorwagen von Mannheim nach dem 180 Kilometer entfernten Pforzheim mit 16 km/h war erst 20 Jahre her. Dabei war Hamburg zunächst alles andere als autofreundlich. Die ersten Kraftdroschken hatten elektrischen Batterie-Antrieb. Die 1906 gegründete *Hamburger elektrische Droschken Akt.-Ges. (HEDAG)* hatte es noch schwer, sich durchzusetzen. Sie versuchte sich am Markt mit einem besseren Kundendienst als dem der Pferdedroschken durchzusetzen. Deshalb standen die Kutscher nicht nur passiv am »Droschkenplatz« herum, sondern ließen sich über die neumodischen Telephon-Apparate rufen. Es gab eine Zentrale für die Vermittlung. Die Kutscher meldeten die Fahrbereitschaft ihrer freien Droschken, indem sie eine Metallmarke in einen Anruf-Apparat steckten. Ein Kontakt war geschlossen, für die Zentrale ein Zeichen, daß und an welcher Stelle eine *HEDAG*-Droschke verfügbar war.

Ab 1911/12 sind dann die elektrischen Droschken nach und nach durch Benzin-Fahrzeuge verdrängt worden. Da die Höchstgeschwindigkeit 20 km/h betrug – eine unglaubliche Geschwindigkeit –, gab die Stadt die Mahnung an die Benutzer aus, der Fahrgast sollte nie vergessen, daß er in einer Maschine voll lebensgefährlicher, kinetischer Energie säße. Trotz aller Warnungen – der Geschwindigkeitsrausch war nicht mehr zu bremsen! In Berlin fuhren die Taxen 1913 schon mit 25 km/h; Hamburg hob die Tempobegrenzung 1914 ganz auf – zum

77 *Dampfer »Brunshausen« mit Volldampf elbabwärts*

Entsetzen der Bevölkerung. Aber war Kaiser Wilhelm II. nicht selber ein Auto-Fan? Er, der zur Taufe des Passagierschiffes *Bismarck* im Jahre 1914 per Auto nach Hamburg kam und bei seiner Ankunft der Presse begeistert verkündete, daß er nur drei Stunden von Hannover gebraucht hätte! So war also das Eis gebrochen. Unmittelbar danach setzte die *Hansa-Rundfahrt-Gesellschaft* für ihre Stadtrundfahrten 32plätzige Kraftomnibusse ein. Die Mailcoach hatte ausgedient.

Der Sommer 1914 muß für die Menschen ein Traumsommer gewesen sein, nicht so heiß wie 1911 und ohne Badeverbot in der Elbe wie 1913 (wegen Cholera-Verdachts). Die *HADAG* hatte den neuen Doppelschraubendampfer *Bürgermeister Burchard* für den Finkenwerder-Dienst eingesetzt. Mit einer Kapazität von 572 Passagieren war er ideal für den Ausflugsverkehr auf der Unterelbe. Eine saubere Umwelt sollten die Kinder aus ärmeren Familien am westlichen Köhlbrandufer finden. Der Kinderspielplatz Maakendamm, eine Vereinsstiftung, bot Tausenden von Kindern Erholung in Wasser, Sand und Matsch. Die *HADAG* unterstützte diese »Bewegung« durch einen besonders günstigen Tarif. Die Familien fuhren per Eisenbahn in Sonderzügen an die Nord- und Ostsee, nach Mecklenburg und Pommern. Ein D-Zug brauchte damals bis München 13 Stunden und 45 Minuten (heute weniger als die Hälfte). Nach Berlin dauerte es nur drei Stunden und 23 Minuten (heute länger).

Die Sonntagsausflüge galten den Zielen im Klecker Wald oder in der Lüneburger Heide. Die Züge waren übervoll, und im abendlichen Rückreiseverkehr kam es immer wieder zu Staus auf den Bahngleisen. Der Hannoversche Bahnhof mußte zur Entlastung des Hauptbahnhofes herhalten. Für Tausende von Heideausflüglern war er die Endstation eines schönen, erholsamen Tages. So muß es wohl auch am Sonntag, dem 28. Juni 1914, gewesen sein, dem Tag von Sarajevo. Nur ein paar Wochen später war der Hannoversche Bahnhof umfunktioniert. Von hier winkten die Hamburger ihren Vätern und Söhnen zu, die in den Krieg zogen. Über 40 000 sollten nie wieder heimkehren.

78 *Fahrkarte zum Ausflugsziel Kattwyk*

17. Der Stadtverkehr im Ersten Weltkrieg

Im Hochsommer 1914 war das gesamte Deutsche Reich wie im Rausch, Hamburg eingeschlossen. Einen kurzen, schnellen Krieg würde es geben; Weihnachten 1914 wollten alle Soldaten wieder daheim sein! Doch es kam alles ganz anders, der Krieg sollte viereinhalb Jahre dauern.

Der Zug der Soldaten zu den Hamburger Bahnhöfen, von Freunden und Verwandten freudig begleitet, war nicht selten wie ein richtiges Volksfest. »Ein Ruf wie Donnerhall« umbrauste die Stadt und konzentrierte sich in der Innenstadt um den eben erst fertiggestellten (fünften) Alsterpavillon. Lokale mit französischen Namen änderten diesen »über Nacht«, so wurde aus dem Café Boulevard ein Kaffee Braun, aus dem Café Belvederé das Kaffeehaus Vaterland, und auf der Reeperbahn hieß das Moulin Rouge plötzlich Jungmühle. Im Verkehrswesen war es nicht anders. Die gebräuchliche Bezeichnung Perron verschwand, es gab nur noch den Bahnsteig; man betrat auch nicht mehr das Coupé, sondern das Abteil.

Die Hilfsbereitschaft im ersten Kriegsjahr glich fast einer allgemeinen Verbrüderung. Allein an Geldspenden gingen beim Hamburger Roten Kreuz 1914/15 3,7 Millionen Goldmark ein. Die Sachspenden waren unzählbar, genannt seien nur 370 000 Zigarren, 3 Millionen Zigaretten, 41 000 Flaschen Wein, 12 400 Musikinstrumente und Tausende von Dingen mehr. Die *Straßen-Eisenbahn-Gesellschaft* ließ in der *Wagenbauanstalt Falkenried* einen Sanitätskraftwagen mit Anhänger für den Krankentransport für 18 liegende und 40 sitzende verwundete Soldaten auf eigene Kosten bauen, damit die Verletzten unverzüglich vom Hannoverschen Bahnhof zu den Hamburger Krankenhäusern transportiert werden konnten.

Die vielen Einberufungen seit Kriegsausbruch trafen Wirtschaft und Verkehr schwer. Allein bei der *Straßen-Eisenbahn-Gesellschaft* fielen schlagartig 2 300 Mitarbeiter aus. Und so ging es ausnahmslos allen anderen Verkehrsbetrieben auch. Fast einen Monat lang fuhr die Straßenbahn nur ein eingeschränktes Fahrplanprogramm. Hier also Arbeitskräftemangel, in anderen Branchen jedoch fehlende Arbeit. Arbeitslosigkeit betraf vor allem Angestellte in Kleinbetrieben, die »wegen Einberufung« geschlossen werden mußten, am meisten aber die im Hafen Beschäftigten. Dort kamen die letzten Dampfer aus Übersee im August 1914 an. Eine Phase der riesigen Umbesetzungen begann. Die Einarbeitung – gerade in den komplizierten Apparaten der Verkehrsunternehmen – dauerte Wochen. Doch dann fuhr man wieder »nach Fahrplan«, und erstaunlicherweise konnten die durch den Kriegsausbruch unterbrochenen Bauarbeiten weitestgehend fortgesetzt werden.

Alle 40 Straßenbahnlinien hatten inzwischen Nummern, so geschehen nach der Vereinigung der *SEG* mit der *Hamburg-Altonaer Trambahn-Gesellschaft* im Jahr 1899 und nach Vollendung der Durchgangshaltestelle am Rathausmarkt sowie des Starts der Straßenbahn auf dem Jungfernstieg. Im April 1914 war die Linie 36 zwischen Billwerder Ausschlag und Eimsbüttel eröffnet worden, im Mai 1914 die Verbindung Horn – Schiffbek (Linie 24). Unvollendet allerdings blieb der Anschluß Bramfelds, der erst 34 Jahre später, am 16. Mai 1948, zustande kam.

Während der folgenden Kriegsjahre ruhten die Arbeiten am Straßenbahnnetz Hamburgs. Die *SEG* besaß am Ende des Jahres 1915 770 Triebwagen und 661 Beiwagen. Alle Wagen zusammen fuhren in jenem Jahr 43,3 Millionen Kilometer, das waren bei etwa gleicher Anzahl von Fahrzeugen 4 Millionen Kilometer weniger als 1910.

Die anfangs gewährte totale Freifahrt auf der Straßenbahn für alle Soldaten in Uniform wurde 1915 abgeschafft. Von diesem Zeitpunkt an erhielten alle Soldaten, mit Ausnahme der voll zahlenden Offiziere, einen ermäßigten Einheitspreis von 10 Pfennig. Trotzdem gab es noch so viele Ausnahmen, daß die *SEG* allein im Jahr 1915 über 50 000 Dauer-Freikarten ausgeben mußte. Gegenüber dem letzten Friedensjahr betrug der Einnahmeverlust im Jahr 1915 3,5 Millionen Mark.

Das Jahr 1916 war für die Hamburger Bevölkerung ein Jahr der Enttäuschungen und Entbehrungen. Es gab wohl niemanden, der nicht ein Ende des Krieges herbeisehnte. Fleisch, Butter und Milch waren zu Luxusartikeln geworden, die Kartoffel das einzige Lebensmittel, von dem man noch satt werden konnte. Jedoch im März 1916 wurden auch Kartoffeln auf wöchentlich vier Pfund pro Person rationiert. Im Juni und Juli kamen überhaupt keine in Hamburg auf den Markt. Die Menschen wurden unruhig, sie hungerten. Im August warfen aufgebrachte Menschen

Schaufensterscheiben in Barmbek ein; über tausend Hungernde stürmten schließlich das Brotgeschäft *Busch* in Hammerbrook – Aufruhr, der nur mit Waffengewalt beendet werden konnte. In dieser Situation befahl das Kriegsversorgungsamt den Ausbau des Straßenbahnnetzes zum Lebensmitteltransport, so zu Großbäckereien in der Hamburger Straße und in der Conventstraße. Außerdem mußte eine Gleisverbindung vom Baumwall über die Niederbaumbrücke zum Sandthorquai bis zum dortigen Mehlverladegleis der Eisenbahn geschaffen werden. So sollte die Ausplünderung von Lebensmitteltransporten vermieden werden. Es begann ein recht umfangreicher Gütertransport über die Straßenbahngleise, der selbst Postpakete einschloß. Letztlich wurden sogar Kohlentransporte per Straßenbahn abgewickelt. Alle Spezialwagen stammten aus der Fabrikation der *Wagenbauanstalt Falkenried.* Inzwischen hatte die *SEG* damit begonnen, immer mehr Frauen für den schweren Schichtdienst einzustellen. Sie taten ihre Pflicht trotz der bedrückenden Verhältnisse und des Hungers. Der Winter 1916/17 ist als »Steckrübenwinter« unvergeßlich geblieben. Doch es traten auch die ersten Betriebsstörungen auf. Wegen Kohlenmangels wurde der Strom knapp, viele Triebwagen waren schadhaft und konnten nicht repariert werden, der volle Fahrplan war nicht mehr einzuhalten. Vom 18. April bis zum 7. Mai 1918 fuhren in Hamburg keine Straßenbahnen, weil die Kumpel im Ruhrgebiet streikten und die Kohlenzüge ausblieben. Als die Straßenbahn wieder rollte, war das Ende des verlorenen Krieges schon abzusehen.

Die Lage bei der Hochbahn war während der Kriegsjahre nicht anders. Vor Beginn des Krieges beschäftigte sie 1 080 Männer und 200 Frauen, Ende 1917 nur 520 Männer, dafür aber 800 Frauen. Diese Veränderungen brachten jedoch keinen Qualitätsverlust in der Betriebsdurchführung. Lediglich der Mangel an Schlossern führte nach und nach zu einem Rückstand bei den Unterhaltungsarbeiten, der bis Kriegsende nicht aufgeholt werden konnte. Schon im Jahr 1917 mußte die Hochbahn zeitweise in größeren Zeitabständen fahren, weil der Kohlenmangel die Stromerzeugung einschränkte. Allerdings konnte sie im Frühjahr 1918 – im Gegensatz zur Straßenbahn – ihren Betrieb in eingeschränkter Form beibehalten.

Vor Kriegsausbruch beförderte die Hochbahn etwa 800 000 Personen in der Woche, dann wurden es bedeutend weniger. Aber im Jahr 1917 kletterte die Benutzerzahl bis auf 1,1 Millionen wöchentlich, was mit dem gewährten Sondertarif für Soldaten zusammenhing, die das Angebot reichlich nutzten. Aber auch die Zivilbevölkerung war mehr denn je gezwungen, die öffentlichen Verkehrsmittel zu benutzen, so stellte zum Beispiel die Post keine Pakete mehr zu; jeder hatte sie selbst abzuholen. Außerdem fuhren in den letzten Kriegsjahren keine

79 *Hochbahnwagen auf der Linie nach Rothenburgsort vor der Station Spaldingstraße*

Droschken mehr, und für das Auto – sollte es nicht beschlagnahmt worden sein – gab es kein Benzin. Diese Aufzählung von Mängeln und negativen Erscheinungen könnte endlos fortgesetzt werden. Um so verblüffender ist die Tatsache, daß die großen Bauvorhaben rund um das Hochbahnnetz zwar unter-, aber nicht abgebrochen wurden (bis auf die Freihafen-Hochbahn). Es kam während des Krieges sogar zu Streckeneröffnungen.

Auf der schon erwähnten Zweiglinie Rothenburgsort konnte die Haltestelle Süderstraße noch eben vor Kriegsausbruch vollendet werden, die Brücke über das Billbrack erst 1915. An den Stationen Brückenstraße und Rothenburgsort dauerten die Arbeiten kriegsbedingt von 1913 bis 1915, aber die Bahn wurde am 15. Juli 1915 fertig und am 27. Juli in zeitgemäßer Form eröffnet.

Am 12. September 1918, zwei Monate vor Ende des schrecklichen Krieges, fuhren die ersten Züge auf der Walddörferbahn zwischen Barmbek und Volksdorf – mit Dampf allerdings. An dieser Bahnverbindung war seit 1912 gearbeitet worden.

»Walddörferbahn«, was heißt das eigentlich? Der Baedeker erklärt den Begriff »Walddörfer« als Sammelbegriff für sieben Dörfer, die zwischen dem 14. und dem 16. Jahrhundert von Hamburg erworben wurden, aber von der Stadt getrennt auf holsteinischem Gebiet lagen. Es handelte sich um insgesamt vier Exklaven: Farmsen/Berne, Volksdorf, Ohlstedt/Wohldorf und Großhansdorf/Schmalenbeck. Durch das Groß-Hamburg-Gesetz vom 26. Januar 1937 kamen die drei erstgenannten Exklaven sowie das Gebiet zwischen den alten Grenzen der Hansestadt und den Exklaven zu Hamburg, während die Exklave Großhansdorf/Schmalenbeck an Preußen abgetreten wurde.

Der Drang nach einer möglichst guten Verkehrsverbindung in einem solchen kommunalen Gebilde ist nur verständlich. Das »Inseldasein« wurde immer deutlicher, je mehr sich die innerstädtischen Verkehrsverbindungen verbesserten und je dichter die Eisenbahn ihr Liniennetz knüpfte. Die Walddörfer standen ausgeschlossen und isoliert vom modernen Verkehr da, was keineswegs im Sinne der Hansestadt war.

Der erste Versuch der Bewohner von Volksdorf, eine Straßenbahnlinie Hamburg – Volksdorf zu erhalten, stammt aus dem Jahr 1898. Die *Straßen-Eisenbahn-Gesellschaft* lehnte aus betriebswirtschaftlichen Gründen ab. Danach konzentrierten sich die Bemühungen der Walddörfer auf die Bahnverbindung Hamburg – Lübeck. Sie wollten den Bau einer Zweigbahn, etwa beim Dorf Alt-Rahlstedt beginnend, um Volksdorf, Ohlstedt und Wohldorf zu erschließen. Eine Privatfirma erklärte sich bereit, dieses Projekt zu realisieren. Obwohl die Konzessionsanträge an Preußen und Hamburg bereits 1898 gestellt wurden, kam die Teilgenehmigung erst im Jahr 1903. Die Strecke durfte zwischen Alt-Rahlstedt und Volksdorf gebaut werden. (»Alt-Rahlstedt«: alte Bezeichnung für den westlichen Teil des heutigen Rahlstedt; »Neu-Rahlstedt«: ein Ortsteil östlich des Bahnhofs. Nach Eingemeindung von Oldenfelde und Meiendorf im Jahr 1927 spricht man nur noch von »Rahlstedt«!) Schon am 29. September 1904 fand die Jungfernfahrt statt. Es fuhren zwei elektrische Triebwagen (80 Ampere, 500 Volt) mit Schleifbügel; das Fassungsvermögen eines Wagens betrug 33 Personen. Anfangs bot die Bahn im Schnitt 13 Pendelfahrten täglich an. Die Endstation in Alt-Rahlstedt lag unmittelbar neben dem Bahnhof der Lübeck-Büchener Eisenbahn. Die Fahrzeit zwischen den beiden Endpunkten betrug nur 18 Minuten, der Einzelpreis für die Gesamtstrecke 20 Pfennig. Der Zuspruch wurde aufgrund dieser günstigen Konditionen immer größer, so daß für die Triebwagen im Jahr 1906 doppelgeschossige Anhänger angeschafft werden mußten. Es war das Jahr, in dem der Hauptbahnhof entstand und die »Elektrische Hamburg-Altonaer Stadt- und Vorortbahn« bis nach Ohlsdorf fuhr. Die Bewohner aller Exklaven begannen nun zu fordern. Volksdorf solle das Privileg eines Bahnanschlusses nicht allein besitzen. Wie ursprünglich im Konzessionsantrag vorgesehen, verlangten Ohlstedt und Wohldorf nun die Verlängerung der Alt-Rahlstedter Bahn. Eigenartigerweise wurde der Antrag sofort bewilligt. Am 9. Mai 1907 fuhren erstmalig Züge auf der Gesamtstrecke Alt-Rahlstedt – Volksdorf – Ohlstedt – Wohldorf. Aus dem anfänglich straßenbahnähnlichen Betrieb entstand eine Kleinbahn. Das Unternehmen gab sich 1912 den Namen *Elektrische Kleinbahn Alt-Rahlstedt-Volksdorf AG*. Verständlich, daß nun die Exklaven Farmsen und Großhansdorf klagten, denn sie waren noch immer ohne ein attraktives Stadt-Verkehrsmittel. Dem Hamburger Staat behagte das gesamte Flickwerk von Verkehrsanbindungen im Nordosten und Norden überhaupt nicht, zumal auch im Alstertal die wildesten Pläne geschmiedet wurden. Da die Hochbahn sich so großartig bewährte und die Zweigbahnen nach Eimsbüttel, Ohlsdorf oder Rothenburgsort ideale Verkehrsachsen zur Erschließung von Wohnbezirken zu werden versprachen, lag es nahe, vom Hochbahn-Ring noch eine weitere Zweiglinie, die in die Walddörfer, zu bauen.

Der Hamburger Staat handelte. Nachdem im Jahr 1912 ein Staatsvertrag mit Preußen über das Durchgangsrecht einer solchen Zweigbahn für das damals noch preußische Gebiet, wie etwa Steilshoop, Bramfeld oder Bergstedt, geschlossen worden war, stimmten noch im selben Jahr Senat und Bürgerschaft zu. Die Bauarbeiten für die Walddörferbahn begannen im Jahr 1912 in Barmbek. Die Gesamtlänge betrug rund 30 Kilometer. In Volksdorf gabelte sich die Bahn nach Ohlstedt und nach Großhansdorf über Schmalenbeck.

Der Bahnhof Barmbek erhielt einen neuen Bahnsteig mit zwei Gleisen. Von dort schwangen sich die Gleise auf einer 573 Meter langen und bis zu 14 Meter hohen eisernen Pfeilerbahn in großer Schleife zunächst nord- und dann ostwärts und überquerten die Gleise der Hochbahn, der preußischen Stadt- und Vorortbahn und der damals projektierten Güterumgehungsbahn.

Als der Erste Weltkrieg ausbrach, waren die Dammschüttungen im Raum Barmbek in vollem Gange. Die Erdmassen erhielt man zum großen Teil aus den Ausschachtungen für die gleichzeitige Verlängerung des Osterbekkanals. Für die Brückenbauten waren die Widerlager gesetzt und ebenso die Stützmauern. Während der Tage der Mobilmachung und in den ersten Kriegswochen ruhte die Arbeit an der Walddörferbahn, setzte dann aber voll wieder ein. Bis 1915 waren die eisernen Überbauten der Bahnbrücken und die imposante Pfeilerbahn in Barmbek montiert. Drei Jahre später als ursprünglich vorgesehen, konnte die Walddörferbahn am 12. September 1918 auf der Verbindung Barmbek – Volksdorf mit Dampfzügen schließlich teileröffnet werden. Rund 320 000 kg Kupfer, für die Elektrifizierung notwendig, wurden nicht geliefert, sondern von der Rüstungsindustrie beschlagnahmt. Deshalb mußte es nun der Dampf tun. Drei Lokomotiven (belgische Beute), die in das eingeschränkte Profil der Hochbahn passen mußten, und 20 Dritter-Klasse-Wagen der Hochbahn nahmen den vorläufigen Betrieb auf. Eine Fahrt von Barmbek bis nach Volksdorf mit dieser Bahn und weiter mit der Klein-

80 Dienstverpflichtete Frauen bei der Straßenbahn

81 und bei der Hochbahn, Haltestelle Alsterdorf 1916

bahn nach Ohlstedt dauerte 46 Minuten. Mit dieser Offerte gingen die Arbeiten an der Walddörferbahn während des Krieges zu Ende.

Der Bau einer Zweigbahn der Hochbahn von Ohlsdorf bis nach Ochsenzoll, die sogenannte Langenhorner Bahn, war 1912 beschlossen worden. (Am 1. Januar 1913 wurde die Landgemeinde Langenhorn zum hamburgischen Vorort.) Die Erdarbeiten begannen 1913; nicht weniger als 17 Brücken waren in die Trasse einzubauen. Bis zum Ausbruch des Krieges waren schon sieben Brückenbauwerke und Durchlässe fertig. In den Kriegsjahren entstanden auch noch große Bauten, wozu die eiserne Brücke über die Fuhlsbüttler Straße (1915/16) gehört. Als selbst die Bahnhofsbauten »wie in Friedenszeiten« im Laufe des Jahres 1916 in Ohlsdorf, Klein Borstel, Fuhlsbüttel, Langenhorn-Mitte und Ochsenzoll errichtet wurden, schritt das Generalkommando des IX. Armeekorps ein. Es durften keine neuen Projekte mehr begonnen, die angefangenen mußten zu einem vorläufigen Abschluß gebracht werden. Am weitesten fortgeschritten war das neben dem Hochbahn-Gleispaar (noch heute existierende) Güterverkehrsgleis. Auf diesem begann am 5. Januar 1918 der kombinierte Personen- und Güterverkehr zwischen Ohlsdorf und Ochsenzoll mit Dampfzügen.

Der Ausbau der sogenannten Alstertalbahn vollzog sich ganz ähnlich. Dort hatten verschiedene Gutsbesitzer vier Millionen Quadratmeter Ländereien verkauft, die für den Eigenheimbau zur Verfügung standen. Es fehlte nur noch eine Bahn, um das riesige Gebiet zu erschließen. Viele Pläne tauchten auf, und etliche Versuche waren gestartet worden, auch die hamburgischen Exklaven mit der Hansestadt (über Ohlsdorf) zu verbinden. Letztlich ging es darum, eine Privatbahn zwischen Ohlsdorf und Poppenbüttel zu bauen. Der Anschluß in Ohlsdorf sollte – im Gegensatz zur Langenhorner Bahn – an die von Preußen betriebene Hamburg-Altonaer Stadt- und Vorortbahn erfolgen. Die *Alstertalbahn GmbH* schloß mit der Firma *Siemens* einen Vorvertrag, wonach ihre Bahn ebenso wie die Stadt- und Vorortbahn mit den Werten 25 Hertz, 6 300 Volt elektrifiziert werden sollte. Ferner legte man fest, daß die Staatsbahn die Fahrzeuge unentgeltlich zu stellen hatte. Die fertige Alstertalbahn sollte der Staatsbahn geschenkt werden, was diese dazu verpflichtete, die Bahn ordnungsgemäß weiterzubetreiben. Dieser Vertrag wurde in den Jahren 1912/13 von allen Beteiligten unterzeichnet. Die Bauarbeiten begannen im Frühjahr 1913. Die Gesellschaft mußte die Bahn drei Jahre später, also 1916, an Preußen abliefern. Bei Ausbruch des Weltkrieges hatten Hoch- oder Stahlbauten noch gar nicht begonnen. Die Firma *Siemens* erklärte, sie könne

---

Gültig vom 24. März 1918.   **A T A G.**   Gültig vom 24. März 1918.

Alsterthal-Terrain-Aktien-Gesellschaft in Wellingsbüttel.

Fahrplan
für die Alsterthalbahn von Ohlsdorf bis Poppenbüttel-Sasel
(Verlängerung der Kgl. Preuss. Staatsbahn Blankenese-Ohlsdorf)
mit Anschluss der Züge an die Kgl. Preuss. Staatsbahn (Vorortsbahn)

5.46	6.26	7.46	1.06	4.26	6.06	8.26	10.26	ab **Altona Hauptbhf.** ... an	8.15	8.55	10.15	3.35	6.55	8.35	10.55
5.54	6.34	7.54	1.14	4.34	6.14	8.34	10.34	Sternschanze	8.06	8.46	10.06	3.26	6.46	8.26	10.48
5.57	6.37	7.57	1.17	4.37	6.17	8.37	10.37	Dammthor	8.02	8.42	10.02	3.22	6.42	8.22	10.42
6.01	6.41	8.01	1.21	4.41	6.21	8.41	10.41	**Hamburg Hauptbhf.**	7.58	8.38	9.59	3.18	6.38	8.18	10.38
6.10	6.50	8.10	1.30	4.50	6.30	8.50	10.50	Hasselbrook	7.47	8.27	9.47	3.07	9.27	8.07	10.27
6.19	6.59	8.19	1.37	4.59	6.39	8.59	10.50	Barmbeck	7.39	8.19	9.39	2.59	6.19	7.59	10.19
6.28	7.08	8.28	1.48	5.08	6.48	9.08	11.08	an **Ohlsdorf** .... ab	7.30	8.10	9.30	2.50	6.10	7.50	10.10
6.35	7.15	8.35	1.55	5.15	6.55	9.15	11.15	ab **Ohlsdorf** .... an	7.13	8.03	9.23	2.43	6.03	7.43	10.03
6.41	7.21	8.41	2.01	5.21	7.01	9.21	11.22	Kornweg	7.08	7.58	9.18	2.38	5.58	7.38	9.58
6.44	7.24	8.44	2.04	5.24	7.04	9.24	11.26	Hoheneichen	7.05	7.55	9.15	2.35	5.55	7.35	9.55
6.48	7.28	8.48	2.08	5.28	7.08	9.28	11.31	Wellingsbüttel	7.01	7.51	9.11	2.31	5.51	7.31	9.51
6.52	7.32	8.52	2.12	5.32	7.12	9.32	11.35	an **Poppenbüttel** ... ab	6.56	7.46	9.06	2.26	5.46	7.26	9.46
W	W				B	S			W	W				B	S

Die nur werktags verkehrenden Züge sind durch starke Umrahmung und durch ein **W** gekennzeichnet.
   „ „ sonn- und festtags „ „ „ „ „ „ „ **S**
   „ „ nach Bedarf „ „ „ „ „ „ „ **B**

Reisegepäck, Expreßgut und Fahrräder werden auf der Alstertalbahn nicht befördert.
Handgepäck kann in geringem Umfange in die Wagen mitgenommen werden. Die Mitführung größerer Traglasten ist nicht gestattet.
Das Rauchen in den Triebwagen ist untersagt. Frauen-Abteile werden nicht geführt.

82 Der erste Fahrplan der Alsterthalbahn

mit den Elektrifizierungsarbeiten nicht anfangen, weil die Heeresverwaltung alle Kupfervorräte beschlagnahmt habe. Schließlich gestanden Hamburg und Preußen der *Alstertalbahn GmbH* zu, die Bahn wegen der kriegsbedingten Misere erst sechs Monate nach Kriegsende fertig zu übergeben. Im Jahr 1916 war schon bis kurz vor Poppenbüttel ein Streckengleis verlegt, und man war allerseits hoffnungsvoll, nicht zuletzt die Anwärter auf das zu erschließende Land. Da zog der Bauunternehmer die wenigen Arbeiter ab, um sie an der Langenhorner Bahn einzusetzen. Die Arbeiten an der Alstertalbahn ruhten. Unter Einschaltung des Generalkommandos verpflichtete sich ein neuer Bauunternehmer zur Fertigstellung. Zu guter Letzt konnte am 15. Januar 1918 der eingleisige Betrieb mit Benzoltriebwagen zwischen Ohlsdorf und Poppenbüttel mit täglich sechs Doppelfahrten aufgenommen werden. Fünftes Kriegsjahr 1918! An Sonntagen war der Ansturm auf die Züge so stark, daß Dampfzüge mit bis zu acht Wagen eingesetzt werden mußten.

Die elektrische Hamburg-Altonaer Stadt- und Vorortbahn war in jenen Jahren kaum in der Lage, den Verkehr zwischen Ohlsdorf und Blankenese ordnungsgemäß abzuwickeln. Zugegeben, im Januar 1908 war erst der volle elektrische Betrieb zwischen diesen beiden Endpunkten begonnen worden, und die »Kinderkrankheiten« zeigten sich sehr schnell. Schon zwei Monate später, im April 1908, fielen zwei der vier Dynamos im bahneigenen Kraftwerk aus. Der elektrische Betrieb lief nur noch eingeschränkt, und Dampfzüge halfen aus. Bei Kriegsausbruch mußten die meisten der Elektro-Spezialisten zu den Fahnen eilen. Zum Mangel an Fachkräften kam das Fehlen von Buntmetall. Der Reparaturstau wuchs, Fahrplaneinschränkungen und Geschwindigkeitsbegrenzungen waren die Folge. Ab 1916 dominierte der Dampfzugbetrieb, bis schließlich am 5. Dezember 1918 von den 140 vorhandenen elektrischen Triebwagen nur noch 34 fahrbereit waren. Hatte sich der einphasige Wechselstrombetrieb nun doch nicht bewährt? Diese Frage stellte sich bei der Preußischen Staatsbahn mehrfach, und man begann die Erfahrungen auszuwerten.

✻

Noch gravierender spürte die Alsterschiffahrt die Not der Kriegsjahre. Was gab es doch im Jahr 1911 noch für eine großartige Bilanz: Fast 11 Millionen Fahrgäste, die mit 33 Schiffen unterwegs waren! Dann kam der kurze Einbruch durch die Hochbahn-Konkurrenz, und schließlich setzte sich in der Bevölkerung die Meinung durch, im 16-Stundenkilometer-Tempo der Alsterdampfer eine vollwertige Alternative zum verstopften Straßenverkehr zu sehen. Doch die Ausbaggerung der Kanäle oder das Angebot einer Querverbindung vom Osterbek- über die Alster zum Isebekkanal waren Pläne, die der Weltkrieg zunichte machte. Der Umbau der Schiffe zu Glattdeckern, verbunden mit einer allgemeinen Modernisierung, stockte 1915 beim Stand von 13 Dampfern. Ab Januar 1917 fuhren keine Alsterdampfer mehr, ausgenommen die Fähre, die zwischen Fährdamm und Carlstraße noch pendeln durfte. Ohne Einnahmen war diese private *Alster-Dampfschiffahrts-Gesellschaft* am Ende. Der Hamburger Staat schaltete sich ein.

✻

Nicht ganz so dramatisch ging es auf der Elbe zu. War für die Alsterdampfer die Hochbahn der große Wettbewerber, so war es für die *HADAG* der 1911 eröffnete Elbtunnel. Die dadurch besonders betroffene Fähre V St. Pauli Landungsbrücken – Steinwerder (Fährkanal) zeigte das deutlich. Im Jahr 1911 fuhren mit dieser Fähre 259 000 Passagiere, im Jahr 1912 waren es nur noch 38 000 Personen. Andererseits war die *HADAG* durch ein größeres Verkehrsaufkommen wegen der neuen Kuhwerder Häfen und der Bedienung von Finkenwerder, der steigenden Beschäftigungszahlen im Hafen und des sonntäglichen Ausflugsverkehrs stärker gefordert. In den letzten Friedensmonaten des Jahres 1914 legte die *HADAG* daher neue Schiffe auf Stapel. Größter Neubau war die *Bürgermeister Burchard* für 636 Personen für die Linie nach Finkenwerder. Ferner wurde die 300 PS starke und 120 Bruttoregistertonnen große »Otto-Schlick-Klasse« mit den Dampfern *Otto Schlick*, *M.G. Amsinck* und *Kellinghusen* abgeliefert. Weil das gesamte Oberdeck für Fahrgäste nutzbar war, konnten diese Schiffe je 525 Passagiere befördern. Außerdem kamen 1914 noch die kleineren Einheiten *Buchheister*, *Ruths*, *Alardus* und *Stammann* zur *HADAG*. Sie waren für jeweils rund 220 Personen zugelassen.

Die *HADAG* spürte es nach Ausbruch des Weltkrieges sehr schnell: Vorbei war das pulsierende, hektische Treiben in Verbindung mit dem Handel aus allen Richtungen der Windrose. Nun lag die gesamte Hafen-Kleinschiffahrt am Kai – arbeitslos. Während die *HADAG* mit dem Mangel an Fachkräften und der zunehmenden Verknappung der Kohle zu kämpfen hatte, gab es im Hafen neue Arbeit: Kriegsschiffe wurden gebraucht. Jede noch so kleine Werft erhielt Aufträge von der Marineverwaltung für den Bau von Kreuzern bis zu U-Booten. Im Juli 1914 waren nur noch 18 000 Menschen auf den Hamburger Werften beschäftigt, und 1918 zählte man schon wieder 27 000, darunter viele dienstverpflichtete Frauen, Kriegsgefangene und Jugendliche. Trotz hoher Fahrgastzahlen ging es der *HADAG* von Kriegsjahr zu Kriegsjahr schlechter. Die Preise für Ersatzteile und Reparaturen stiegen aufgrund der Überbeschäftigung durch Staatsaufträge bei den Werften immer höher. Das war die Situation der *HADAG*, als im Jahr 1918 ihre alte Konzession auslief. In den Verhandlungen ging man davon aus, eine Konzessionsverlängerung mit einer allgemeinen Fahrpreiserhöhung zu koppeln. Dem konnte der Staat aus verschiedenen Gründen nicht zustimmen; die *HADAG* stand vor der Liquidierung. Trotzdem brach man die Verhandlungen nicht ab, sondern der Hamburger Staat übernahm am 23. Oktober 1918 über das Aktienpaket die *HADAG*, die eine Aktiengesellschaft blieb, den Aufsichtsrat neu wählte und die Vorstandsgeschäfte in der bewährten Hand von Jan Molsen beließ.

Diese Geschäftspraktiken waren bezeichnend für das Kriegsjahr 1918, denn es gab viele unbefriedigende Lösungen der städtischen Verkehrsprobleme. So war der weitere Ausbau des Straßenbahnnetzes schon seit Jahren ins Stocken geraten, nicht zuletzt deshalb, weil die *Straßen-Eisenbahn-Gesellschaft* davon ausgehen mußte, daß der im Jahr 1918 auslaufende Konzessionsvertrag nicht verlängert werden würde. Diese Phase der Stagnation führte zu permanenten Klagen der Bevölkerung, denn die Wohngebiete lagen immer weiter vom Stadtkern entfernt, ohne daß die Straßenbahnschienen ihnen folgten. In dieser Situation wurde der Hamburger Staat aktiv. Zunächst machte er am 3. Juli 1918 aus der Hochbahn ein gemischt-wirtschaftliches Unternehmen, um bessere Erträge zu erzielen. Der Staat trat unter Einbringung seiner Rechte an dem Bahnkörper der Hochbahn in die Gesellschaft ein (Wert: 48,6 Millionen). Im nächsten Schritt wünschte er die Übernahme der *Straßen-Eisenbahn-Gesellschaft* durch die *Hamburger Hochbahn Aktiengesellschaft*. Dieser Fusionsvertrag Hochbahn/Straßenbahn wurde am 11. Juli 1918 geschlossen.

In jenen Tagen breitete sich bereits die Revolution in Rußland aus, am 13. Juli 1918 begann die Wende im Westen, die Alliierten durchbrachen die deutsche Front in der Champagne auf einer Breite von 45 Kilometern – der Krieg ging seinem Ende zu. Die Bevölkerung hungerte bei wöchentlich 1800 Gramm Brot, 30 Gramm Butter und 200 Gramm Fleisch. In den Hamburger Kriegsküchen wurden täglich mehr als 300 000 Portionen Suppe ausgegeben, meistens aus Kraut oder Steckrüben. Hungerunruhen begannen schon 1917 in Harburg, sie griffen schnell auf Hamburg über. Im Januar 1918 streikten erstmals die Werftarbeiter. Ihre Forderungen waren neben mehr Lohn und besserer Ernährung ein angepaßter *HADAG*-Fahrplan für den Elbverkehr. Es war der Anfang von Unmutsäußerungen, die das ganze Jahr 1918 anhalten sollten.

In der Nacht vom 5. zum 6. November 1918 leiteten Matrosen aus Kiel in Hamburg einen bewaffneten Aufstand ein. Die Besatzungen der im Hamburger Hafen liegenden Kriegsschiffe leisteten keinen Widerstand; der Elbtunnel wurde besetzt und das Gewerkschaftshaus wie eine Festung mit Barrikaden aus umgestürzten Straßenbahnwagen geschützt. Auf dem Heiligengeistfeld kam es am 6. November 1918 zu einer Massenkundgebung, an der über 40 000 Menschen teilnahmen. Lastwagen mit roten Fahnen rasten durch die Straßen, Offizieren wurden die Rangabzeichen abgerissen, das Generalkommando zog sich zurück. In Hamburg bildete sich ein Arbeiter- und Soldatenrat. Der Senat wurde abgesetzt, die Bürgerschaft nach Hause geschickt. Auf dem Rathaus wehte ab 12. November die rote Fahne. Doch wie sollte der Arbeiter- und Soldatenrat ohne Administration eine hungernde Millionenstadt regieren? Senat und Bürgerschaft wurden deshalb als kommunale, unpolitische Organe wieder eingesetzt. Der hanseatische Realitätssinn zeigte sich auch in dieser gefährlichen revolutions- und bürgerkriegsähnlichen Situation: Ein Arbeiter- und Soldatenrat war besser als gar keine Ordnung, so die Meinung eines führenden Senators. Als aber 1919 die Arbeiterräte eine Rätediktatur in Hamburg errichten wollten, machten SPD und Gewerkschaften nicht mehr mit. Ein Generalstreik beendete die Räteherrschaft. Freie Wahlen wurden abgehalten, die SPD gewann die absolute Mehrheit. Die Demokratie hatte in Hamburg gesiegt, die Bürgerschaft erhielt wieder die höchste Gewalt. Die Revolution war zwar abgewendet worden, aber die unruhigen Zeiten blieben vorerst.

82. Elb-Dampfschiffahrten und Hamburger Hafenfahrten.

Elb-Fähre.

Grüne Dampfer.

a) Hafen-Dampfschiffahrt A.-G.

Schönste Gelegenheit zur Besichtigung des Hafens und der Auswandererschiffe.

Hafenrundfahrt (weiße Flagge im Steven). 10-Minuten-Verkehr zwischen Hafentor und den Hörten Hafentor-Kehrwieder Kaiserhöft-Strandhöft-Amerikahöft-Krahnhöft-Veddelhöft-Baakenhöft. Vom Hafentor sämtliche Stationen anlaufend von morgens 5 20.

Fähre II. A: Gr. Grasbrook–Krahnhöft–Veddelhöft–Baakenhöft.
B: Gr. Grasbrook–Amerikahöft–Afrikahöft–Hansahöft–O'Swaldquai.

Fähre III. (rote Flagge im Steven). 10-Minuten-Verkehr zwischen Sandtorhöft, Kaiserhöft, Kl. Grasbrook-Arningstr., Kl. Grasbrook-Tankweg.

Fähre IV. (grüne Flagge im Steven). 10-Minuten-Verkehr zwischen Kehrwieder-Spitze, Steinwärder (Norderelbstraße), Kl. Grasbrook (Werftstraße), Drehbrücke.

Fähre V. 6-Minuten-Verkehr zwischen St. Pauli-Landungsbrücken (Ost) und Steinwärder (Grevendamm).

Fähre VI. 7½-Minuten-Verkehr zwischen St. Pauli-Markt- und -Landingsplatz und Steinwärder (Schanzengraben).

Fähre VII 10-Minuten-Verkehr zwischen St. Pauli-Markt- und -Landungsplatz und den Kuhwärder Häfen. 20-Minuten-Verkehr zwischen den Altonaer Dampfschiffsbrücken und den Kuhwärder Häfen. Anschluß von Toller Ort nach den Kuhwärder Häfen durch die Linie Altona.

Jollenführer-Dampfer verkehren

von Sandtorhöft über Amerikahöft nach Hansabafen und Segelschiffshafen;
von Sandtorhöft nach Strandhafen und Kirchenpauerhafen, im Bedarfsfalle Brandenburger, Schiffbauerhafen, Schuhmacherwärder;
von Sandtorhöft über Kaiser-Wilhelm-Höft nach Kuhwärder, Ellerholz-, Roß- und Oder-Hafen.

82b. Hamburg – Altona – Neumühlen – Parkhotel – Teufelsbrücke – Nienstedten – Dockenhuden – Blankenese.

Im Winter keine Fahrten.

82c. Hamburg – Altona – Neumühlen – Neuer Petroleumhafen – Finkenwärder.

Hafen-Dampfschiffahrt A.-G.

Wochentags:
Von St. Pauli-Landungsbrücken: 5 00, 6 10, 7 00, 8 00, 9 00, 10 00, 11 00, 12 00, 1 00, 2 00, 3 00, 4 00, 5 00, 6 00 †, 7 00, 8 00, 9 00, 11 00 †, 12 00 *.

Wochentags:
Von Finkenwärder: 4 00, 5 00, 6 00, 7 00, 8 00, 9 00, 10 00, 11 00, 12 00, 1 00, 2 00, 3 00, 4 00, 5 05, 6 25, 7 00, 8 00, 10 00.

† Fährt täglich mit Ausnahme von Mittwoch und von jedem ersten Sonnabend im Monat.

* Fährt nur Mittwochs und an jedem ersten Sonnabend im Monat. Sonntags besonderer Fahrplan.

82cc. Hamburg-Waltershof (Köhlbrand) über Altona.

Von St. Pauli Landungsbrücken: 9 50, 11 50, 1 50, 3 50.
Von Waltershof: 10 20, 12 20, 2 20, 4 20.

83 Letzter Friedensfahrplan der HADAG

84   HADAG-Fähre »Alardus«, erbaut 1914

85   Alsterdampfer auf dem Weg zur Von-Essen-Straße an der Mundsburger Brücke. 1917 endeten diese Fahrten zunächst

18. Die Nachkriegszeit – der Verkehr in den zwanziger Jahren

Bereits im Fusionsvertrag vom 3. Juli 1918 war die Übernahme der Alsterschiffahrt durch die *Hamburger Hochbahn Aktiengesellschaft* vorgesehen. Am 1. April 1919 trat dieser Vertrag in Kraft. Gegen eine Vergütung von 900 000 Mark in Aktien erhielt die *HHA* »37 Dampfer, 5 Schuten, 4 Kähne und sämtliche zum Betrieb der *Alster Dampfschiffahrt-GmbH* gehörenden Werkzeuge, Utensilien, Geräte und Materialien«, wie es im Vertrag hieß. Viel Schiff für wenig Geld, könnte man meinen. Doch deren Zustand ließ zu wünschen übrig; die langen Rostnasen verkündeten schon von außen die Verrottung der Schiffe.

Ab April 1919 nahm die *HHA* den Schiffsverkehr fast in vollem Umfang wieder auf, mußte den Betrieb aber wegen Kohlenmangel im November aufgeben. Dann folgte vom Sommer 1920 bis zum Wintereinbruch desselben Jahres ein erneuter Versuch mit reduziertem Liniennetz, das von fast 4,5 Millionen Fahrgästen genutzt wurde. Doch der Betrieb »rechnete« sich nicht; die Flotte von reparaturbedürftigen Schiffen war zu groß, und die *HHA* verkaufte 1920 sieben Dampfer. Trotzdem fuhr die Alsterschiffahrt 1920 einen Verlust von 2 Millionen Mark ein. Aber Wilhelm Stein, der Direktor der *Hamburger Hochbahn*, nahm ab 1. März 1921 noch einmal einen Anlauf und ließ die Linie zum Mühlenkamp wieder fahren, denn nur mit dieser würde ein Stamm-Fahrgast-Potential zu gewinnen sein. Mitten in der Inflationszeit fand die *HHA* einen Pächter für die Alsterschiffahrt. Die Bugsierfirma *Lütgens & Reimers*, im Hafen und auch auf der Alster mit einem Schlepper- und Barkassenbetrieb gut ausgelastet, übernahm die Personenschiffahrt auf der Alster am 15. September 1923. Belohnt wurde *Lütgens & Reimers* dafür mit der Einführung des Schleppzwangs auf der Alster, der regelmäßige Einnahmen – zum Beispiel durch die Versorgung des Barmbeker Gaswerks mit Kohlen – garantierte.

Die Firma *Lütgens & Reimers* zögerte nicht lange. Sie bot die Barmbeker und Winterhuder Linie wieder an. Im Winter wurden 14 Schiffe überholt, und dann ging es im Frühjahr 1924 mit neuen Angeboten los: Die Mühlenkamper Linie erhielt einen Anschluß über den Osterbekkanal zum Stadtpark. Mit einer guten Werbeaktion machte man sich dieses allgemein noch nicht so bekannte Werk Fritz Schumachers zunutze. Der Stadtpark gewann noch an Attraktivität, als im Mai 1924 die Stadthalle am Stadtparksee eröffnet wurde. Barkassen, die *Lütgens & Reimers* aus dem Hafen abzweigte, brachten die Menschen nun quasi im Straßenbahn-Abstand zum Stadtpark – bis 22 Uhr. Aus jener Zeit stammt auch eine Wiederbelebung des Rundfahrtangebots der Alsterschiffe, das noch heute als »Alsterrundfahrt« beliebt ist. Ab Sommer 1926 fuhren Alsterschiffe auch bis nach Ohlsdorf, ein Vergnügen, das die Bevölkerung bis 1939 gern nutzte.

Die Linienkennzeichnung aus der Zeit Wichmanns wurde durch farbige Flaggen neu geordnet: Seit 1926 führten die Schiffe zum Mühlenkamp die blaue Flagge, die Winterhuder Linie die gelbe Flagge und die Schiffe zur Mundsburger Brücke, Kuhmühle, Von-Essen-Straße die rote Flagge. Die Fähre zeigte die hamburgische Staatsflagge (seit 1921/22).

*

Die *HADAG* war unabdingbares Werkzeug des Hafens geworden, der unmittelbar nach dem Waffenstillstand schon wieder aufblühte. Leider begann mit dem Vertragsabschluß von Versailles die Auslieferung der deutschen Handelsflotte an die Alliierten. Der spektakuläre Höhepunkt war wohl der Abtransport der *Bismarck*, Deutschlands größtem Passagierschiff, aus dem Hamburger Hafen, das dann als *Majestic* der britischen *White Star* die Meere durchkreuzte. Andererseits bedeutete der langersehnte Frieden auch einen hoffnungsfrohen Neubeginn: Das erste deutsche Handelsschiff lief am 1. Dezember 1919 den Londoner Hafen an.

Der Hafen wurde wieder Hamburgs größter Arbeitsplatz. Die *HADAG* hatte Mühe, für die vielen Arbeiter genügend Schiffe zu stellen, und mußte in den Jahren 1919 bis 1921 ihre Kapazität durch Zukauf erweitern *(Senator Petersen, Gorch Fock, Stavenhagen)*. Um endlich auch im Hafenrundfahrts-Service ein bestimmtes Niveau zu erreichen, übertrug der Senat der *HADAG* im Sommer 1921 die Konzession für die »Große Hafenrundfahrt«. Mit »He lücht« entwickelte sich ein spezielles Hamburger Angebot, das sich bis heute millionenfach bewährt hat. Die *HADAG* hatte ein zweites »Standbein« erhalten; der Betriebsverlust verkleinerte sich. Es ging aufwärts, obwohl die Lebenshaltungskosten wegen der

86 *Werbung für Alsterrundfahrten 1922*

Inflation enorm stiegen. Im Jahr 1921 kostete ein Zentner Kartoffeln bereits 120 Mark. Überraschenderweise war trotzdem die Reederei *Hamburg Süd* 1922 in der Lage, das von England zurückgekaufte Passagierschiff *Cap Polonio* (21 000 Bruttoregistertonnen) zur ersten Nachkriegsreise nach Südamerika zu schicken, während die *Hapag* drei Schiffe der »Albert-Ballin-Klasse« vom Stapel ließ.

Der Hamburger Hafen schien die Wirtschaftskrise abzuschütteln. Der Schiffsverkehr im Hafen erreichte im Jahr 1923 wieder den Vorkriegsstand. 1924 bewegten sich 35 Prozent der gesamten deutschen Einfuhr mit über drei Millionen Tonnen und 45 Prozent der gesamten deutschen Ausfuhr mit sieben Millionen Tonnen über Hamburg. Die Werften waren vollbeschäftigt, die *HADAG* konnte 1924 die Verkehrsspitzen nur unzureichend abdecken. Zu dieser Zeit war der Schiffsdiesel so weit entwickelt, daß man ihn auch für den Flußschiffsbetrieb verwendete. Die *HADAG* war die erste Gesellschaft, die den Versuch wagte. Sie ließ in der Stülckenwerft ein Schiff mit 600 PS für bis zu 2 200 Personen bauen. Es wurde 1925 vom Stapel gelassen. Aus Dankbarkeit für seine Verdienste und anläßlich seines 25jährigen Dienstjubiläums taufte man das Schiff auf *Jan Molsen*, den Namen des damals schon legendären *HADAG*-Vorstan-

87 *MS »Jan Molsen«, Flaggschiff der HADAG*

des. Es gab wohl keinen Menschen im norddeutschen Raum, der die *Jan Molsen* nicht kannte. Am Ende des Zweiten Weltkrieges war sie das größte deutsche Passagierschiff! Sie wurde 1967 nach Italien verkauft, wo sie erst nach über 20 Jahren (1988) auf dem Schiffsfriedhof endete.

1925/26 kamen noch fünf Motorbarkassen für den Jollenführer-Dienst der *HADAG* in Betrieb. Die *Hapag* jubelte 1926, mit 175 eigenen Schiffen überschritt sie wieder die Zahl von einer Million Bruttoregistertonnen. Andererseits kam es bei der *Deutschen Werft* 1926 wegen Auftragsmangel zu Entlassungen. Die *HADAG* sprang ein und ließ dort die neue *Jan Molsen* für den Cuxhaven-Verkehr umbauen.

Für die *HADAG* und den Hamburger Hafen begann 1928 ein recht bedeutsames Jahr. An der Spitze stand wohl der Vertrag über die Hamburgisch-Preußische Hafengemeinschaft, durch den endlich eine reibungslose Zusammenarbeit zwischen den Häfen Hamburg, Harburg und Altona gewährleistet wurde. Ferner donnerten bei *Blohm + Voss* die Niethämmer wieder um die Wette. Dort entstand die 50 000 Bruttoregistertonnen große *Europa*, die der *Norddeutsche Lloyd* bestellt hatte. Außerdem entschied sich die *HADAG* für eine neue Fährschiffsklasse, die (vorerst) wieder mit Dampfmaschinen angetrieben wurde, die »Lichtwark-Klasse«, mit 158 Bruttoregistertonnen, für 453 Passagiere. (Erst 1957/58 wurden die vier Schiffe auf Dieselantrieb umgebaut.) Und schließlich bildeten 1928 die *Hamburger Hochbahn Aktiengesellschaft* und die *HADAG* eine Tarifgemeinschaft, wonach die Fahrgäste die Verkehrsmittel der *HHA* und der *HADAG* mit einem Fahrschein benutzen durften. Damit war der erste Schritt zu einem Verkehrsverbund getan.

88

Die Übernahme der Hamburg-Stade-Altländer Linie durch die *HADAG* im Jahr 1929 war durch den schon erwähnten Vertrag über die Hamburgisch-Preußische Hafengemeinschaft begründet, der auch den Unterelbedienst einschloß. Die Flotte dieser stark abgewirtschafteten Reederei zog nicht gerade Kunden an; schon kurze Zeit später ließ die *HADAG* deshalb vier Schiffe aus dem Bestand der ehemaligen *Stade-Altländer Dampfschifffahrts- und Rhedereigesellschaft, Stade (Albert Aust)* verkaufen. In gutem Zustand waren lediglich der Dampfer *Blankenese* aus dem Jahr 1895 und der 1888 erbaute Raddampfer *Hamburg*.

89   1929 kam die »Gorch Fock« neu auf die Elbe

Für die *Hamburger Hochbahn Aktiengesellschaft* war die soziale Unzufriedenheit der Bevölkerung das Kennzeichnende der zwanziger Jahre. In den Jahren 1922 und 1923 verschärften sich die mit der Geldentwertung begründeten Schwierigkeiten immer mehr. In kurzen Abständen mußten Lohnerhöhungen und als Folge Fahrpreissteigerungen vorgenommen werden. Da die preußische Stadt- und Vorortbahn mit ihren Fahrpreisen nicht immer, oder nicht rasch genug, nachzog, kam es zu beträchtlichen Abwanderungen, so daß die Fahrpreisanhebungen keinen Ausgleich brachten. Im Friedensjahr 1912 kostete die Hochbahnfahrt, gestaffelt nach drei Zonen, 10, 15 oder 20 Pfennig, in der zweiten Klasse 15, 20 oder 25 Pfennig. Die Steigerung erfolgte dann in 5-Pfennig-Sprüngen, konnte aber niemals die Kosten der Betriebsführung decken. Als 1919 der Kohlepreis auf das Vierfache des Preises von 1912 geklettert war, kostete die kürzeste Hochbahnfahrt statt 10 nun 20 Pfennig. Im Jahr 1920 waren die Stundenlöhne auf das Achtfache gestiegen, die Schienenpreise auf das Zwanzigfache, der Kurzfahrschein war aber noch für 40 Pfennig zu haben. Fahrgäste, die nach 21 Uhr unterwegs waren, hatten das Doppelte zu zahlen; wer nach 23 Uhr noch mit der Hochbahn fahren wollte, mußte sich das sogar den Einheitspreis der dritten Zone (für die Gesamtstrecke also) kosten lassen, auch wenn seine Fahrstrecke nur kurz war. Am 17. Dezember 1920 wurde die zweite Wagenklasse bei der Hochbahn abgeschafft, obwohl sie noch jährlich eine Million Mark Gewinn abwarf; gleichzeitig führte die *HHA* Raucherabteile ein. Die Preise kletterten unaufhaltsam weiter. 1922 kostete eine Hochbahnfahrt schon drei bis vier Mark, je nach Entfernung. Was dann kam, ließ sich nur noch in Millionen und Milliarden ausdrücken. Bis zur Umstellung auf die Rentenmark, also von 1918 bis Ende 1923, hatten sich die Fahrpreise nicht weniger als 62mal verändert. Auch das war eine Inflation – die der Fahrpreisänderungen!

Das Angebot im Hochbahnnetz gestaltete sich so: Die im Kriegsjahr 1917 beschlossene Weiterführung der Rothenburgsorter Zweigbahn bis zum Billbrook unterblieb, weil die Linie den Erwartungen nicht entsprach. Wegen zu geringen Verkehrsaufkommens ist der Betrieb dort in der Zeit vom 17. September 1923 bis zum 23. Februar 1924 sogar eingestellt worden. Auf der Walddörferbahn wurde zwar am 12. September 1918 der Betrieb auf der Strecke Barmbek – Volksdorf mit Dampflokomotiven aufgenommen, aber die Kessel blieben schon nach zehn Monaten kalt. Der Krieg war aus, und auch die belgischen »Beutelokomotiven« kehrten heim. Ab Sommer 1919 fuhr kein Zug mehr auf der Walddörferbahn. Die schon während des Krieges vorbereitete, aber wegen Mangel an Buntmetall unterbliebene Elektrifizierung wurde beschleunigt fortgeführt, so daß der eingleisige elektrische Zugbetrieb zwischen Barmbek und Volksdorf am 6. September 1920 beginnen konnte. Den Abschnitt Volksdorf – Wohldorf bediente die Kleinbahn Altrahlstedt – Volksdorf – Wohldorf. Der Streckenast Volksdorf – Großhansdorf wurde eingleisig ab 5. November 1921 betrieben. Endlich, am 20. Mai 1923, war die Walddörferbahn Barmbek – Volksdorf zweigleisig und signaltechnisch so hergerichtet, daß dort der volle Betrieb anlaufen konnte. Der letzte Streckenast, Volksdorf – Ohlstedt, wurde erst am 1. Februar 1925 eröffnet. Die Walddörferbahn, eine aus öffentlichen Mitteln erbaute Staatsbahn, aber unter der Betriebsführung der Firma *Hamburger Hochbahn Aktiengesellschaft*, ist heute ein vollintegrierter Teil des Hamburger Schnellbahnnetzes.

Als die Langenhorner Bahn am 5. Januar 1918 eingeweiht wurde, fuhr sie noch mit Dampfzügen. Nach Beendigung des Krieges mußte noch bis 1920 an den restlichen Hochbauten gearbeitet werden. Der elektrische Betrieb konnte erst am 1. Juli 1921 aufgenommen werden, und damit gab es freie Durchfahrt, d. h. das Umsteigen in Ohlsdorf war nicht mehr nötig. Für die Stromversorgung der Langenhorner Bahn entstand ein Unterwerk in Langenhorn, das hochgespannten Drehstrom von 6 000 Volt von den *Hamburgischen Electricitäts-Werken (HEW)* erhielt, also nicht vom hochbahneigenen Kraftwerk in Barmbek. Die Walddörferbahn bekam ihren Strom über

90 Übersichtsplan der Hochbahn von 1922

91 So sah die Altrahlstedt-Volksdorf-Wohldorfer Kleinbahn aus (bei Berne)

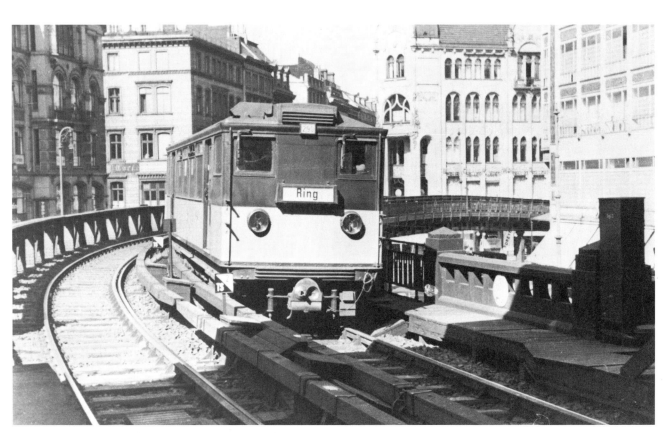

92 Ein Ringzug verläßt die Station Rödingsmarkt

eine *HEW*-Fernleitung von 30 kV, der in ein Umformerwerk in Volksdorf eingespeist wurde. Ferner errichteten die *HEW* in der Nähe des *HHA*-Kraftwerkes in Barmbek eine Schaltstelle, über die es möglich war, im Bedarfsfall die Stromversorgung der Hochbahn allein zu übernehmen.

Ständig steigende Fahrgastfrequenzen und das durch die Zweigbahnen, die Langenhorner Bahn und die Walddörferbahn erweiterte Hochbahnnetz zeigten sehr bald, daß die anfänglichen Streckenausrüstungen nicht ausreichen würden. Das Eisenbahn-Signal-System mit Flügelsignalen und Handblock war für ein Schnellbahnsystem mit rascher Zugfolge ungeeignet. Eine Änderung war also dringend notwendig. Das alte Flügelsignalsystem wurde abgeschafft und ein Selbstblocksystem eingerichtet. Dadurch konnte ab 1926 auf der Ringlinie im 100-Sekunden-Abstand gefahren werden, d. h. mit stündlich 36 Zügen, und zwar laut Fahrplan mit 12 Ringzügen, 12 Pendelzügen Barmbek – Hellkamp, 6 Pendelzügen Rothenburgsort – Ochsenzoll und 6 Pendelzügen Rothenburgsort – Ohlsdorf. Damit war allerdings die Kapazitätsgrenze erreicht, während der Zuspruch der Fahrgäste ständig stieg, wie aus den folgenden Zahlen ersichtlich ist:

1912 = 24,6   Millionen
1913 = 42,32 Millionen
1922 = 59,6   Millionen
1924 = 83,09 Millionen
1926 = 93,48 Millionen Fahrgäste.

Als weitere Maßnahme beschloß der Vorstand der *HHA* das aufwendige Bauvorhaben der Bahnsteigverlängerungen von 67 auf 90 Meter, wodurch endlich auch mit Sechs-Wagen-Zügen gefahren werden konnte. Zwischen Kellinghusenstraße und Ochsenzoll waren sogar Bahnsteige von 120 Metern Länge nötig, um dort zukünftig auch Acht-Wagen-Züge anzubieten, was aber schon mit einem weiteren Projekt zusammenhing, nämlich der Linie Kellinghusenstraße – Jungfernstieg. Obwohl mit diesem neuen Plan das Vorhaben »Freihafen-Hochbahn« und die Verlängerung der Rothenburgsorter Zweigbahn endgültig von den Reißbrettern der Ingenieure verschwanden, sollen hier jene Hochbahnverbindungen kurz geschildert werden.

Der Boom im Hamburger Hafen vor dem Ersten Weltkrieg mit über 100 000 Arbeitsplätzen veranlaßte zu den Überlegungen, neben Elbtunnel, *HADAG*-Fähren und Hochbahnanbindung des nördlichen Hafenrandes das eigentliche Freihafengebiet durch eine separate Hochbahnlinie zu erschließen. Wegen der Zollvorschriften durfte keine Direktverbindung aus dem Ring heraus gebaut werden. Die Freihafenlinie sollte vielmehr am jenseitigen Ufer der Elbe, in Steinwerder, direkt am Tunnelmund, den einen Endpunkt haben und von dort, südwärts zur Ellerholzschleusenbrücke gerichtet, das Gebiet um den Veddeler Damm zugänglich machen. Von da aus war die Linie zu den Binnenschiffshäfen geplant und dann nordostwärts parallel zur Staatsbahn, vorbei am Saalehafen, zu einer »Freihafenelbbrücke«. Dort sollte die Norderelbe im Obergeschoß überquert werden. Im unmittelbaren Anschluß war ein Bahnhof vorgesehen, wo auch die verlängerte Rothenburgsorter Zweigbahn hätte einmünden können. Den im Hafen Beschäftigten aus Rothenburgsort und Hammerbrook wäre damit eine günstige und schnelle Verbindung zur Arbeitsstelle geboten worden. Über Klostertor und den Großen Grasbrook wäre die Freihafenbahn zum Baumwall gestoßen, ohne aber in den Ring einzumünden. Der Ausbruch des Ersten Weltkrieges und die schweren Nachkriegsjahre ließen jedoch einen solchen Bau nicht zu. Man setzte Prioritäten und beschloß, den Umfang des Hochbahn-Netzes durch eine neue Innenstadtlinie zu erweitern. So kam es zur Rothenbaumlinie.

Die Zweiglinie Kellinghusenstraße – Ohlsdorf in Verbindung mit der Langenhorner Bahn hatte sich zur meistfrequentierten Strecke der Hochbahn entwickelt. Während der Hauptverkehrszeiten kam jeder dritte Zug des Stammnetzes aus dieser Richtung. Die Aufnahmefähigkeit des Ringes war erschöpft. Nur eine Entlastungsstrecke konnte helfen. Die Projektingenieure fanden fol-

93 *Ausgang Klosterstern der neuerbauten »Kelljung-Linie« 1929*

gende Situation vor: Die Ringlinie war mit Rücksicht auf die Bedienung des Hafens westlich an der City vorbeigeführt worden und erreichte nur über diesen Umweg den Rathausmarkt, die Einkaufszentren und den Hauptbahnhof. Für den Nord-Süd-Verkehr war das ein unerwünschter Fahrzeitverlust. Die projektierte Abkürzungslinie hatte 2,85 Kilometer weniger Streckenlänge und erbrachte eine Fahrzeitersparnis von neun Minuten bei dem Ziel »City«, weil sie ohne Umwege von Kellinghusenstraße zum Jungfernstieg geführt werden sollte. Deshalb nannte man sie Rothenbaum- oder auch Kelljung-Linie. So wurde 1927 endlich wieder ein Jahr, in dem ein Hochbahn-Projekt Gestalt annahm. Die Baulänge betrug 4,7 Kilometer, davon entfielen 650 Meter auf offene Bauweise, 4,05 Kilometer auf Tunnelstrecken. Neue Haltestellen entstanden am Klosterstern, an der Hallerstraße, am Stephansplatz und am Jungfernstieg. An der Endhaltestelle Jungfernstieg gestalteten sich die Bauarbeiten recht schwierig, deshalb wurde am 2. Juni 1929 zunächst der Abschnitt Kellinghusenstraße – Stephansplatz eröffnet; am 25. März 1931 ging es bis zur »provisorischen« Haltestelle Jungfernstieg. Nach Fertigstellung des Alstertunnels war am 28. April 1934 das Bauwerk vollendet.

*

Am Ende des Ersten Weltkrieges befand sich die elektrische Hamburg-Altonaer Stadt- und Vorortbahn in einem erbarmungswürdigen Zustand. Die Fahrzeuge und das Kraftwerk mit den elektrischen Anlagen zeigten so starke Mängel, daß von einem elektrischen Betrieb kaum noch gesprochen werden konnte. Die elektrischen Züge fuhren bisweilen nur noch stündlich; der Dampfzugverkehr war obligat. An Sonntagen ruhte der Elektro-Betrieb vollends, weil die wenigen Elektrozüge geschont werden mußten. Um die Fahrplanzeiten für das »Taktfahren« halten zu können, war die Höchstgeschwindigkeit von 50 km/h wieder aufgegeben worden. Trotzdem war der Zuspruch der Fahrgäste ungebrochen. Das lag aber in erster Linie an den wesentlich zu niedrigen Fahrpreisen, verglichen mit denen der Hochbahn. Erst als 1923 die Fahrgastzahlen auf 115 Millionen geklettert waren (gegenüber 83 Millionen im Jahr 1913), die Fahrgäste wegen Überfüllung zurückbleiben mußten, bei der Hochbahn aber Wagen im Depot blieben, reagierte die Staatsbahn mit einem 200 Prozent höheren »Abwehrtarif«. Die Fahrgastströme verteilten sich wieder.

Um ein überzeugendes Verkehrssystem anbieten zu können, begann die Staatsbahn 1923 mit Restaurationen auf breitester Basis. Die Elektrozüge erhielten neue Antriebe, das Kraftwerk neue Kessel sowie Spezial-Vorreinigungsanlagen, um Kesselstein zu verhindern. Dampfmangel oder Rohrbrüche sollten vermieden werden. Ebenfalls im Jahr 1923 wurden 35 neue Doppeltrieb-

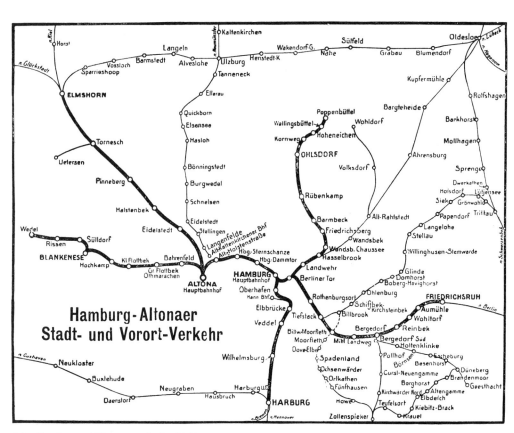

94 Stadt- und Vorortverkehr 1922

wagen bestellt, die bereits mit allen Verbesserungen der Elektro- und Waggonbauindustrie der letzten Jahre ausgerüstet waren. In dieser Aufbruchstimmung erhielt die Staatsbahn die Alstertalbahn (Ohlsdorf–Poppenbüttel) geschenkt, die nach teilweise tragischen Ereignissen am 12. März 1924 als Bestandteil der elektrischen Stadt- und Vorortbahn eröffnet wurde. Die Auswirkungen des Krieges mit Materialkosten- und Lohnsteigerungen ließen die Privatgesellschaft in die Pleite fahren; der Kreis Stormarn ermöglichte die Vollendung der elektrifizierten Alstertalbahn, nachdem die Stadt Hamburg und Preußen eine Hilfe verweigert hatten.

Trotz der Streckenverlängerung von 26,5 auf 32 Kilometer (Ohlsdorf bis Poppenbüttel) und damit einer Kapazitätserweiterung des elektrischen Zugbetriebs begannen die beschriebenen Verbesserungen zu greifen. In einem feierlichen Akt wurde am 9. Februar 1925 der letzte Dampfzug der Stadt- und Vorortbahn verabschiedet. Die Geschwindigkeitsbegrenzung konnte aufgehoben werden, und die Stadt- und Vorortbahn fuhr wieder mit 50 km/h. Der 1. April 1925 brachte endlich auch eine der Hochbahn angeglichene Fahrpreisstruktur. Ein einheitlicher Zonentarif ersetzte den verschiedenartig gestalteten Tarif für die Stadtbahn und den auf Kilometerbasis angebotenen Anstoßtarif für die Vorortbahn. Das Netz des Stadt- und Vororttarifs umspannte bis zu diesem Zeitpunkt folgende Strecken: Stadttarif (Zonentarif) nur für die Strecke Altona – Barmbek. In den Vororttarif (Kilometertarif) waren die Strecken einbezogen von:

Altona – Wedel (18,1 km)
Altona – Elmshorn (30 km)
Hauptbahnhof – Harburg (12 km)
Berliner Tor – Friedrichsruh (26 km)
Barmbek – Poppenbüttel (10 km)

Das Gesamtnetz hatte nun zehn Tarifzonen. Eine Fahrkarte dritter Klasse in der ersten Zone kostete 25 Pfennig, in der 10. Zone 1,80 Mark. Kaum war diese Tarifreform vollzogen, da meldeten sich Stimmen, die eine Übergangskarte zwischen Stadt- und Vorortbahn und der Hochbahn verlangten. Beide Unternehmen prüften die Möglichkeiten, fanden damals aber keinen Ansatzpunkt. Erst 1934 wurde eine Übergangskarte, räumlich beschränkt allerdings, angeboten.

Die Auslieferung der verbesserten Wechselstromzüge begann 1924, im Jahr 1926 war die Serie vollständig. Rein äußerlich hatten die Wagen ein wenig verändertes Erscheinungsbild. Dennoch: Statt des Laternendaches wölbte sich ein Tonnendach auf den Wagen. Die Fahrzeuge waren aus Stahl und nicht mehr aus Holz. Der kurzgekuppelte Teil der beiden Wagen ruhte auf einem Jacobs-Drehgestell, der Doppeltriebwagen hatte die

95 *Wechselstrom-S-Bahn-Zug in Stahlbauweise*

Achsfolge Bo+2+2. Unter den Betriebsnummern elT 1589 bis 1623 wurden die Neubauten in den Fahrzeugpark der Stadt- und Vorortbahn aufgenommen. Die zweite und letzte Serie kam in den Jahren 1927 bis 1931 in Hamburg an. Die Stunden- wie Dauerleistungen der Motoren waren stärker, Platzangebot und Interieur blieben unverändert. Sie erhielten die Betriebsnummern 1624 bis 1643.

In den Jahren 1928/29 wurde zur Sicherheitserhöhung auf der elektrischen Stadt- und Vorortbahn die Fahrsperre eingeführt. Das System dieser »Notbremse« war denkbar einfach. Sollte ein Zug versehentlich über ein Halt zeigendes Signal hinwegfahren, verhinderten zwei sich berührende Teile, am Fahrzeug ein mit der Hauptluftleitung verbundener Auslösehebel und auf der Strecke ein mit dem Halt zeigenden Signal gekoppelter Fahrsperrenanschlag, die Weiterfahrt. Dabei kippte der Auslösehebel um und bewirkte eine Zwangsbremsung und Fahrstromabschaltung.

Endlich ersetzte im Jahr 1928 die selbsttätige Scharfenbergkupplung die alte Schraubenkupplung, und die Hamburg-Altonaer Stadt- und Vorortbahn bewegte sich damit weiter auf dem Weg zur modernen Stadtschnellbahn. Das große Vorbild muß damals Berlin gewesen sein. Dort fuhr am 8. August 1924 der erste elektrische Zug. Die Bezeichnung »Stadt-, Ring- und Vorortbahn« war nicht nur den Fachleuten zu lang und unbeholfen. Auf den Bahnhöfen der Nordstrecken tauchte deshalb für kurze Zeit die Abkürzung für Stadt-Schnellbahn im Kürzel »SS-Bahn« auf, doch anscheinend war das noch nicht ausgereift, und man zog die Schilder wieder ein – bis man es endlich »amtlich« erfuhr. In der Zeitschrift *Die Reichsbahn* vom 24. 12. 1930 hieß es: »Die Berliner Stadt-, Ring- und Vorortbahnen werden künftig kurz ›S-Bahn‹ heißen. Die Reichsbahn beabsichtigt, soweit es die knappen Mittel gestatten, nach und nach Tafeln und Transparente anzubringen, auf denen das weiße ›S‹ auf grünem Grunde weithin leuchtet. Die Reichsbahn hofft, daß die Schaffung dieses leicht erkennbaren Zeichens, das auch auf große Entfernungen wirkt, den Reisenden ein erwünschter Hinweis auf die Lage der S-Bahnhöfe sein wird.« Interessant ist, daß das Symbol für das gesamte Netz der Stadt-, Ring- und Vorortbahnen eingeführt wurde, also auf allen Strecken, auf denen der Nahverkehrstarif galt, die aber zu jener Zeit zum großen Teil weder elektrisch befahren wurden noch einen Taktfahrplan anboten. Diesem Berliner Vorbild sollte ein paar Jahre später auch Hamburg folgen.

96 Bahnhof Veddel der Vorortbahn mit Straßenbahn-Anschluß (ca. 1927)

Auch die Straßenbahn hatte die Elendsjahre des Krieges nur mit Schwierigkeiten überstanden und klingelte sich mehr schlecht als recht durch die Wirren der Nachkriegsjahre. Im Sommer 1918 beschlossen Senat und Bürgerschaft die Übernahme der *Straßen-Eisenbahn-Gesellschaft* durch die Firma *Hamburger Hochbahn Aktiengesellschaft (HHA)*, was mit Konzessionsablauf der *SEG* am 31. Dezember 1918 rechtskräftig wurde. Die *Centralbahn* (Chinesenbahn) blieb noch selbständig (vorerst). Aber auch die Fusion half der Straßenbahn nicht viel weiter, sondern die Katastrophen folgten Schlag auf Schlag. Schon 1918 kletterten die Stromkosten immer höher, so daß die Fahrpreise ab 1919 angehoben werden mußten. Im Februar 1919 legte ein Streik den Verkehr lahm, und im Mai/Juni 1919 konnte einen Monat lang in Hamburg keine Straßenbahn fahren, weil die Stromversorgung wegen Kohlenmangels eingestellt worden war. Eine leichte Erholung trat ab 1920 ein, von der Bevölkerung freudig begrüßt. Das gemischtwirtschaftliche Unternehmen *HHA*, das nun die Hochbahn und die Straßenbahn steuerte, bot Übersteige-Fahrkarten an, ein wesentlicher Vorteil für alle, die sowohl mit der Straßenbahn wie auch mit der Hochbahn unterwegs waren.

Am 31. Dezember 1922 war die Konzession der *Hamburg-Altonaer Centralbahn-Gesellschaft* abgelaufen. Es war kein Geheimnis mehr, daß es keine Verlängerung geben würde. Diese Gesellschaft ging am 1. Januar 1923 voll in der *Hamburger Hochbahn Aktiengesellschaft* auf, die auch die Betriebsmittel und die Anlagen erwarb. Nach dieser Vereinigung hatte die Straßenbahn in Hamburg eine Streckenlänge von 399 Kilometern; es waren 893 Triebwagen und 694 Beiwagen vorhanden (Arbeitswagen nicht mitgezählt). Sie alle zusammen legten im Jahr 1923 33,8 Millionen Betriebskilometer zurück und beförderten 120,6 Millionen Fahrgäste auf 31 angebotenen Linien (Ende des Jahres nur noch 27). Und dann war jenes Jahr 1923 noch in anderer Hinsicht bemerkenswert: Die Straßenbahn hatte ihr »letztes Pferd« verkauft, womit der Anachronismus eines Pferdebahnbetriebes endlich beseitigt wurde. Am 27. Dezember 1922 fuhr die letzte Pferdebahn in Hamburg auf der Strecke Wandsbek-Markt – Jüthorn – Marienthal. Ein verkehrsgeschichtliches Kapitel konnte abgeschlossen werden.

Am 1. September 1920 – die Jahre der Güterbeförderung gingen dem Ende entgegen – begann die Hamburger Straßenbahn mit einem in Deutschland einmaligen Service, sie stellte sich als »fahrender Briefkasten« zur Verfügung. Alle Straßenbahnen, die auf ihrer Fahrt den Hauptbahnhof tangierten, trugen an der hinteren Plattform Briefkästen. An den verschiedenen »Hauptbahnhofs-Haltestellen« standen Postbeamte, die die Kästen entleerten und sofort zum Dienstbahnsteig 13 des Hauptbahnhofs trugen. In der dortigen Postdienststelle wurden die Briefe ohne Zeitverluste auf die nächsten Fernzüge verteilt. Es war der erste »Nachtsprung-Service«, den es heute in den verschiedensten Dienstleistungsunternehmen in mannigfaltiger Form gibt. Dieses Angebot wurde damals von der hamburgischen Geschäftswelt eifrig genutzt und kostete eine Sondergebühr. Die Briefe erhielten einen Nebenstempel »Aus dem Straßenbahn-Briefkasten«; die Marken selbst wurden mit »Hamburg/Eilbriefe« entwertet. Ab 1930 hieß es dann auf dem Brief »Hamburg 1/Straßenbahn«. Im Jahr 1943 wurde der Ser-

97

vice eingestellt, 1949 aber wieder eingeführt, allerdings nur von 18 (Schalterschluß der Post) bis 23 Uhr. Eine Sondergebühr wurde nicht mehr erhoben. Dieser fünfstündige Service lohnte sich nicht mehr, als die Post dann Nachtbriefkästen in der Stadt aufstellen ließ. Am 1. April 1958 wurde deshalb das Hamburger Original des Straßenbahn-Briefkastens abgebaut.

Ab 1928 begann der Betrieb mit neuen, großräumigen Vierachsern mit der Typenbezeichnung V2. Sie boten dem Fahrgast Stoffsitze und getrennte Raucher- und Nichtraucherabteile; gleichzeitig gaben sich die »Chinesenwagen« der ehemaligen Centralbahn immer bescheidener, sie wurden zur Rarität, bis schließlich 1929 auch der letzte auf dem Schrottplatz landete.

Tatsächlich zeigten sich die zwanziger Jahre wieder wirtschaftsfreundlich, die Lebensfreude stieg, die Menschen waren mobiler denn je – und murrten jetzt auch über zu volle Straßenbahnen und ungenügende Bedienung. Zum schnelleren Umlauf wurden nun in rascher Folge Endschleifen an den letzten Stationen angelegt. In Lokstedt, am Krohnskamp und in Langenfelde entstanden leistungsfähige Betriebshöfe; der Wagenpark wurde modernisiert und vergrößert. Bis 1927 waren alle Plattformen verglast, und die Wagen erhielten einen gelben Anstrich. Die Zugfolge paßte sich dem Bedarf an, und so erschienen plötzlich Verstärkungslinien mit dreistelligen Nummern, wie 118 oder 123, was aber nicht hieß, daß in

98   Der Sievekingplatz um 1930. In der Mitte ein neuer Wagen vom Typ V2

Hamburg nun über hundert Linien herumfuhren. Es wurde der entsprechenden Stammlinie nur eine »1« davorgesetzt. Im Jahre 1930 waren alle 40 Linien, wie auch vor dem Ersten Weltkrieg, wieder da, mit Ausnahme der Linie 37 (ursprünglich Hamm–St. Pauli), die 1927 ganz eingestellt worden war. Nach Übernahme der Centralbahn war sie bis Ottensen verlängert worden. Sie wuchs zu einer Magistrale heran, die sogar durch eine Sonderlinie verstärkt werden mußte. Dann wurde sie jedoch durch die Linie 31 Billstedt – Altona – Bahrenfeld mehr und mehr aufs Abstellgleis gedrängt.

Nach dem Ersten Weltkrieg wurden das urbane Leben und die Infrastruktur der Stadt durch das Auto völlig verändert. Es wurde bestaunt, geschätzt, gefürchtet, beschimpft, geneidet. Viel stärker als mit der Eisenbahn in ihren Anfangsjahren sind die Menschen mit diesem neuen Vehikel konfrontiert worden. Während die Eisenbahn anfangs »ante portas« blieb, stand das Auto vor der eigenen Tür. Sehr deutlich ist dieser Wandel in Hamburg am Bestand der Taxen (Droschken) zu erkennen: 1924 gab es 79 Pferdedroschken und 320 Kraftdroschken, 1925 sah man nur noch eine Pferdedroschke, aber 649 Kraftdroschken, 1927 fuhren in Hamburg bereits 1 229 Kraftdroschken.

Der Weg zum Omnibus mit Verbrennungsmotor im öffentlichen Personennahverkehr führte vom Pferd zunächst über die elektrische Straßenbahn. Die Straßenbahn war es, die das Pferd innerhalb von nur anderthalb Jahren nach ihrer Eröffnungsfahrt in Hamburg in den Stall schickte, und es waren immerhin über 2 600 Rosse. Das private Auto dagegen kannte keine Umwege, von kleinen volkswirtschaftlichen Unebenheiten einmal abgesehen. Es drang in steiler Aufwärtskurve in die Straßen Hamburgs ein; die nachstehenden Zahlen beweisen es: In Hamburg waren angemeldet:

1921   1 487 Autos und   455 Krafträder
1924   2 334 Autos und   630 Krafträder
1927   5 734 Autos und   5 927 Krafträder
1929 11 734 Autos und 10 515 Krafträder

Schon früh konzentrierte sich der Autoverkehr an bestimmten Plätzen. Zur Verkehrsregelung ist bereits 1922 eine Lichtampel am Stephansplatz aufgestellt worden; es war die erste Verkehrsampel in Deutschland. Sie ist auch ein Symbol für die Aufgeschlossenheit der Stadt, den Verkehr nicht zu behindern und gleichzeitig eine menschenwürdige Heimstatt für die Bewohner zu sein. Hamburg kann sich glücklich schätzen, daß in jenen Jahren zwei große Baumeister in dieser Stadt wirkten, Fritz Schumacher und Fritz Höger. In seiner Eigenschaft als Leiter des Hochbauwesens der Baudeputation prägte

99 Fritz Schumacher (1869–1947)

Schumacher für seine Arbeit den Satz: »Unter den städtebaulichen Aufgaben der Großstadt steht die Aufgabe, zu einer menschenwürdigen Wohnung zu kommen, vorne an.« Nach dieser Leitidee baute Schumacher nicht nur den von Lichtwark konzipierten Stadtpark oder öffentliche Gebäude, sondern ganze Wohnviertel, um die Menschen aus den engen, lichtlosen Massenquartieren zu befreien. Die letzten Gängeviertel verschwanden, und an deren Stelle entstanden Kontorhäuser wie der Mohlenhof oder der Meßberghof. Das Chilehaus war das Meisterwerk von Fritz Höger, einem urigen Baumeister, der ebenso wie Schumacher die Backsteinbauweise anwendete. Beide Meister prägten das Bild der Hansestadt; selbst die verheerenden Bombennächte haben Baudenkmäler dieser Stilrichtung nicht zerstören können.

Fritz Schumacher schaute in seiner Eigenschaft als Ressortchef auch über den Tellerrand der eigentlichen Landesgrenzen hinaus. Schon in den zwanziger Jahren verfolgte er den Plan eines großhamburgischen Staatsgebildes, denn Altona, Harburg und Wandsbek waren schon längst wirtschaftlich und verkehrlich zusammengewachsen. Und er ging ein Stück weiter. Hamburg sollte das ungestüme Ausufern anderer Großstädte in aller Welt erspart bleiben. Er schuf die »Achsenkonzeption«, Verkehrsadern, in denen die schienengebundenen Verkehrsmittel die Magistralen sind, um die herum sich Wohnlandschaften bilden; die Flächen zwischen den »Achsen« aber sollten unbebaut bleiben und der Naherholung dienen – grüne Lungen für die lebens- und liebenswerte Stadt.

In dieser bewegten Zeit voller neuer Ideen fuhr in Hamburg der erste Linien-Kraft-Omnibus. Am 5. Dezember 1921 wollte die *Hamburger Hochbahn Aktiengesellschaft* es wissen: Ist der Autobus ein Verkehrsmittel, das die Straßenbahn und die Hochbahn ergänzen kann? In Berlin experimentierte man seit 1905 damit, und von dort kam der Impuls. Hamburgs erste »Kraftwagenlinie« (wie sie damals hieß) begann am Bahnhof Schlump und führte über die Krugkoppelbrücke zum Bahnhof Landwehr der Stadt- und Vorortbahn, war also eine nicht uninteressante Querverbindung, die beide Seiten der Außenalster miteinander verband. Und man »kleckerte« nicht, sondern bot sofort den Zehn-Minuten-Takt auf der 6,7 Kilometer langen Strecke an. Leider fiel diese Erprobungsphase in die Zeit der Inflation. Im Hochbahnhaus spürte man sehr schnell, daß sich dies ungünstig auf den Versuch auswirkte, und stellte den Betrieb am 22. September 1922 wieder ein. Immerhin – der Anfang war gemacht, und daraus sollte einmal das Bussystem der Zukunft werden, ein Transportsystem, ohne das es keinen öffentlichen Personennahverkehr gäbe, ohne das die Stadt nicht leben könnte! Die Daten des ersten Hamburger Stadtbusses sind folgende: 24 Sitze, Höchstgeschwindigkeit 22 km/h, Vollgummibereifung, Ballhupe, Heckeinstieg, Rechtslenkung.

Einschränkend muß nun allerdings gesagt werden, daß diese 1921 eingeführte erste Buslinie der *HHA* nicht wirklich Hamburgs erster Bus-Service war. Nachdem die Firma *Jasper* bereits im Jahr 1902 für ihre Hansa-Rundfahrten Kraft-Omnibusse eingesetzt hatte, besann sich die Kaiserliche Post wieder auf ihre alte Tradition des Postkutschendienstes. Eine »Fernlinie« begann am 1. Januar 1907 ihren Rundkurs mit Postsäcken und einem Platzangebot für acht Personen vom Postamt Hühnerposten am Hauptbahnhof. Dieser Rundkurs lief östlich der Alster über Hellbrook, Bramfeld, Grüner Jäger, Sasel, Bergstedt, Wohldorf, Duvenstedt, Wulksfelde bis Tangstedt und von dort zurück über Glashütte, Ochsenzoll, Garstedt, Schnelsen, Niendorf, Lokstedt (oder umgekehrt). Die Fahrkarte für den Rundkurs kostete 1,60 Mark. Insgesamt hatte die Post dafür vier Busse eingesetzt, die von der Automobil-Fabrik in Gaggenau (Baden) gebaut worden waren. Die Motorleistung betrug rund 35 PS, die Höchstgeschwindigkeit 20 km/h.

Im Dezember 1923 richtete die *HHA* abermals eine Autobuslinie ein. Sie übernahm die alte Trasse der letzten Hamburger Pferdebahn und fuhr zwischen Wandsbek-Markt und Marienthal. Da die Ställe im Betriebshof Wendemuthstraße frei geworden waren, fanden dort nun die Busse neben den im Betriebshof bereits stationierten Straßenbahnen Platz. Auch dieser zweite Anlauf brachte noch nicht den Durchbruch für den Kraft-Omnibus. Die Linie wurde wieder eingestellt, nachdem 1925 die Straßenbahn bis Marienthal fuhr.

Durch eine Währungsreform wurde am 15. November 1923 die schreckliche Inflation beendet; die Menschen begannen wieder zu hoffen. Im Jahr 1924 fand die erste Deutsche Verkehrsausstellung in Berlin statt. Das Auto war der Hauptanziehungspunkt, aber auch das Fahrrad mit Hilfsmotor, das Kraftrad. Zu dieser Zeit gab es im Deutschen Reich rund 100 000 Personenkraftwagen, im Schnitt also einen Pkw auf 590 Einwohner.

Nach weiteren Experimenten 1924 hatten sich im folgenden Jahr immerhin drei Buslinien mit einer Gesamtlänge von 13 Kilometern konsolidieren können. Eine zwischen Wandsbeker Markt und Altrahlstedt, eine zwischen Barmbek und Bramfeld und eine zwischen Fischmarkt und dem Eppendorfer Baum. Die *HHA* besaß zu dieser Zeit 13 Busse, die von 141 000 Menschen monatlich benutzt wurden. Die Zeit war reif für eine Ausbreitung des Busnetzes. Im Betriebshof Wendemuthstraße wurde die alte Beiwagenhalle restauriert. Im Sommerfahrplan von 1925 bot die *HHA* schon fünf Linien an.

»The golden twenties« mit Jazz, Charleston und Kino ließen auch die Nächte in Hamburg länger werden, und die Autobusse begannen ab 1925 damit, einen allgemeinen Nachtverkehr mit vier Linien einzurichten.

Im Monat Dezember 1925 waren es 405 000 Menschen, die das 68 Kilometer lange Omnibusnetz in 27 Bussen benutzten.

Im Folgejahr kam die Straßenverkehrsordnung heraus – endlich, denn der Verkehr auf den Straßen hatte ungeahnte Dimensionen angenommen. 1927 fuhren in Deutschland 218 000 Personenkraftwagen. (Die erfolgreichsten Typen waren der »Laubfrosch« von *Opel* und das »Kommißbrot« mit 10 PS von *Hanomag*.) Trotzdem war es nur eine Minderheit, die sich den Luxus eines eigenen »fahrbaren Untersatzes« leisten konnte. Die Menschen waren viel unterwegs damals, auch des Nachts. Ab 3. Dezember 1927 fuhren die Nachtbusse streckenweise alle fünf Minuten. In den Nächten von Sonnabend auf Sonntag war es Glückssache, noch einen Stehplatz im Bus nach Wandsbek oder Barmbek zu ergattern.

Das Busnetz der *HHA* umfaßte im Jahr 1929 acht Tages- und sieben Nachtlinien mit einer Gesamtlänge von 203 Kilometern, auf denen 11 Millionen Fahrgäste fuhren. Um diese überhaupt befördern zu können, waren nun auch Busse mit Anhängern im Einsatz. Am 31. Dezember 1929 gab es in Hamburg, Altona und Harburg 102 Busse und 12 Anhänger. Zwei Monate vorher begann in New York mit dem Schwarzen Freitag eine wirtschaftliche Katastrophe, die letztlich durch Hitler die Welt in Elend, Not und Tod führen sollte.

100   Bus der Linie B von Eimsbüttel nach Eilbek (1927)

101 Wagen 61 wird gereinigt (Büssing, Baujahr 1927)

102 Ausflug in die Walddörfer mit Wagen 62

103   Omnibus-Zug der HHA (Wagen 60 mit selbstspurendem Andersen-Beiwagen)

104   Doppeldecker verwendete die HHA ab 1928; hier Wagen 92 am Dammtor

19. Der hamburgische Stadtverkehr in den dreißiger Jahren

Der Börsenkrach an der Wall Street wirkte sich schnell auf das hochverschuldete Deutschland aus. Eine Kabinettskrise konnte zwar durch die Berufung Brünings zum Reichskanzler am 30. März 1930 verhindert werden, doch es begann die Zeit der Notverordnungen, der Lohnminderungen. Streiks lähmten die Wirtschaft in Deutschland, und im Winter 1930/31 waren fast drei Millionen Menschen arbeitslos. Am 13. Juni 1931 drehte die Weltwirtschaft vollends durch. Es kam durch panikartige Aktienverkäufe und Rückzug von vor allem ausländischem Kapital zum Zusammenbruch des Zahlungsverkehrs. Der Kollaps war da. Die Arbeitslosenzahlen stiegen schnell weiter – letztlich bis auf sieben Millionen. In Hamburg waren 1931 rund 173 000 Menschen ohne Arbeit. Mehr als ein Drittel des Stadthaushaltes floß in die Unterstützung der Erwerbslosen.

Der Hamburger Hafen bot ein Bild des Elends, wurde zum Symbol für den wirtschaftlichen Niedergang. Immer mehr Frachter blieben am Kai oder als »Paket« liegen, 1932 waren 178 Schiffe im Waltershofer Hafen wie auf einem Schiffsfriedhof versammelt.

Paradoxerweise fuhr auf der Schiene der Konstrukteur Kruckenberg mit seinem Schienenzeppelin einen Weltrekord. Er durchraste mit einer Höchstgeschwindigkeit von 231 km/h im Jahr 1931 die Strecke Bergedorf – Spandau in nur 98 Minuten. Und während 1932 die hamburgische Bevölkerung Landung und Start eines Flugbootes, der Dornier DO-X, auf der Außenalster bewunderte, schaffte auf der Schiene im selben Jahr der dieselelektrische Triebwagen »Fliegender Hamburger« die 287 Kilometer lange Strecke Berlin – Hamburg in nur zwei Stunden und 18 Minuten. In den Straßen der Stadt fuhren bereits 12 500 Personenkraftwagen und 9 500 Krafträder; für eine solche Fülle mußten an sechs Kreuzungen schon Lichtampeln den Verkehr regeln.

In diesen Jahren extremer Gegensätze kriselte es beim öffentlichen Personenverkehr überall in Deutschland gewaltig. Die Rückschläge waren unterschiedlich, aber alle Unternehmen litten unter dem Fahrgastschwund von bis zu 50 Prozent. Im Jahr 1931 wurden die Verkehrsbetriebe mit der Forderung konfrontiert (Brüningsche Notverordnungen), die Fahrpreise schlagartig zu senken, konnten aber im Gegenzug bei zentral geführten Verhandlungen in Berlin die Streichung der Beförderungssteuer erwirken.

Im Bereich der *Hamburger Hochbahn Aktiengesellschaft* fuhren 1930 20 Millionen Fahrgäste weniger als im Vorjahr. Im Bussektor war an eine Modernisierung oder gar Erweiterung überhaupt nicht zu denken. Im Gegenteil: Busse wurden aus dem Verkehr gezogen, um durch einen verdünnten Fahrplan Kosten zu sparen; 1932 waren 65 Busse eingemottet. Ein Teil der neuen Busse ist nach Dresden weiterverkauft worden.

Administrativ war die *HHA* im Busbereich nicht untätig. In Harburg hatte sich schon 1926 die Firma *Hanseatische Verkehrsgesellschaft Preuß & Co. KG (HVG)* etabliert, um südlich der Elbe einen Linienbus-Betrieb aufzuziehen. Als diese Firma im Jahr 1927 notleidend wurde, sprang der Harburger Magistrat ein, weil er ein Hochbahn-Monopol verhindern wollte. Aus der *HVG* wurde nun ein städtischer Betrieb mit drei Linien; bis 1928 kamen noch weitere Linien hinzu. Sie hatten die Nummern 1 bis 7. Wirtschaftlich ging es der *HVG* in den Folgejahren nicht sehr gut, obwohl die Linie 5 Harburg – Wilhelmsburg zufriedenstellend frequentiert war. Im September 1928 beförderte die *HVG* fast 500 000 Fahrgäste. Doch nach diesem Höhepunkt ging es rapide abwärts. In den ersten Gesprächen zwecks Übernahme der *HVG*-Linien berief sich die *HHA* auf das »Gesetz über die Neuregelung der kommunalen Grenzen im preußischen Unterelbegebiet von 1927« und in Anlehnung daran auf den Staatsvertrag zwischen Preußen und Hamburg von 1928, wonach die *HHA* das Verkehrsbedürfnis im Wirtschaftsbezirk Groß-Hamburg allein decken sollte. Auf dieser Basis wurde die *HVG* von der *HHA* übernommen.

In vielen ausländischen Großstädten sind noch heute Trolleybusse unentbehrliche Stadtverkehrsmittel. Gab es diese Fahrzeuge auch in Hamburg? Der erste Oberleitungsbus (O-Bus) oder Trolleybus fuhr 1882 in Berlin. Werner von Siemens experimentierte damit; weitere Versuche, diese Betriebsart für den Güter- und Personenverkehr einzusetzen, wurden dann erst zehn Jahre später gemacht. In dieser Frühphase war auch Hamburg dabei. Am 2. Januar 1912 eröffnete man die rund 1 000 Meter lange »Schleppbahn Altona-Elbberg«. Dieser O-Bus war also dort eine reine »Güterbahn« und half den pferdebespannten Fuhrwerken, die am Kai in Altona ihre Waren abholten, bei der Bewältigung der recht steilen Rampe (1:18) hinauf zum Altonaer Rathaus. Die Pferdefuhrwerke wurden von der elektrischen Zugmaschine eine der beiden »elektrifizierten« Rampen von je 600 Metern Länge hochgeschleppt oder -gedrückt, seinerzeit ein wohl einträgliches Geschäft. Im Jahr 1925 waren fast 19 000 Zweispänner geschleppt worden. Dieser Service endete erst 1950.

Die Firma *Schiemann & Co., Wurzen/Sachsen*, Erbauerin der Schleppbahn Altona-Elbberg, war schon seit 1901 auf dem Gebiet der O-Bus-Traktion tätig und konnte darauf verweisen, daß bereits sieben verschiedene O-Bus-Systeme von ihr betrieben wurden, als sie um die Konzession eines O-Bus-Betriebes in Blankenese nachsuchte. Dem Antrag wurde stattgegeben, und am 12. August 1911 eröffnete *Schiemann* die meist schon vergessene Linie Bahnhof Blankenese – Marienhöhe mit zwei O-Bussen. Dieses Angebot muß für die zahlreichen Ausflügler, die mit der elektrischen Stadt- und Vorortbahn in Blankenese ankamen, ideal gewesen sein. Sie konnten sich drei Kilometer weit bis zum Waldpark Marienhöhe kutschieren lassen, um von dort über den Falkenstein zum Elbufer zu gelangen. Mit Ausbruch des Ersten Weltkrieges wurde diese erste O-Buslinie für den Personenverkehr im Raum Hamburg wieder eingestellt.

Das Kupfer der Fahrleitungen wurde in den Munitionsfabriken gebraucht.

*

Von der Marienhöhe kann man bis nach Harburg sehen, und dort stellte sich das Thema O-Bus zur selben Zeit. Die Stadt Harburg hatte seinerzeit Ärger mit der

105   O-Bus Blankenese – Marienhöhe vor dem Ersten Weltkrieg

106   Omnibus der Linie Alsenplatz – Blankenese der Verkehrs-AG Altona (VAGA)

Straßenbahn. Seitdem ab 1907 eine Straßenbahn bis Heimfeld fuhr, hörten die Bitten der Eißendorfer nicht auf, ebenfalls Anschluß an die »Elektrische« zu erhalten. Aber darauf ging die *SEG* nicht ein. Deshalb schloß die Stadt im Jahr 1912 einen Vertrag mit der *Gesellschaft für gleislose elektrische Bahnen*, die eine O-Bus-Verbindung nach Eißendorf bauen sollte. Der Erste Weltkrieg unterbrach die Planungen; die Gesellschaft löste sich wieder auf.

Doch diese kurze Episode mag die Stadt Harburg vielleicht in den dreißiger Jahren darauf gebracht haben, die Möglichkeit eines O-Bus-Systems für ihre engen Straßen zu erwägen. Zu dieser Zeit hatten dort die drei Straßenbahnlinien 32, 34 und 38 kaum noch Platz. Das Auto zwängte sich dazwischen. Im Jahr 1937 bestellte die *HHA* 24 O-Busse, davon 16 Doppeldecker, die die Straßenbahn in Harburg ersetzen sollten. Der Austausch war für 1941 vorgesehen. (Erst nach dem Kriege wurde dies realisiert.)

Die *HHA* verfügte im Jahr 1938 über 154 Busse und Anhänger. Ihre Linien wurden im Gegensatz zu den Straßenbahnlinien nicht durch Nummern, sondern durch Großbuchstaben kenntlich gemacht. Doch fuhren damals schon einige mit Ziffern gekennzeichnete Buslinien. Für sie galt der »Straßenbahntarif«. 1938 gab es folgende Linien:

B	Hamburg Hbf – Moorfleet (– Spadenland)
D	Barmbek – Bramfeld – Wellingsbüttel
E	Rödingsmarkt – Fuhlsbüttel – Hummelsbüttel
F	Telemannstraße – Rahlstedt – Meiendorf
G	Wandsbek – Billstedt – Havighorst
H	Wandsbek – Jenfeld – Barsbüttel
J	Ohlsdorfer Friedhof, Ringlinie
K	Neumühlen – Osdorf West
L	Hamburg Hbf – Schenefeld
M	Schenefeld – Waldenau – Falkenstein
N	Hamburg Hbf – Falkenstein
O	Altona Neues Rathaus – Blankenese
4	Jüthorn – Jenfeld – Tonndorf
16	Koppelstraße – Kieler Straße
36	Harburg Bf – Eißendorf
37	Wilhelmsburg – Neuhof – Vulkanstraße
39	Marmstorf – Harburg – Fleestedt
40	Veddel – Kirchdorf – Süder-Elbbrücke

107 *In den neuen Farben creme/rot wurden 1936 dreizehn kleine Daimler-Benz-Busse LO 2600 geliefert. Der Aufbau stammt von Falkenried*

Im Nachtverkehr fuhren neun Buslinien auf folgenden Routen:
- P Eppendorf bzw. St. Pauli – Meiendorf – Volksdorf
- Q Eppendorf – Uhlenhorst – St. Pauli – Eppendorf
- R Eppendorf – Eimsbüttel – St. Pauli – Eppendorf
- S St. Pauli – Ohlsdorf – Wellingsbüttel bzw. Ochsenzoll
- U Billstedt – Horn – Rathausmarkt bzw. St. Pauli
- V Veddel – Lange Mühren
- L Millerntor – Schenefeld
- N Millerntor – Falkenstein
- O Millerntor – Blankenese

Am 18. Oktober 1937 war die *Verkehrs-AG, Vaga, Altona*, deren Linien hier mit aufgeführt sind, von der *HHA* übernommen worden.

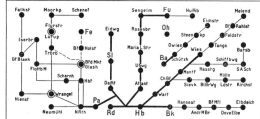

109 *Wagen 114 (Daimler-Benz, Baujahr 1939) am Steindamm*

110 *Ein Büssing-Zweiachser (Baujahr 1938) wartet am Hauptbahnhof auf Fahrgäste*

Als im September 1939 der Krieg ausbrach, kam der Ausbau des Busnetzes ins Stocken. Auch für die an die Firma *Lütgens & Reimers* verpachtete Alsterschiffahrt brachten die dreißiger Jahre Höhe- und Tiefpunkte. Zunächst sah es so aus, als würde die Weltwirtschaftskrise den Alsterverkehr nicht tangieren, denn im Mai 1931 konnte der letzte Alster*dampfer*, die *Alster*, übernommen werden, ein großes Schiff für 219 Personen. Aber der Schein trog, denn dieser Auftrag stammte aus einer Zeit, in der die Welt noch heil war. Die Pläne für drei weitere Dampfer wurden auf Eis gelegt. Erst im Jahr 1935 konnten die Hamburger wieder zwei neue Alsterschiffe bewundern, doch es waren keine Dampfer mehr, sondern formschöne Motorschiffe für 170 Personen, 20,5 Meter lang, mit einem 70-PS-Diesel, die heutige *Tarpenbek* und die *Isebek*.

Trotz der Neulieferung war im Hochbahnhaus nüchtern analysiert worden, daß die Alsterschiffahrt ihren Charakter als Element für den Berufsverkehr eingebüßt hatte und weitestgehend nur dem sommerlichen Erholungsverkehr diente. Deshalb stellte die Alsterschiffahrt ab 1. Oktober 1935 den Verkehr vorübergehend ein. Lediglich die Linie Jungfernstieg – Mühlenkamp fuhr weiter. Heftige Proteste erzwangen dann aber den Weiterbetrieb auch der Barmbeker Linie im Winter.

Wie bereits beschrieben, wurde der 1923 abgeschlossene Pachtvertrag mit der Firma *Lütgens & Reimers* 1935 von der *HHA* wieder zurückgenommen. Er sollte eigentlich bis 1942 laufen.

Von 1936 bis 1939 kamen noch sechs weitere Schiffe auf die Alster, darunter auch die *Osterbek* und die *Saselbek*, während ältere Dampfer ausgemustert wurden. Wie sehr sich die Alsterschiffahrt zur Vergnügungs- und Touristikflotte wandelte, mögen folgende Zahlen belegen. An Alsterrundfahrten nahmen 1934 40 000, 1935 71 000 und 1936 87 000 Menschen teil.

Trotzdem war die Alsterschiffahrt nicht nur für Rundfahrten prädestiniert, sondern beförderte damals im Jahresschnitt etwa 3,2 Millionen Fahrgäste.

∗

Im Straßenbahnbetrieb gab es, ähnlich wie bei den anderen Verkehrsmitteln, erhebliche Schwierigkeiten, aus den Jahren der Wirtschaftskrise herauszufahren. Die Einbußen an Fahrgästen im Jahr 1932 betrugen gegenüber dem Vorjahr 20 Prozent. Das Netz von 39 Linien des Jahres 1930 schrumpfte auf 31 zusammen. Trotzdem zeigte man Optimismus. In *Falkenried* machte man aus der Not eine Tugend. Zehn V2-Beiwagen wurden dort erfolgreich zu Triebwagen mit interessanten Neuerungen umgebaut. Sie kamen ab 1936 zum Einsatz. Das Fahrer-

111 Die »Osterbek« wurde 1936 als MS »Heinz Brands« in Dienst gestellt

112 Linie 31 nach Billstedt am alten Rathaus in Altona, noch mit Dachzeichen

fenster war erstmals windschnittig angeschrägt; ferner gab es Versuche mit Trittbrettern, die beim Anfahren hochklappten, es also den »Trittbrettfahrern« schwermachten. Diese Wagen fuhren auch noch nach dem Zweiten Weltkrieg, vorwiegend auf den Linien 42 und 44 in Harburg.

Im Wagenbau liefen zu dieser Zeit Versuche mit neuen Konstruktionen, die aber nicht in Serie gehen konnten, weil schon vor dem Kriege das Buntmetall knapp war. (Der sogenannte Stahlpakt mit Mussolini machte sich überall bemerkbar.) So kamen die Typen V3 und V4 über das Versuchsstadium (V3 = 5 Wagen, V4 = 3 Wagen) nicht hinaus; von der Type V5 allerdings sind 19 Fahrzeuge ausgeliefert worden, nur wenige haben den Krieg überdauert.

Obwohl alle Hamburger Straßenbahnen schon seit Jahrzehnten Liniennummern führten, zeigten sie noch zusätzlich auf dem Wagendach ihre alten »Geheimzeichen« in Form von Buchstaben oder geometrischen bunten Gebilden – eigentlich überflüssig. Im Jahr 1936 wurden diese Dachzeichen abmontiert, 1939 verschwanden die bunten Dachlaternen und 1940 wegen der permanenten Verdunkelung auch die Seitenbeschilderung.

Im Jahr 1938 bot die *HHA* 33 Straßenbahnlinien mit einer Linienlänge von 390 Kilometern an, die von 165,6 Millionen Fahrgästen benutzt wurden. Der Fahrzeugpark umfaßte 746 Triebwagen und 849 Anhänger. Für die Straßenbahnbenutzung gab es Teilstreckenfahrscheine, die erste Teilstrecke kostete 1938 15 Rpf, zwei Teilstrecken 20 Rpf, und darüber hinaus waren 25 Rpf zu zahlen. Die »Überlandlinie« 33 nach Harburg nahm eine Sonderstellung ein. Dort kostete ein Fahrschein 35 Pfennig.

Das Personal hatte die Kleiderordnung aus dem Jahr 1912 besonders zu beachten. Diese strenge Vorschrift galt noch bis 1961. Es hieß darin: »Die Bediensteten haben ihre Dienstkleidung stets sauber und ordentlich zu erhalten und diese in militärischer Weise und mit militärischem Anstand zu tragen, wozu auch gehört, daß der Rock zugeknöpft zu tragen ist. Die Knöpfe sind durch Abreiben blank zu erhalten, nicht aber zu putzen. Eigenmächtige Abänderungen der der Hochbahngesellschaft gehörenden Dienstkleidung und Dienstabzeichen sowie das Tragen von Mützenbändern im Dienst sind verboten. Die Vorgesetzten haben darüber zu wachen, daß die Dienstkleidung stets reinlich und im ordentlichen Zustande erhalten wird. Die vorgeschriebenen Dienstabzeichen müssen getragen werden.«

113 Flügelrad als Uniformkennzeichen für Straßenbahner

114 Die Straßenbahn führt keine Dachzeichen mehr (1939)

Kosten möglichst niedrig zu halten war die Devise, so auch im Hafen zu Beginn der dreißiger Jahre. Im Oktober 1931 stellte die *HADAG* den Verkehr zwischen Blankenese und Stade ein und legte die Fähren I und II zusammen. In dieser Zeit der Depression ging auch Jan Molsen, der langjährige *HADAG*-Vorstand, von Bord – in den Ruhestand. 1933 hatte die *HADAG* ihren Tiefpunkt; nur noch 6,9 Millionen Fahrgäste benutzten ihre Schiffe, ein deutliches Spiegelbild der Lage von Wirtschaft und Hafen. Im Jahr 1937 fuhren mit der *HADAG* wieder 12,8 Millionen Menschen, Ursache der imaginären Vollbeschäftigung auf den Werften. Im selben Jahr übernahm die *HADAG* die Traditionslinie der Reederei *Wachsmuth & Krogmann*, die Fährverbindung zwischen Hamburg und Harburg. 1939 standen in der *HADAG*-Liste 81 Schiffe, darunter die beiden Veteranen *Phönix* und *Delphin* von *Wachsmuth & Krogmann*, 1893 bei *Blohm + Voss* gebaut. Es waren urige Raddampfer, die noch bis 1959 ein wenig an die Zeiten Mark Twains erinnerten.

*

Die schlechte Wirtschaftslage beeinträchtigte im Jahr 1930 auch das positive Erscheinungsbild der Hochbahn. Die Einkünfte waren gegenüber dem Vorjahr um 10 Prozent zurückgegangen, Anlässe dafür waren die zunehmende Arbeitslosigkeit und die niedrigeren Fahrpreise der Stadt- und Vorortbahn. Um die Einnahmeverluste zu reduzieren, wurde der Fahrplan sowohl auf der Hochbahn als auch auf der Walddörferbahn eingeschränkt. Als besonders mißlich empfanden es die Fahrgäste, daß aus Ersparnisgründen die Züge der Zweigbahnen nicht über den Streckenabschnitt Hauptbahnhof – Schlump fahren durften. Das Umsteigen kostete Zeit, und auf den Reststrecken waren die Züge oft überfüllt. Die Öffentlichkeit protestierte; doch es nützte nichts. Der Hochbahnvorstand ging in die Offensive und legte der Presse die Finanzsituation dar; es gab nichts zu verheimlichen.

Aber trotz dieser keinesfalls rosigen Lage konnte nur ein knappes Jahr nach der Eröffnung der Haltestelle Stephansplatz, dem vorläufigen Endpunkt der Hochbahnstrecke Kellinghusenstraße – Jungfernstieg, am 25. März 1931 der erste Zug bis Jungfernstieg fahren. Es war zunächst nur eine provisorische Haltestelle, die im eingleisigen Betrieb bedient wurde, aber immerhin – die Hochbahn war in das Herz der Stadt bis unter die Alster eingedrungen. Der Bau an der endgültigen Endhaltestelle Jungfernstieg verzögerte sich empfindlich durch einen Wassereinbruch, der nur von Tauchern beseitigt werden konnte, die die Leckagen abdichten mußten. Mit »großem Bahnhof« wurde dann am 28. April 1934 endlich der Endpunkt der »Kelljung-Linie« eröffnet, womit der Ausbau des Hochbahnnetzes vorläufig endete.

Barmbek erhielt 1930 ebenfalls eine neue Haltestelle; dort ist am 23. Juni die Station Habichtstraße eingeweiht worden. Obwohl an der staatlichen Walddörferbahn

115 Raddampfer »Primus« unter Wachsmuth & Krogmann-Flagge auf dem Weg nach Harburg

gelegen, wurde vereinbart, daß Habichtstraße tariflich als Haltestelle der Hochbahn zu gelten habe.

Diese beiden Eröffnungen waren gewiß erfreuliche Ereignisse, änderten aber an der ungünstigen Gesamtsituation nichts. Im Jahr 1932 mußte die Hochbahngesellschaft 1 265 Menschen entlassen. Sie hatte zu diesem Zeitpunkt einen Personalbestand von 10 117 Personen. Die allgemeine wirtschaftliche Lage war so schlecht, daß den Kunden gestattet wurde, den Preis einer Monatskarte in zwei Raten »abzustottern«. 1932 kostete eine Kurzstreckenfahrkarte 15 Rpf, eine Sammelkarte für vier bzw. fünf Fahrten auf der Hoch- oder Straßenbahn war für 90 Rpf zu haben. Die Monatslöhne betrugen damals für einen Zugfahrer bei der Hochbahn 173,– RM, für einen Fahrkartenschaffner 170,– RM.

Auch das Jahr 1933 brachte keine finanzielle Wende, wohl aber die niedrigsten Fahrgastzahlen seit der Gründung des gemischtwirtschaftlichen Unternehmens. Kaum waren die braunen Machthaber im Rathaus, wurden Dr. Stein und zwei weitere Führungskräfte aus dem Hochbahnvorstand in den Ruhestand geschickt. Mit ihnen mußten 260 Mitarbeiter der *HHA* ihren Arbeitsplatz räumen. Ein Zehn-Pfennig-Sondertarif für Arbeitslose wurde eingeführt, brachte aber keinen Verkehrszuwachs.

Mit Beginn des Winterfahrplans 1933/34 fuhr die Hochbahn auf dem Ring schneller. Die Fahrzeit betrug nun nur noch 40 statt 45 Minuten; die Reisegeschwindigkeit erhöhte sich von 23,4 auf 26,3 km/h. Etwa zur gleichen Zeit löste sich die *HHA* von ihrem Kraftwerk in Barmbek. In vier umfangreichen Verträgen mit den *Hamburgischen Electricitäts-Werken (HEW)* wurde die gesamte Stromversorgung, also auch die für die Straßenbahn, geregelt.

Schon lange hatten sich die Hamburger einen Einheitsfahrschein erhofft, eine Fahrkarte mit einer Gültigkeit für alle Verkehrsmittel, einen Verbundfahrschein also. Am 1. Mai 1934 endlich war er da, der Übergangstarif zwischen der Hochbahn und der Stadt- und Vorortbahn. Die Fahrkarte kostete 30 Rpf in der zweiten Klasse, galt aber nur bis zu den Stationen Altona, Ohlsdorf, Rothenburgsort und Veddel. Ein etwas bescheiden geratenes Angebot; trotzdem nutzten es monatlich rund 60 000 Menschen. In beiden Verwaltungen jedoch, bei der *Deutschen Reichsbahn-Gesellschaft* und im Hochbahnhaus, war man damit nicht zufrieden und verwies darauf, daß diese Zahl nur drei Prozent des Gesamtverkehrsaufkommens ausmache. (1943 gab man die Fahrkarte wieder auf.) Auch andere Vergünstigungen wurden noch angeboten, wie Ermäßigungen für Minderverdienende, Billigkarten für »Kraft-durch-Freude-Touristen« und Wochenkarten für sechs, acht, zehn und zwölf Fahrten. Mit diesen gestaffelten Fahrkarten sollte der Fahrradverkehr in der Stadt wieder eingedämmt werden.

Im Jahr 1935 war die Walddörferbahn zwischen Volksdorf und Buchenkamp zweigleisig fertiggestellt. Der Linienzweig über Großhansdorf hinaus bis nach Beimoor war zwar von Anfang an mit ausgebaut worden, ein Zug der Walddörferbahn ist aber nie dorthin gefahren. Das Gleis wurde dann später einem Industriebetrieb überlassen.

Auf dem anderen Linienzweig ist stets über eine Endstation Wohldorf verhandelt worden (vielleicht auch, weil die hamburgische Exklave die Bezeichnung Ohlstedt/Wohldorf trug). Auch wenn auf alten Streckenplänen »Wohldorf« als Endstation zu finden ist, stimmt das nicht. Es ist nie ein Zug der Walddörferbahn über Ohlstedt hinaus bis nach Wohldorf gefahren, sondern nur die Altrahlstedt-Volksdorf-Wohldorfer Kleinbahn. Diese Zusammenarbeit im Anschlußverkehr hatte sich schon im Ersten Weltkrieg bewährt. Nach Eröffnung der elektrifizierten Walddörferbahn und damit der verkehrstechnischen Erschließung der hamburgischen Exklaven vom Westen her hatte die Kleinbahn keine Substanz mehr außer der Verbindung Ohlstedt – Wohldorf, womit sie einen exzellenten Anschluß für die Wohldorfer Bevölkerung anbot. Und aus dieser partnerschaftlichen Verkehrsofferte heraus (»Jedem Zug der Walddörferbahn seinen Anschluß!«) vollzog sich die Übernahme der Kleinbahn durch die *HHA* am 1. Juli 1924. Der Streckenteil Altrahlstedt – Volksdorf wurde 1934 stillgelegt und abgebaut, 1936 war die Kleinbahn im Handelsregister erloschen. Die *HHA* betrieb die Verkehrsverbindung Ohlstedt – Wohldorf weiter als »Walddörfer Straßenbahn« (abgekürzt W-Strab).

Bei der Bevölkerung und im Ausflugsverkehr war die W-Strab sehr beliebt, durchfuhr sie doch den herrlichen Wald zwischen beiden Orten. Im Januar 1961 wurde sie aufgegeben, und die Buslinie 76 trat an ihre Stelle, die heutige Linie 276.

Das Jahr 1937 brachte eine Veränderung der Eigentumsverhältnisse der Langenhorner Bahn. Sie wurde ein Teil der Hochbahn, aber mit Sonderstatus, nachdem sie – im Gegensatz zur Walddörferbahn – bereits 1925 tariflich zur Hochbahn gehörte. Im Jahr 1937 verzeichnete man bei allen Verkehrsmitteln einen regen Fahrgastzuspruch. Gegenüber dem Vorjahr nahm die *HHA* fast 18 Millionen Mark mehr ein. Sie bestellte für die Hochbahn vier neue Triebwagen mit stählernem Aufbau und Doppeltüren, die vom Fahrer mit Druckluft geschlossen werden konnten. Ein Jahr später fanden schon die ersten Versuche damit statt – ein interessanter Fortschritt. Ansonsten war die Zugabfertigung eine Angelegenheit, die sich nach einem bestimmten Ritual abspielte. Zunächst hatte man die Bahnsteigsperre zu passieren, in der ein Schaffner mit Lochzange saß, um in die Fahrkarte den Code des Bahnhofes (zwei Buchstaben) zu lochen. An dieser Stelle schon wurde dafür gesorgt, daß keine ». . . betrunkenen Personen oder solche, die den Anstand verletzen würden . . .«, die Haltestelle betraten. Alle Hochbahnangestellten im Betriebsdienst, wie Haltestellenwärter oder Sperrenschaffner, waren durch »Handschlag an Eides Statt« auch Bahnpolizeibeamte. Um sich zu legitimieren, führten sie eine handliche Metallmarke bei sich.

Jeder Hochbahnzug war mit einem Zugbegleiter besetzt, der die erste Hälfte des Zuges zu beobachten hatte; die Kontrolle der zweiten Zughälfte oblag dem Haltestellenwärter. Wenn von diesem mit dem Befehlsstab das Abfahrtzeichen gegeben worden war, mußte der Zugbegleiter schnell reagieren: Er hatte an die Scheibe des Zugfahrers zu klopfen, den Türgriff zu fassen und »Abfahren!« zu rufen, den Fuß schon im Türspalt, sich hinausbeugend, um den Zug noch weiter zu beobachten, mußte er schließlich mit Schwung in den bereits anfahrenden Zug springen. Auf diese Weise wurden die Züge noch bis etwa 1950 abgefertigt.

116 Mit der Hochbahn direkt zum Jungfernstieg

Der Hochbahnvorstand legte im Jahr 1936 – in Berlin fanden die Olympischen Spiele statt – dem Reichsstatthalter von Hamburg, Karl Kaufmann, die zukünftigen Projekte vor. Es sollten nach und nach folgende Strecken erbaut werden:
Berliner Tor – Horn,
Hellkamp – Hagenbecks Tierpark
und die Verlängerung Jungfernstieg – Hauptbahnhof – Berliner Tor.

Die Pläne wurden nach diesem Gespräch »zu den Akten« gelegt; man hatte sie lediglich zur Kenntnis genommen. Die Gegenvorschläge werden an anderer Stelle dargestellt.

✻

An dieser Stelle soll auch an die Privat- und Kleinbahnen im Raum Hamburg erinnert werden, die seinerzeit für den Stadt- und Regionalverkehr bedeutsam waren. Sie erlebten in den dreißiger Jahren ihren Höhepunkt, einmal abgesehen von dem ungesunden Nachkriegsboom, der sich lediglich durch die zahlreichen Evakuierten und Flüchtlinge – und die Hamsterer – erklären läßt. Diese Bahnen waren die ersten, die den Wettbewerb mit dem Auto zu spüren bekamen. Die meisten Unternehmen erkannten die Gefahr und schafften sich frühzeitig ein »zweites Standbein« an, den Omnibus. Und so finden wir heute viele von ihnen mit neuem Namen oder unter anderer Firma wieder. Diese Gründungen konnten auf Tradition und bewährtes Personal bauen.

Als einzige »Bahn« überlebte die AKN. Sie durchfuhr manches Krisenjahr, steht heute aber als wichtiges Mitglied des *Hamburger Verkehrsverbundes* da und bedient darüber hinaus den Raum Mittelholstein bis Neumünster.

Die *AKN (Eisenbahn-Gesellschaft Altona-Kaltenkirchen-Neumünster A.G.)* ist 1884 gegründet worden. Damals ging es um den Abbau von Torf und die Möglichkeiten eines rentablen Gütertransportes. Die Stadt Altona beteiligte sich finanziell an dieser Unternehmung. Die Bahn sollte bis zum Altonaer Fischmarkt durch die Stadt führen, ist aber nie bis zu diesem Endpunkt ausgebaut worden, sondern die Endstation war inmitten der Stadt Altona, am Gählersplatz. Diesen Platz gibt es heute nicht mehr, er läßt sich jedoch orten in dem Winkel, der durch die Thede- und Holstenstraße gebildet wird. Von dort ging es neben der Holstenstraße bis zur Verbindungsbahn, die im Straßenniveau gekreuzt wurde, dann weiter auf dem Sommerweg der Provinzialstraße nach Quickborn (heute Bundesstraße 4) und auf einem eigenen Gleiskörper schließlich nach Ulzburg und Kaltenkirchen. Die Verlängerung bis Bad Bramstedt war 1898 fertig, bis Neumünster erst 1916. Vor der Kreuzung mit der Verbindungsbahn gab es noch eine Haltestelle mit dem Namen »Nebenzollamt«. Dort mußten zollpflichtige Waren angemeldet werden, denn man fuhr ja schließlich nach Schleswig-Holstein, ins Ausland also. Im Jahr 1888, dem Zollanschluß Hamburgs, hörte diese Prozedur auf. Als die Preußen anfingen, ihre Eisenbahnanlagen in Altona neu zu bauen und die Verbindungsbahn aus dem Straßenniveau zu nehmen, beeinflußten diese Arbeiten den Betrieb der Kaltenkirchner Bahn sehr. Mit der Eröffnung des Haltepunkts Holstenstraße und der Abkürzungsschleife Holstenstraße – Langenfelde im Jahr 1893 gab die *AKN* zur selben Zeit ihre unwirtschaftliche Streckenführung durch die Stadt Altona auf und bestimmte die Haltestelle Nebenzollamt (heute Kinderspielplatz und roter Backsteinbau gegenüber der Holstenbrauerei) zu ihrem vorläufigen Endbahnhof. 1912 bekam die Bahn endlich ihren Altonaer Endbahnhof am Kaltenkircher Platz, nördlich der Verbindungsbahn gelegen. Eine Umsteigemöglichkeit zur Staatsbahn bot der Bahnhof Holstenstraße, in dem damals auch Personenzüge hielten; kein bequemer Übergang allerdings, denn der Fußweg betrug rund zehn Minuten. (Die Straßenbahn allerdings hielt direkt am Kaltenkircher Platz.)

Im Ersten Weltkrieg erhielt die Kaltenkirchner Bahn einen traurigen Bekanntheitsgrad. In Quickborn existierte die Pulverfabrik *Thorn und Glückauf*, in der in den Kriegsjahren etwa 2 400 Frauen und Mädchen, viele davon *AKN*-Pendler aus Hamburg und Altona, beschäftigt waren. Am 10. Februar 1917 explodierte die Fabrik. Die von der Detonation ausgelöste Druckwelle war so groß, daß in Eimsbüttel und Barmbek Fensterscheiben zersprangen. Niemand hat die Zahl der Toten und Verletzten je erfahren. Man weiß nur von einem Massengrab für 115 Tote in Quickborn; mit der Kaltenkirchner Bahn fuhren die Angehörigen zur Trauerfeier. Eine der vielen Reden endete mit dem Satz: ». . . Alle großen Erfahrungen in diesem Kriege sind in Blut getaucht, aber sie führen uns, unsere gerechte deutsche Sache, zum Siege.« (!)

Zwischen Altona und Neumünster maß die *AKN* seinerzeit 67 Kilometer mit 22 Bahnhöfen und Haltepunkten. Die Zahl der beförderten Personen betrug:
1936   723 000
1938   917 000
1948   3 883 000
1950   2 450 000

Als am 26. September 1958 der erste Spatenstich für eine neue S-Bahn-Strecke Holstenstraße – Pinneberg getan war, war dies auch ein Signal für die *AKN*. Der ohne S-Bahn-Anschuß in den Dornröschenschlaf gefallene Endbahnhof am Kaltenkircher Platz wurde aufgegeben und die Immobilien an die Post verkauft (heute Paketpostamt). Am 22. Februar 1962 erhielt die *AKN* endlich einen Direktanschluß an die S-Bahn im Bahnhof Langenfelde; ab 26. September 1965 heißt der Umsteigebahnhof AKN/S-Bahn: Eidelstedt.

Mit modernen dieselelektrischen Triebwagen hält die *AKN* heute einen klassischen Stadtbahnverkehr aufrecht. Unter dem Signum »A-Bahnen« fährt die *AKN* innerhalb des *HVV* mit ihrer A1 zwischen Eidelstedt und Kaltenkirchen. Ferner betreibt sie die A2 und A3. Zwischen Garstedt und Ulzburg Süd verkehrt die A2. Es ist eine Strecke, die erst nach dem Zweiten Weltkrieg, am 9. Mai 1953, als Alsternordbahn (ANB) eröffnet wurde. Sie war die erste neuerbaute Personenbahn in der Bundesrepublik nach dem Krieg.

✻

Die Linie A3 Elmshorn – Barmstedt stammt aus dem Jahr 1896; die Verlängerung von Barmstedt nach Bad Oldesloe ist am 9. Juni 1907 fertig geworden. Die Betreibergesellschaft war die *Elmshorn-Barmstedt-Oldesloer Eisenbahn AG (EBOE)*. Obwohl die Bahn in Bad Oldesloe einen direkten Anschluß an das allgemeine Bahnnetz besaß, war dieser Streckenabschnitt so unwirtschaftlich, daß der Verkehr dort am 29. September 1973 aufgegeben wurde.

✻

Nicht unerwähnt soll die *Uetersener Eisenbahn AG* bleiben. Die Verbindung zwischen dem Bahnhof Tornesch, einer Station der damaligen Christian-VIII.-Ostseebahn, und der Stadt Uetersen, die nicht abseits vom Fortschritt stehen wollte, begann 1873 mit einem Pferdebahnbetrieb. Im Jahr 1908 wurde dieser eingestellt, weil es von da an dampfte. Ab 1955 unterhielt die Gesellschaft neben ihrer Eisenbahn Busse, die die Fahrgäste zu den Stationen brachten. Den Personenverkehr auf der Schiene zwischen Tornesch und Uetersen gibt es seit dem 29. Mai 1965 zwar nicht mehr, aber die *Uetersener Eisenbahn AG* besteht als Firma fort, die mit ihrem Buspark diesen Raum gegenwärtig bis nach Pinneberg abdeckt, allerdings ohne Gesellschafter im *Hamburger Verkehrsverbund* zu sein.

✻

Die *Bergedorf-Geesthachter Eisenbahn-Gesellschaft (BGE)* eröffnete am 1. Mai 1907 die fast 14 Kilometer lange Verbindung vom Bergedorfer Staatsbahnhof bis Geesthacht, nachdem am 20. Dezember 1906 bereits ein vorläufiger Betrieb zwischen Bergedorf-Süd und Geesthacht angelaufen war. Es war eine Kleinbahn, die zunächst eingleisig, aber normalspurig erbaut wurde. Die Kreuzungsbahnhöfe hießen Bergedorf Süd, Börnsen, Escheburg und Besenhorst. Während des Ersten Weltkrieges baute man die Bergedorf-Geesthachter Bahn zweigleisig aus, eine Kriegsmaßnahme, denn in Düneburg (einer Station vor Geesthacht) produzierte eine große Pulverfabrik und ebenso in Krümmel (an der Elbe). Die »Krümmelbahn« mit der Zwischenstation Fährstraße ist während des Ersten Weltkrieges aus dem Boden gestampft worden. Krümmel und Düneberg waren im Ersten Weltkrieg das Ziel von Tausenden von Pendlern, die, aus Hamburg über Bergedorf kommend, dort arbeiten mußten. Düneberg allein zählte 1918 rund 18 000 Beschäftigte, eine fast unvorstellbare Zahl.

✻

Im Jahr 1912 ist eine Bahnstrecke zwischen Bergedorf Süd und Zollenspieker fertig geworden, »Vierländer Eisenbahn« genannt und 10,8 Kilometer lang. Ihre Kreuzungsbahnhöfe waren Kirchwerder-Nord und Curslack-Neuengamme. Der Name »Neuengamme« ist mit tragischen Erinnerungen verbunden. Von 1938 bis 1945 befand sich dort ein Konzentrationslager. Die dortige 40 Meter hohe Stele gemahnt heute an die 55 000 Opfer, die das Lager nicht überlebt haben.

✻

Ein alter Plan wurde kurz nach Beendigung des Ersten Weltkrieges durch Notstandsarbeiten des Hamburger Staates Wirklichkeit, die »Hamburger Marschbahn«. Sie nahm am 21. Mai 1921 zwischen Geesthacht und Fünfhausen mit 25 Kilometern Länge ihren Betrieb auf. Ab 1. Juni 1923 ging es dann weiter bis Ochsenwerder. Die Reststrecke Ochsenwerder – Tatenberg wurde 1926 und die Anschlußstrecke Tatenberg – Moorfleet – Billbrook an die Billwerder Industriebahn 1927 fertig. Ab 1930 gab es Übergangsfahrscheine für die Straßenbahn, die eine neue Strecke nach Billbrook bekam. Die geplante Weiterführung bis Rothenburgsort unterblieb dagegen.

Im Zusammenhang mit diesem Bau erhielt die Bergedorf-Geesthachter Eisenbahn einen für den Güterverkehr wichtigen Anschluß an die »Billwerder Industriebahn« und damit einen kurzen Weg zum Rangierbahnhof Rothenburgsort. Am 21. Mai 1921 wurden die Netze der Bergedorf-Geesthachter Eisenbahn und der Hamburger Marschbahn verbunden. (Die Fusion erfolgte jedoch erst am 1. Januar 1942.)

✻

Faßt man zusammen, dann gab es in diesem Raum folgende Bahnlinien:
- Die *Bergedorf-Geesthachter Eisenbahn*, sie verband die beiden Städte und bediente die Zwischenstationen Bergedorf Süd, Holtenklinke, Börnsen, Escheburg, Besenhorst und Düneberg sowie die Krümmelbahn zwischen Geesthacht und Krümmel über Fährstraße.
- Die *Vierländer Eisenbahn*, sie verband Bergedorf mit Zollenspieker und bediente die Zwischenstationen Bergedorf-Süd, Pollhof, Curslack-Neuengamme, Kirchwerder-Nord und Zollenspieker-Querweg.
- Die *Hamburger Marschbahn*, sie verband Geesthacht mit Billbrook und bediente die Zwischenstationen Düneberg, Brandenmoor, Borghorst, Altengamme, Elbdeich, Kiebitzbraak, Krauel, Teufelsort, Zollenspieker Querweg, Zollenspieker, Kirchwerder-Howe, Fünfhausen, Oortkarten, Ochsenwerder, Tatenberg, Moorfleet und Billwerder-Moorfleet.

Der Fahrgastzuspruch war zu keiner Zeit übergroß, Kriegs- und Nachkriegszeiten einmal ausgenommen. Im Jahr 1938 fuhren im Tagesschnitt auf der

Bergedorf-Geesthachter Bahn	4 279 Personen
Vierländer Bahn	421 Personen
Hamburger Marschbahn	1 445 Personen

Im Jahr 1951
Bergedorf-Geesthachter Bahn	3 994 Personen
Vierländer Bahn	1 543 Personen
Hamburger Marschbahn	1 265 Personen

*

Die *Bergedorf-Geesthachter Eisenbahn AG* hatte bereits in den zwanziger Jahren aufgrund ihrer Erfahrungen mit dem ausgedehnten Gebiet, das sie bediente, die Möglichkeit eines wirtschaftlichen Buseinsatzes gesehen – und war erfolgreich! Schon ab dem 4. Oktober 1926 erprobte sie in Bergedorf einen Stadtverkehr mit Bussen; im Sommer 1929 fuhren bereits 16 Omnibusse auf weiteren sieben Linien im Gebiet der Vier- und Marschlande, nach Wentorf und Sande/Boberg. 1938 war der Bestand auf 17 Busse und fünf Anhänger angewachsen. Das Liniennetz betrug 170 Kilometer, davon lagen 144 auf hamburgischem Staatsgebiet. Man zählte 3 500 Fahrgäste täglich.

Im Kriegsjahr 1944 verschwanden alle Omnibuslinien wieder; es gab keinen Kraftstoff, und als 1945 ein neuer Anfang gemacht wurde, sah die Welt ganz anders aus: Durch Flüchtlinge und Evakuierte war die Bevölkerungszahl stark gestiegen; die hungernden Städter suchten in den Vier- und Marschlanden nach Nahrung, und das Areal mußte zum Sperrgebiet erklärt werden. Der Personenkraftwagen hatte besonders hier auf dem flachen Land Vorteile. Der Bus wiederum war als Stadtverkehrsmittel den Eisenbahnen überlegen. 1950 bot die *BGE* 14 Omnibuslinien an, die teilweise die vorhandenen Bahnlinien »ergänzten«. Dadurch hatten die Vier- und Marschlande eine weitaus größere Verkehrsdichte erhalten. Die Busse haben nicht nur dieses südöstliche Randgebiet der Hansestadt enger an die zentralen Bezirke Hamburgs und deren Arbeitsstätten herangebracht, sondern auch Bergedorf mit dem umliegenden Landgebiet stärker verflochten und darüber hinaus schnelle Verbindungen nach Lauenburg und in die Gegend des Sachsenwaldes geschaffen. So ist es nicht verwunderlich, daß die Verkehrszahlen der *BGE*-Omnibusse sprunghaft anstiegen. Im Jahr 1938 fuhren 1,3 Millionen Menschen mit den Bussen der *BGE*, 1951 zählte man 3,85 Millionen, also dreimal soviel. Angesichts dieser Tatsachen begann das Kleinbahnsterben sehr bald nach dem Krieg:

30. September 1949	Geesthacht – Krümmel
14. Mai 1950	Geesthacht – Fünfhausen der *Hamburger Marschbahn*
1. März 1952	Fünfhausen – Billbrook (Reststrecke der *Hamburger Marschbahn*)
17. Mai 1953	Bergedorf Süd – Zollenspieker der *Vierländer Eisenbahn*
26. Oktober 1953	Bergedorf – Geesthacht der *BGE*

Als die *Südstormarnsche Kreisbahn* am 17. Dezember 1907 zu ihrer Jungfernfahrt zwischen Tiefstack und Trittau startete, war die Freude in den durch sie erschlossenen Dörfern groß. Doch die Planer warnten damals schon, denn sie hatten das bevölkerungsreiche Wandsbek als Ausgangspunkt vorgeschlagen, und nun führte die Bahn von Tiefstack über Glinde, Willinghusen, Stemwarde, Stellau, Langelohe, Papendorf, Siek und Lütjensee nach Trittau. Bis zum Ersten Weltkrieg lief die Bahn recht gut; im Jahr 1923 ließ der Kreis sie gründlich überholen, während die Stadt Hamburg keinen Zuschuß gab. Dort beschäftigte man sich gerade mit der Vervollkommnung der Walddörferbahn.

Die 1935 in Glinde neu eröffneten Arbeitsstätten Heereszeugamt und Kurbelwellenfabrik von Krupp brachten der Bahn gute Einkünfte im Güterverkehr; der Personenverkehr per Eisenbahn aber ging rapide zurück. Die Zahlen beweisen es. Die Kreisbahn beförderte:

1931	55 000 Personen
1932	29 000 Personen
1933	27 500 Personen
1934	24 500 Personen
1935	19 600 Personen.

Schon frühzeitig (1928) begann die *Südstormarnsche Kreisbahn*, ihr Angebot auf den Omnibus auszuweiten. Es handelte sich namentlich um die Verbindungen Hamburg – Rahlstedt – Trittau sowie Hamburg – Glinde – Neuschönningstedt. Und dort hatte die Kreisbahn ganz andere Zahlen vorzuweisen:

1931	300 000 Personen
1932	306 000 Personen
1933	287 000 Personen
1934	324 000 Personen
1935	414 500 Personen.

Nach dem Ende des Zweiten Weltkrieges zeichnete sich auch das Ende der *Südstormarnschen Kreisbahn* ab. Mehre Rationalisierungsmaßnahmen und die Teilnahme der *AKN* konnten den Niedergang des Personenverkehrs auf der Schiene nicht aufhalten. Am 15. März 1952 wurde er auf der Gesamtstrecke Tiefstack – Trittau eingestellt.

Über die *Verkehrsbetriebe Hamburg-Holstein (VHH)*, wurden die Gesamt-Verkehrserschließung und die Bedienung neu geordnet.

117 Dampfzug der Südstormarnschen Kreisbahn in Lütjensee

44. Altona–Eidelstedt–Kaltenkirchen–Bad Bramstedt.

km	Stationen / Zug-Nr. Kl.	1 📯 2–3	9 2–3	3 2–3	13 S 2–3	5 📯 2–3	15 S 2–3	11 2–3	7 2–3	17 S 2–3	
	Altonaer-Kaltenkirchener Eisenbahn-Gesellschaft.										
—	**Altona** (A. K. B.) Sonderburgplatz Ab	7 41	9 00	11 19	1 20	3 15	4 15	5 40	8 11	9 50	—
2,7	Stellingen	47	06	25	26	21	21	46	17	9 56	—
6,5	**Eidelstedt** 5, 7, 9 . .	7 56	9 14	11 33	1 34	3 29	4 29	5 54	8 25	10 04	—
9,0	Schnelsen	8 01	9 19	11 39	1 40	3 35	4 36	6 00	8 31	10 09	—
10,5	Burgwedel	|	|	x 42	|	|	|	|	x 34	|	—
12,5	Bönningstedt . . .	8 08	9 26	11 50	1 47	3 42	4 44	6 07	39	10 16	—
15,8	Hasloh	15	9 33	12 00	54	3 48	51	6 14	45	23	—
18,2	Elsensee	19	|	x 04	x1 58	|	x4 55	|	x 49	x 27	—
20,2	Quickborn	24	9 41	09	2 03	3 57	5 00	6 22	8 57	10 31	—
22,7	Ellerau	29	an	18	08	4 03	05	an	9 03	an	—
29,7	Ulzburg 44a . . { An / Ab	8 41 / 8 42	—	12 30 / 12 31	2 20 / 2 21	4 15 / 4 16	5 17 / 5 18	—	9 15 / 9 36	—	—
34,4	**Kaltenkirchen** . . .	8 52	—	41	2 30	29	5 27	—	46	—	—
39,5	Nützen	9 01	—	50	an	38	an	—	9 55	—	—
41,9	Lentföhrden	06	—	12 55	—	43	—	—	10 00	—	—
47,0	**Bad Bramstedt** An	9 15	—	1 04	—	4 52	—	—	10 09	—	—

118 Als die AKN noch »A.K.B.« hieß, Winter-Fahrplan 1913/14

119   Bahnhof Geesthacht der BGE nach der Erweiterung 1917/18

120   Triebwagen 2 der EBO (Baujahr 1934) in Elmshorn

121   MT 2 der Südstormarnschen Kreisbahn in Trittau, kurz vor Einstellung des Betriebs (1952)

122   Ein mit Holzgas betriebener Bus der Stormarner Verkehrsbetriebe vor dem Hauptbahnhof, ca. 1938

Die elektrische Stadt- und Vorortbahn fuhr mit 145 Viertelzügen in die dreißiger Jahre. Von 1928 bis 1932 erhielten 88 Viertelzüge neue Motoren (Wagen der Holzbauweise mit Laternendach), und 57 Wagen kamen neu aus dem Werk (Ganzstahlwagen mit Tonnendach). Bis 1932 war auch die Modernisierung des bahneigenen Kraftwerkes abgeschlossen (neue Kessel, neue Turbinen); trotzdem ging man auf »Nummer Sicher« und schloß in der Flotowstraße (Barmbek) einen Umformer 50/25 Hertz zum Strombezug aus dem *HEW*-Netz mit einer Leistung von 6000 kW an. Ähnlich wie die *HHA* schloß auch die elektrische Stadt- und Vorortbahn einen Vertrag mit der *HEW*. Der Leistungsstand dieser Bahn war zu diesem Zeitpunkt mithin ausgezeichnet. Der Schadwagenbestand hatte sich von bislang bis zu 60 Prozent auf nunmehr sieben bis acht Prozent verringert. An einem Donnerstag des Jahres 1933 zählte man exakt 241 000 Fahrgäste. (1951 ergab eine Zählung nur unwesentlich höhere Werte, nämlich 277 000 Personen – Iserbrook und Sülldorf ausgeschlossen.)

1934 wurde die Reichsbahndirektion Altona angewiesen, das seit 1930 in Berlin existierende S-Bahn-Zeichen, ein weißes S in einem grünen, runden Hof (dort vielfach auch in einen oben abgerundeten Zylinder gesetzt), ebenfalls in Hamburg einzuführen, und zwar nicht nur bei der elektrischen Hamburg-Altonaer Stadt- und Vorortbahn, sondern im gesamten Wirkungsgebiet des Stadt- und Vororttarifs. Seither heißt es in Hamburg »S-Bahn«, und man sprach damals nur noch vom »S-Bahn-Tarif«. (Interessant ist in diesem Zusammenhang, daß die allgemeine Bezeichnung »U-Bahn« erst im Jahr 1947 erfolgte.)

123

Lange haben die Verhandlungen gedauert, und viele Stadien sind durchlaufen worden, bis am 26. Januar 1937 das Groß-Hamburg-Gesetz erlassen wurde. Nach diesem Gesetz ging eine Reihe preußischer Gemeinden auf Hamburg über, unter anderem die Stadtkreise Wandsbek, Altona und Harburg-Wilhelmsburg mit anliegenden Gemeinden, während Hamburg die Stadt Geesthacht, seine Exklaven Groß-Hansdorf und Schmalenbeck sowie das Amt Ritzebüttel mit der Stadt Cuxhaven an Preußen abgeben mußte. »... wir nehmen Abschied von unserer Selbständigkeit und treten vertrauensvoll in Hamburg ein...« Dieses Zitat aus dem Aufruf des damaligen Wandsbeker Oberbürgermeisters mag beispielhaft für die lang erwartete kommunale Veränderung gewesen sein. Die S-Bahn mußte ihren Tarif über Harburg hinaus bis nach Neugraben verlängern.

124 Bahnhof Holstenstraße 1935 erstmals mit S-Bahn-Symbol

Im Jahr 1938 gab es im Eisenbahnbetrieb zwischen Elbe und Trave ein sehr bedeutsames Ereignis. Die letzte große private Eisenbahn wurde verstaatlicht. Am 1. Januar 1938 ging die *Lübeck-Büchener Eisenbahn (LBE)* in das Netz der *Deutschen Reichsbahn* über. Dadurch wurde der S-Bahn-Tarif noch einmal ausgedehnt, und zwar über Wandsbek, Rahlstedt bis Ahrensburg. In ihrem Gesamtnetz (elektrisch und dampfbetrieben) beförderte die S-Bahn 1938 95,3 Millionen Fahrgäste. (Heute sind es etwa 145 Millionen.)

Und dann kamen große Pläne auf den Tisch. Nach einer »Denkschrift zu den Fragen des großhamburgischen Vorortverkehrs« sollte eine Verbesserung der Verkehrsbedienung auf den vorhandenen Strecken angestrebt werden. Danach sollte die Strecke Blankenese – Wedel zweigleisig elektrifiziert werden; man plante ferner den Bau besonderer S-Bahn-Gleise neben den Ferngleisen der Strecken nach Kiel, Lübeck, Berlin und Hannover/Bremen, das heißt neue S-Bahn-Strecken bis Elmshorn, Ahrensburg, Aumühle und Harburg/Neugraben. In Harburg sollte die Spitzkehre für Züge in Richtung Neugraben durch den Bau einer schleifenähnlichen Verbindung über den ebenerdigen Gleisanlagen aufgehoben werden. Zwischen Berliner Tor und Dammtor war ein viergleisiger Ausbau der Verbindungsbahn mit Erweiterung der Bahnsteiganlagen und Wendemöglichkeiten vorgesehen. Aber das alles war bald Makulatur. Der spätere Generalbebauungsplan ging ins Gigantische, nur einige Stichworte seien genannt: Zwischen Sternschanze und Hol-

125 Der charakteristische Fahrzeugpark der Lübeck-Büchener Eisenbahn ging 1938 auf die Reichsbahn über

126 Modell der Planungen aus dem Jahr 1940, die Neugestaltung des Elbufers betreffend. Die Dimensionen der Hochbauten werden im Vergleich mit der Altonaer Hauptkirche (rechts) sichtbar

stenstraße war ein neuer Zentralbahnhof geplant, »Hamburg-West« bezeichnet; eine Skyline aus Wolkenkratzern sollte am Elbufer entstehen; eine Hängebrücke über die Elbe mit 180 Meter hohen Pylonen war für S-Bahn und Autobahn vorgesehen; Wohngebiete für rund 250 000 Menschen, neu angesiedelt im Süden und Südwesten Harburgs, sollten schnellbahnmäßig erschlossen werden.

Für solche Aufgaben war die alte Hamburger S-Bahn nicht geeignet. Man verwies deshalb auf die guten Erfahrungen mit der seit 1928 erprobten gleichstromgeführten Berliner S-Bahn, die bei 800 Volt ihren Strom aus einer Stromschiene bezog. Da die projektierten Trassen – und das wäre neu für die Hamburger S-Bahn gewesen – teilweise in Tunnelstrecken geführt werden sollten und das Tunnelprofil bei Verzicht auf die Stromentnahme durch den Fahrdraht kleiner und somit kostengünstiger ausfallen würde, kam die Anweisung, die Hamburger S-Bahn auf Gleichstrom umzustellen. Die Arbeiten begannen auf mehreren Sektoren gleichzeitig.

Von 1938 bis 1940 dauerte der Ausbau der Stromversorgungsanlagen für diese Umstellung. Als Grundausstattung mußten hergestellt und installiert werden: sieben Gleichrichterwerke (GW), sieben Kuppelstellen (KS) und drei Schaltstellen (ST) sowie die gesamte Stromschienenanlage zwischen Poppenbüttel und Blankenese. Der Abschnitt Poppenbüttel – Ohlsdorf wurde vorrangig behandelt, denn dort sollten die Probefahrten mit den neuen Zügen anlaufen und die Triebwagenführer ausgebildet werden. Für die eigentliche Stromversorgung waren drei Quecksilber-Großgleichrichter, je GW mit 2 400 Ampere bei 1 200 Volt, zu beschaffen und einzubauen. Rund drei Wochen nach Ausbruch des Krieges sind zwei 25-kV-Anlagen in den Gleichrichterwerken Barmbek und Ohlsdorf in Betrieb gesetzt worden.

Zu den vielen vorstehend genannten Fachausdrücken und Abkürzungen einige Erklärungen: Der benötigte Gleichstrom wird durch Umwandlung von Drehstrom gewonnen, was in Gleichrichtern geschieht, Apparaten, die wie Ventile wirken und den Strom nur in einer Richtung durchlassen. Heute gibt es verschiedene Gleichrichter-Bauarten.

Gleichstrommotoren sind für eine Spannung von rund 1 000 Volt gut geeignet (U-Bahn Hamburg 750 Volt, S-Bahn Berlin 800 Volt, S-Bahn Hamburg 1 200 Volt). Der Gleichstrommotor entwickelt eine hohe Anfangsgeschwindigkeit, verliert aber bei der Fahrregulierung einen Teil der Energie durch vorgeschaltete Widerstände. Der Energietransport macht ferner die Errichtung einer ganzen Anzahl von Gleichrichterwerken erforderlich; jeweils zwischen zweien von ihnen liegt eine sogenannte Kuppelstelle. Sie ermöglicht es, daß die vier hier zusammentreffenden Stromschienen-Speiseabschnitte (bei zwei Fahrtrichtungen) in Längs- und Querrichtung miteinander verbunden werden. Diese Maßnahme verringert auch den Spannungsabfall beim Anfahren der Züge.

Vom 1. Oktober 1939 bis zum 1. März 1940 trafen insgesamt zwölf dreiteilige Einheiten der ersten Gleichstromzüge ein, noch unter den Prototyp-Nummern 15–01 bis 15–12, schön anzusehen, doch die Zeit war nicht zum Jubeln, sondern dunkel im doppelten Sinne (denn die Verdunklung war schon obligat). Am 12. Dezember 1939 begannen die Probefahrten zwischen Ohlsdorf und Poppenbüttel, von Fachleuten und der Bevölkerung bestaunt.

Die beiden äußeren Teile eines dreiteiligen Zuges sind die Triebwagen; der Mittelwagen ist nur ein Beiwagen. Jeder Wagen ruht auf zweiachsigen Drehgestellen. Der Wagenzug hat die Achsanordnung Bo'Bo'+2'2'+Bo'Bo'. Er erhielt ab Sommerfahrplan 1940 eine sechsziffrige Nummer (heute durch die Computer-Kontrollziffer und den Bindestrich erweitert), wobei die ersten drei Ziffern die Baureihe angeben, dahinter die dreiziffrige laufende Baunummer. So trug der erste dreiteilige Triebwagen, jeweils auf den einzelnen Wagen, die Bezeichnungen: ET 171 001a, EB 171 001c und ET 171 001b. Die Länge eines dreiteiligen Triebzuges der Baureihe 171 (heute 471) beträgt 62,52 Meter, das Gesamtgewicht (leer) 131 Tonnen, die Höchstgeschwindigkeit 80 km/h. Die 3. Klasse (heute 2. Klasse) hat 134 Sitzplätze, die 2. Klasse (heute 1. Klasse) 68. Die Zahl der Stehplätze (4 Pers./Quadratmeter) ist mit 328 angegeben.

127   Der neue S-Bahn-Zug, noch ohne Baureihenbezeichnung, Werkfoto LHW

128 Die ersten Probefahrten ...

129 ... zwischen Ohlsdorf und Poppenbüttel

20. Der öffentliche Verkehr Hamburgs im Zweiten Weltkrieg

Ebenso wie die S-Bahn kurz vor Ausbruch des Krieges moderner werden sollte, wandelten sich auch diverse andere Dinge des Alltags, und kaum jemand wußte, wohin das letztlich führen würde. Das Straßenbild hatte sich in bisher noch nicht gekannter Weise verändert. In Hamburg waren 1938 82 080 Kraftfahrzeuge angemeldet, davon allein 40 000 Personenwagen. Sie alle trugen stolz das Kurzzeichen »HH«, eine Abkürzung für »Hansestadt Hamburg«. (Nur wenigen war bewußt, daß mit dem Inkrafttreten des Groß-Hamburg-Gesetzes das Wörtchen »Freie« weggestrichen worden war.) Am 17. Mai 1937 wurde als erste Autobahn im Norden die Verbindung Hamburg – Lübeck freigegeben. Und der Reichsstatthalter veröffentlichte im selben Jahr selbstbewußt Umbaupläne für das Groß-Hamburg von morgen. Vielen Hamburgern kamen die Worte Hitlers in den Sinn, die er großspurig zu Beginn des »Vierjahresplanes 1936« verkündet hatte: »Gebt mir vier Jahre Zeit – und ihr werdet Deutschland nicht wiedererkennen!«

Mit Beginn des S-Bahn-Sommerfahrplans 1940, am 22. April, wurden die ersten zwölf Gleichstromzüge auf der Strecke Ohlsdorf – Poppenbüttel eingesetzt. Monatlich sollten weitere vier Wagenzüge folgen, damit der nur für eine kurze Übergangszeit gedachte Mischbetrieb Wechsel-/Gleichstrom rasch aufhören konnte. Doch der Zweite Weltkrieg setzte andere Prioritäten. Von den 68 erforderlichen Halbzügen kamen nur insgeamt 47 Einheiten in Hamburg an. Das genügte jedoch nicht für eine vollständige Umstellung auf Gleichstrombetrieb. Die Arbeiten für die Stromversorgung gingen trotz des Krieges weiter. Im Oktober 1940 konnten die Gleichrichterwerke Berliner Tor und Hasselbrook in Betrieb genommen werden.

Ab 1943 stockte der Waggonbau vollends; der totale Krieg war ausgebrochen. In den Bombennächten brannten vier neue Gleichstromzüge sowie 45 Wechselstromzüge aus, die zum Teil nachträglich wegen Ersatzteilmangel verschrottet werden mußten, nachdem sie auf brauchbare Ersatzteile hin ausgeschlachtet worden waren. Von den 90 unversehrt gebliebenen Wechselstromzügen gehörten nur 52 Wagen zu der Stahlbauklasse; die übrigen 38 Veteranen der Holzbauweise hatten diverse Verschleißerscheinungen. Sie waren ein Alptraum für alle Betriebsleute, denn nur selten schaffte ein solcher Zug den Fahrplan ohne Störfall. Das »Liegenbleiben« auf freier Strecke und das nachfolgende »Abschieben« gehörten zum Alltagsgeschäft, störte aber den Betriebsablauf empfindlich. Eine Erleichterung für diese Manöver war es, daß man die Gleichstrom- und Wechselstromzüge miteinander kuppeln konnte.

Die Installierung eines neuen Lichttages-Signal-Systems bei der S-Bahn hatte der Krieg unterbrochen. Es konnte nur von Poppenbüttel bis Altona installiert werden, schuf aber dort die Voraussetzung für eine Zugfolge von 90 Sekunden, im Mischbetrieb allerdings eine Illusion.

Im September 1944 wurde das Fahrkarten-System der S-Bahn verändert. Wesentlich vereinfacht und ganz und gar nicht kostenorientiert wurde die Zehn-Zonen- durch eine Zwei-Zonen-Einteilung ersetzt. Es ging darum, dem Ersatz-Personal das Einarbeiten an den Fahrkartenschaltern zu erleichtern und den vielen durch den Krieg leidenden Menschen zu helfen; wenn das gelungen ist, war dieser Schritt mehr als gerechtfertigt.

*

Durch den Kriegsausbruch am 1. September 1939 wurden die vorbereitenden Arbeiten der *Hamburger Hochbahn Aktiengesellschaft* für einen neuen Tarif, der eine »Grundkarte« für jedermann von 4 RM im Monat oder 1 RM in der Woche vorsah, mit der man dann für jede angetretene Fahrt einen Einheitspreis von 10 Rpf zu zahlen gehabt hätte, unterbrochen. Andere Dinge schoben sich in den Vordergrund. Durch Einberufungen verlor die *HHA* unvermittelt 1 646 Mitarbeiter; Frauen mußten einspringen. Das Leben in der Stadt veränderte sich. Die Verdunkelung ließ die ohnehin kürzer werdenden Tage noch eher enden; Tanzen wurde verboten, Nachtlokale wurden geschlossen. Es gab die ersten, aber noch unwesentlichen Betriebseinschränkungen. Im Umland entstand ein Flak-Gürtel. Soldaten in Uniform fuhren ermäßigt für 10 oder 15 Rpf, Verwundete hatten freie Fahrt.

Im Jahr 1940 nahm die *HHA* über drei Millionen RM weniger ein, eine Folge der vergünstigten Fahrkarten sowie der totalen Verdunkelung, bei der niemand mehr ohne triftigen Grund abends oder nachts unterwegs sein mochte. Deshalb lohnte sich auch der abendliche Zehn-

130 Wechselstrom- und ...

131 ... Gleichstromzüge unterwegs in der Trümmerlandschaft (Hasselbrook)

Minuten-Takt bei der Hochbahn nicht mehr und wurde auf eine 20-Minuten-Folge ausgedehnt. Als die ersten Bomben auf Hamburg fielen, wurden noch Sonntagsausflüge unternommen, um sich einen Bombentrichter oder ein beschädigtes Gebäude anzuschauen. Die HHA bezifferte den Kriegsschaden für das ganze Jahr 1940 auf 300 RM. Es war ein Kriegsjahr mit Sondermeldungen und Siegesfanfaren, Hamburg im Fahnenmeer und Glockengeläut. Der Tag des Friedens – so wurde den Menschen suggeriert – konnte im Kalender schon abgezählt werden.

Und es wurde auch gebaut. Das Kehrgleis in der Haltestelle »Flughafen« ging in Betrieb, und das dortige neue Stellwerk konnte geschaltet werden. (Diese Haltestelle besitzt übrigens gegenwärtig schon ihren vierten Namen – eine Kuriosität: Zur Eröffnung am 1. Juli 1921 hieß sie »Langenhorn-Süd«, von 1934 an nannte sie sich »Flughafen«, ab 1954 »Flughafenstraße« und ab 1984 schließlich »Fuhlsbüttel-Nord«.)

Vier für die Hochbahn bestellte Testwagen kamen zwar in Hamburg an (404–407), die elektrische Ausrüstung fehlte allerdings, deshalb gingen die letzten zwei erst 1946 in Betrieb.

Als damals bei der Baubehörde ein Schnellbahn-Bauamt neu eingerichtet wurde, stellte die HHA das Personal ihres Konstruktionsbüros dafür zur Verfügung. Es entstanden neue Pläne für die Erweiterung des Hochbahnnetzes, Sinnbilder einer Großmannssucht, wie sie die damaligen Machthaber gern zur Schau stellten. Die Einzelheiten seien hier deshalb nur in Stichworten angedeutet: Zwei Hochbahnlinien sollten den neuen »Hauptbahnhof-West« in der Nähe des Haltepunktes Holstenstraße bedienen, der zur Entlastung des Bahnhofs Altona geplant war. Eine Hochbahnlinie wollte man aus der Ringlinie bei Hoheluft ausfädeln, über Eimsbüttel zum Hauptbahnhof-West nach Altona und von dort zum Elbufer führen, wo Wolkenkratzer mit bis zu 60 Stockwerken entstehen sollten. Die zweite Linie war von Eidelstedt geplant über Hagenbecks Tierpark zum Hauptbahnhof-West, Sievekingsallee, Karl-Muck-Platz, Jungfernstieg, Hauptbahnhof, Berliner Tor nach Horn. Ferner war eine Elbuferlinie projektiert, die über die Innenstadt nach Wandsbek geleitet werden sollte und von dort nach Trabrennbahn mit Anschluß an die Walddörferbahn. Der alte Ring war ebenfalls nicht mehr gut genug und sollte zu einer Direktverbindung des Elbtunnels »ausgebeult« werden, während eine andere Zweigbahn durch einen neuen Elbtunnel nach Steinwerder führen sollte. Wie wichtig die Planer diese gigantischen Projekte nahmen, läßt sich daran ablesen, daß man noch im Jahre 1940 mit den Erdarbeiten für die Horner Linie begann.

Im Kriegsjahr 1941 – Hitler ließ die Truppen für den Krieg gegen Rußland bereits aufmarschieren – durfte die HHA Aufträge für den Bau einer Probeserie von zehn Hochbahnwagen an die Industrie vergeben, zehn Wagen, die erstmals als Doppeltriebwagen (DT) zum Einsatz kommen sollten.

Durch den totalen Ausfall aller privaten Autos konnte die HHA im Jahr 1942 einen 14 Prozent höheren Fahrgastzuspruch als im Vorjahr verzeichnen. Weil 2 200 Fachkräfte beim Militär waren, wurden mehr und mehr »Arbeitsmaiden« (weiblicher Reichsarbeitsdienst) zum Schichtdienst verpflichtet, zuletzt rund 500, die man zum Teil in Barackenlagern unterbrachte. Sie waren freundlich und hilfsbereit und deshalb bei der Bevölkerung sehr beliebt. Krankheitsbedingte Ausfälle lagen bei nur sieben Prozent, während der damalige Schnitt bei anderen weiblichen Angestellten 27 Prozent betrug.

Das Schwarzfahren nahm aufgrund der überfüllten Fahrzeuge in beängstigendem Maße zu. Die Kinderwagenbeförderung mußte wegen dieses Platzmangels allgemein eingestellt werden. Um schneller kassieren zu können, wurde am 1. Oktober 1942 ein neuer, wesentlich vereinfachter Tarif eingeführt. Statt 128 Fahrscheinarten waren fortan nur noch 15 im Angebot, und es gab einen Einheitsfahrschein von nur 25 Rpf. Der neue Tarif bescherte der HHA einen Einnahmeverlust von jährlich zwei Millionen Reichsmark. Trotz geringerer Einkünfte mußten die Leistungen noch weiter erhöht werden. Um im Berufsverkehr die Menschen befördern zu können, fuhr die Hochbahn erstmals im 100-Sekunden-Abstand. Im Unterwerk Langenhorn wurden 1942 ein neues Gleichrichterwerk und eine neue Schaltanlage eingesetzt, aber in diesem Jahr kam auch der erste kriegsbedingte Rückschlag. Zehn Triebwagen verlor die Hochbahn durch Bombenabwürfe; und die Bomben schlugen natürlich auch an anderen Stellen ein. Bombenvolltreffer zerstörten den Tunnel zwischen Hallerstraße und Stephansplatz (83 Stunden später konnten die Züge wieder fahren!); Treffer gab es auch bei Dehnhaide, bei der Mundsburg und auf der Walddörferbahn.

Über das Katastrophenjahr 1943 ist schon so viel geschrieben worden, daß das Entsetzliche hier nicht noch einmal dargestellt werden soll. Drei schwerste Luftangriffe in der Zeit vom 24. Juli bis zum 3. August 1943 hatten Hamburg bis zur Vernichtung getroffen. Bei der Hochbahn zählte man 40 zerstörte und 78 stark beschädigte Wagen; Bahnkörper und Gleisanlagen waren vielfach zerfetzt. Besonders stark wurde die Zweigbahn nach Rothenburgsort getroffen, wo allein 70 Meter Viadukt zerstört wurden, sowie die Strecke Rathausmarkt – Barmbek. Erschütternd ist die Feststellung, daß an der Rothenburgsorter Linie nicht einmal der Versuch einer Reparatur gemacht werden mußte – es gab dort keine Menschen mehr! Nach dem Krieg sind diese Trümmer der Hochbahn dann abgetragen worden.

Anders waren die Reaktionen auf die Zerstörungen der Hochbahnstrecke Rathausmarkt – Barmbek. Die Instandsetzungsarbeiten begannen sofort. Aber die Schä-

132

133 Nur drei Jahre liegen zwischen diesen beiden Aufnahmen

den waren unvorstellbar! Die Tunneldecken zwischen Rathausmarkt und Berliner Tor waren viermal durchschlagen. Durch Bomben schwer beschädigt waren die Bahnhöfe Mundsburg, Wagnerstraße, Barmbek und Stadtpark, ausgebrannt die Stellwerke Barmbek und Stadtpark. Der Zugverkehr zwischen Kellinghusenstraße und St. Pauli ruhte 44 Tage, zwischen St. Pauli und Hauptbahnhof 127 Tage; auf dem Abschnitt Hauptbahnhof – Mundsburg – Barmbek konnte während der restlichen Kriegszeit der Betrieb überhaupt nicht wiederaufgenommen werden.

Und trotzdem ging es irgendwie weiter – die Menschen halfen einanander, gaben sich auch mit Notdürftigem zufrieden. Sie hatten die Hölle gesehen und waren davongekommen. 1 250 *HHA*-Mitarbeiter kamen in den schweren Bombennächten um oder waren mit ihren Familien evakuiert worden; das Hochbahnhaus in der Steinstraße war zerstört. Aber der Krieg war immer noch nicht zu Ende. Im Jahr 1944 war die Hochbahn, mit Ausnahme der Zweiglinie Rothenburgsort und dem Barmbeker Ast, wieder in Betrieb. Da traf es sie erneut. Im Juni 1944 gab es Durchschläge in den Tunneln unter der Mönckebergstraße und am Alstereck; der Viadukt zwischen Baumwall und Landungsbrücken wurde zertrümmert. Aufgrund dieser Geschehnisse verbot die Polizei der Bevölkerung, bei Luftalarm die Tunnel als Schutzraum aufzusuchen.

Am 1. September 1944 waren die Fahrpreise – zeitgleich mit der Stadt- und Vorortbahn der *Reichsbahn* – noch einmal vereinfacht worden. Jede Fahrt ohne Umstieg kostete nun 20 Rpf, eine Monatskarte 10 RM.

Ende April 1945 gingen die Kriegshandlungen endlich zu Ende. Am 3. Mai 1945 rückten englische Truppen in die zu 49 Prozent durch über 200 Luftangriffe zerstörte Stadt ein. Der Krieg hatte 2 072 Tage zu lange gedauert.

Bei der Hochbahn waren von 383 Wagen insgesamt 125 kaputt. Und das Wunder geschah: Während der grausame Krieg anderswo noch andauerte, fuhr die Hochbahn bereits am 5. Mai auf den Abschnitten Ochsenzoll – Jungfernstieg sowie Barmbek – Sternschanze und Schlump – Hellkamp und auf der Gesamtlänge der Walddörferbahn. Am 16. Juli 1945 ging es dann weiter von Sternschanze bis Feldstraße, im September bis St. Pauli. Schließlich war am 11. März 1946 die Strecke von St. Pauli bis zum Hauptbahnhof frei. Die fehlende Trasse Hauptbahnhof – Mundsburg – Barmbek konnte erst am 1. Juli 1950 eröffnet werden.

134   Hochbahnviadukt Nagelsweg

135 Ausgebrannte Station Spaldingstraße mit Blick auf Brücke über die Reichsbahngleise

136 Hochbahnhaus in der Steinstraße, vor

137 und nach der Zerstörung

138 Die Mönckebergstraße im Kriegsjahr 1940

Die Hamburger Straßenbahn hatte eine Streckenlänge von 232,4 Kilometern, als der Krieg ausbrach. Es war ein großes, sensibles Gleisnetz, das durch die Luftkriegsangriffe besonders gelitten hatte.

Im Jahr 1940 ist mit Beginn des Sommerfahrplans auf den Straßenbahnlinien allgemein der Zehn-Minuten- durch einen Zwölf-Minuten-Takt ersetzt worden. Andererseits wurde die Nachtlinie 28 von der Innenstadt zum Flughafen neu eröffnet, und auch den Service der Nachtbuslinien Q und R übernahm die Straßenbahn. Seit 1936 waren nach und nach die übrigen Nachtautobusse durch Straßenbahnen ersetzt worden.

Den Schaffnerdienst in den Straßenbahnen versahen – wie auch im Hochbahnbereich – mehr und mehr Frauen, vor allem »Arbeitsmaiden«. Außerdem kamen noch »freiwillige« BDM-Mädchen aus Hamburg hinzu (BDM = Bund Deutscher Mädel, Pflichtmitgliedschaft für alle Mädchen zwischen 14 und 18 Jahren). Ihre Begeisterung für das Straßenbahnfahren muß allerdings sehr schnell abgeklungen sein, denn die Krankmeldungen häuften sich, bis letztlich täglich jedes dritte BDM-Mädchen zu Hause blieb. Doch nicht nur aus Personalmangel mußte der Fahrten-Rhythmus bei der Straßenbahn 1941 von 12 auf 15 Minuten ausgedehnt werden.

Bombenschäden waren im Straßenbahnbetrieb 1941 noch gering. Man arbeitete damals sogar am zweigleisigen Ausbau nach Harburg weiter (1942 fertig). Außerdem entstanden neue Wendeschleifen an den Straßenbahn-Endpunkten. Damit sollte die Infrastruktur für die Einführung der »Stirnwagen« geschaffen werden, d. h. Straßenbahnwagen mit nur einem Fahrerstand und Ein- und Ausstieg auf einer Seite. Und es kamen auch neue Straßenbahnwagen in Hamburg an, 14 Bei- und ein Triebwagen.

Im Jahr 1942 begann in Hamburg wieder der Güterverkehr per Straßenbahn, wie schon während des Ersten Weltkrieges. Es mangelte an Kraftstoff und an Reifen für den Lastwagenverkehr. Über diese Straßenbahn-Dienstleistung hat Richard Lutz sehr ausführlich recherchiert. Das Ergebnis ist in der *Zeitschrift des Vereins für Hamburgische Geschichte*, Band 69 (1988), veröffentlicht worden.

Die grausamen Bombennächte vom 24. Juli bis zum 3. August 1943 trafen auch das Straßenbahnnetz der Hansestadt vernichtend. In jenen Tagen wurden 431 Trieb- und Beiwagen zertrümmert, 1 048 beschädigt; 124 Dienst- und Werkfahrzeuge waren nicht einsatzfähig, die Gleise zerstört. Es bewegte sich kein Rad mehr. Die Betriebsbahnhöfe Rothenburgsort, Mesterkamp, Süderstraße und Horn lagen in Trümmern.

Danach rollten die ersten Straßenbahnen wieder in Harburg und Altona. Ab 9. Oktober 1943 sah man sie am Jungfernstieg, ab 13. Oktober fuhren Straßenbahnen durch die Mönckebergstraße und zum Hauptbahnhof.

139 Gemüsetransport mit der Straßenbahn

Zwölf zum Teil verkürzte Straßenbahnlinien verkehrten wieder ab 31. Dezember 1943. Vor der Katastrophe waren es 28 Linien gewesen. Um trotz der wenigen noch funktionsfähigen Wagen ein annehmbares Fahrplanangebot zu schaffen, wurde der Haltestellenabstand von im Schnitt 410 auf 514 Meter durch Wegfall oder Verschiebung von Haltestellen verlängert. Die Straßenbahn mußte nun neben den Gütern zusätzlich auch Baustoffe für den Bunkerbau befördern. Wo ein schneller Wiederaufbau zweitrangig war, wurden etwa 6 500 Meter Gleise aus dem Straßenpflaster geholt, um das dringend erforderliche Streckennetz wieder nutzbar zu machen.

140 *Während der Verdunkelung besondere Vorsicht! Nur aus- und einsteigen, wenn der Wagen an der Haltestelle hält!*

Die Bombenschäden des Jahres 1944, die auch – wie berichtet – Durchschläge durch die Tunneldecke der Hochbahn in der Mönckebergstraße verursachten, unterbrachen auch die Straßenbahnverbindungen in der Innenstadt. Man konnte sich aber mit Umleitungen behelfen.

Als am 3. Mai 1945 der Krieg für Hamburg zu Ende war, sah die Bilanz bei der Straßenbahn so aus: Von den 766 Triebwagen waren 282 zerstört, von den 846 Beiwagen waren noch 608 fahrfähig. Das große Aufräumen, der Wiederaufbau begann.

Verglichen mit den Einschränkungen bei den schon beschriebenen Stadtverkehrsmitteln, traf der Krieg den Busverkehr wohl am schlimmsten. Sofort nach Kriegsbeginn mußte im Schnitt jeder zweite Bus an das Militär abgegeben werden. Mit dieser so geschrumpften »Flotte« war der Fahrplan nicht mehr einzuhalten. Die Buslinien wurden reduziert auf Zubringer und Verteiler für Straßenbahn- oder Schnellbahnknoten.

Daß man 50 Prozent der Hamburger Busse mit Kriegsausbruch »einzog«, lag wohl an der Bequemlichkeit der Standortverwaltung, denn ein paar Wochen später kamen fabrikneue Busse bei der *HHA* an. Hochbahnintern waren zunächst 32 Omnibusse auf Flüssiggas umgestellt worden. Im Laufe des Jahres 1940 trafen noch einmal 13 *Büssing*busse in Hamburg ein, und in der Werkstatt *Falkenried* wurden 26 weiteren Bussen Gasflaschen umgehängt. Ab 1941 erst traten echte Mängel auf wie fehlende Ersatzreifen. Auch der Treibstoff floß spärlicher. Dagegen half nur noch eine radikale Einschränkung des Busfahrplans. Aus der Angebotspalette war der Bus aber nicht mehr wegzudenken. In der Not besann man sich auf das brennbare Leuchtgas der Hamburger Gaswerke. Es diente in nichtkomprimierter Form ab 7. Dezember 1942 als Kraftstoff für Hamburger Omnibusse, die zu diesem Zweck riesige Vorratsbehälter auf ihren Wagendächern trugen.

In den schweren Bombennächten von 1943 verlor die *HHA* auch 28 Busse und Bus-Beiwagen; 20 Wagen waren beschädigt worden. Doch trotzdem absolvierten die Busse in jenen Tagen ihre wohl erste Bewährungsprobe, denn nach dem Ausfall von S-Bahn und Hochbahn sowie dem Unvermögen der Straßenbahn, durch die Trümmerlandschaft zu fahren, waren die Busse die einzigen Verkehrsmittel, die die Überlebenden aus dem Inferno bringen konnten. Die Fernzüge endeten in Harburg oder Wandsbek, in Bergedorf, Eidelstedt oder Altona. Mit Hilfe von rund 100 Bussen aus den verschiedensten Städten des Reiches und noch intakten *HHA*-Bussen richtete man einen Notverkehr ein. Eine unglaubliche Leistung! Rund 786 000 Menschen flüchteten aus der brennenden Stadt! Wo nur möglich, standen Busse bereit, um sie zu den wartenden Zügen zu bringen; 625 Eisenbahnzüge für Ausgebombte innerhalb von Stunden oder wenigen Tagen.

Die fremden Busse blieben noch einige Zeit in Hamburg. Buskapazität war knapp geworden, doch der Treibstoff noch viel mehr. Findige Köpfe in *Falkenried* schufen den kombinierten Flüssig- und Leuchtgas-Omnibus. Als das Kriegsende schon abzusehen war, kamen im Jahr 1944 20 neue Busse in »Kriegsbauweise« mit Gasantrieb in Hamburg an. An der miserablen Gesamtsituation haben diese neuen Fahrzeuge jedoch nicht viel ändern können. Im Mai 1945 waren von den 192 Bussen des August 1939 nur noch 95 vorhanden.

141 1944 wurden zwanzig gasbetriebene Busse in Kriegsbauweise geliefert

Die Alsterschiffahrt ruhte seltsamerweise schon ab 28. August 1939, obwohl doch erst ab 1. September 1939 um 5.45 Uhr »zurückgeschossen« wurde. Nur die Fähre fuhr noch, wurde aber im Winter (ab 19. Dezember 1939) auch eingestellt. Doch im Frühjahr 1940 pendelte sie wieder, mit diversen Unterbrechungen auch noch in den folgenden Kriegsjahren. Auch zwei neue Motorschiffe, noch eine Vorkriegsbestellung, wurden 1940 unfertig abgeliefert. Erst nach dem Krieg kamen sie in Fahrt. Dieselöl, Kohlen und Personal fehlten für einen Alsterschiffsverkehr. Fünf ältere Dampfer konnten nach Lübeck verkauft werden. Die Motorschiffe wurden in die Nähe der Elbbrücken verlegt, um im Bedarfsfall als Fähre dienen zu können. Für die restlichen Dampfer war am Jungfernstieg kein Platz mehr, sie waren in den Kanälen versteckt worden. Die Binnenalster erhielt nämlich eine Tarnung, die gezielte Bombenabwürfe auf die Lombardsbrücke und den Hauptbahnhof verhindern sollte. Eine »falsche« Lombardsbrücke in der Außenalster sollte die Bomben auf sich ziehen. Der weiße Anstrich der Alsterschiffe mußte einer schmutzigen Tarnfarbe weichen. Aber es nützte nicht viel. Die Barkasse *Irmgard* wurde durch Bomben zerstört, der Dampfer *Winterhude* versenkt. Auch zwei Motorschiffe wurden durch Bomben schwer beschädigt und sanken im Hafen. Der Rest blieb als Katastrophenreserve auf der Elbe, etwa für die Evakuierung von Finkenwerder oder für den Fall einer Zerstörung der Elbbrücken. Die Alsterschiffe brauchten dort jedoch nicht eingesetzt zu werden. Nach Kriegsende kehrten sie, mit Ausnahme von zwei temporär an die *HADAG* vercharterten Schiffen, zur Alster zurück. Die Fliegertarnung war im Juli 1943 abgebrannt.

∗

Die *HADAG* mit ihren Fährlinien hatte als wehrwirtschaftlicher Betrieb den vollen Verkehr aufrechtzuhalten, ging es doch darum, für die arbeitenden Menschen in den Werften, im Hafen oder auf der anderen Seite der Elbe eine Verkehrsverbindung zu gewährleisten. Aber das Jahr 1943 mit den fürchterlichen Bombenangriffen fegte die *HADAG*-Flotte fast vollständig von der Elbe: 51 Dampfer und Motorschiffe sowie fünf Motorbarkassen waren beschädigt, Schuten, Pontons und Anleger zerstört, 16 Schiffe versenkt.

Und das ist die traurige Bilanz des Krieges im Hamburger Hafen: Als die Lichter wieder angingen, lagen dort 2 500 Schiffswracks, die Kaischuppenflächen waren zu 90 Prozent zerstört, 305 000 Meter Gleis der Hafenbahn, d. h. 68 Prozent, nicht mehr zu benutzen. Wer konnte bei diesem Anblick noch an einen schnellen Neubeginn denken? Zumal mit der Demontage der Werften und Betriebe der Start in den Frieden schwierig begann.

142 HADAG-Dampfer »Gorch Fock« an den Landungsbrücken, im Kriegsjahr 1940

143 Schwerste Zerstörungen im Hamburger Hafen

21. Ein Kriegsende – der Neubeginn im Verkehr

Am 3. Mai 1945 war der Zweite Weltkrieg für die Hansestadt zwar beendet, die Not jedoch noch lange nicht. In der zu 49 Prozent zerstörten Stadt »wohnten« noch 800 000 Menschen, von denen 300 000 in Gartenlauben, undichten Nissenhütten oder Ruinenkellern leben mußten. Hamburg war von der Außenwelt fast ganz abgeschnitten, die gesamte Infrastruktur nicht mehr intakt. Der Eisenbahnverkehr, gleichgültig, ob für Güter oder Personen, funktionierte wegen der Tiefliegerangriffe schon in den letzten Apriltagen 1945 nicht mehr. Die Oberelbe war durch gesprengte Brücken unpassierbar geworden, wie zum Beispiel die Eisenbahnbrücke Lauenburg – Hohnstorf, die noch am 19. April 1945 von deutschen Truppen zerstört wurde.

Das Straßennetz war zerrissen, viele Brücken unbrauchbar, der Bestand an Lastkraftwagen auf ein Minimum dezimiert. Noch in der Nacht vom 13. zum 14. April 1945 war die Stadt Ziel eines Bombenangriffs, zehn Tage danach lag der Hafen unter Artilleriebeschuß, und am 26. April erhielten die wenigen noch verbliebenen Sechzehnjährigen ihre Einberufungsbefehle. Und nun war es still geworden zwischen den Trümmerbergen von insgesamt 43 Millionen Kubikmetern. Man war noch einmal davongekommen und wollte deshalb auch weiterleben. »Essen« und »Wohnen« – das waren die Hauptthemen, die jeden beschäftigten. Zunächst zehrte die Stadt noch von den Lebensmittelreserven aus den Vorratslagern, doch sehr bald führten Engpässe zu einer Versorgungskrise, die über zwei lange Jahre andauern sollte.

Im Jahr 1939 gab es in Hamburg 552 000 Wohnungen, im Krieg wurden 326 000 zerstört oder beschädigt. Über 900 000 Hamburger hatten ihr Hab und Gut verloren. 118 000 Menschen mußten ihr Leben lassen. Wo sollte man jetzt Prioritäten setzen? Da waren der Hunger, die Wohnungsnot, der Mangel an Kohlen für eine ausreichende Energieversorgung und die Trümmer. Seeschiffe konnten im Hamburger Hafen nur unter großen Gefahren festmachen.

In dieser Situation begann der Wiederaufbau des öffentlichen Personennahverkehrs in Hamburg! Die S-Bahn schien es weniger als alle anderen Verkehrsmittel getroffen zu haben. Zwar war auch sie stark lädiert, konnte aber in beschränktem Umfang sehr bald starten. Mit Genehmigung des britischen Military Government fuhr sie erstmalig am 5. Mai 1945 ab 9 Uhr zwischen Blankenese und Poppenbüttel. Um 18 Uhr mußte der Betrieb allerdings wieder eingestellt werden; die nächtliche Ausgangssperre untersagte eine Weiterfahrt. (Dieses Verbot wurde erst am 7. Oktober 1946 wieder aufgehoben.) Einem geregelten Zugverkehr der S-Bahn stand zu dieser Zeit jedoch der Mischbetrieb entgegen, d. h. der Ersatz der alten Wechsel- durch Gleichstromzüge war, durch den Krieg bedingt, immer noch nicht vollzogen worden. Damit aber die Wechselstromzüge fahren konnten, mußte das bahneigene Kraftwerk wieder Strom liefern. Das jedoch verbot die Militärregierung, und die *HEW* durften über den Periodenumformer in Barmbek nicht einspeisen. So konnte die S-Bahn in jenen Tagen nur Gleichstromzüge fahren lassen und diese höchstens im Zehn-Minuten-Abstand, was nicht ausreichte, denn der Ansturm war ohne Beispiel. Deshalb durften im Berufsverkehr zwischen 7 und 9 Uhr sowie 16 und 18 Uhr nur diejenigen Fahrgäste die S-Bahn benutzen, die eine Zeitkarte besaßen, die man wiederum nur gegen Abgabe der alten Karte erhielt. Die Regelung war hart und ungerecht, aber eine andere Lösung sah auch die britische Militärpolizei nicht.

Ab 24. Mai 1945 durften die *HEW* endlich Strom an die S-Bahn abgeben, wodurch der zusätzliche Betrieb von acht Wechselstromzügen möglich wurde – eine kleine Verbesserung wenigstens. Aber dann gab es für die *HEW* einen Engpaß bei der Kohlenlieferung, und eine Katastrophe bahnte sich an, die alle Menschen noch zu spüren bekamen. Ab 19. Oktober 1945 ruhte der S-Bahn-Verkehr jeweils von 11 bis 13 Uhr; eine Drosselung der Bedienung der Außenbezirke folgte. Sperrstunden bei der S-Bahn! Zu Tausenden schwoll der Pulk der Wartenden oft an, und lebensgefährliches Gedränge entstand, denn die Bahnsteigsperren öffneten erst drei Minuten vor Beendigung der Sperrpause. Als schließlich im Juli 1946 das bahneigene Kraftwerk zu arbeiten begann, wäre wohl alles überwunden gewesen, wenn nicht schon im Oktober 1946 der harte Winter angefangen hätte. Das Kraftwerk stellte die Produktion ein, die Fünf-Minuten-Züge fielen aus, die Sperrstunden mußten erneut eingeführt

144 Hamburger Hauptbahnhof: Eine der ersten Fahrgelegenheiten nach dem Krieg

werden. Elektrischer Strom war zu einer Kostbarkeit geworden. Die Überfüllung steigerte sich bis zur menschenunwürdigen Abfertigung. Gierig wurden die Wechselstromzüge erwartet, bei denen die Trittbretter besonders beliebt waren; Hunderte hangelten sich so von Station zu Station. Dieses Zuviel führte zu regelmäßigen Verspätungen, und die Fahrpläne mußten demgemäß geändert werden: Die Stationsaufenthalte von bisher 24 bis 30 Sekunden wurden auf jeweils eine Minute verlängert. Unterdessen hatten die alten Wechselstromzüge es immer schwerer, die erwartete »Transportleistung« noch zu erbringen, und blieben nicht selten unterwegs liegen. Auf der Strecke verteilt, gab es für die Triebwagenführer sogenannte »Abschaltmarken«, bei denen die Motoren zwecks Stromersparnis abzustellen waren, der Zug also mit eigener Kraft weiterrollen mußte.

Als im Juni 1947 das Kraftwerk Altona wegen Reparaturarbeiten ausfiel, war das Unglück nicht sehr groß. Nicht alle Wechselstromzüge mußten zurückgezogen werden, denn die *HEW* lieferten über das Barmbeker Unterwerk. Außerdem war der lange Winter vorüber und ein unwahrscheinlich schöner Sommer ins Land gezogen. Man war sicher, daß es nun nur noch aufwärtsgehen konnte.

✻

145 Nach dem Kohlenklau: Abtransport der Beute

146   S-Bahnhof Barmbek: Aufräumarbeiten nach dem Krieg

147   Das Leben geht weiter: Dampfzug und S-Bahn auf der Verbindungsbahn

Für die Straßenbahn die Bilanz des Krieges zu ziehen ist schwierig. Man kann die Schäden nur schätzen. In den schweren Bombennächten des Jahres 1943 wurde das Straßenbahnnetz fast völlig zerschlagen. Von den knapp 500 Kilometer langen Fahrleitungen wurden 180 Kilometer vernichtet; von den 1 600 Straßenbahnwagen waren 500 zerstört, verbrannt, weitere 200 schwer beschädigt. Der Rest quälte sich später durch die mit Trümmern bedeckten Stadtteile, teilweise mit Pappfenstern und in jeder Weise reparaturbedürftig. Und so ramponiert machte die Straßenbahn den Eindruck einer unverwüstlichen Maschine, die nicht mehr rund läuft.

Als der Krieg zu Ende war, herrschte zunächst das totale Fahrverbot für Straßenbahnen. Und als die Engländer dann einem ersten Straßenbahnverkehr ab 14. Mai und einem etwas erweiterten ab 16. Mai 1945 zustimmten, da fehlten im Gleisnetz schlicht 73 Kilometer. Aber dennoch – die Bahnen rollten von Billstedt und Tonndorf, von Winterhude, von Eimsbüttel und Schnelsen, aus Richtung Volkspark und vom Flughafen in die City, die sich nur als Torso zeigte, im Zentrum die Mönckebergstraße, noch bis zum 6. November für Fahrzeuge unpassierbar.

Gegenüber dem Vorkriegsstand von 33 Linien fing die Straßenbahn 1945 bescheiden mit 14 Linien wieder an. Doch auch bei ihr war der Betrieb um 21.30 Uhr beendet; die Ausgangssperre verbot eine Weiterfahrt. Die ersten Nachkriegs-Straßenbahnlinien waren:

Linie 1: Bramfeld – Hellbrook – Jüthorn
Linie 6: Ohlsdorf – Mundsburg und Hauptbahnhof – Sievekingsplatz
Linie 8: Holzmühlenstraße – Farmsen – Trabrennbahn
Linie 12: Hauptbahnhof – Bahrenfeld – Volkspark
Linie 14: Millerntor – Groß Borstel
Linie 16: Billstedt – Lombardsbrücke – Hagenbecks Tierpark
Linie 18: Alsterring über Lombardsbrücke
Linie 19: Mundsburg – Großmannstraße – Billekanal
Linie 22: Tonndorf – Lombardsbrücke – Rothenbaumchaussee – Schnelsen
Linie 27: Alsterchaussee – Hochrad (nicht aber zwischen Bf Altona und Bahrenfelder Straße)
Linie 28: Rathausmarkt – Flughafen
Linie 31: Billstedt – Hauptbahnhof – Lange Mühren
Linie 33: Alte Landesgrenze – Veddel – Eidelstedt
Linie 35: Bahnhof Veddel – Goldbekplatz

Über die ersten Tage nach Kriegsende schrieb der Journalist Egbert A. Hoffmann: »... Tagsüber haben die Läden ein paar Stunden offen. Auch Karstadt an der Mönckebergstraße. Zu kaufen gibt es fast gar nichts. Das Personal steht untätig herum. Am Seiteneingang des Rathauses sah ich lange Schlangen. Dort geben die Engländer Passierscheine aus für Leute, die nach Harburg wollen. Ohne Schein darf niemand über die Elbe. Ein paar Straßenbahnen holpern wieder in unregelmäßigen Abständen, nachdem aufgerissene Gleise und Oberleitungen geflickt wurden. In der Innenstadt verkehrt jedoch nichts außer Linie 28, die wie immer am Rathaus ihre Endstation hat.«

Der Wiederaufbau bei der Straßenbahn begann im Süden. Am 4. Juni 1945 war die Strecke Rönneburg – Sand befahrbar. Die Bahn tastete sich etappenweise immer weiter vor; zunächst kam sie bis zur Mengestraße und am 26. September schließlich durch die Veringstraße bis nach Hamburg. Im Dezember 1945 fuhren die Straßenbahnen wieder nach Heimfeld und nach Appelbüttel.

Im Westen hörte der Inselbetrieb nach Hochrad (Linie 27) auf, und der Bahnhof Altona konnte noch im Jahr 1945 angefahren werden. Weitere Teilstücke ergänzten das Netz im selben Jahr. 1946 war die geteilte Linie 6 endlich zwischen Mundsburg und dem Hauptbahnhof zu sehen, die Linie 19 fuhr bis Billbrook, und die Linie 22 bimmelte wieder in der Grindelallee. Die Linie 30 verkehrte ab Dezember 1946 zwischen Treskowallee und Langenfelde, und die Linie 33 wurde in zwei Teile zerlegt. Von Harburg bis Eidelstedt war die Strecke zu lang; der auf Minuten ausgelegte Fahrplan konnte nicht gehalten werden. Der Teil vom Hauptbahnhof bis Eidelstedt hieß fortan Linie 3.

In dieser Zeit des eigentlichen Wiederaufbaues und des Suchens nach neuen Wegen brach der schon beim S-Bahn-Verkehr geschilderte Ansturm der Fahrgäste auch bei der Straßenbahn los. Über den »Rumpfbetrieb Straßenbahn 1945/46« mußten doppelt so viele Passagiere befördert werden wie im Jahr 1938. Und dadurch, daß jetzt mehr Menschen in den Außenbezirken wohnten, hatte sich auch eine längere Fahrstrecke ergeben: Vor dem Krieg fuhr man durchschnittlich nur vier, jetzt aber sechs Kilometer. Schon damals machte man sich im Hochbahnhaus Gedanken darüber, ob sich die Straßenbahn »überlebt« hätte, kam aber zu dem Ergebnis, daß sie durch den Bus nicht zu ersetzen sei; allein ein dichtes Schnellbahnnetz wäre eine folgerichtige Alternative. So fuhr die Straßenbahn als treues Vehikel die hungernden und frierenden Menschen also durch den Winter 1946/47. Sie avancierte zum wichtigsten und universalen Verkehrsmittel der Stadt, denn sie sorgte nicht nur für die Personenbeförderung, sondern fuhr auch die Trümmer in 60 Muldenkipp- und Kastenwagen aus der Stadt und war außerdem noch der unentbehrliche Helfer für den Güter- und Gemüsetransport. Während der Güterverkehr schon im November 1946 wieder aufgegeben wurde, verblieb die Gemüseverladung noch bis in das Jahr 1948 hinein bei der Straßenbahn.

Im März 1947, als das große Tauwetter einsetzte, erwischte es die Unverwüstliche doch. Von 245 Triebwagen fielen 120 wegen Isolierungsschäden aus. Der Straßenbahnverkehr mußte vorübergehend eingestellt werden.

Der Stadtteil Rothenburgsort konnte im Frühjahr 1947 wieder an das Straßenbahnnetz angeschlossen werden. Es gab nun 19 Linien (1945: 14) mit 270 Haltestellen. Sie wurden von 330 Triebwagen und 520 Beiwagen bedient. Die Werkstatt *Falkenried* und die *Deutsche Werft* waren mit Hochdruck dabei, den Wagenpark auszubessern und zu erneuern. So verschwanden nicht nur die Papp- und Holzfenster, sondern die Beiwagen wurden verlängert sowie ein Versuchstriebwagen mit Beiwagen erbaut, der nur einseitig Türen hatte und für Strecken mit Endschleifen gedacht war. Es war, als wollte man die Wiedergeburt der Straßenbahn auch nach außen kundtun, denn ab 1946 erhielten jetzt auch die Zweiachser einen roten Anstrich, der den bisherigen gelben Farbton ersetzte.

Nun begannen auch schon Arbeiten an einer neuen Straßenbahnstrecke, Linie 9 nach Bramfeld, die am 16. Mai 1948 eröffnet wurde. Es war fast wie eine Renaissance.

Die Währungsreform des Jahres 1948 ermöglichte plötzlich wieder den Handel. Es gab Bau- und Betriebsstoffe und auch Personal in genügender Anzahl, das bei der Straßenbahn einen lohnenden Lebensunterhalt fand. Der Weg war nun frei für den Bau von modernen Straßenbahnwagen, die das Bild dieses Hamburger Verkehrsmittels bis zur Stillegung im Jahr 1978 prägen sollten. Am Ende des Jahres 1948 zählte man:

Triebwagen, vierachsig	49
Triebwagen, zweiachsig	394
Beiwagen, vierachsig	27
Beiwagen, zweiachsig	575
Sonstige Betriebsmittel	317
Streckenlänge	159 Kilometer
Linienlänge	203 Kilometer
Anzahl der Linien	19
Reisegeschwindigkeit	17 km/h
Beförderte Personen 1948	316 Millionen

In den ersten Nachkriegsjahren hatte der Stadtbus noch nicht den Stellenwert von heute. Aufgrund der Dezimierung durch Beschlagnahme und Zerstörung waren die Aufgabengebiete relativ klein. Und trotzdem regte es sich auch auf diesem Sektor. Im Jahr 1946 wurde die Buslinie bis Fleestedt neu eröffnet. Ansonsten fehlte es sowohl an Fahrzeugen wie auch an Betriebsstoffen für eine weitere Ausdehnung. Bezeichnend, daß man im Betriebshof Wendemuth noch 1948 eine Leuchtgas-Tankstelle für Busse neu erbaute. (Der Busantrieb mit Leuchtgas ging erst zum Fahrplanwechsel am 28. September 1951 zu Ende.) Man paßte sich eben den Verhältnissen an, denn niemand konnte voraussagen, daß sich der Wirtschaftsaufschwung so rasch vollziehen würde.

Nach Kriegsende fehlte auch das dringend benötigte Personal für den Betriebsdienst. Ende Dezember 1947 suchte die *HHA* rund 1 500 Mitarbeiter und hatte es nicht leicht damit, denn viele neu eingestellte Arbeitskräfte verschwanden nach kurzer Zeit wieder. Ihnen ging es wohl einzig um eine Arbeitsbescheinigung zum Erwerb von Lebensmittelkarten und die begehrte Schwerarbeiterzulage.

Die Busse hatten in dem strengen Winter 1946/47 sehr zu leiden und blieben vielfach mit Kühlerschäden liegen. Fremdunternehmen sprangen ein, erbrachten aber nicht die gewünschten Leistungen, vorwiegend deshalb nicht, weil ihre Fahrzeuge für den Stadtverkehr ungeeignet waren. Im Jahr 1947 war der erste Nachkriegsauftrag für die Lieferung von sechs Bussen erteilt worden. Es waren *Büssing*-Trambusse mit Dieselantrieb. Ein Jahr später konstruierte *Falkenried* Leichtmetallkästen, die auf *Büssing*-Fahrgestelle montiert wurden. So entstanden 18 Busse neu. 1949 kamen noch fünf Heck-Motor-Omnibusse in Hamburg an, die mit Rathgeberaufbauten bestückt waren. Alle diese Neubeschaffungen hatten etwas »Tastendes«; die endgültige Aufgabenstellung des Stadtbusses war noch nicht klar. Im Vergleich zur Vorkriegszeit wurde der Busverkehr bis 1950 völlig anders gestaltet. Alle Linien, die früher in die City führten, fielen fort. Auch Nachtomnibusse fuhren nicht; das hatte die Straßenbahn übernommen. Dagegen entwickelte sich der Busverkehr in den nun viel stärker besiedelten Außenbezirken bedeutend intensiver.

*

Die *HHA* verfügte im Jahr 1938 über 154 Busse und Anhänger, 1950 über 112 Fahrzeuge. Das war entschieden zuwenig, denn in dieser Situation fiel die wichtige Entscheidung für den Bus als dominantes Stadtverkehrsmittel. Die *HHA* bestellte 50 Unterflur-Trambusse von der Firma *Büssing* mit einem Fassungsvermögen von je 70 Fahrgästen. Und in Harburg kam der erste Trolley-Bus (oder Oberleitungsbus = O-Bus) zum Einsatz. Eigentlich sollte er dort schon 1941 die Straßenbahn abgelöst haben, doch wurde der 1937 dafür erteilte Auftrag damals von der Industrie nicht realisiert. Da die Verkehrslage in den engen Straßen von Harburg für einen Straßenbahnbetrieb nach dem Krieg noch schwieriger wurde, war es nun zu dieser Entscheidung gekommen. Mit der Straßenbahnlinie 32 hatte im Jahr 1902 in Harburg der moderne Stadtverkehr begonnen (ab 1939 auf Bus umgestellt); und mit dieser Linie 32 wurde auch nach dem Zweiten Weltkrieg wieder der erste Schritt in eine neue Entwicklung getan. Allerdings hieß sie fortan »O2«, nachdem dort am 28. April 1949 der O-Bus-Betrieb eröffnet wurde, zuerst vom Sand bis Bostelbek und ab September 1949 bis zum Bahnhof. War es Anfang der fünfziger Jahre die Straßen-

148 Straßenbahn-Triebwagen für den Transport von Gleisschotter

149 Von links: O-Bus nach Bostelbek, Straßenbahn nach Hamburg und nach Appelbüttel, 1952 am Bahnhof Harburg

bahn, die allgemein als Verkehrshindernis bezeichnet wurde, so störte man sich in Harburg plötzlich an den Betonmasten der O-Busse. Unbeeinflußt davon gingen die Arbeiten weiter. Im November 1950 wurde die O4 nach Eißendorf eröffnet. Für die Eißendorfer ging damit der Wunsch von 1912 endlich in Erfüllung, aber die Väter dieses »gleislosen Straßenbahnbetriebs« werden das wohl nicht mehr erlebt haben. Am 8. Februar 1953 wurde die O4 bis Fleestedt verlängert, womit zu diesem Zeitpunkt der Gesamtverkehr der *HHA* in Harburg elektrisch betrieben wurde. Das O-Busnetz hatte damals eine Linienlänge von 14,1 Kilometern.

Zum Fahrplanwechsel am 5. Mai 1953 erhielten im gesamthamburgischen Raum die *HHA*-Buslinien neue Bezeichnungen, nach Dekaden regional geordnet. Die Benennung der Buslinien mit Buchstaben hörte damit auf. Harburg war die Dekade 40 zugeteilt worden.
Die Veränderungen dort sahen nun so aus:
O2 hieß neu 41 Bahnhof Harburg – Bostelbek (O-Bus)
34 hieß neu 42 Bahnhof Harburg – Heimfeld (Straßenbahn)
O4 hieß neu 43 Fleestedt – Bahnhof – Eißendorf (O-Bus)
38 hieß neu 44 Bahnhof Harburg – Appelbüttel (Straßenbahn)

Weitere O-Buslinien waren geplant. Doch die Zweifel an diesem System mehrten sich. Aufgrund betriebswirtschaftlicher Berechnungen der *HHA* begann bereits 1955 der Rückbau. Am 19. Januar 1958 wurde mit der Einstellung der O-Buslinie 43 der Schlußstrich unter eine gewiß interessante Episode des hamburgischen Stadtverkehrs gezogen.

Der Stadtbus startete nun unangefochten seinen Siegeszug, und im Südosten der Hansestadt machte sich ein neuer Partner bereit, die Probleme des Stadtverkehrs zu lösen. Wie bereits beschrieben, kam es am 7. April 1954 in Bergedorf zum Zusammenschluß der Verkehrsbetriebe des Kreises Stormarn unter der Firmenbezeichnung *Verkehrsbetriebe Hamburg-Holstein AG*. Damit begann dort die Neuordnung der Verkehrsbedienung, die einst von einer Vielzahl von Unternehmen auf Schiene und Straße geleistet worden war. Schon im ersten Betriebsjahr beförderten die *Verkehrsbetriebe Hamburg-Holstein AG (VHH)* 11 Millionen Fahrgäste mit 73 Omnibussen und Anhängern auf 20 Linien mit einer Gesamtlinienlänge von 304 Kilometern.

✻

150   Henschel-O-Bus 1957 in Harburg, Ecke Wilstorfer und Hohe Straße

151 Wagen 35 der Verkehrsbetriebe des Kreises Stormarn am ZOB vor Abfahrt nach Billstedt

152 Büssing/Graaf-Bus 6000 T der neugegründeten Verkehrsbetriebe Hamburg-Holstein

Am 13. Oktober 1946 erhielt Hamburg das erste frei gewählte Parlament in der britischen Besatzungszone. Erster Bürgermeister wurde Max Brauer, ein fähiger Mann, der es verstand, die Dinge richtig zu sehen und zu erfassen. Bei seinem Amtsantritt lag noch der Industrieplan der Alliierten vom März 1946 vor, wonach für fast alle Industriezweige Produktionsgrenzen oder Produktionsverbote ausgesprochen worden waren. Hinzu kam noch die Aufforderung der britischen Militärregierung vom 28. Juni 1946, »für Hamburg unter Berücksichtigung dieser Beschränkungen, die Zukunft der Bevölkerung wirtschaftlich zu sichern und dafür einen Plan aufzustellen«. Falls ein solcher Plan nicht möglich sei, so hieß es weiter, seien Vorschläge zu unterbreiten, wie die Bevölkerung veranlaßt werden könnte, Hamburg zu verlassen. (General Davout, 1813, läßt grüßen!) Hamburg zählte zu diesem Zeitpunkt bereits wieder 1,3 Millionen Menschen; zur Zeit der Kapitulation waren es nur 800 000. Max Brauers erste Amtshandlung war das einzig Richtige: Er schrie die Not der Stadt in die Welt hinaus. Man mußte ihn hören. »Deutschland ist auf dem Punkt angelangt, an dem es infolge allgemeiner Erschöpfung für sich allein nicht mehr die Kraft und die Initiative zu einem neuen Start aufbringen kann...«, und auf Hamburg bezogen, »... Gas- und Energieversorgung sind zusammengebrochen. Die Haushaltungen sind ohne Licht, Heizung und Kochmöglichkeit. Es muß gehandelt werden, und zwar sofort, wenn nicht allein in Hamburg in kürzester Frist viele Tausende dieser Katastrophe zum Opfer fallen sollen ...« Dieser Ruf blieb nicht ohne Wirkung.

Brauer organisierte außerdem mit den Kumpeln im Ruhrgebiet einen unglaublichen Tauschhandel. Gegen die Lieferung von Kohlen in »Kohle-Expreß-Zügen« nach Hamburg versprach er Auftritte der Hamburger Staatsoper vor Ort. Daraus entwickelten sich die noch heute bestehenden »Ruhrfestspiele«.

Um die psychische Erholung der Hanseaten zu fördern, tat Brauer zwei vielleicht banale, aber wirkungsvolle Schritte: er ließ die Stadt wieder leuchten, indem er Zug um Zug die Straßenbeleuchtung von 800 unzerstörten Lampen auf etwa 1 800 aufstockte (heute sind es 114 000). Und er ließ die Alsterdampfer wieder fahren. Der Bürgermeister gab die Parole aus: »Die Alsterschiffe sind Symbole des Friedens!«

Schon im Sommer 1946 fuhren die ersten zwei Alsterschiffe für die Angehörigen der Besatzungsmacht, doch nun sollte sich das bald ändern. Ab 25. November 1946 (der Frost hatte schon eingesetzt) fuhren die Alsterschiffe auch für Deutsche zwischen Jungfernstieg und Winterhude. Sie hatten zwar immer noch einen ungewohnt dunklen Anstrich, waren aber trotzdem so etwas wie ein Hoffnungsschimmer. Am 16. Dezember 1946 war es erst

153   Am Jungfernstieg 1959: Vorn die neue »Seebek«

einmal wieder aus; das Eis auf der Alster war zu dick geworden; der Katastrophenwinter 1946/47 war da. Im Sommer 1947 fuhren die Schiffe schon wieder im 20-Minuten-Abstand, und ab 20. Oktober 1947 zeigten sie sich am Mühlenkamp.

Am 20. Juni 1948 fand die große Währungsreform statt, und einen Monat später pendelte die Fähre erneut zwischen Alsterchaussee und Carlstraße. Eine neue Zeit, die D-Mark-Zeit, begann. Die Alsterschiffe waren wieder die »Weiße Flotte«. Mit dem Umbau des letzten Dampfers, der *Alster*, in ein dieselelektrisches Schiff endete 1951 die Zeit der Alster*dampfer*. Für die Hamburger aber ist die »Weiße Flotte der Alsterdampfer« bis heute ein fester Begriff für die schöne, des Vorzeigens würdige Hansestadt geblieben. Die Hochkonjunktur für Alsterrundfahrten, Mondscheinfahrten oder Winzerfeste begann. Und es wurden wieder Schiffe gebaut; die *Goldbek* und die *Eilbek* kamen 1951/52 ins Alsterwasser. Zu diesem Zeitpunkt umfaßte die Alsterschiffsflotte elf Motorschiffe und vier Barkassen; 1952 zählte man 2,6 Millionen Fahrgäste (1954 waren es schon 3,4 Millionen). Die Schiffe legten jährlich 294 000 Kilometer zurück (1938 waren es 553 000 Kilometer). Die fünfziger Jahre waren die Jahre der Lebensfreude; die Alsterschiffahrt bekam diesen Boom in erfreulicher Weise zu spüren. Im Jahr 1954 legte zum ersten Mal ein Alsterschiff am neuen Steg Saarlandstraße an; 1956 kam die *Rodenbek* als größtes Schiff auf die Alster. Aus den Niederlanden schließlich wurden die sogenannten Wasserbusse, die *Eilenau* und die größere *Seebek*, geliefert.

All dies gab den Anschein, als ob es immer so weitergehen müsse. Doch das war nicht so. Seit 1953 rollte der Autoverkehr bereits über die neue Lombardsbrücke. Jedes Alsterschiff mußte dieses Bauwerk unterfahren, es war wie ein Symbol. Diese Brücke verkündete eine neue Zeit – die vom Auto geprägte Zeit des Stadtverkehrs. Das spürte auch die Alsterschiffahrt, die immer deutlicher zum »Nur-Freizeit-Vehikel« wurde. Um den Personalaufwand zu verringern, versah man die Schiffsseiten mit Magneten, die beim Anlegemanöver die Arbeit des »Festmachers« übernehmen sollten. Ab 1961 fuhr zuerst die Fähre-Linie im Ein-Mann-Betrieb; die anderen Linien folgten. Dieser Beitrag zur Kostensenkung änderte jedoch an der Wirtschaftlichkeit des Unternehmens nur wenig.

154   *Der Anlegemagnet*

In der Stunde Null war der Hamburger Hafen zerstört, unbenutzbar, eine unübersehbare Trümmerlandschaft, ein Schiffsfriedhof. Die Briten waren die ersten, die auf Entlademöglichkeiten für ihren Nachschub drängten, und so begannen zaghaft improvisierte Aufräumarbeiten. Im Frühjahr 1945 liefen bereits die ersten Schiffe ein. Mehr Bewegung herrschte aber elbabwärts. *Monte Rosa*, das Wrack der *Robert Ley* oder das Seebäderschiff *Helgoland*, das erst 1939 die Jungfernfahrt für die *Hapag* gemacht hatte, mußten Hamburg als Reparationsleistungen verlassen. Hafen und *HADAG* – das gehörte auch in den dunklen Tagen zusammen. Anfangs sahen die *HADAG*-Schiffe nicht anders aus als die lädierten Verkehrsmittel auf dem Land. Fenster waren mit Brettern vernagelt und die Aufbauten verrostet. So fing auch hier erst einmal das große Aufräumen an. Aber ab 14. Mai 1945 konnten die *HADAG*-Schiffe schon nach Finkenwerder fahren; am 21. Juni 1945 starteten die Hafenfähren I–IV und VII, VIII, am 1. Juli die »Harburger Dampfer« und am 15. August 1945 die Jollenführer.

Im Hafen selbst vollzog sich an verschiedenen Stellen das, was 1945 in Potsdam beschlossen wurde: »Die Herstellung von Seeschiffen aller Typen ist Deutschland verboten«. Und der Abbruch begann, die endgültige Zerstörung der großen Werften. *Blohm + Voss* war eines der 496 Unternehmen in der britischen Zone, deren vollständige Demontage angeordnet worden war. Die Vernichtung der als »überflüssiger Betrieb« eingestuften Hamburger Werft war total; nicht nur die Helgen wurden gesprengt, sondern auch die Gebäude in Schutt und Asche gelegt.

Neben diesem Negativposten im Hamburger Hafen gab es aber auch ein überlegtes, in die Zukunft gerichtetes Handeln. Schon ein Jahr nach der Kapitulation legte das Amt für Strom- und Hafenbau dem britischen Port Controller einen Wiederaufbauplan vor. Danach sollte der Hafen innerhalb von vier Jahren so weit hergerichtet werden, daß dort 70 Prozent des vor dem Krieg erzielten Güterumschlags zu bewältigen sein würden. Anfangs mangelte es zwar sowohl an Arbeitskräften als auch an Material, doch die Realisierung gelang. Im Sommer 1947 schon waren 5 000 Arbeiter mit dem Wiederaufbau des Hamburger Hafens beschäftigt. Sie beseitigten die 2 500 Schiffswracks, räumten die Trümmer, reparierten unter anderem 180 000 Meter Eisenbahngleise der Hafenbahn und erbauten sechs neue Kaischuppen.

Und es ging weiter. Aus dem Aufbauprogramm von 1946 leitete sich der Generalbebauungsplan von 1947 ab, über den nun Senat und Bürgerschaft zu entscheiden hatten und nicht mehr der Port Controller. Gegenüber den Projekten des »Dritten Reiches« nahm sich das Vorhaben von 1947 geradezu bescheiden aus. Der Plan einer gigantischen, 70 Meter hohen Hängebrücke über die Elbe zwischen Othmarschen und Waltershof, die auch die S-

Bahn in den Südraum tragen sollte, verschwand ebenso in den Aktenschränken wie der einer Skyline am nördlichen Elbufer mit bis zu 60stöckigen Hochhäusern, die eine Verlegung des Fischereihafens und die Umsiedlung vieler Betriebe erfordert hätten. Nein, man war realistischer geworden und begründete die Absichten so: »Die Hafenteile, die Hamburg groß gemacht haben, sollen neuzeitlich wiederaufgebaut werden. Darüber hinaus soll der Raum Kattwyk/Hohe Schaar und der Raum der Insel, die von Unterelbe, Köhlbrand und alter Süderelbe begrenzt wird, vor anderweitiger Inanspruchnahme gesichert werden.« Ein kluges Konzept, das Schritt für Schritt die angepaßte Ausdehnung ermöglichte. Nur hatte keiner erwartet, daß diese Schritte schneller als geplant notwendig wurden. Vor dem Kriege waren in den alten Hafenanlagen bis zu 29 Millionen Tonnen umgeschlagen worden, im Jahr 1955 registrierte man schon wieder 24 Millionen Tonnen (1979 63 Millionen!).

Im Schiffbau sah die Entwicklung nicht anders aus. Das Potsdamer Verbot war allmählich gelockert worden, und der Bau von Frachtern bis zu 1 500 Bruttoregistertonnen wurde schon 1946 auf dem Ausnahmeweg genehmigt. Dann gingen erstmalig große Auslandsaufträge ein; *Schlieker* legte die ersten Gas-Tanker der Welt auf Kiel; und als bei *Howaldt* 1953 die *Tina Onassis*, der damals größte Tanker der Welt, vom Stapel lief, war das für alle Hamburger ein Volksfest. Die Zeit der Vollbeschäftigung! Allein im Werftgeschäft hatten damals 40 000 Menschen Arbeit! Es war der Höhepunkt, aber auch der Vorbote einer nahenden Krise, als die Werften *Stülcken/Blohm + Voss* und die *Deutsche Werft/Howaldtswerft* fusionierten.

Die *HADAG* hat es immer verstanden, durch Diversifikation Einnahmen zu erzielen, die über den Fährverkehr nicht hereinzuholen waren. Im Jahr 1952 begann sie die Tradition des *Hapag*-Seebäderdienstes als *Hapag-HADAG*-Dienst mit der *Bürgermeister Ross* von Cuxhaven nach Hörnum/Sylt über Helgoland fortzuführen. Ab Mai 1955 fuhr die *Wappen von Hamburg* zwischen Hamburg und Helgoland; ein glänzender Erfolg, die *Bunte Kuh* mußte folgen. Im Jahr 1957 zählte man 285 000 Passagiere. Und die Firma expandierte weiter; der Service »Tragflächenboote auf der Niederelbe« mußte allerdings 1968 eingestellt werden. Mit der Aufnahme des Fährverkehrs nach England wurde die Firma umbenannt in *HADAG-Seetouristik und Fährdienst A.G.*. Ja, sogar in die Luft ging die HADAG dann mit ihrer *HADAG Air Seebäderflug GmbH & Co.* Der Fährverkehr zwischen Cuxhaven und Brunsbüttel kam auch noch hinzu – und mit der *Astor* das spektakuläre Aus für die hochfliegenden Pläne als große Reederei. Heute fährt die *HADAG* wieder allein im Hafen und auf der Niederelbe. Und sie macht ihre Sache sehr gut.

Daß die *HADAG* im Jahr 1963 noch die Blankenese-Este-Linie (HBEL) übernahm, ist wohl als Bestandswahrung, vielleicht auch als Daseinsvorsorge für die auf die Fähre angewiesenen Menschen zu sehen. Kaufmännisch »rechnete« sich das Fährgeschäft jedenfalls nicht.

Am Rande der Stadt fahren noch heute Fährschiffe zwischen Wedel und Lühe. Die *Lühe-Schulau-Fähre GmbH* unterhält zwei Fährschiffe und wird durch die betroffenen Kommunen unterstützt. 1989 konnte endlich die aus dem Jahr 1927 stammende Fähre *Lühe* durch ein neues, 12 Knoten schnelles Fährschiff *Dat ole Land* ersetzt werden. Der Lühe-Schulau-Fährdienst ist einer der ganz wenigen, der auf den Autotransport verzichtet, befördert jedoch pro Fahrt bis zu 100 Fahrräder.

155 *Motorschiff »Schulau« der Lühe-Schulau-Fähre*

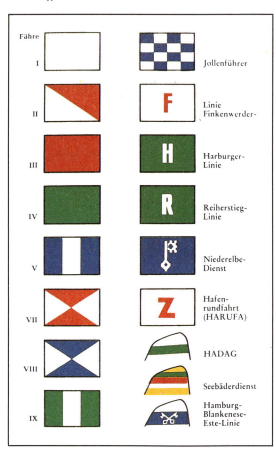

156 *Symbole und Kennzeichen der HADAG-Dienste*

157 DES »Falkenstein« vom Typ II kam 1955 in Fahrt

158 Die »Bürgermeister Mönckeberg« (rechts) bildete den Schlußpunkt des großen HADAG-Bauprogramms (Baujahr 1963)

Die Hochbahn war ebenfalls nach dem Krieg geschädigt und demoliert. 125 Fahrzeuge waren zerstört. Es gab nur noch 258 einsatzfähige Wagen, und auch diese waren behelfsmäßig geflickt. Den meisten fehlten die Fensterscheiben, die man durch Pappe und Holzbretter ersetzt hatte. Der Bahnkörper war nicht weniger als 135mal durch Bomben getroffen: in Tunneln, auf Brücken und Viadukten oder am Unterbau.

Als die *HHA* am 5. Mai 1945 dem »609. (LR.) Military Government Detachment Capt. Macartney, Esplanade 6« unterstellt wurde, durfte sie am selben Tag den Verkehr auf folgenden Strecken wiederaufnehmen:
Ochsenzoll – Jungfernstieg
Barmbek – Kellinghusenstraße – Schlump – Sternschanze
Schlump – Hellkamp (eingleisig)
Walddörferbahn.

Die eröffneten Streckenabschnitte zeigten beträchtliche Schäden, aber sie waren nicht betriebsgefährdend.

Im Oktober 1945 wurde eine besondere Dienststelle »Highways and Highway Transport Branch 609« eingerichtet, die der *HHA* gegenüber weisungsberechtigt war. Eine der ersten Instruktionen schrieb vor, in allen Zügen (auch in der 1. Klasse der S-Bahn) ein Abteil für englische Soldaten zu reservieren. Außerdem mußten sie frei befördert werden. Bei der Bevölkerung stieß diese Anordnung auf Unverständnis, weil die Plätze allgemein ungenutzt »spazierenfuhren«, während die Züge ansonsten total überfüllt waren. Es galt noch immer der Nottarif von 1944 mit den viel zu niedrigen Preisen. Der Verkauf von Fahrkarten machte Schwierigkeiten, weil es kein Münzgeld zum Wechseln gab. Die Menschen horteten es, denn sie befürchteten einen Verfall des Papiergeldes. Das Fahrpreisgefälle zwischen Hochbahn und S-Bahn war so groß, daß die Fahrgäste von der S-Bahn abwanderten. Auf diese Weise stieg die Ausnutzung der Sitz- und Stehplätze bei der Hochbahn im August 1947 auf 86,2 Prozent.

Für die Hochbahn wurde im Jahr 1947 endlich auch amtlich ein Symbol eingeführt, nämlich das schon in Berlin weitverbreitete weiße »U« in einem quadratischen blauen Umfeld. Seitdem heißt die Hochbahn in Hamburg allgemein »U-Bahn«. Der damaligen wirtschaftlichen Lage entsprechend dauerte die Montage des neuen Markenzeichens »U« einige Jahre. Übrigens fand man die Bezeichnung »U-Bahn« bereits ab 6. Mai 1941 in den Fahrplandrucksachen der HHA. Eine Begründung dafür gab es nicht. Des weiteren beschloß man, die bisher grüngelben Wagen durch einen roten Anstrich zu ändern, was man als hoffnungsfrohes Zeichen des Wiederaufbaues deuten konnte, obwohl die Instandsetzungsarbeiten an der U-Bahn nicht so recht vorankamen. Es fehlten vor allem Fachkräfte, die der Baubehörde vom Baulenkungsamt zugewiesen werden sollten. Auch an den systematischen Bau neuer U-Bahn-Wagen war noch nicht zu denken.

Es ging vor allem darum, die Ringlinie schrittweise von Sternschanze über Rathausmarkt – Hauptbahnhof – Mundsburg bis Barmbek wieder in Betrieb zu nehmen. Nebenher sollte die Linie Schlump – Hellkamp ihre Zweigleisigkeit zurückerhalten. Die Zweiglinie Hauptbahnhof – Rothenburgsort wurde nicht in das Aufbauprogramm aufgenommen. Sie sollte im Zuge der Stadtplanung später einmal eine neue Linienführung erhalten.

Am 16. Juli 1945 fuhren die Züge erstmalig wieder bis Feldstraße,
am 17. September 1945 bis St. Pauli,
am 11. März 1946 war der Verkehr von St. Pauli über Rödingsmarkt bis zum Hauptbahnhof verlängert worden,
am 19. Januar 1948 liefen die ersten Züge im Bahnhof Berliner Tor ein,
am 1. Juli 1949 wurde der Zugverkehr bis Mundsburg (mit der Möglichkeit zum Kehren) eröffnet, und
am 1. Juli 1950 rollte der Verkehr wieder über den Gesamtring.

Damit war das im Wiederaufbauplan genannte Ziel termingemäß erreicht worden.

Zwischenzeitlich hatte die Hauptwerkstatt (ab 1962 *Fahrzeugwerkstätten Falkenried, FFG*) 71 U-Bahn-Wagen nicht nur betriebsfähig gemacht, sondern diese den zeitgemäßen Ansprüchen und technischen Fortschritten entsprechend erneuert. *Falkenried* selbst war aus dem Bombenkrieg auch nicht unbeschadet herausgekommen. Trotzdem begann man hier mit dem U-Bahn-Bauprogramm. Auf den noch verwendungsfähigen Fahrgestellen von 125 ausgebrannten Wagen entstanden, im Gegensatz zu den bisherigen hölzernen Aufbauten, stabile Stahlkästen. Diesen neuen Wagentyp entwickelten die Ingenieure in der Barmbeker U-Bahn-Werkstatt (Hellbrookstraße). Seine Vorteile lagen unter anderem in einer verbesserten elektrischen Betriebsanlage, einer wirksameren Lüftungsvorrichtung und der Einführung automatischer Türen. Außerdem konnte der Fahrgastraum um 1,05 Meter verlängert werden. Wegen Platzmangel in *Falkenried* und Terminschwierigkeiten wurden Aufträge für 47 weitere U-Bahn-Wagen an *Talbot* in Aachen und an die Firma *Fuchs* in Heidelberg vergeben.

Im Konstruktionsbüro der *HHA* sah man zu dieser Zeit schon weit über das bisherige Verkehrsnetz hinaus. Unter Leitung von Dr. Lademann arbeitete man Erweiterungsprogramme für das U-Bahn-Netz aus. Pate stand dabei ein »Generalplan«, mit dem man sich bereits in den drei-

159 Dr. Friedrich Lademann (1892–1966)

ßiger Jahren beschäftigt hatte. Die Projekte des »Schnellbahn-Bauamtes« (schon 1944 wieder aufgelöst) ließ man unberücksichtigt, denn die Zeit des Gigantismus war vorbei.

Das waren die Vorstellungen von 1947; abgestimmt mit der Tiefbauverwaltung der Freien und Hansestadt Hamburg:

Linie A Ringlinie	17,5 km
Linie B Schnelsen – Jungfernstieg – Billbrook	23,2 km
Linie C Ochsenzoll – Jungfernstieg	17,7 km
Linie D Walddörferbahn	31,0 km
Linie E Lurup – Jungfernstieg – Trabrennbahn	21,6 km
Linie F Jenischpark – Meßberg – Veddel	13,9 km
Linie G Donnerspark – Hallerstraße – Mundsburg – Veddel (Alsterhalbring)	16,2 km

Heute, über 40 Jahre später, müssen wir die Schnellbahnentwicklung in Hamburg in einem anderen Licht sehen, dem des Verbund-, des Kooperationsgedankens und des Autoverkehrs. Bevor die »Baujahre« beginnen, wollen wir an dieser Stelle noch einmal das alte U-Bahn-Netz Revue passieren lassen: Im Jahre 1951 waren alle kriegsbedingten Linieneinschränkungen im U-Bahn-Betrieb beseitigt, der Torso der Zweiglinie nach Rothenburgsort war bereits abgetragen. Die Länge von U-Bahn und Walddörferbahn betrug 68,8 Kilometer.

Davon entfielen auf die

Ringlinie	17,5 km
Linie Schlump – Hellkamp	2,6 km
Linie Jungfernstieg – Ochsenzoll	17,7 km
Walddörferbahn Barmbek – Volksdorf	12,5 km
Walddörferbahn Volksdorf – Ohlstedt – Wohldorf	7,7 km
(die Kleinbahnstrecke Ohlstedt – Wohldorf incl.)	
Walddörferbahn Volksdorf – Großhansdorf	10,8 km

Die Zahl der Haltestellen oder Bahnhöfe betrug unter Einrechnung der drei Haltestellen der Kleinbahn Ohlstedt – Wohldorf auf der U- und W-Bahn insgesamt 60. An Wagen waren 1938 383 und 1951 346 vorhanden. An Fahrgästen wurden befördert: 1938 auf der U-Bahn 70,6 Millionen, auf der Walddörferbahn 8,2 Millionen, 1950 auf der U-Bahn 115,0 Millionen und auf der Walddörferbahn 26,0 Millionen.

Bei der U-Bahn hatte also der Verkehr um zwei Drittel zugenommen, auf der Walddörferbahn hatte er sich verdreifacht.

1938 fuhren in Hamburg 82 000 Autos, 1949 waren es nur 36 000. Die Zahl steigerte sich jedoch in beängstigender Weise auf 70 000 1951 und 105 000 im Jahr 1953. 1979 bewegten sich auf unseren Straßen 544 000 Autos, 1988 über 630 000.

Auf der Grundlage dieser stetig steigenden Zahl von Autos erfüllt die U-Bahn mehr denn je ihre Aufgabe, als raumordnendes Element für die Mobilität in Hamburg zu sorgen.

160

161 Verkehrsschnittpunkt Rödingsmarkt in den fünfziger Jahren

162 T-Wagen 291, nach der 1949 bei FFG erfolgten Restaurierung

163 U-Bahn-Zug auf der Binnenhafenbrücke, die beiden Wagen rechts wurden modernisiert

22. Die Hamburger Straßenbahn in den fünfziger Jahren

Bis zum Jahr 1951 war die Straßenbahn maßgeblich daran beteiligt, Hamburg von Trümmern zu befreien. Insgesamt waren 35 Millionen Tonnen Schutt zu beseitigen; die Straßenbahn beförderte davon allein im Jahr 1949 278 000 Tonnen. 1953 war die Stadt trümmerfrei. Rund fünf Jahre hatte es gedauert, bis man in Hamburg wieder von einem Straßenbahnnetz sprechen konnte. Ein Signal für den beginnenden Wiederaufbau der Straßenbahn war durch die schon beschriebene Eröffnung der Linie 9 nach Bramfeld gesetzt worden. Damit waren 74 Prozent des Vorkriegs-Gleisnetzes wiederhergestellt.

Mit dem Jahr 1950 begann für die Straßenbahn eine Modernisierungsphase. Keiner ahnte damals, daß die Jahre dieses Verkehrsmittels in Hamburg schon gezählt waren. Damals verfügte die Hamburger Straßenbahn über 1 062 Trieb- und Beiwagen (1938 waren es 1 595), doch es wurden nicht nur zehn weitere neue Leichtmetall-Beiwagen aus der *Niedersächsischen Waggonfabrik* geliefert, sondern es rollte schon der erste von 100 bestellten Großraum-Trieb- und Beiwagen durch Hamburg. Von diesem Typ V6 (V = vierachsig, 6 = sechstes Modell) versprach man sich im Hochbahnhaus den Anschluß an die Technik des Auslandes und Rationalisierungserfolge, vor allem aber mehr Komfort für die Fahrgäste. Zu dem ersten V6 kam bald eine verbesserte Version aus den Konstruktionsbüros der *HHA*, der V7. Eine äußerlich sofort erkennbare Neuerung an den Großraum-Straßenbahnwagen war der Fortfall der Trittbretter, wodurch das Aufspringen in einen anfahrenden Wagen unmöglich wurde. Gravierend war die Umlenkung auf einen »Fahrgastfluß«. Der Einstieg war in die hintere Tür – in deren Nähe der Schaffner seinen festen Sitzplatz hatte –, der Ausstieg durch die mittlere oder vordere Tür vorgeschrieben. Die Wagen besaßen nur einen Führerstand; Voraussetzung dafür waren Wendeschleifen an den Endhaltestellen. Auf der 19 Kilometer langen Strecke der Linie 3, die im Laufe des Jahres 1950 voll auf den Großraumwagen-Betrieb umgestellt worden war, verkürzten sich die Fahrzeiten aufgrund der kürzeren Fahrtunterbrechungen an den Haltestellen wesentlich. Pro Betriebstag der Linie 3 konnten bis zu 50 Stunden Haltezeit eingespart werden – eine beachtliche Leistung!

Mit Beginn des Sommerfahrplans 1951 fuhren wieder Straßenbahnen auf den Strecken Rödingsmarkt – Kaiser-Wilhelm-Straße – Sievekingsplatz sowie zwischen Langenfelde und Neuer Pferdemarkt über Schulterblatt. Ab Juni 1951 wurden die 1943 zerstörten Strecken Dehnhaide – Friedrich-Ebert-Damm und Borgfelder Straße/Burgstraße – Sievekingsallee – Horner Rennbahn wieder betrieben. Dadurch konnte die Linie 8 Farmsen – Friedrich-Ebert-Damm bis zum Bahnhof Dehnhaide verlängert werden. Die Linie 16 von Hagenbecks Tierpark endete an der Station Horner Rennbahn und fuhr nicht mehr nach Billstedt; diesen Service übernahm die Linie 31. Weitere Lieferungen von Großraumwagen gestatteten im Laufe des Jahres 1951 die Umstellung der Linien 16, 12 und 18.

Ein Jahr später konnte das erste Straßenbahn-Neubauprogramm abgeschlossen werden. In den Straßenbahndepots gab es damals bereits 206 neue Großraumwagen. Außerdem hatte die Industrie noch den Auftrag für die Lieferung von 80 Trieb- und Beiwagen des Typs V7 (äußerlich erkennbar durch Falttüren) erhalten. Die Großraumwagen sah man gegen Ende des Jahres 1952 auf folgenden Linien: 3, 6, 9, 12, 16, 18, 22 und 27, mit insgesamt 114 Kilometern Linienlänge. Ab 1952 verkehrte endlich auch wieder die 1943 stillgelegte Linie 2 zwischen Lokstedt und Horner Rennbahn. Und noch etwas war am 13. Februar 1952 erstmals in den Hamburger Straßen zu sehen: ein echter PCC-Wagen! (Abkürzung für »Electric-Railway-President-Conference-Committee«) Die *HHA* wollte Vergleiche ziehen zwischen ihrer Eigenkonstruktion, den V6- und V7-Wagen, und dem in den USA mit hohem Forschungsaufwand gebauten vierachsigen Standard-Straßenbahnwagen PCC. Sie hatte darum einen Probewagen bestellt, der im Anschluß an eine Serie für die Brüsseler Straßenbahn in Belgien gebaut worden war. Er verkehrte nur auf der Linie 8 zwischen Dehnhaide und Farmsen, weil für andere Streckenabschnitte der Drehzapfenabstand zu groß war. Für den Beiwagenbetrieb bestand keine Möglichkeit. Die Fahrgäste gaben dem PCC zwar gute Noten für seine Fahreigenschaften und eine optimale Inneneinrichtung, die Fachleute überzeugte er aber trotzdem nicht ganz, und so ging er im

Jahre 1958 über Kopenhagen wieder nach Brüssel zurück.

1953 lud die Hansestadt die Welt ein, das neue Hamburg anzuschauen. Nicht nur die IGA '53 war der Anlaß, sondern auch das Treffen der Jugend zum Deutschen Turnfest in Hamburg, bei dem Theodor Heuss die jungen Menschen schon in seiner Begrüßungsansprache begeisterte. Ebenfalls in Hamburg trafen sich beim Evangelischen Kirchentag '53 Ost und West zum demonstrativen Gebet unter dem Motto »Wir sind doch Brüder«. Sonderzüge aus Mecklenburg mit Tausenden von singenden Menschen fuhren im Hauptbahnhof ein. Die Hamburger waren voller Zukunftsfreude, denn es ging stetig aufwärts. Die neue Lombardsbrücke wurde dem Verkehr übergeben; Helgoland stand wieder unter deutscher Verwaltung; bei *Howaldt* lief die *Tina Onassis* vom Stapel; der Philips-Turm strahlte mit der Wasserlichtorgel in Planten un Blomen um die Wette. Im Orchideen-Café durfte man unter Palmen tanzen, und auch rund um den Hauptbahnhof trafen sich die Hanseaten zum Tanz, so im Boccaccio bei Juan Llossas, im Astoria oder in Dreyers Ahoi mit Kurt Edelhagen. In dieser Zeit des »swinging Hamburg« bekam auch die Großraum-Straßenbahn ihren volkstümlichen Namen: Hamburg fuhr im »Sambawagen«. Im Jahr 1953 rollten schon 276 Sambawagen, zahlenmäßig erst 76 Prozent des Vorkriegsbestandes, auf der Grundlage des Platzangebotes aber bereits 86 Prozent.

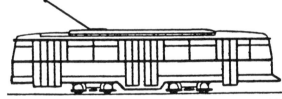
164

Um noch weiter rationalisieren zu können, entstand in der »eigenen Werkstatt« unter Verwendung von Drehgestellen alter Wagen ein sogenannter Gelenkzug, bestehend aus zwei Wagenteilen, die durch ein gelenkig eingehängtes Mittelstück miteinander verbunden waren; Fassungsvermögen 116 Personen. Der Wagen (VG) fand beim Publikum nur wenig Gegenliebe, und das Personal nannte ihn »Schienenfräse«. Er wirkte unpersönlich und war recht laut. Trotzdem gab es in Hamburg zuletzt 30 Stück davon.

Ab 4. Juli 1954 klingelte die Straßenbahn auch in Jenfeld, wohin die Linie 16 von Jüthorn aus verlängert wurde. Und die Linie 18, Hamburgs »Sightseeing-Linie« um die Alster, war am 3. Mai 1954 letztmalig eine Ringlinie. Sie konnte in dieser Form den Fahrplan wegen der wachsenden Behinderungen durch den Autoverkehr nicht mehr einhalten. Die 18 fuhr ab 4. Mai 1954 nur noch zwischen Groß Borstel und Lattenkamp.

1955 kristallisierte sich bei der Straßenbahn ein für die Fahrgäste vorteilhaftes Fahrplanangebot heraus, so etwa durch die Eröffnung der Linie 5 zwischen Hellbrook und Langenfelde, die zusammen mit den Linien 3 und 16 zwischen Wandsbek und der Innenstadt einen Fünf-Minuten-Takt fuhr. Das gleiche geschah durch die Verlängerung der Linie 8 über Hauptbahnhof bis zum Rathausmarkt. Die Linien 6, 8 und 9 zusammen boten von nun an eine Verbindung zwischen Barmbek und Innenstadt im Fünf-Minuten-Takt. Auch der Straßenbahnverkehr mit Harburg wurde mit Beginn des Sommerfahrplans 1955 neu geordnet. Die Traditionslinie 33 beendete am 16. Mai 1955 ihren Betrieb, ersetzt durch die 1953 wiedereröffnete Linie 13 mit neuer Streckenführung und Verlängerung bis Rönneburg. Ein letztes Mal gab es freudige Begrüßungsreden für die Hamburger Straßenbahn, als am 30. Oktober 1955 die Linie 1 erstmalig von Billstedt über die Neubaustrecke »Luruper Chaussee« bis nach Lurup fuhr.

Direktverbindungen mit der City waren für die Straßenbahnfahrgäste sicherlich sehr vorteilhaft, doch der immer mehr ausufernde Autoverkehr durchkreuzte die exakt errechneten Fahrpläne. Im Jahr 1955 bis zu 84 Straßenbahnzüge stündlich allein durch die Mönckebergstraße zu führen war reine Theorie; ein einziger Linksabbieger machte den Fahrplan hinfällig. So waren die Wachstumsgrenzen der Straßenbahn ab Mitte der fünfziger Jahre schon vorgezeichnet. Die Verkehrsplaner legten den Schwerpunkt auf den Bau von Schnellbahnen, während die rasante Expansion von Wohnbaukomplexen zukünftig durch einen Stadtbusanschluß gewährleistet werden sollte.

In Hamburg sah es 1958 so aus: Die Bevölkerungszahl war von 1,62 Millionen im Jahr 1950 auf 1,8 Millionen geklettert. Im selben Zeitraum nahm die Einwohnerzahl im Radius von fünf Kilometern um die Stadtmitte um 70 000 zu, während in den übrigen Gebieten 110 000 Menschen ihr neues Zuhause fanden. Arbeitszeitverkürzungen und die damit verbundene Einführung der Fünf-Tage-Woche schränkten die Fahrtenhäufigkeit allgemein ein; das Angebot des Fernsehens für breite Schichten führte zu einem gravierenden Rückgang des Abendverkehrs.

Obwohl die Straßenbahn betriebswirtschaftlich immer wieder neue Rationalisierungserfolge verbuchen konnte, wie etwa das maximale Platzangebot durch die Gelenkwagen mit zusätzlichem Anhänger, wurde sie mehr und mehr zum »Prügelknaben«, beeinflußt auch durch die Medien, die in der Straßenbahn das »größte Verkehrshindernis« für einen unbehelligten Autoverkehr sahen. Der Gesetzgeber verlangte nun über eine geänderte Rechtsverordnung (BOStrab) den Einbau von Schienenbremsen und noch weitere Sicherungsvorrichtungen. Der Vorrang für den Schnellbahnbau in Hamburg deutete sich an.

165 City-Verkehr in den fünfziger Jahren, die Straßenbahn dominiert

166 Esplanade 1952 – Linie 12 hat gerade die Lombardsbrücke passiert

167 Die letzten Neubauten für die Hamburger Straßenbahn waren die Vierachser V7

168 Im Beiwagen des V7, rechts der Schaffnerplatz

169 V7-Beiwagen mit eingebautem Briefkasten

23. Der Stadtbus in den fünfziger Jahren

Noch im Jahr 1950 spielte der Bus im Bereich der HHA eine durchaus bescheidene Rolle. Im Umland allerdings sah es anders aus: Die Bedeutung des Busses war dort schon früher erkannt worden. So etwa im Raum Bergedorf, in den Vier- und Marschlanden, wo die Kleinbahnen in arge Bedrängnis geraten waren und wo man schon vor dem Krieg auf den Bus als bessere Alternative gesetzt hatte, so daß nach den stufenweisen Bahnstillegungen der vorhandene Busverkehr einfach nur ausgedehnt zu werden brauchte. Die Neuordnung nach Gründung der *Verkehrsbetriebe Hamburg-Holstein AG (VHH)* ließ dort ein leistungsstarkes Bussystem mit zentraler Umsteigeanlage in Bergedorf entstehen, in unmittelbarer Nachbarschaft der S-Bahn. Obwohl der Begriff damals noch nicht bekannt war, praktizierte man hier schon das »zweigeteilte System«. Es fehlte nur noch der »Anstoßtarif« mit der S-Bahn; doch diese Möglichkeit ergab sich erst 1965 mit Gründung des *Hamburger Verkehrsverbundes (HVV)*.

Die *HHA* betrieb im Jahr 1950 nur 15 Buslinien (vor dem Krieg 18) mit insgesamt 112 Bussen und beförderte im selben Jahr rund 22 Millionen Fahrgäste. (1988 waren es 120 Linien mit 887 Bussen und 203,2 Millionen Benutzern.) Hier nun die Linien, Stand 1950:

B	Bf Poppenbüttel – Bergstedt
C	Bf Volksdorf – Tannenhof
D	Bf Fuhlsbüttel – Bramfeld
E	Bf Rahlstedt – Bf Volksdorf
F	Bf Rahlstedt – Tonndorf (Endstation der Linie 3)
G	Billstedt (Endstation der Linie 31) – Boberg
H	Wandsbek (Endstation der Linie 3) – Jenfeld – Barsbüttel – Willinghusen
J	Friedhofslinie Ohlsdorf
L	Bahrenfeld, Stadionstraße – Schenefeld, Siedlung oder Dorf
M	Bf Iserbrook – Waldenau
N	Bahrenfeld, Trabrennbahn (Endstation der Linien 12 und 31) – Falkenstein
O	Bahrenfeld, Trabrennbahn (Endstation der Linien 12 und 31) – Osdorf – Blankenese
A7	Harburg, Wilstorf – Sinstorf – Fleestedt
A10	Wilhelmsburg, Veringplatz (Linie 33) – Neuhof, Vulkanstraße
A11	Bf Veddel – Kirchdorf – Kornweide (Linie 33).

Welches Potential schon 1950 im Stadtbus lag, kann man zwei Zahlen entnehmen: 1938 hatte das Busnetz 329 Kilometer Länge mit 11,6 Millionen und 1950 nur 107 Kilometer mit fast 22 Millionen Fahrgästen. Diese Tatsache läßt erahnen, welche Umwälzungen den Stadtverkehr in den folgenden zehn Jahren noch erwarteten.

Der Boom des Omnibusses begann zunächst mit einer Rationalisierungsmaßnahme. Im Jahr 1951, als die Bahnsteigsperren wegfielen, der Zugbegleiter bei der U-Bahn eingespart werden konnte und die Großraumwagen bei der Straßenbahn erprobt wurden, verzichtete man bei den Bussen auf den Schaffner, und der Busfahrer kassierte – nach Umbau der Wagen – selber.

170 Haltestelle der Buslinie G (später 61) bis 1953

171   Erste Schnellbuslinie 34 auf dem Hamburger Rathausmarkt (1955)

172   Ein Citybus (Daimler-Benz O 319 D, Baujahr 1958)

Am 5. Mai 1953 erfolgte die Umbenennung der Buslinien von den bisherigen Buchstaben auf zweiziffrige Nummern, beginnend mit 40er- und endend mit 90er-Gruppierungen. Der letzte Zehner-Block war den »Sonderlinien« vorbehalten, wovon es damals nur die Friedhofslinie »J«, danach »96«, gab, die aber 1955 um drei Linien erweitert wurde:

Linie 91 Stellingen – Lokstedt – Luftwerft
Linie 93 Kornweide – Moorwerder (mit Kleinbussen betrieben)
Linie 94 Kehrwiederspitze – Freihafen Elbbrücke – Elbtunnel/Köhlbrand.

Nach den Konzessionsbedingungen waren Sonderlinien solche, die aufgrund des geringen Fahrgastzuspruchs nicht zum Normaltarif fahren konnten.

Der erste »Knüller« gelang der *HHA* mit der Einführung der Schnellbuslinie 36 zwischen Blankenese und der Innenstadt (Hauptbahnhof/ZOB) am 30. Oktober 1955. Besonders gut ausgestattete Busse mit Musikberieselung und wenigen Halten machten es der Bevölkerung der Elbgemeinden möglich, exquisit (gegen einen Zuschlag, der etwa der ersten Klasse S-Bahn entsprach) in die Stadt zu gelangen. Diese Linie wurde sehr gut angenommen; deshalb kam bald eine zweite Linie (32) von Rahlstedt dazu.

Die Omnibushersteller hatten inzwischen den Markt »Stadtverkehr« eingehend analysiert und boten nun den Stadtbus in vielerlei Varianten an – teilweise in bestechendem Design. Im Jahr 1958 erhielt die *HHA* 47 Schnellbusse, 25 Kleinbusse und 46 Stadtbusse. Mit diesem Potential weitete sie das Schnellbusnetz beträchtlich aus, so daß sich allein 1958 folgende Veränderungen ergaben:

Linie 31 Verlängerung über Horn bis Billstedt und veränderte Linienführung im Raum Groß Borstel
Linie 33 Neu-Lokstedt – Grindel – Rathausmarkt – Uhlenhorst – Winterhude/Stadtpark (Neueröffnung)
Linie 34 Eidelstedt – Eimsbüttel – Rathausmarkt – Wilhelmsburg (Neueröffnung)
Linie 36 Verlängerung über Blankenese bis Tinsdal und neue Linienführung über Hauptbahnhof – Wandsbek – bis Wandsbek-Gartenstadt
Linie 37 Verlängerung über Groß Flottbek bis Osdorf
Linie 39 Halbring Altona – Eimsbüttel – Eppendorf – Winterhude – Barmbek – Eilbek – Hamm Süd (Neueröffnung).

Für jedermann sichtbar, entstand so ein neues Angebot im Stadtverkehr, das den Menschen in den Außenbezirken dazu verhalf, auf schnellem Wege, mit nur wenigen

173   Um 1955: Bus und Straßenbahn warten am Altonaer Bahnhof auf Fahrgäste der S-Bahn

Halten in die Innenstadt zu kommen. Die Schnellbusse waren somit die ersten Busse nach dem Krieg, die wieder die City ansteuerten, und im Jahre 1958 nutzten dies rund sieben Millionen Fahrgäste.

Eine solch erfreuliche Bilanz konnte eine andere Offerte nicht erbringen – der Citybus. Dabei war die Idee nicht schlecht; es gab und gibt genügend erfolgreiche Beispiele im Ausland. Der sich schon abzeichnende Verkehrsnotstand in der Hamburger Innenstadt sollte durch Kleinbusse aufgefangen werden, die ab 9. Juni bzw. 4. August 1958 im Fünf-Minuten-Abstand gegenläufig in einer großen »Acht« durch die Stadt fuhren und das Gebiet Hauptbahnhof, Sievekingplatz, Landungsbrücken, Rathausmarkt erschlossen. Die speziell dafür eingesetzten Kleinbusse hatten nur 13 Sitz- und fünf Stehplätze. Der Einheitsfahrpreis von 50 Pfennig mußte abgezählt in eine Zahlbox geworfen werden, um den Abfertigungsvorgang zu beschleunigen. Die beiden Linien erhielten die Bezeichnungen C1 und C2. Aus heutiger Sicht ist anzunehmen, daß die Einführung zu wenig nachdrücklich und ohne die nötige Werbung, die ein neues Produkt braucht, vonstatten ging. Es fehlte die Transparenz, vor allem die Zielgruppenansprache an die Autofahrer und die Touristen. Und als die leeren Citybusse zur Zielscheibe kritischer Kommentare wurden, änderte man das Angebot; ab 23. März 1959 entstanden aus der »Acht« drei Linien, die folgende Trassen hatten:

C1 Hauptbahnhof – Lombardsbrücke – Jungfernstieg – Mönckebergstraße – Hauptbahnhof

C2 Rathausmarkt – Bf Dammtor – Sievekingplatz – Rathausmarkt

C3 Hauptbahnhof – Lombardsbrücke – Sievekingplatz – Landungsbrücken – Hauptbahnhof.

Doch auch so war der Citybus nicht erfolgreich. Es fehlte wohl ganz einfach der »Großparkplatz«, der es den Autofahrern vielleicht schmackhafter gemacht hätte, das Auto stehenzulassen und tatsächlich in einen Citybus zu steigen. Andererseits benutzten im Berufsverkehr damals bereits 71 Prozent die öffentlichen Verkehrsmittel, 17 Prozent fuhren mit dem Auto oder Motorrad, der Rest ging zu Fuß. 1959 gab man den Citybus wieder auf. Die Kleinbusse verkehrten danach als Sonderlinien in Blankenese, Volksdorf und Wellingsbüttel.

Um 1960 veränderte sich das Verkehrsangebot. Die Leistungen der Straßenbahn gingen wegen des Abbaues der Wandsbeker Linien um 11 Prozent zurück, während die des Stadtbusses um 24 Prozent zunahmen. Kein Wunder – denn allein 1960 kamen 116 neue Busse zum Einsatz; sie boten, bedingt durch die U-Bahn-Bauarbeiten, den Straßenbahn-Ersatzverkehr zwischen Wandsbek und der City und in den Verkehrsspitzen eine Busfolge von nur einer Minute. Zum anderen siedelten sich in den Randgebieten immer mehr Menschen an, so daß das Busnetz ergänzt und verdichtet werden mußte. Auf Einzelveränderungen kann hier jedoch nicht eingegangen werden. Es soll aber nicht unerwähnt bleiben, daß die vorhandene Friedhofslinie 96 ab Sommerfahrplan 1960 durch eine zweite Linie, die 97, ergänzt wurde und daß die am 15. Januar 1960 eröffnete Ost-West-Straße für die Innenstadt endlich eine (vorläufige) Entlastung brachte. Auch die Linie 37 leitete man darüber, um vom Rödingsmarkt zum Millerntor zu kommen.

Die Flutkatastrophe vom 17. Februar 1962 traf nicht nur die Buslinien auf der Insel Wilhelmsburg. Überall in den Elbniederungen und Inseln brach der Verkehr zusammen. Vielfach war die gesamte Infrastruktur zerstört, so daß es erstaunt, daß alle Linien bereits am 1. März 1962 wieder fahrplanmäßig fahren konnten.

Mit der Eröffnung der U-Bahn und damit der Omnibusanlage Wandsbek-Markt am 28. Oktober 1962 war für die Fahrgäste eine Service-Einrichtung geschaffen worden, die lange Jahre als optimal galt. 15 Buslinien stehen hier zur Auswahl. Ein Disponent überwacht ständig die Bewegungen. Die zuvor bis Lübecker Straße verkehrenden Buslinien 62, 63, 64 und 163 wurden zum Wandsbeker Markt zurückgenommen. Ein paar Tage vorher, am 21. Oktober 1962, wurde die Haltestellenanlage vor dem Haupteingang des Bahnhofs Altona fertig, die die Linien 51, 52, 55, 85 und 185 aufnahm.

Im Jahr 1962 verfügte die *HHA* über 49 Buslinien; die Zahl der Haltestellen stieg von 164 im Jahre 1950 auf 679. Wie sehr sich der Stadtbus ausweitete, zeigt der Vergleich mit der Straßenbahn. Sie bediente 1962 mit ihren (nur noch) 13 Linien 267 Haltestellen. Trotzdem fuhren im selben Jahr noch 159,3 Millionen Menschen Straßenbahn; im Bus waren es 104,6 Millionen. Der Wettstreit um Fahrgäste ging weiter.

174 TIM-Drucker: Voraussetzung für die Einführung des Einmannbetriebs beim Bus

24. Die Baujahre

Im Jahr 1954 gab der Hamburger Senat die Denkschrift *Neuordnung des Hamburger Stadtverkehrs* heraus, ein Rahmenprogramm für die Bewältigung aller Stadtverkehrsprobleme der nächsten zehn Jahre. Vorrangig sollte das U-Bahn-Netz ausgebaut werden, und die Genehmigung für eine neue Linie vom Jungfernstieg über das Kontorhausviertel am Meßberg bis zum Hauptbahnhof ließ nicht lange auf sich warten. Der erste Rammstoß erfolgte 1955; die Baugruben entstanden am Alten Fischmarkt und in der Bergstraße. Wegen des sehr wechselhaften und wenig standfesten Bodens, der von sogenannten Schlamminseln und eiszeitlichen Geschiebeablagerungen durchsetzt war, gestalteten sich die Bauarbeiten nicht einfach. Das zweckmäßige Bauverfahren, das hier angewendet wurde, ist in der Fachwelt als »Hamburger Bauweise« ein Begriff. Bei der Unterfahrung der Bundesbahngleise am Südkopf des Hauptbahnhofes machten sich die Ingenieure erstmals beim Hamburger U-Bahn-Bau die Schildvortriebsmethode zunutze. Der Betrieb der Bundesbahn blieb ungestört. Am 2. Oktober 1960 war die neue U-Bahn-Teilstrecke Jungfernstieg – Hauptbahnhof fertig. Durch die neuen Haltestellen »Meßberg« und »Steinstraße« sowie den daran anschließenden Bau der Ost-West-Straße, der Domstraße und des Deichtortunnels erhielt die südliche Altstadt ein völlig anderes Gesicht.

Als Endhaltestelle dieses Projektes war zunächst der Hauptbahnhof, dann aber der Wandsbeker Markt vorgesehen. Zwischenzeitlich hatte die *HHA* jedoch eine Verkehrsuntersuchung durchgeführt, nach der eine Weiterführung der Strecke über den Wandsbeker Markt hinaus bis zur Station Wandsbek-Gartenstadt vorteilhafter erschien. Die Baubehörde Hamburg unterstützte den Plan. Das war wichtig, denn seit 1958 wurden von dort aus Planung und Bau von U-Bahnen (und bald darauf auch von S-Bahnen) gesteuert. Eine besondere Hauptabteilung sorgte für die Vorarbeiten und den Rohbau, die Haltestellen eingeschlossen, während die *HHA* (wie ähnlich später die *DB* bei der S-Bahn) die Ausrüstung der Strecken mit Gleisen, Signalanlagen und anderen Betriebseinrichtungen vornahm.

Am 18. Februar 1959 entschied sich die Bürgerschaft auf Vorschlag des Senats dafür, die Strecke über den Wandsbeker Markt zu führen und an der Haltestelle Wandsbek-Gartenstadt die Züge der Walddörferbahn auf die neue Linie überzuleiten. Zum anderen sollten die aus dem Raum Wandsbek zum Stadtkern verkehrenden Straßenbahnlinien 3 und 16 stillgelegt werden, was bereits 1960 geschah. Sie wurden durch Buslinien ersetzt.

Fast die gesamte neue U-Bahn-Strecke verläuft im Tunnel, hergestellt in offener Bauweise. Dafür mußten auch die Wandsbeker Chaussee gesperrt, die Straßenbahn-

175 Hauptbahnhof (-Süd)

176 Ein Ringzug überquert die Baugrube Lübecker Straße

177 Eigenwilliger Bau: Schalterhalle Lübecker Straße

178 Baugrube am Wandsbeker Markt

schienen geräumt und der Verkehr umgeleitet werden. Innerhalb des vorhandenen Schnellbahnnetzes bekam die Neubaustrecke mehrere Anknüpfungspunkte, obwohl es damals noch keinen Verkehrsverbund gab. So entstanden Übergänge zum U-Bahn-Ring und zur S-Bahn am Hauptbahnhof, zur U-Bahn in der Station Lübecker Straße und zur S-Bahn in der Haltestelle Wandsbeker Chaussee. Überall, wo Schnellbahnlinien gekreuzt werden mußten, brauchte der Betrieb der vorhandenen Strecken nicht unterbrochen zu werden; die Züge fuhren auf Hilfsbrücken durch die Baugruben.

Mit der Fertigstellung des vorletzten Abschnittes Wartenau – Wandsbek-Markt am 28. Oktober 1962 erhielt der Wandsbeker Raum die ersehnte leistungsfähige und schnelle U-Bahn-Verkehrsverbindung mit der Innenstadt. Zeitgleich wurde – wie schon erwähnt – für die Fahrgäste des nun weitverzweigten Busnetzes des Wandsbeker Gebietes ein für die damalige Zeit vorbildlicher Omnibusbahnhof über der neuen U-Bahn-Haltestelle Wandsbek-Markt geschaffen, der durch Treppen und Tunnelanlagen mit der U-Bahn-Station und allen Seiten des Wandsbeker Marktes verbunden ist.

*

179 Die Straßenbahn überquerte die U-Bahn-Baugrube auf einer Behelfsbrücke

Die *Deutsche Bundesbahn* litt noch immer unter dem betriebswirtschaftlich unrentablen S-Bahn-Mischbetrieb Gleich-/Wechselstrom, den sie nun schon seit 1939 anbieten mußte. Mit einem Volumen von 20 Millionen DM ließ man deshalb die Umgestaltung anlaufen. Die Lieferung von 20 neuen S-Bahn-Zügen begann ab März 1954, und drei im Krieg beschädigte Wagen wurden aufgearbeitet. So konnten die alten Wechselstromzüge nach und nach aus dem Verkehr gezogen sowie das bahneigene Kraftwerk 1954 stillgelegt und später abgerissen werden.

Zu Beginn des Sommerfahrplans, am 22. Mai 1955, endete der Wechselstrombetrieb bei der S-Bahn, womit die Fahrzeit erheblich verkürzt werden konnte. Zwischen Ohlsdorf und Blankenese fuhren die Züge nur noch 44 statt 52 Minuten. Zwischenzeitlich ging es dem Dampfbetrieb der S-Bahn-Strecke Blankenese – Wedel »an den Kragen«. Bis Sülldorf reichte die Stromversorgung durch das Gleichrichterwerk Klein Flottbek noch, so daß die Verlängerung durch das Verlegen der Stromschiene am 14. Mai 1950 erfolgte. Zum gleichen Zeitpunkt wurde die S-Bahn-Station Iserbrook eröffnet. Durch diese Maßnahmen konnte man die tägliche Zugzahl dort von 34 auf 48 Doppelfahrten erhöhen. Während die Wedeler noch weiter in Dampfzügen pendeln mußten, entstand mit Finanzhilfen der Länder Schleswig-Holstein und Hamburg ein neues Gleichrichterwerk in Rissen. Am 20. Mai 1954 fuhr

endlich der erste elektrische S-Bahn-Zug in Wedel ein – ein Volksfest für alle Anlieger.

Für die *DB* war diese Verlängerung des elektrischen S-Bahn-Betriebs und der damit verbundene Kostenvergleich ein klarer Beweis, die unwirtschaftliche Dampf-S-Bahn endgültig abzuschaffen. Außerdem war der Hauptbahnhof, eine Anlage für den Fernverkehr, auf die Abwicklung eines immer dichter werdenden Dampf-S-Bahn-Verkehrs auf Fernbahngleisen nicht eingestellt. Die Abstellgleise lagen versteckt im Südosten der Bahnanlage, und das Einstellen und Abräumen der vielen Dampf-S-Bahn-Züge war eine stets wiederkehrende Qual. Die dadurch häufigen Verspätungen nach Harburg, Bergedorf und Rahlstedt strapazierten zudem die Geduld der Fahrgäste. (Das gleiche galt übrigens für den Elmshorner Zugverkehr, dort den Bahnhof Altona betreffend. Der tägliche Halt an der »Klagemauer«, der Rampe für den Ferngleis-Viadukt, war obligat.) Nicht zu bewältigen war der Berufsverkehr an Sonnabenden, der sich auf die Mittagszeit konzentrierte. Damals arbeiteten innerhalb des Wallrings über 240 000 Menschen; es gab dort mehrere personalintensive Firmen, wie die *HEW*, die Oberpostdirektion und die Ölfirmen, die später zur City-Nord abgewandert sind.

Um dieser Misere abzuhelfen und endlich rationeller arbeiten zu können sowie den Fahrgästen einen zeitgemäßen Komfort zu bieten, bemühte man sich, den Status

180 Haltepunkt Iserbrook, 1950 im Zuge der Elektrifizierung bis Sülldorf eröffnet

181 Letzte Fahrt der Wechselstrom-S-Bahn 1955 auf der Strecke Blankenese-Ohlsdorf

182 1950–1954: Im Steuerwagen eines Dampfzuges zwischen Sülldorf und Wedel

quo schnell zu ändern. Dafür bot sich die Bahnlinie Hamburg – Bergedorf vorrangig an, denn Verkehr nach Mecklenburg gab es wegen der willkürlichen Zonengrenzziehung nicht mehr, und der nach Berlin war gering. Diese Tatsache gab den Weg frei für eine Gleichstrom-S-Bahn nach Bergedorf (Aumühle). Zunächst war die Stromschiene bis Bergedorf zu verlegen und ein Überwerfungsbauwerk am Berliner Tor herzustellen, womit dort eine Einfädelung in die S-Bahn-Stammstrecke möglich wurde. Am Hauptbahnhof mußte durch den elektrischen Bergedorfer Betrieb eine »dritte Bahnsteigkante« für die S-Bahn reserviert werden. Für die Stromversorgung waren mehrere Gleichrichterwerke erforderlich, so in Billwerder und Bergedorf und mit der Verlängerung bis Aumühle 1969 auch noch in Wohltorf. Ab 1. Juni 1958 fuhren schon die ersten Züge zwischen Bergedorf und Berliner Tor im »Inselverkehr«, weil das Überwerfungsbauwerk noch nicht fertig war. Ab 4. Oktober 1959 fuhren die Bergedorfer endlich, ohne umzusteigen, bis zum Hauptbahnhof durch. Damit war der erste Schritt zur Netzbildung bei der Hamburger S-Bahn getan.

Die fünfziger Jahre waren geprägt von einer unfaßbaren Dynamik und einem steigenden Wirtschaftswachstum. Tausende von kleinen Sozialwohnungen, vielfach aus Trümmerziegeln und mit geschütteten Wänden, durften bezogen werden. Die triste Einförmigkeit und Phantasielosigkeit des damaligen Wohnungsbaues kompensierte man durch ein neuartiges Styling der Inneneinrichtung: Nierentische mit Stelzenbeinen, Lampen mit Gelenkarmen und Tütenschirmen waren die großen Renner. Illustrative Tapeten und Dekostoffe durften nicht fehlen, Resopal-Einbauküchen mit Kühlschrank möglichst ebenfalls nicht! Und in der auch abends belebten Stadt vermittelten Rock 'n' Roll, Kino, Neonlicht und Coca Cola den Touch des »American way of life«. Und wer es sich schon leisten konnte, zog ins Umland. In der Bundesrepublik zählte man 1950 1,9 Millionen Pendler, 1958 waren es bereits 3,5 Millionen. In dieser Relation wuchs auch die Zahl der Autos in Hamburg. Im Jahr 1949 waren es erst 53 000, 1958 fuhren 200 000 mit dem Hamburger Kennzeichen (seit 1956 »HH«).

Sollten also nicht noch mehr Menschen von der täglichen Bahnfahrt zum eigenen Auto wechseln, so mußte gehandelt werden. Vorrangiger Sinn der »Gemeinsamen Landesplanung Hamburg und Schleswig-Holstein« war es, die Pendler aus dem Gebiet nördlich von Hamburg zur Benutzung von Bahnen zu motivieren, um die zunehmende Belastung der Innenstadt aufzuhalten. Eine Befragung ergab, daß 77 Prozent der per Bahn anreisenden Pendler die Hamburger City als Ziel nannten. Eine bessere Dampfzug-Bedienung war allerdings nicht möglich, weil der Bahnhof Altona keine weiteren Züge mehr aufnehmen konnte. Also kam nur der Bau einer separaten S-Bahn-Linie in Frage, die unter Umgehung des Bahnhofs Altona direkt in die Innenstadt zu führen wäre. Aber die Verbindungsbahn mit ihren Haltestellen Dammtor und Hauptbahnhof »tangiert« bekanntlich nur den Stadtkern. Die ersten Gedanken über eine Entlastungsstrecke durch die City nahmen zwar Gestalt an, die Realisierung dauerte jedoch zwanzig Jahre. Innerhalb der Bundesbahndirektion Hamburg kamen außerdem Bedenken auf, ob es den Fernbahnkunden aus dem Raum Pinneberg zuzumuten sei, daß die Strecke am Fernbahnhof Altona vorbeiführte. In dieser Phase erhielt die *DB* eine unverhoffte Entscheidungshilfe von der *Eisenbahngesellschaft Altona-Kaltenkirchen-Neumünster (AKN)*. Ein direkter S-Bahn-Übergang war für die Gesellschaft zur Überlebensfrage geworden. Deshalb war sie bereit, ihre Trasse bis in die Gegend von Langenfelde, Eidelstedt zurückzunehmen und diesen Raum für eine elektrische S-Bahn zur Verfügung zu stellen. Die verkehrsstrategische Bedingung war ein direkter S-Bahn-Anschluß in derselben Bahnanlage. Die *AKN*-Trasse bot sich somit förmlich an für eine neue S-Bahn, die am Bahnhof Holstenstraße aus der Verbindungsbahn über ein Überwerfungsbauwerk auszufädeln wäre.

Die Freie und Hansestadt Hamburg gab 1956 für den Bau einer zweiten großen Durchmesserlinie im Hamburger Raum einen Kredit von 6,5 Millionen DM. Am 26. September 1958 nahm der Präsident der Bundesbahndirektion Hamburg, Prof. Dr. Ing. Walter Helberg, den ersten Spatenstich vor. Nach einer Bauzeit von dreieinhalb Jahren konnte am 22. Februar 1962 der erste Zug von der Haltestelle Holstenstraße bis nach Langenfelde fahren. Dort hatte die *AKN* ihren (vorläufigen) Übergangsbahnhof schon eingerichtet. Die Feierlichkeiten zu dieser ersten Nachkriegs-Neubaustrecke der *DB* im Raum Hamburg waren vorbereitet, die Einladungskarten schon verschickt, da brachen am 17. Februar die Deiche, und eine unermeßliche Flut ergoß sich über weite Flächen der Stadt. Rund 120 Quadratkilometer, ein Sechstel von Hamburg, waren überflutet. 20 000 Menschen verloren ihr Hab und Gut, 317 ertranken. Die Bahn nach Langenfelde fuhr ohne Musik und Girlanden; die *DB* stiftete das für die Feier vorgesehene Geld den Obdachlosen.

Ab 26. September 1965 fuhren die S-Bahn-Züge bis Elbgaustraße; die *AKN* hatte ihre Endhaltestelle nun im Bahnhof Eidelstedt. Diese Übergangsmöglichkeit auf die S-Bahn war der entscheidende Schachzug. Die *AKN* – schon fast totgesagt – avancierte zu einem wichtigen Verkehrsmittel hoch im Norden der Hansestadt mit täglich 15 000 Fahrgästen. In einer Art »Flurbereinigung« übernahm sie übrigens am 1. Januar 1956 die Betriebsführung auf allen noch verbliebenen Eisenbahnanlagen der *VHH (Verkehrsbetriebe Hamburg-Holstein AG)*, so auf den Strecken Bergedorf – Geesthacht, der Billwerder Industriebahn, der Strecke Billbrook – Billstedt – Glinde und den *Städtischen Bahnanlagen Altona*, die damals schon sämtlich nur dem Güterverkehr dienten.

Diese Neubauten bei U- und S-Bahn waren der wichtige Auftakt für einen Schnellbahnbau in Hamburg, der erst im Jahre 1990 seinen vorläufigen Abschluß finden wird.

183 Der AKN-Bahnhof am Kaltenkircher Platz wurde 1962 aufgegeben

184 Ausfädelung der Pinneberger Strecke an der Holstenstraße, 1961

185 Der Hauptbahnhof – zur Dampflokzeit (um 1955), beachtenswert ist die Zusammenstellung des Personenzuges, an der Spitze läuft ein Zellenwagen.

25. Die Verkehrssituation zur Zeit der Verbundgründung

Am 2. August 1963 fuhr der erste U-Bahn-Zug der »Wandsbeker Linie« (die man damals so nannte, weil es Linienbezeichnungen in Kurzform noch nicht gab) in den Bahnhof der Walddörferbahn Wandsbek-Gartenstadt ein. Diese Linie umfaßte die Verbindung Jungfernstieg – Meßberg – Hauptbahnhof (Süd) – Lübecker Straße – Wandsbek-Markt – Wandsbek-Gartenstadt. Die Strecke war noch nicht fertig, als die Bürgerschaft im Juni 1961 für das U-Bahn-Bauprojekt »Stellingen – Billstedt« von 16,8 Kilometern Länge »grünes Licht« gab. Die neue Durchmesserlinie war notwendig geworden, weil neben Stellingen auch der am dichtesten besiedelte Stadtteil Eimsbüttel dringend eine bessere schnellbahnmäßige Erschließung brauchte. Zum anderen waren im Osten der Stadt mehrere Großsiedlungen entstanden, die ebenfalls einer Schnellbahn-Anbindung bedurften. Der erste Rammschlag erfolgte am 14. Mai 1962 am Lindenplatz, in der Nähe des im Bau befindlichen Polizeihochhauses. Die Arbeiten begannen dann an mehreren Stellen gleichzeitig. Der Fahrgast bemerkte anfangs allerdings nur eine Maßnahme, die Stillegung des Streckenabschnittes Schlump – Hellkamp am 1. Mai 1964, denn dort waren erhebliche Umbaumaßnahmen nötig, und ab 30. Mai 1965 wurde anstatt der Haltestelle Hellkamp der neue Bahnhof Lutterothstraße benutzt. Schlump mußte als Kreuzungsbauwerk neu gestaltet werden. Die Verlängerung bis zur Haltestelle Hagenbecks Tierpark wurde zunächst weiter im Tunnel, dann im Einschnitt geführt. Am 30. Oktober 1966 war die fröhliche Eröffnungsfeier für diese neue U-Bahn-Strecke nicht nur für Tausende von Menschen dort ein bedeutungsvoller Tag, sondern auch für etliche von Hagenbecks Tieren, die das Fest durch ihr Erscheinen »mitgestalten« durften und gewiß ihren Spaß daran hatten, sich mal unter so vielen Zweibeinern zu bewegen!

Als besonders aufwendig im Bau gestaltete sich das Teilstück Berliner Tor – Schlump. Es wurde insgesamt in geschlossener Bauweise mit Schildvortrieb hergestellt. Der östliche Abschnitt mit der Endstation Merkenstraße ging dagegen weniger spektakulär voran. Erstes Bauwerk war die U-Bahn-Haltestelle Berliner Tor, die unter der Straße Beim Strohhause als Umsteige-Haltestelle mit zwei Bahnsteigen bis zum 30. Oktober 1967 völlig neu entstanden war. Nach Unterfahrung der S-Bahn, der Fernbahn und der Straße Bürgerweide verläuft die Strecke entlang dem Geesthang durch Hamm, Horn und Billstedt. Die Lage im Hang mit bis zu sieben Metern Höhenunterschied bestimmte hauptsächlich die Konstruktion und Gestaltung der dortigen Haltestellen. Besonders sichtbar wird das an der verglasten Südseite der Haltestelle Rauhes Haus, deren Nordseite direkt an das Erdreich grenzt. Am 2. Januar 1967 konnte der Streckenabschnitt Berliner Tor – Horner Rennbahn für den Verkehr freigegeben werden, während die Verlängerung Horner Rennbahn – Legienstraße zum Winterfahrplan, am 24. September 1967, eröffnet wurde.

Zum Zeitpunkt der U-Bahn-Eröffnung zur Horner Rennbahn wurden die Straßenbahnlinien 2 und 4 zwischen Innenstadt und Horner Rennbahn eingestellt, und die Linie 5 zwischen den beiden U-Bahn-Stationen Horner Rennbahn und Burgstraße neu eingerichtet. Dort erhielt sie eine vorbildliche Umfahrt, die den Fahrgästen eine sehr gute Umsteigemöglichkeit bot. Im übrigen war das Jahr 1967 – das Jahr, in dem der Verkehrsverbund nach außen sichtbar wirksam wurde – gekennzeichnet von diversen Linienverkürzungen der Straßenbahn. Ende 1967 gab es noch zwölf Straßenbahnlinien mit einer Streckenlänge von 108 Kilometern (im Vergleich zu 1955: 19 Linien mit 187 Kilometern).

*

In der schon zitierten Senatsdenkschrift von 1954 wurde fast kritisch bemerkt, daß bislang noch kein Konzept der *Deutschen Bundesbahn* für den Ausbau der Hamburger S-Bahn vorläge. Dazu sollte man die Hintergründe kennen: Als man dabei war, in Hamburg bereits umfangreiche U-Bahn-Planungen zu realisieren, bot die *DB* gemeinsam mit den anderen europäischen Bahnen 1957 das zukunftsweisende TEE-Netz an, »baute sie an Europa« und gab 1958 den Startschuß für die Vogelfluglinie. 1957 dampften bei der *DB* rund 9 400 Dampflokomotiven, deren Unwirtschaftlichkeit zur Existenzfrage wurde; die *DB* begann deshalb im selben Jahr das Elektrifizierungsprogramm, das zwanzig Jahre später (1977) beendet war. Für die Umstellung vom Dampf- auf den E-Betrieb waren 9,4 Milliarden DM aufzuwenden. Am 6. April 1965 erreichte die erste E-Lok Hamburg; die Nord-

186 Strukturwandel bei der DB – Begegnung auf der Lombardsbrücke

187 Bis 1968: Dampf-S-Bahn Bergedorf – Aumühle als Linie S 6

Süd-Elektrifizierung hatte ihren Abschluß gefunden, 6 000 Kilometer waren zu diesem Zeitpunkt unter Draht. Diese Aufgaben packte die *DB* damals zuerst an, weil sie für das Fortbestehen des Unternehmens entscheidend waren. Erst danach konnte die *DB* sich maßgeblich in den Stadtverkehr, den Nah- und Bezirksverkehr einschalten, allerdings in dem vollen Bewußtsein, daß dort vorwiegend gemeinwirtschaftliche Verpflichtungen zu erfüllen seien, daß die Milliardenbeträge sich nie verzinsen würden. Aber was getan wurde, lief auf eine sinnvolle Zusammenarbeit mit allen planerischen Stellen hinaus. Kein Verdichtungsraum in der Bundesrepublik heute ohne einen Verbundverkehr, kein Verbundverkehr ohne S-Bahn! Und Hamburg war das Vorbild, gab das Beispiel für die anderen.

So kam es in Hamburg zur Bildung eines S-Bahn-Systems: Mit der Erweiterung des Hamburger S-Bahn-Netzes nach Sülldorf und Wedel/Holst. und dem definitiven Übergang zum Gleichstrombetrieb 1955 wurde das 1938 begonnene Programm zu Ende geführt. Eine fruchtbare Nachkriegsentwicklung begann. 1958/59 konnte der elektrische Betrieb zwischen Hauptbahnhof und Bergedorf aufgenommen werden, und in Etappen ging es schließlich bis Pinneberg, wo am 22. September 1967 die elektrische S-Bahn endlich einfuhr. Die alte »Stammstrecke« wurde eine Art Hauptverkehrslinie, bildete also die Achse zwischen den schwalbenschwanzartigen Verzweigungen an ihren Endpunkten Holstenstraße und Berliner Tor. Neben dieser Netzbildung waren zwischenzeitlich diverse Verbesserungen der Infrastruktur vorgenommen worden.

Für die Stromversorgung erwarb die *DB* ab 1964 neue Silizium-Gleichrichter, die nacheinander in Sternschanze, Eidelstedt, Poppenbüttel und an den Neubaustrecken installiert wurden. (Heute ist die moderne Halbleitertechnik für die Umwandlung des Stromes obligat.)

Ab 1966 erhielt die Hamburger S-Bahn Abfahrauftragssignale. Mit ihrer abschnittsweisen Einführung konnte der mitfahrende Schaffner (Beimann) eingespart werden, so ab 1. September 1966 zwischen Blankenese und Wedel und zuletzt am 1. Januar 1978 zwischen Berliner Tor und Bergedorf. Gleichzeitig nahm in Bergedorf die Zentrale Zugabfertigung (ZZA) versuchsweise ihre Arbeit auf. Nachrichtlich sei erwähnt, daß die S-Bahn am 30. September 1973 ihre Raucherabteile aufgab. In der U-Bahn war das Rauchen schon seit dem 20. Januar 1964 verboten.

Schließlich durften am 17. Februar 1967 die ersten Züge einer Neubauserie bestaunt werden. Insgesamt acht Einheiten der Baureihe ET 170 erreichten in kurzen Abständen das Bahnbetriebswerk Ohlsdorf, um von dort nach kurzer Probezeit eingesetzt zu werden. Im Folgejahr

188 Der Hauptbahnhof wird zum Treffpunkt aller Verkehrsmittel

189 *Ein Zug der Baureihe 170 (heute 470) auf der Linie S 2*

190 *Im Stil der Zeit ausgestattet: U-Bahn-Haltestelle Hauptbahnhof (-Süd)*

kamen weitere 21 Triebzüge in Hamburg an. Vom 1. Januar 1968 an gab die *DB* ihren Fahrzeugen computergerechte Nummern; zum Beispiel heißt der ET 170 101a jetzt 470 101, der motorlose Mittelwagen EM 170 101c heißt neu 870 101, und der zweite Endwagen ET 170 101b hat nun die Nummer 470 401, jeweils ergänzt durch eine Kontrollziffer nach einem Bindestrich.

Die elektrifizierten S-Bahnen bis Wedel und Bergedorf bewiesen, daß mit einem verbesserten Angebot neue Fahrgäste gewonnen werden konnten. Verkehrsprognosen schon zum Zeitpunkt des Baues der Pinneberger S-Bahn bestätigten diesen Trend. Ebenso war ersichtlich, daß die zu erwartenden Verkehrsströme für die Verbindungsbahn über Dammtor nicht zu bewältigen wären. Deren Randlage störte die S-Bahn-Kunden mit dem Ziel »City« ohnedies, denn längere Fußwege wollte niemand mehr zurücklegen. Das Umsteigen in die U-Bahn von Dammtor aus oder in die Straßenbahn – am Hauptbahnhof im Minutenabstand angeboten – kostete erneutes Fahrgeld, was bei den Benutzern auf zunehmendes Unverständnis stieß. Rufe nach einer Verkehrs- und Tarifgemeinschaft wurden lauter. So bildete sich 1959 eine Kommission aus Vertretern der Stadt, der *Hamburger Hochbahn Aktiengesellschaft* und der Bundesbahndirektion Hamburg, um einen Übergangstarif für die S-Bahn und die *HHA*-Verkehrsmittel auszuarbeiten.

Parallel dazu verfaßte Max Mroß, seit 1. Juli 1960 Vorsitzer des Vorstandes der *HHA*, 1960 ein Konzept zu dem Thema »Zusammenschluß des öffentlichen Nahverkehrs im Großsiedlungsraum Hamburg«. Darin führte Mroß aus, daß »... die raumerschließenden und raumordnenden Elemente des Verkehrs nur dann in voller Breite wirksam werden können, wenn eine Verkehrsintegration erreicht ist. Das ist für den Großsiedlungsraum Hamburg noch nicht der Fall, weil bislang das nach einheitlichen Grundsätzen aufgebaute Verkehrsnetz fehlt. Was vorhanden ist, sind nur Teilnetze oder gar nur Linien, die isoliert von den anderen Verkehrsträgern ihre Leistungen anbieten, oft sogar in unwirtschaftlicher Konkurrenz zueinander. Die fehlende Integration läßt eine optimale Raumordnung nicht zu, insbesondere die Befriedigung neuer Verkehrsbedürfnisse. Siedlungspolitische Entwicklungen werden nicht in die richtigen Bahnen gelenkt«.

Dieser »zugeworfene Ball« wurde von der *Bundesbahn* aufgefangen und rasch umgesetzt. Schon Ende 1960 erklärte der Vorstand der *Deutschen Bundesbahn* seine grundsätzliche Bereitschaft, mit den anderen öffentlichen Nahverkehrsunternehmen in Hamburg in engstmöglicher Form zusammenzuarbeiten, um einen Verkehrs- und Tarifverbund als eigene Gesellschaft zu gründen. Nach Auffassung der *DB* sollte die Verbundgesellschaft den gesamten öffentlichen Nahverkehr im Hamburger Siedlungsgebiet planen und gestalten und die Verkehrsbedienung in der zweckmäßigsten und wirtschaftlichsten Weise sicherstellen. Die Straßen sollten vom Oberflächenverkehr entlastet, der Schnellbahnverkehr gestärkt und der Übergang zwischen den verschiedenen Verkehrsmitteln erleichtert werden. Eine verblüffende und schnelle Klärung der Zielsetzungen einer Hamburger Verkehrs- und Tarifverbund-Gesellschaft also. Doch im Detail zeigten sich noch manch kritische Punkte, bis das Vertragswerk am 29. November 1965 unterzeichnet werden konnte. Dr. Hans-Joachim König, Verhandlungsführer der *Deutschen Bundesbahn* 1963/64, erinnert sich: »Nach dem Wettbewerbszustand sollte der Läuterungsprozeß eingeleitet werden, und der war für alle Beteiligten manchmal recht anstrengend. Der gesellschaftliche Zusammenschluß der *DB* mit ihrer S-Bahn auf der einen Seite und dreier Aktiengesellschaften auf der anderen Seite *(HHA, VHH* und *HADAG)* sowie das gegenseitige Abstimmen der verschiedenen Betriebsformen der Schnellbahnen, des Oberflächenverkehrs, der Hafenfähren und der Alsterschiffahrt bieten nicht nur für den Außenstehenden eine kaum zu ermessende Problemfülle. Als besonders schwierig erwiesen sich zwei erst während der Verhandlungen aufgetauchte Themenkreise, der Reformtarif der *HHA* von 1963 und der Antrag der *DB* auf Absprache einer zweckmäßigen sinnvollen Verkehrsordnung, die den Bau einer S-Bahn-Innenstadt-Querverbindung notwendig macht. Der Reformtarif der *HHA* ist in der Zeit vom 24. März bis zum 1. Mai 1963 stufenweise eingeführt worden. Er galt auch für die *HADAG*. Es handelte sich um einen Flächenzonentarif, der damals erstmals in Hamburg eingeführt wurde und der als Vorleistung für den künftigen Verkehrs- und Tarifverbund angekündigt worden war. Die *DB* war im Grundsatz damit einverstanden, doch brachte die Aufgliederung der Region in das Innenstadt-Areal (Zone 000) und um diese herum in weitere 30 Flächenzonen erhebliche Nachteile für den S-Bahn-Kunden. Es mußte nachgebessert werden.«

Schwieriger gestaltete sich die Einigung über eine zweite Radiallinie der S-Bahn durch die Hamburger City. Dieser Gedanke war nicht neu. Schon in einer *Denkschrift zu Fragen des Groß-Hamburger Vorortverkehrs* der Reichsbahndirektion Altona aus dem Jahr 1936 wurde erstmalig die Planung von zwei zusätzlichen S-Bahn-Gleisen zwischen Berliner Tor und Dammtor und eine Kehranlage auf der Westseite dieses Bahnhofs vorgeschlagen, um die seinerzeit schon beabsichtigten zusätzlichen elektrischen S-Bahn-Züge aus Richtung Ahrensburg, Bergedorf und Harburg an die S-Bahnhöfe Hauptbahnhof und Dammtor heranführen zu können. Es wäre damals nur eine Leistungssteigerung der tangential zur City gelegenen Verbindungsbahn erfolgt.

Im Jahr 1960 trug dann das Tiefbauamt der Freien und Hansestadt Hamburg erstmals eine Idee an die Bundesbahndirektion Hamburg heran, die der schon zitierte Dr. Hans-Joachim König und der Dipl.-Ing. Horst Weigelt sofort aufgriffen, nämlich anstatt einer Leistungssteigerung der Dammtor-Linie eine zweite innerstädtische S-Bahn-Strecke aus dem Raum Berliner Tor nach Altona zu bauen. König kam zu der Auffassung, daß eine echte City-Linie vom Hauptbahnhof durch die Geschäftsstadt hindurch nach Altona geführt werden müßte, um die Voraussetzung für ein effizientes S-Bahn-Netz zu schaffen. Hier kreuzten sich nun die Interessen von DB und HHA, denn auch die HHA plante eine U-Bahn von der Sierichstraße über Hofweg – Hauptbahnhof – Jungfernstieg – Altona bis Lurup. Die Verbundverhandlungen kamen ins Stocken. Der Vorstand der DB, von der Richtigkeit einer solchen City-Trasse überzeugt, schaltete sich ein. Unterdessen verlangte die Öffentlichkeit eine zügige Weiterführung der Verbundberatungen, doch die Freie und Hansestadt Hamburg erwartete von der DB vorher eine einwandfreie Planung. Einer Arbeitsgruppe unter Leitung von Dipl.-Ing. Horst Weigelt gelang es innerhalb von drei Monaten, Rohbaupläne für die neue Linie vorzulegen, die ein kritisches Hearing bestanden. Nachdem die letzten Zweifel ausgeräumt waren, kam am 7. Februar 1964 schließlich eine Vereinbarung zwischen dem Ersten Bürgermeister der Freien und Hansestadt Hamburg, Dr. Paul Nevermann, und dem Vorstand der *Deutschen Bundesbahn* über die Erschließung der Hamburger City durch die S-Bahn zustande. Nun begann die Überarbeitung der Trasse im Detail in enger Zusammenarbeit mit der Baubehörde Hamburg und dem Amt für Ingenieurwesen I sowie dessen Hauptabteilung U-Bahn-Bau (später Schnellbahnbau). Eigentliche Gewinner dieses Projektes sind die Fahrgäste, gestern und heute, denn für sie wurden die Weichen gestellt für ein sinnvolles Schnellbahnsystem, das das leistungsstarke Rückgrat des Verkehrs ist. Den verheerenden Fehler anderer Großstädte, die ihre Innenstädte durch Stadtautobahnen verschandelten, hat Hamburg nicht begangen. Mit der genannten Vereinbarung vom Februar 1964 stand das Signal für weitere Verbundverhandlungen nun auf »Grün«.

Fast zeitgleich mit den erfolgversprechenden Beratungen über den ersten Tarif- und Verkehrsverbund der Welt, den *Hamburger Verkehrsverbund*, brach überall in den Städten der Verkehrsnotstand aus. Eine Neuordnung des Stadtverkehrs war dringend geboten, so daß sich der Deutsche Bundestag mit den Fragen der künftigen Verkehrsgestaltung in Städten und Ballungsgebieten befassen mußte. Er beschloß am 1. August 1961 das Enquêtegesetz über eine Untersuchung von Verbesserungsmaßnahmen der Verkehrsverhältnisse in den Gemeinden. Aufgrund dieses Gesetzes berief die Bundesregierung eine Sachverständigenkommission, die ihren Bericht nach zweieinhalbjähriger Arbeit am 24. August 1964 vorlegte, der die Basis für das später verabschiedete Gemeindeverkehrsfinanzierungsgesetz (GVFG) war. Bis heute – und hoffentlich auch zukünftig – wirkt es sich sehr segensreich auf die Erhaltung, Erneuerung und den Neubau der Infrastruktur des öffentlichen Verkehrs aus.

Das GVFG war zur Zeit der Gründung des *Hamburger Verkehrsverbundes* am 29. November 1965 noch nicht wirksam. Umso erstaunlicher ist der Optimismus, mit dem dieser Schritt, für den es kein Vorbild gab, vollzogen wurde! Das ausdrückliche Ziel der Dachgesellschaft war es, den öffentlichen Personennahverkehr in der Region Hamburg zu verbessern. Gründungsmitglieder waren:
- *Hamburger Hochbahn Aktiengesellschaft (HHA)*
  mit allen ihren Betriebszweigen (U-Bahn, Bus, Straßenbahn, Alsterschiff)
- *Deutsche Bundesbahn (DB)*, Bundesbahndirektion Hamburg
  mit ihrer S-Bahn und ihren Stadtbussen in Hamburg
- *Verkehrsbetriebe Hamburg-Holstein Aktiengesellschaft (VHH)*
  mit den auf Hamburg ausgerichteten Buslinien
- *Hafen-Dampfschiffahrt Aktiengesellschaft (HADAG)*
  mit den Fähren und Schiffslinien im Hamburger Hafen (über die *HHA* assoziiert), eingeschlossen die Hamburg-Blankenese-Este-Linie.

Der *Hamburger Verkehrsverbund* ist eine Gesellschaft bürgerlichen Rechts. Man wählte diese Rechtsform wegen der vielfältigen organisatorischen Gestaltungsmöglichkeiten. Sie bietet alle Voraussetzungen für eine Anpassung der realen Verbundbedürfnisse und läßt auch die Einrichtung eines ausgleichenden neutralen Führungsorgans zu, das mit dem Direktorium geschaffen worden ist. Es übt die Geschäftsleitung der Gesellschaft aus. Ihm übergeordnet sind das Präsidium sowie der Rat und die Versammlung der Verbundpartner. Die Verbundpartner oder -gesellschafter – anfangs nur *HHA*, *DB*, *VHH* und *HADAG* – sind Träger der sich aus Gesetz und öffentlich-rechtlichen Genehmigungen ergebenden Rechte und Pflichten geblieben. Die Eigentumsverhältnisse bei den Anlagen und Fahrzeugen werden durch die Dachgesellschaft *(HVV)* nicht angetastet. Der Betrieb wird von den Verbundpartnern geführt, sie tragen auch die Kosten dafür. Die einzelnen Unternehmen bleiben Vertragspartner der Verkehrsnutzer, das heißt, der Fahrgast schließt mit ihnen den Beförderungsvertrag ab. Die Verbundgesellschafter (Unternehmen) erheben also das Fahrgeld, sie regeln den Personaleinsatz und stellen die Dienstpläne dafür auf. Sie erstellen die Betriebsleistungen und überwachen deren Ablauf. Sie sind für eine sichere Betriebsführung verantwortlich und kümmern sich um die technischen Weiterentwicklungen. Die Dachgesellschaft *(HVV)* hat in dieser Aufgabenteilung folgenden Part übernommen:

- Verkehrsplanung und Gestaltung der Fahrpläne
- Gestaltung des Fahrzeugeinsatzes
- Erstellung und Fortentwicklung des Gemeinschaftstarifs
- Aufteilung der Verkehrseinnahmen auf die Verbundpartner
- das Marketing.

Verbundgesellschafter und Dachgesellschaft unterstützen sich gegenseitig in ihrer Arbeit. Grundlage für die Verbundarbeit sind drei Vertragswerke, die in engem Zusammenhang stehen:
- der Verbundvertrag
- der Organisationsvertrag
- der Einnahmeaufteilungsvertrag.

Neben diesen drei Verträgen wurde noch ein besonderer Rahmenvertrag zwischen der Freien und Hansestadt Hamburg und der *Deutschen Bundesbahn* abgeschlossen. Er regelt nur beiderseitig relevante Vereinbarungen.

Die größten Schwierigkeiten bereitete der Einnahmeaufteilungsvertrag. Den Anstoß zur Einigung gab Max Mroß, Vorsitzer des Vorstands der *HHA*. Er plädierte für den »Platzkilometer« im Verteilerschlüssel für die eingenommenen Fahrgelder und nicht für den »Personenkilometer«, wie er zum Beispiel bei einer Taxifahrt üblich ist. Die Einheit »Platzkilometer« ist für alle Beteiligten leicht zu überschauen und zu überwachen. Außerdem werden

191 *Verkehrszählung durch HVV-Mitarbeiter*

192 *Die Schnellbahnen werden zum Rückgrat des Verbundangebots*

die betriebenen Streckenlängen, die eingesetzten Fahrzeugplätze sowie die geleisteten Bus-, Zug- und Schiffskilometer in den Verteilerschlüssel einbezogen. Da Max Mroß durch überzeugende Vorschläge gerade in diesem wichtigen Teil der Verbundvereinbarung den Durchbruch erzielte, wird er noch heute als »Vater des Verkehrsverbundes« angesehen.

Nur rund ein Jahr nach Verbundgründung, am 1. Dezember 1966, traten weitere Mitglieder in den Verbund ein:
- die *Eisenbahn-Gesellschaft Altona-Kaltenkirchen-Neumünster* mit ihrer Linie Hamburg – Kaltenkirchen *(AKN)*
- *Alsternordbahn GmbH (ANB)* – 1953 wurde die Linie zwischen Ochsenzoll und Ulzburg Süd eröffnet.
- *Elmshorn-Barmstedt-Oldesloer Eisenbahn Aktiengesellschaft (EBO)* mit der Strecke Elmshorn – Barmstedt.

Der Verbundraum hat eine Größe von 3 000 Quadratkilometern, in dem heute 2,4 Millionen Menschen wohnen. Er reicht von Buchholz über Buxtehude bis nach Kaltenkirchen und Bad Oldesloe, ist also nicht identisch mit dem gegenwärtigen *HVV*-Wirkungsraum, der sich zwar von Kaltenkirchen bis nach Lauenburg erstreckt, aber bestimmte Gebiete (noch) ausschließt.

Am 1. Dezember 1966 war es soweit – der neue Verbundfahrschein erlaubte die Benutzung aller angebotenen Verkehrsmittel mit nur einem Fahrschein. Ab 1. Januar 1967 galt der Verbundtarif auch für Monatskarten. Die Vorteile des Gemeinschaftstarifs sahen so aus:
- Freie Verkehrsmittelwahl und damit Wegfall der tarifbedingten Umwegfahrten, wofür ein Beispiel genannt sei: Bisher fuhr man von Appelbüttel (Harburg) zum Hauptbahnhof mit Bus und Straßenbahn 67 Minuten, zum Gemeinschaftstarif nur noch 36 Minuten mit Bus und S-Bahn.
- Einheitliche Preisbemessungsgrundsätze und gleiche Tarifbedingungen für alle Verkehrsmittel.
- Einführung einer Verbundfahrkarte, gültig auf sämtlichen Verkehrsmitteln im Bereich des Gemeinschaftstarifs.
- Preisgünstige Kurzstreckenfahrausweise anstelle von Sammelfahrkarten.
- Abbau aller tariflichen Schranken, die bisher einer freien Verkehrsmittelwahl entgegenstanden.
- Möglichkeiten zur Automatisierung der Fahrscheinausgabe und der Fahrscheinentwertung.

Die Einführung des Gemeinschaftstarifs war die Voraussetzung für die volle Wirksamkeit des Verkehrsverbundes. Der *HVV*-Tarif galt damals auf 150 Linien mit rund 2 000 Kilometern Linienlänge, die 1 850 Haltestellen bedienten. Um in diesem Riesenangebot einen Überblick zu bekommen, gab es mit Jahresbeginn 1967 das erste *HVV*-Fahrplanbuch mit 388 Seiten, mit dessen Her-

193

194 *Bekomme ich den Anschluß?*

ausgabe die Hamburger Schnellbahnen auch Linienbezeichnungen bekamen. Vorbei war es nun mit dem »U-Bahn-Ring«, der »Langenhorner Bahn« oder der »Wandsbeker Linie«. Das Schnellbahnnetz umfaßte damals folgende Linien:

U 1 Ochsenzoll – Stephansplatz – Wandsbek-Markt – Volksdorf – Großhansdorf/Ohlstedt
U 2 Hagenbecks Tierpark – Schlump – Landungsbrücken – Berliner Tor – Barmbek – Farmsen
U 3 Barmbek – Schlump – Landungsbrücken – Berliner Tor – Horner Rennbahn
S 1 Poppenbüttel – Wedel (Holstein)
S 2 Elbgaustraße – Hauptbahnhof – Bergedorf
S 3 (Altona) – Hauptbahnhof – Harburg – Neugraben (E-Lok-Betrieb)
S 4 Hauptbahnhof – Rahlstedt – Ahrensburg (Dampf-/Dieselbetrieb)
S 5 Altona – Pinneberg – Elmshorn (Dampf-/Dieselbetrieb)
S 6 Bergedorf – Aumühle – Friedrichsruh (Dampfbetrieb).

Im Hinblick auf die erheblichen Verkehrsstromverlagerungen durch den Gemeinschaftstarif enthielt das Verbundfahrplanbuch eine große Zahl von Linien- und Fahrplanänderungen. Mit dem Ziel, die leistungsstarken Schnell- und Vorortbahnen zu nutzen, war das Omnibus-Zubringernetz auf diese Stationen ausgerichtet worden – ein Zeitgewinn für viele Fahrgäste.

1967 zählte man in Hamburg etwa eine Million Erwerbstätige, darin enthalten etwa 110 000 Pendler. Im selben Jahr stieg die Zahl der in Hamburg zugelassenen Personenwagen auf 373 000. Auf 1 000 Einwohner kamen damals 204, ein Jahr vorher nur 196 Autos. Trotzdem konnte der *Hamburger Verkehrsverbund* 1968 verkünden, daß die allgemeine Rückläufigkeit der Benutzung öffentlicher Verkehrsmittel seit Verbundgründung gestoppt war. Der vorteilhafte Gemeinschaftstarif zeitigte Erfolge. Insgesamt zählte man 1968 558 Millionen Fahrgäste.

In der Zwischenzeit ging der U-Bahn-Bau mit unveränderter Intensität voran. Am 29. September 1968 konnte das unterirdische Teilstück Berliner Tor – Hauptbahnhof-Nord in Betrieb genommen werden. Obwohl dieser U-Bahn-Bauabschnitt zum Projekt Stellingen – Billstedt gehörte, setzte der Zugverkehr zunächst als »U 21« zwischen Barmbek – Berliner Tor – Hauptbahnhof-Nord ein, allerdings nur montags bis freitags von 6.00 bis 19.00 Uhr. In der übrigen Zeit pendelten die Züge nur zwischen Berliner Tor und Hauptbahnhof-Nord. Am Jungfernstieg waren besondere Probleme zu lösen. Dort mußte die Trasse unter den Gleisen der bereits vorhandenen Linie Kellinghusenstraße – Jungfernstieg eingebaut und der

195 Aus den Anfangstagen des Verkehrsverbundes: U- und S-Bahn in Ohlsdorf

Bahnsteig errichtet werden. Gleichzeitig aber wurde der Tunnel für die City-S-Bahn unter der Binnenalster ausgehoben; die Bahnsteiganlage dafür mußte zwischen den beiden U-Bahn-Bahnsteigen noch Platz finden. Eine Herausforderung für die Ingenieure.

Mit Beginn des Winterfahrplans am 28. September 1969 konnte der Ostabschnitt des U-Bahn-Projektes Stellingen-Billstedt durch die Eröffnung der Strecke Legienstraße – Billstedt vollendet werden. Oberhalb der U-Bahn-Anlagen in Billstedt war zur selben Zeit ein großzügig angelegter Omnibusbahnhof entstanden, der den Fahrgästen seitdem ein bequemes Umsteigen ermöglicht. Die Fertigstellung der U-Bahn-Bauarbeiten in diesem Raum wurde mit der Einfahrt des ersten Zuges in die Endstation Merkenstraße am 31. Mai 1970 gefeiert.

Hoch im Norden des Hamburger U-Bahn-Netzes gab es am 1. Juni 1969 eine kleine Erweiterung der Strecke durch die neue Endstation Garstedt. (Die Stadt Norderstedt ist erst 1970 gegründet worden.) Der Anlaß dieser relativ kleinen Veränderung ist ein Junktim, das die Gemeinde Garstedt ausgehandelt hatte. Während dort ein Wohngebiet mit bis zu viergeschossiger Bauweise vorgesehen war, zeichnete sich beim Hamburger Flughafen der dringende Bedarf für eine zweite Start- und Landebahn ab. Unter Verzicht auf eine höhere Bauform erhielt Garstedt die Zusage für einen U-Bahn-Anschluß. Die seit dem 9. Mai 1953 zwischen Ochsenzoll und Ulzburg-Süd verkehrende Alsternordbahn (seit 1964 *Alsternordbahn GmbH*) bekam ebenfalls einen neuen Endbahnhof mit günstiger Übersteigemöglichkeit. Durch die Einkaufsgelegenheiten im Herold-Center entwickelte sich dieser Platz zu einer vitalen Stätte der Begegnung mit einem wichtigen Knotenpunkt für Bus und Bahn. Gleichzeitig mit der Streckenverlängerung wechselte man auf Wunsch der Bevölkerung auch den Stationsnamen »Langenhorn-Mitte« um in »Langenhorn-Markt«. Eine weitere Änderung war, daß die *Hamburger Hochbahn Aktiengesellschaft* mit Wirkung vom 1. Januar 1970 sowohl bei der Langenhorner Bahn als auch bei der Walddörferbahn alle Anlagen übernahm, die bislang Eigentum der Freien und Hansestadt Hamburg waren.

Inzwischen machte der Schildvortrieb in der Innenstadt weitere Fortschritte. Am 31. Mai 1970 wurde das Teilstück Schlump – Messehallen – Gänsemarkt für den Betrieb freigegeben und ein Pendelverkehr eingerichtet, der zwischen Schlump und Gänsemarkt als »U22« die Verbindung in die City anbot.

Als am 3. Juni 1973 endlich die Verbindung zwischen Gänsemarkt und Hauptbahnhof-Nord mit einem besonders volkstümlichen Festakt eröffnet wurde, beteiligten sich Tausende von Menschen daran. Es war IGA-Zeit in Hamburg, Internationale Gartenschau 1973, und die

196 Als Ochsenzoll noch Umsteigepunkt U-Bahn/ANB war

197   Umsteigeanlage Wandsbek-Markt – Sammler und Verteiler für den Busverkehr im Hamburger Osten

198   Im August 1969 machte man sich Gedanken über einheitliche Symbole an den Verbundfahrzeugen

199   Ab 1967 gibt es Linienbezeichnungen in Kurzform

200

201 Partner in den Randgebieten: EBO (oben) und VHH (unten)

Stadt voller Besucher, die sich mitfreuen über dieses wichtigste Ereignis im Hamburger öffentlichen Nahverkehr seit Kriegsende – ein Verkehrsknotenpunkt, in dem die Züge unten und die Alsterschiffe oben fahren und erstmals fabelhafte Fahrzeiten anboten, die ein Autofahrer auch heute nicht schafft: z. B. vom Schlump in nur sechs Minuten, von der Mundsburg in acht, von Hagenbecks Tierpark in 14 Minuten zum Jungfernstieg. Die neue U2 macht es möglich. Damit war der Schlußstein gesetzt worden für den ersten U-Bahn-Neubau nach dem Zweiten Weltkrieg. Das nunmehr 89,5 Kilometer lange U-Bahn-Streckennetz ermöglichte es, die seit längerem vorhandenen drei U-Bahn-Linien auf getrennten Wegen zu führen und die Leistungsfähigkeit dadurch weiter zu seigern. Die Interimslinien U21 und U22 gingen in der Linie U2 auf, die von der Hafen- auf die Neubaustrecke verlegt wurde. Gleichzeitig endete die Linie U2 aus fahrplantechnischen Gründen statt in Farmsen in Wandsbek-Gartenstadt.

Wenn die *HHA* in ihrem Geschäftsbericht meldete, daß 1971 der letzte U-Bahn-Wagen aus der Zeit vor dem Zweiten Weltkrieg ausgemustert worden sei, dann ist dieser fast lakonische Satz auf das besondere Understatement der Hanseaten zurückzuführen, denn 1971 ist der Kulminationspunkt im Fahrzeugangebot der Hamburger U-Bahn. Welch enorme Entwicklung hatte sich dort seit 1912 ergeben! Nichts zeigt die technischen Innovationen im Fahrzeugbau deutlicher als die Hamburger U-Bahn-Fahrzeuge, einfach deshalb, weil diese Fahrzeuge ständig einer Anpassung unterworfen wurden. Mit 80 T-Wagen (Triebwagen) begann die Hochbahn in Hamburg im Ring zu fahren. Die Norm waren zunächst zwei bis drei Wagen, dann der Vier-Wagen-Zug. Ein T-Wagen hatte eine Länge von 12,8 Metern und ein Gewicht von 24,5 Tonnen. Er bot 130 Personen Platz.

Später fuhren Sechs-Wagen-Züge und nach teilweiser Verlängerung der Bahnsteige auf bestimmten Strecken auch Acht-Wagen-Züge. Die Aufstockung des Wagenparks erfolgte kontinuierlich bis 1929, aber jede neue Lieferung fiel technisch gesehen etwas anders aus. Hier seien nur die Anordnung von beidseitigen Führerständen oder die Versuche mit einer Nutzbremsung genannt. Im Jahre 1932 war der T-Wagenbestand bereits von ursprünglich 80 Wagen auf 383 angestiegen; nach Kriegsende waren davon nur noch 258 betriebsfähig. Mit diesem Restbestand konnte der U-Bahn-Betrieb nur aufrechterhalten werden, solange es noch durch Zerstörungen bedingte Betriebseinschränkungen gab. Findige Ingenieure begannen aus den Fahrgestellen der ausgebrannten Wagen neue Fahrzeuge zu bauen, ein Behelf, der auch in diesem Fall den Einfallsreichtum dokumentierte.

202 Die ersten DT 1 unterwegs (1958)

Endlich – im Jahr 1958 – kamen die ersten Nachkriegslieferungen in Hamburg an, 52 von insgesamt 100 georderten Doppeltriebwagen, mit denen der Verkehr Hellkamp – Schlump bis Hauptbahnhof bzw. Barmbek verlängert werden konnte. Es handelte sich um Wagen mit der Typenbezeichnung DT 1 (Ausführungen Type I und II), die eine Länge von 28,43 Metern und ein Gewicht von 50,5 Tonnen haben. Der Typ I bietet 266, der Typ II 276 Plätze. Die Motorleistung beträgt 8 x 74 kW (T-Wagen 2 x 74 kW), die Höchstgeschwindigkeit 80 km/h (T-Wagen nur 50 km/h).

Den Fahrzeugbestand von 499 U-Bahn-Wagen des Jahres 1961 stockte die *HHA* 1962 durch zunächst 34 Wagen eines neuen Fahrzeugtyps erneut auf. Diese Fahrzeugreihe erhielt die Typenbezeichnung DT 2. Bei gleicher Länge wie der DT 1 zeichnet sich dieser Doppeltriebwagen durch ein auffallend leichteres Eigengewicht von nur 34,5 Tonnen aus. »Der DT 2 läutet eine neue Ära ein. Es gelang, in Leichtbauweise ein Waggongerippe zu fertigen, das mit rostfreiem Stahlblech verkleidet wurde, und dabei bei gleichbleibender Stabilität, verstärkter Feuerfestigkeit und verbessertem Fahrkomfort trotzdem weniger Gewicht auf die Gleise bringt.« (Aus einem *HHA*-Prospekt.) Aufbauend auf den DT 2-Erfahrungen, wurde der DT 3 – eine Drei-Wagen-Einheit – entwickelt, von dem die ersten 1968 zum Einsatz kamen, nachdem ein Prototyp bereits seit 1966 unter härtesten Bedingungen getestet worden war. Eine dreiteilige Einheit ist 39,52 Meter lang, wiegt 46 Tonnen und bietet 116 Sitzplätze. Die Fahrleistung beträgt 8 x 80 kW, die Höchstgeschwindigkeit 80 km/h.

Im Jahr 1972 bestand der Fahrzeugpark der Hamburger U-Bahn aus 100 DT 1, 368 DT 2 und 381 DT 3, zusammen also aus 849 Wagen. (Zwei der alten T-Wagen allerdings blieben der Nachwelt erhalten, der Wagen 11 und der Wagen 220. Sie werden vom *Verein Verkehrsamateure und Museumsbahn e.V., Hamburg,* und der *HHA*-Abteilung F, U-Bahn-Werkstatt Hellbrookstraße, gepflegt, und manchmal fahren diese bejahrten Wagen eine »Sightseeing-Tour« auf dem alten U-Bahn-Ring.)

Da aber die Zeit nicht stehenbleibt, konnte man auf der Internationalen Verkehrsausstellung in Hamburg (IVA '88) den allerneuesten U-Bahn-Zug für Hamburg sehen. Nach einer Komplettierung im Herstellerwerk wurde der erste von 30 georderten DT 4 am 14. Oktober 1988 an die *HHA* ausgeliefert, zwei weitere Einheiten folgten bis Jahresende. Die restlichen 27 Fahrzeuge kommen nach der Testphase dieser ersten drei Prototypen aus dem Werk. Mit dem Einsatz der DT 4 sollen die Fahrzeuge der Reihe DT 1 endgültig aus dem Verkehr gezogen werden. Die DT 4 verbinden bewährte Technik mit neuester Technologie. Die Typenbezeichnung DT 4 bedeutet, daß es sich um einen Vier-Wagen-Zug handelt, der aus zwei symmetrischen Fahrzeughälften besteht.

Die vierteilige Einheit ruht auf sechs luftgefederten Drehgestellen, von denen nur vier angetrieben werden. Die Mittelgestelle, Abstützpunkte für je zwei Wagenkästen, sind reine Laufgestelle (siehe Jakobsdrehgestelle bei der Hamburger Wechselstrom-S-Bahn). Ein Allachsantrieb ist aufgrund der besseren Haftwertausnutzung der Drehstrom-Antriebsausrüstung nicht notwendig. Die Fahrmotorleistung beläuft sich auf 8 x 125 kW, die Achsfolge ist Bo'+2+Bo',Bo'+2+Bo'. Die Höchstgeschwindigkeit beträgt 80 km/h. Der DT 4 wird mit Drehstrom angetrieben, obwohl er 750 Volt Gleichstrom aus der Stromschiene erhält. Diese Technik ist zuvor durch Umrüstung von zwei DT 3-Wagen lange Jahre bei der *HHA* getestet worden.

Die Wagenkästen sind in Stahlleichtbauweise hergestellt worden; sie bestehen jedoch im Gegensatz zu den DT 2- und DT 3-Fahrzeugen aus rostfreiem Edelstahl. Alle vier Wagenkästen sind in Form, Aufbau und Abmessungen (bis auf die Fahrerräume) völlig identisch. Sie bieten bei einer Länge von 60,28 Metern 183 Sitz- und 372 Stehplätze (sechs pro Quadratmeter). Für die Fahrgäste steht eine Sprechanlage zum Fahrzeugführer zur Verfügung. Der Türauffangraum ist vergrößert; die Türen können bei Bedarf über Druckknopf vom Fahrgast selbst geschlossen werden. Das Lichtraumprofil wird optimal ausgenutzt. Die Materialien sind nur schwer brennbar, außerdem ist eine Sprinkler-Anlage vorhanden. Eine Notbremsüberbrückung verhindert einen ungewollten Halt im Tunnel und ermöglicht so die Weiterfahrt bis zur nächsten Station, von der aus etwa notwendige Rettungsmaßnahmen schneller zur Wirkung kommen können. (Übrigens ist diese »Notbremsüberbrückung« seit dem 1. März 1989 auch bei der Hamburger S-Bahn wirksam.)

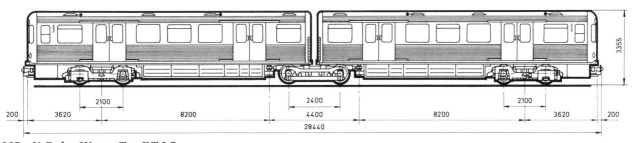

203 U-Bahn-Wagen Typ DT 2.3

204 Historisches Fahrzeug im denkmalgeschützten Bahnhof: T-Wagen 220, U-Bahn-Haltestelle Mundsburg

205 DT 4-Einheit auf dem Versuchsgleis in Berne, Frühjahr 1989

206 Von Verkehrsamateuren (VVM) restauriert: Wechselstromzug der Hamburger S-Bahn

207 Seit 1975 im Einsatz: Moderne S-Bahn-Züge der Baureihe 472/473

208

209 Aus den Anfangstagen des Verkehrsverbundes: Bahnbus, Linie 46, (oben) und Alsterschiff (unten) im HVV

Hamburg ist Spitze!

Modernste Technik
im U-Bahn-Triebzug DT4
setzt neue Maßstäbe.

**Glückwunsch zu 150 Jahren ÖPNV
von Asea Brown Boveri.**

Verkehrstechnik

Asea Brown Boveri AG
Nahverkehr
Postfach 10 03 51
D-6800 Mannheim 1

ASEA BROWN BOVERI

MBB. Zum Thema Verkehrstechnik.

Einstieg zu attraktivem Nahverkehr.

*Mehr Pünktlichkeit,
bessere Übersicht,
höhere Wirtschaftlichkeit –
Eine Lösung:
das MBB-BON-System.*

Wir bieten
VÖV-Standard plus
– Standort-Bestimmung
– Fahrzeugautonomer Betrieb
– Lichtsignalbeeinflussung
– Anschlußsicherung
– Besetzungsgradmessung

Als Partner liefert CLI die
BON-Standard Software.

In mehreren deutschen
Großstädten fährt man bereits
mit dem MBB-BON-System.
Wann steigen Sie bei uns ein?

MBB Industrieerzeugnisse
Verkehrstechnik

MBB-Verkehrstechnik
Postfach 80 12 65
8000 München 80
Tel.: 089/60016-346
Telex: 52870 mbb d
Fax: 089/60016-354

210   Modernisierung auch bei den »kleineren Partnern«: MAN-Schienenbus in Kaltenkirchen...

211   ...und dieselelektrischer Triebwagen VT2E in Eidelstedt

DT4 · HAMBURG

Linke-Hofmann-Busch
Waggon-Fahrzeug-Maschinen GmbH
ein Unternehmen der Salzgitter-Gruppe · Postfach 41 11 60 · D-3320 Salzgitter 41

Thyssen-Fahrtreppen und -Fahrsteige

Man steigt um auf Bus und Bahn

Die Infrastruktur wird durch den Ausbau der innerstädtischen Verkehrssysteme und entlang der Verkehrsachsen bis in die Randgebiete weiter verbessert. In Minutenabständen befördern Bahnen und Busse tausende von Personen, schnell und pünktlich. Mit fahrgastfreundlichen Angeboten motivieren Verkehrsgesellschaften immer mehr Autofahrer zum Umsteigen.

Thyssen Fahrtreppen und -Fahrsteige leisten einen entscheidenden Beitrag, diesen anhaltenden Trend zu fördern. Sie machen den Zugang zu Bahnhöfen bequem, leicht und sicher, und sie sorgen dafür, daß selbst während der Rush hour der Personenverkehr reibungslos fließt.

THYSSEN FAHRTREPPEN GMBH
Kolumbusstraße 8 · D-2000 Hamburg 74
Postfach 74 06 23 · Telefon (0 40) 7 31 17 (0)
Telex 2 11 121 · Telefax (0 40) 73 11 72 11

Die kompakte Sicherheit für den modernen Stadtschnellverkehr

KNORR – Elektro-hydraulische Bremssysteme

Speziell entwickelt für den Stadtschnellverkehr, wie Straßenbahnen, U-Bahnen und People-Mover-Transportsysteme

Variable Einsatzmöglichkeiten durch Modulbauweise des Bremssattels mit auswechselbaren Bremskraftpatronen

Hohe Bremsleistung, z. B. für Steilstreckenabschnitte

Platzsparend durch äußerst kompakte Bauform

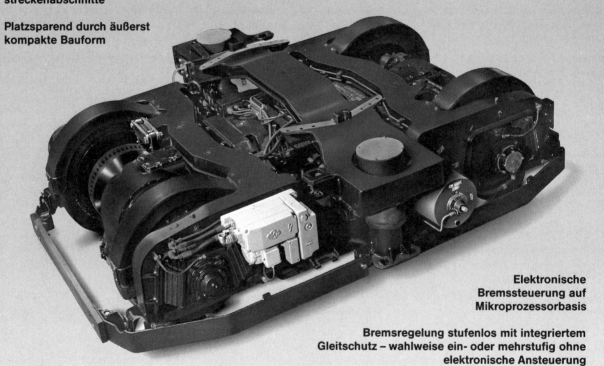

Elektronische Bremssteuerung auf Mikroprozessorbasis

Bremsregelung stufenlos mit integriertem Gleitschutz – wahlweise ein- oder mehrstufig ohne elektronische Ansteuerung

Zusammenwirkung dreier Bremssysteme für den Fahrbetrieb: Generatorische Bremse – Scheibenbremse – Magnetschienenbremse

KNORR-BREMSE AG MÜNCHEN
Unternehmensbereich Bremsen für Schienenfahrzeuge

26. Die City-S-Bahn

Im August 1967 schlossen die Freie und Hansestadt Hamburg und die *Deutsche Bundesbahn* einen „Herstellungsvertrag" für die City-S-Bahn. Diese Vereinbarung entsprach den gemeinsam ausgehandelten Zielen Hamburgs und der *DB*, den öffentlichen Nahverkehr zu stärken. Für beide Partner wurden neue Wege einer Zusammenarbeit gefunden. Hamburg verpflichtete sich, Investitionsanteile wie bei vergleichbaren U-Bahn-Projekten zu tragen und 4,8 Kilometer der insgesamt knapp 8 Kilometer in eigener Zuständigkeit herzustellen. So baute die *DB* innerhalb der Einfädelungsbereiche Hauptbahnhof und Altona, während die Baubehörde Hamburg den dazwischenliegenden Teil mit dem Schnellbahnknoten Jungfernstieg und den Haltestellen Stadthausbrücke, Landungsbrücken, Reeperbahn und Königstraße übernahm.

Über die Finanzierung dieses gewaltigen Vorhabens war zunächst die Vereinbarung getroffen worden, daß Hamburg und die *DB* sich die Kosten im Verhältnis 79,5 zu 20,5 Prozent teilen. Aufgrund der Empfehlungen der vom Deutschen Bundestag eingesetzten Enquête-Kommission kam erstmals die Beteiligung des Bundes zum Tragen. Der Bund hatte 1967 über das Steueränderungsgesetz Richtlinien für Bundeszuwendungen zur Verbesserung der Verkehrsverhältnisse in den Gemeinden (GVFG) herausgegeben, wonach bei gesicherter Gegenfinanzierung – und die lag vor – mindestens 50 Prozent der Baukosten aus dem Mineralölsteueraufkommen getragen werden. Die Anteile Hamburgs und der *DB* minderten sich dadurch entsprechend. Letztlich wurde der Bau der City-S-Bahn nach folgendem Schlüssel finanziert: Für den Verkehrsweg zahlten der Bund 60 Prozent, Hamburg 31,8 Prozent und die *DB* 8,2 Prozent. Für die Ausrüstung zahlten der Bund 60 Prozent und die *DB* 40 Prozent. Die Fahrzeuganschaffung trug die *DB* allein. Die Gesamtbaukosten der City-S-Bahn vom Hauptbahnhof bis Diebsteich waren auf 682 Millionen DM veranschlagt worden.

Am 17. Oktober 1967 begannen die Bauarbeiten an der Binnenalster mit dem obligatorischen »ersten Rammschlag«. Gut siebeneinhalb Jahre waren erforderlich, um das erste Teilstück der City-S-Bahn fertigzustellen, den 3,2 Kilometer langen Bauabschnitt Hauptbahnhof – Landungsbrücken. Er wurde nahezu vollständig in offener Baugrube ausgeführt, davon etwa ein Drittel in der Binnenalster und in Fleeten. Nun – es wurde geschafft, und am 30. Mai 1975 taufte die hamburgische Volksschauspielerin Helga Feddersen den Eröffnungszug im Bahnhof Jungfernstieg tief unter der Alster auf den Namen *Alster* – zünftig mit Hamburger Alsterwasser. Tausend Ehrengäste jubelten ihr zu.

Gerade rechtzeitig vor diesem Festakt hatten die ersten von dreißig bestellten neuen S-Bahn-Zügen der Baureihe 472/473 ihre Testphase abgeschlossen. Ab 1. November 1974 waren die Züge in Hamburg eingetroffen, ab März 1975 mußten die Triebwagen 472 001 bis 007 einer fahrplanmäßigen Belastung auf der S2 standhalten. Dem Start auf der neuen Teilstrecke der City-S-Bahn stand nun nichts mehr im Wege. Im Reigen der »Jahrhundertbauwerke«, die es seinerzeit in Hamburg zu feiern gab, war diese neue Anlage eines. Zunächst war da die am 20. September 1974 freigegebene Köhlbrandbrücke, die an diesem Tag von rund 600 000 Menschen »in Besitz« genommen wurde. In der Tat eine Brücke der Superlative, 3 980 Meter lang einschließlich ihrer Auffahrten, im Scheitel 58 Meter über dem Wasser, mit zwei die Skyline von Hamburg bereichernden 131,5 Meter hohen Pylonen. Dann kamen die Eröffnungstage des neuen 2 653 Meter langen Elbtunnels vom 26. bis 30. Dezember 1974, den mehr als eine halbe Million Menschen durchwanderten. Diesmal ging es bis zu 27 Meter tief unter die Elbe. Zuvor staute sich der Autoverkehr in Spitzenzeiten am Nadelöhr Elbbrücken oftmals über die Ost-West-Straße hinweg bis zum Millerntor. Und fast genau ein Jahr, bevor am 15. Juni 1976 der Elbe-Seiten-Kanal freigegeben wurde, feierte Hamburg nun die City-S-Bahn, bei der es sich jedoch zunächst einmal um die Teilstrecke Hauptbahnhof – Landungsbrücken handelte, die nur einem recht kleinen Teil der täglichen S-Bahn-Fahrgäste Vorteile brachte. Mit Beginn des Sommerfahrplans am 1. Juni 1975 kreierte der *HVV* die Linie S10, die alle zehn Minuten zwischen Barmbek und Landungsbrücken pendelte; dazwischen fuhren noch Züge vom Hauptbahnhof ab. In der Hauptverkehrszeit boten einige Züge ab Poppenbüttel oder Bergedorf den Direktverkehr bis Landungsbrücken. Für den Fahrgaststrom aus dem Westen und dem

175

212   17. Oktober 1967: Baubeginn der City-S-Bahn in der Binnenalster

213   Beispiel für die umfangreichen Bauarbeiten für die City-S-Bahn: Die Baugrube Binnenalster

214   Jahrhundertbauwerk Köhlbrandbrücke, am 20. September 1974 eröffnet

215   Jahrhundertbauwerk Elbtunnel, am 26. Dezember 1974 eingeweiht

Norden besserte sich nichts. So verebbte die anfängliche Euphorie rasch. Mit im Schnitt 26 000 Fahrgästen täglich erreichte man die Prognosezahlen für den durchgehenden Betrieb Altona – Hauptbahnhof nicht annähernd, und Kritik wurde laut.

Das änderte sich jedoch schlagartig, als die City-S-Bahn am 19. April 1979 in Altona empfangen wurde, womit der zweite Bauabschnitt fertiggestellt war und der fahrplanmäßige Betrieb der S1 in der neuen Trasse beginnen konnte. Die Vorteile für die Fahrgäste sind zahlreich. Sie haben grundsätzlich die Wahl, über Dammtor oder Jungfernstieg zu fahren. Die Verteilerbahnhöfe Altona und Hauptbahnhof bieten das bequeme bahnsteiggleiche Umsteigen. Das lästige Wenden aller Züge in Altona war entfallen. Darüber hinaus erbrachte die City-S-Bahn die Voraussetzung für das spätere Einfädeln der Harburger S-Bahn in das Netz der Gleichstrom-S-Bahn.

Das gesamte hamburgische Schnellbahnnetz gewann an Bedeutung. Die Buslinien erhielten die für den Fahrgast vorteilhaften Zubringer- und Verteilerfunktionen nun auch im Raum Altona. Diese Kriterien führten endlich zu dem gewünschten Erfolg; das Fahrgastaufkommen stieg. Eine im Herbst 1979 durchgeführte Verkehrszählung hatte folgende Ergebnisse: In der Zeit von 5.30 Uhr bis 8.30 Uhr stieg das Verkehrsaufkommen von Altona in die Richtungen Holstenstraße und Königstraße von 11 000 (Winterfahrplan 1978/79) um 32 Prozent auf 14 500 Fahrgäste (Winterfahrplan 1979/80). Vom Hauptbahnhof in die Richtungen Dammtor und Jungfernstieg stieg das Fahrgastaufkommen im gleichen Zeitintervall von 20 700 um 11 Prozent auf 23 000 Fahrgäste. Von Altona aus benutzten 58 Prozent der Fahrgäste die City-S-Bahn, 42 Prozent fuhren in Richtung Holstenstraße. Vom Hauptbahnhof aus benutzten 54 Prozent der Fahrgäste die Verbindungsbahn, 46 Prozent fuhren in Richtung Jungfernstieg.

Am 31. Mai 1981 endlich war auch der letzte Bauabschnitt der City-S-Bahn vollendet, die Verbindung von Altona nach Diebsteich, an der Pinneberger Linie gelegen. Mit dieser 2,1 Kilometer langen Verbindungsschleife ist es möglich, auch den Fahrgästen aus dem Pinneberger Raum den Direktanschluß zur City-S-Bahn zu bieten; außerdem kann der Fernbahnhof Altona wieder auf schnellem Wege erreicht werden.

In Abstimmung mit der Bundesbahndirektion Hamburg hatte sich der *HVV* seinerzeit für folgende Linienführung entschieden: Die Linie S2 (Pinneberg – Aumühle) verkehrte ab 31. Mai 1981 nicht mehr über Holstenstraße, sondern über Jungfernstieg, also über die City-Linie. Die Linie S21 wurde neu eingerichtet, verkehrte aber nicht abends und nicht sonnabends und sonntags nachmittags. Sie bot die Verbindung ab Elbgaustraße über die Verbindungsbahn wechselweise nach Bergedorf oder Barmbek. Damit kristallisierte sich schon damals heraus, daß alle einziffrigen S-Bahn-Linien über Jungfernstieg fahren, die zweiziffrigen über Dammtor. Diese Linienänderungen haben zu erheblichen Verlagerungen der Fahrgastströme geführt. Mit rund 50 000 Fahrgästen pro Tag und Richtung in den maximal belasteten Querschnitten war die City-S-Bahn die meistbenutzte S-Bahn-Strecke geworden.

216 Ein Grund zum Feiern: Die Pinneberger S-Bahn wurde 1981 zweigleisig (von rechts nach links: Dipl.-Ing. Seewig, DB-Vizepräsident Kock, HVV-Direktor Westphal)

INTERCITY-RESTAURANT IM HAMBURGER HAUPTBAHNHOF

Dieses Restaurant, gehalten in edlen Hölzern und Marmor, ist zu einem kulinarischen Treffpunkt im Hamburger Hauptbahnhof geworden. Mit anspruchsvoller Atmosphäre, schnellem und aufmerksamen Service und einer hervorragenden Küche. Das alles zu fairen Preisen, wie Matjesfilets, grüne Bohnen und neue Kartoffeln oder Büsumer Krabben mit Rührei und Bratkartoffeln und, und, und ... jeden Monat ein tolles Angebot.

Für ein richtiges Erlebnis am Abend sorgt z. B. der „Heiße Stein". Brutzeln Sie Ihr Steak selbst, heißt die Devise! Man erhält dann im Intercity-Restaurant einen heißen Stein am Tisch, dazu das rohe Fleisch sowie leckere Saucen und Baguette. Das Fleisch wird ungeschnitten ganz auf den Stein gelegt und nach 15 Sekunden gewendet; nach weiteren 15 Sekunden ist es von beiden Seiten angegrillt und man kann „loslegen". Ein ungewöhnliches Vergnügen, egal, ob allein, zu zweit oder in der Gruppe. Das Fleisch bleibt bis zum letzten Bissen heiß und man kann selbst bestimmen, ob man es „englisch", „medium" oder „durch" gebraten haben möchte.

Da das Steak ohne einen Tropfen Fett zubereitet wird, ist es nicht nur etwas für Kenner, sondern auch für Gesundheitsbewußte.

Intercity-Restaurant im Hamburger Hauptbahnhof, *täglich geöffnet von 6.30 Uhr – 23.00 Uhr.*
Tel.: (0 40) 32 16 46

27. Der HVV konsolidiert sich

Der Gemeinschaftstarif von 1966/67 war kaum in Kraft, als die *Deutsche Bundespost* ein weiterer Partner des *Hamburger Verkehrsverbundes* wurde. Sie unterstellte ihre beiden im Süderelberaum verkehrenden Buslinien den Verbundbedingungen, die Linie Bahnhof Harburg – Jork (spätere *HVV*-Bezeichnung 157) sowie die Linie Harburg, Rathaus – Bullenhausen – Over (spätere *HVV*-Linie 149).

Das erste komplette Verkehrsangebot des *HVV* umfaßte 1967:

- 12 Schnellbahn- und Vorortbahnlinien
- 13 HADAG-Linien und Fähren sowie die Blankenese-Este-Linie
- 12 Straßenbahnlinien
- 103 Buslinien
- 17 zuschlagspflichtige Schnellbus-, Kleinbus- und Friedhofslinien
- 11 Nachtlinien, davon fünf durch Straßenbahn betrieben.

Zur besseren Übersicht bekamen alle Buslinien 1968 dreiziffrige Nummern. Damit wurden die von den einzelnen Verbundpartnern eingebrachten ein- bis dreiziffrigen Linienbezeichnungen systemgerecht vereinheitlicht. Im zuschlagpflichtigen Verkehr der Schnellbus- und Sonderlinien blieb es bei der Zweiziffrigkeit, und zwar mit den Dekaden 3 und 4, d. h., die alten Sonderlinien-Bezeichnungen der Dekade 9 wurden aufgegeben. Die Kleinbusse in Blankenese trugen noch ein »B«, die in Volksdorf ein »V« vor der einziffrigen Liniennummer.

Ebenso wie der *HVV* die Linienvielfalt ordnete, begann er 1968 intensiv, die Fahrgastlenkung in den Haltestellen und Bahnhöfen über Piktogramme verständlich zu gestalten, und griff dafür auf die Erfahrungen der europäischen Eisenbahnen (UIC) und der Firma *Klostermann GmbH* in Gelsenkirchen zurück.

Am 29. September 1968 wurde im Verbundbereich der Dampfbetrieb aufgehoben. Die letzte Dampflokomotive der Linie S6 Bergedorf – Friedrichsruh verschwand sang- und klanglos im Depot. Seitdem fuhren dort dieselangetriebene Züge, bis die elektrische S-Bahn ab 30. Mai 1969 auch Aumühle erreichte. Ebenfalls ohne Abschiedsreden und ohne Ehrengäste hatte man sich schon 1966 von den letzten in Reserve gehaltenen *HADAG*-Dampfern getrennt. Ohne Feier und Ehrengäste endete auch der Verkehr auf der Schiffslinie nach Harburg am 26. September 1970. Die traditionelle grüne Flagge mit dem weißen H behielt man aber zunächst noch bei, obwohl die Fähre 61 (früher 801) nun schon in Kattwyk endete.

Im Jahr 1970 begann beim *HVV* eine gezielte Verkaufsförderung. Erwähnt sei hier nur, daß die Seniorenkarte und das Jahresabonnement zu günstigen Preisen in das Angebot aufgenommen wurden. Schon ein Jahr später war die Zahl von 50 000 Seniorenkarten-Käufern erreicht.

Ab 14. Februar 1972 offerierte der *HVV* den »Eilbus« als Verbesserung der Anbindung an U- oder S-Bahn von schnellbahnfernen Großsiedlungen. Die Eilbusse kosten im Gegensatz zu den Schnellbussen keinen Extra-Zuschlag. Sie verkehren allgemein nur in den Hauptverkehrszeiten und dann ausschließlich in Lastrichtung mit möglichst wenig Halten. Die ersten Eilbuslinien waren die E62 zwischen Rahlstedt (Ost) – Hohenhorst und der U-Bahn Wandsbek-Markt und die E84 zwischen Osdorfer Born und S-Bahn-Station Hochkamp.

Mit dem Beitritt der *Pinneberger Verkehrsgesellschaft A. u. H. Reimers Autobus KG (PVG)* am 1. Oktober 1972 in den Verbund wurden fünf Linien im Raum Pinneberg und Wedel in den Gemeinschaftstarif einbezogen. Der Abbau der Konzessionsschranken ermöglichte es, einen Teil der *PVG*-Linien mit denen der *HHA* zu verknüpfen. Damit konnte eine völlige Neuordnung des Busverkehrs in den Bereichen Schenefeld, Pinneberg, Eidelstedt, Blankenese und Wedel hergestellt werden. So wurden auf der Basis gemeinsamer Konzessionen von *PVG* und *HHA* zum Beispiel die Linie 382 S-Bahn Pinneberg – Rellingen – Eidelstedter Platz – S-Bahn Elbgaustraße, die Linie 285 S-Bahn Pinneberg – Waldenau – Schenefeld – S-Bahn Iserbrook und die Linie 189 S-Bahn Wedel – Schulau – S-Bahn Blankenese neu eingerichtet. Als Folge davon wurde die Schnellbuslinie 36 von Tinsdal zur S-Bahn Blankenese zurückgenommen.

Wer war oder ist der Verbundgesellschafter *PVG*? Die Anfänge der Firma *Kraftverkehrsbetrieb A. Reimers* liegen in Marne, Kreis Norder-Dithmarschen, mit einer Linie zwischen Marne und Krempe im Jahr 1925. Daraus entwickelte sich bis 1939 ein Streckennetz von 420 Kilo-

217 Kleinbus in Blankenese – bekannt als »Bergziege«

218 Fahrgastlenkung bei der Schnellbahn

Wir geben die Richtung an ...

Klostermann GmbH

Daimlerstr. 9   D - 4650 Gelsenkirchen

Leitsysteme und Informationsträger
auf dem Weg ins nächste Jahrtausend.

219 Unter grüner Flagge mit weißem H ging es noch bis 1959 mit dem Raddampfer nach Harburg

220 Stimmungsbild aus vergangenen Tagen

metern über ganz Mittelholstein mit einem für damalige Verhältnisse beachtlichen Fahrzeugpark von 26 Bussen und fünf Anhängern. Während der Kriegsjahre verkehrten nur zwei mit Holzgasgeneratoren betriebene Busse zwischen Pinneberg und Uetersen, und diese letzte Linie übernahm die Reichspost. Nach dem Krieg startete Heinz Reimers neu. Er verlegte den Firmensitz von Marne nach Rellingen, übernahm den Stadtverkehr in Wedel, fuhr nach Waldenau und in die Haseldorfer Marsch.

Weitere Linien folgten in den fünfziger Jahren. Die Zahl der jährlichen Fahrgäste stieg bis auf 1,6 Millionen. 1971 kauften sich die *HHA* und die *VHH* als Mehrheitseigner mit 70 Prozent Beteiligung am Firmenkapital ein. Ein Jahr später war die *PVG* Partner im *Hamburger Verkehrsverbund*. Täglich befördert sie heute (1989) über 47 000 Fahrgäste mit einem modernen *Daimler-Benz*-Omnibuspark von 106 Fahrzeugen. Sie werden in dem 1975 neu entstandenen Betriebshof in Schenefeld oder in Elmshorn betreut und von dort aus gesteuert. Die *PVG* betreibt sieben eigene Linien im *HVV* und drei Linien außerhalb des *HVV*-Bereichs, wie z. B. die Linie Wedel – Holm – Hetlingen.

Hoch im Norden des Verbundraumes setzte die *AKN* ab 1976 neue dieselelektrische Triebwagen des Typs VT2E ein. Sie boten nicht nur einen zeitgemäßen Fahrkomfort, sondern waren auch bedeutend schneller als die bisherigen Fahrzeuge. 1977 waren bereits 16 VT2E – Doppeltriebwagen mit sechs Achsen – einsatzfähig. Bei einer Länge von 30,13 Metern bieten sie je 88 Sitz- und 172 Stehplätze. Die Höchstgeschwindigkeit liegt bei 80 km/h. Im Jahr 1977 war im Bereich der *AKN* außerdem ein umfangreiches Modernisierungsprogramm abgeschlossen worden. Bahnsteige wurden erhöht und verlängert, die Haltestellen mit Informationseinrichtungen, Wetterschutzhäuschen und moderner Beleuchtung ausgerüstet, neue Mehrpreisautomaten boten besseren Service, die Gleisanlagen wurden überholt, zweigleisige Abschnitte geschaffen und ein modernes Signalsystem eingeführt. Zahlreiche Bahnübergänge erhielten Blinklicht-Signalanlagen. Die alte Vorortbahn AKN begann sich zu einer vollwertigen Stadtschnellbahn zu entwickeln.

Mit Beginn des Winterfahrplans 1976/77 kam die *AKN* mit einem neuen Fahrplan heraus, der fast eine Sensation war. Zwischen Quickborn und Eidelstedt fuhren die Züge zeitweise im Zehn-Minuten-Abstand, und die Gesamtfahrzeit zwischen Kaltenkirchen und Eidelstedt verkürzte sich von 51 auf 38 Minuten. Anlaß dafür waren nicht nur die neuen Triebwagen, sondern auch die stark verkürzten Aufenthaltszeiten an den Haltestellen, denn der Triebfahrzeugführer brauchte aufgrund der überall vorhandenen Mehrpreisautomaten nicht mehr zu kassieren. Die Reisegeschwindigkeit erreichte damit die der S-Bahn. Kein Wunder, daß man die Bezeichnung »Vorortbahn« nicht mehr gern hörte und 1983 aufhob. Die AKN ist heute eine Schnellbahn im klassischen Sinne. Sie erhielt den Kurznamen A1, die ANB A2 und die EBO A3. (Am 1. Januar 1981 gingen die Verbundpartner *ANB* und *EBO* in der Firma *Altona-Kaltenkirchen-Neumünster [AKN]* auf.)

Bei den *Verkehrsbetrieben Hamburg-Holstein (VHH)* kam 1976 mit der Übergabe einer neuen Bus-Pflegehalle und eines neuen Betriebshofes für 186 Busse in Bergedorf der seit Jahren andauernde Modernisierungsprozeß zu einem vorläufigen Abschluß. Ebenso war zu der Zeit der erfolgreiche Expansionskurs der *VHH* vollendet. Herausragende Ereignisse waren:

1956 die Übernahme des Stadtverkehrs von Neumünster (heute nicht mehr VHH),
1957 die Übernahme der Firma *Heinrich Prahl* in Bad Bramstedt,
1962 die Übernahme der Firma *Paul Mullikas* in Quickborn und Geesthacht,
1966 Bau eines Betriebshofs in Glinde,
1970 die Übernahme des Omnibusbetriebs *Meister* in Lauenburg,
1975 Bau eines Betriebshofs in Ahrensburg,
1976 Bau einer Bus-Pflegehalle in Bergedorf,
1976 Bau eines Betriebshofs in Bergedorf,
1977 Übernahme des Stadtverkehrs der *Stadtwerke Norderstedt*, der mit der Linie 393 sogleich in das Verbundsystem einbezogen wurde.

Eine großartige Bilanz eines Verbundpartners, der heute (1989) mit 335 Bussen 30 700 Sitz- und Stehplätze täglich in das Verbundangebot einbringt.

In den Schnellbahn-Haltestellen des *HVV*-Bereichs ersetzt seit 1975 der Mehrpreisautomat die früher übliche lange Reihe der »Ein-Preis-Automaten«. Rund 500 der universellen neuen Automaten waren erforderlich, um den Grundbedarf abzudecken. Seit 1977 werden über Stadtteilbüros und mobile Informationsstellen fachliche Beratungen durch den *HVV* angeboten und die Fahrgäste mit Kundenkarten versorgt.

Auf der Internationalen Verkehrsausstellung (IVA '79) konnte Hamburg sich als das Mekka der Nahverkehrstechnologie vorstellen:
– Die *HHA* präsentierte ihren ersten drehstromangetriebenen U-Bahn-Zug, eine Technik, die heute im DT 4 praktiziert wird.
– Der *HVV* stellte das »Automatische Fahrplaninformations- und Auskunftssystem AFI« vor
– und die *HHA* das PUSH-System.
– Die Industrie zeigte den spurgeführten Bus (O-Bahn) und den Hybrid-Bus (kombinierter Diesel-/Elektro-Antrieb).

Mit AFI war der erste Versuch unternommen worden, Fahrgästen über das vielschichtige Angebot eines Verkehrsverbundes »rund um die Uhr« und ohne »Besetzt-

221 Die Mullikas-Busflotte (hier 1958 in Quickborn) ging 1962 in der VHH auf

222 Ein Bus der Uetersener Eisenbahn am Ratskeller in Pinneberg, 1950

223 *Die KVG ist seit 1983 Partner im HVV – hier Linie 157 in Moorburg*

224 *Die lange Reihe der einstmaligen Einpreisautomaten*

225 *»AFI« als Auskunfts-Terminal während der TVA '79*

226 *Der Mehrpreisautomat ist aus dem gegenwärtigen Verkehrsablauf nicht mehr wegzudenken (unten rechts)*

SCHEIDT & BACHMANN GMBH

Betankungs-Systeme

Seit mehr als 100 Jahren entwickelt und fertigt das Familienunternehmen Scheidt & Bachmann GmbH Produkte zur Automatisierung bzw. Technisierung für viele Verkehrsbereiche.

Mit der Unternehmensgründung im Jahre 1872 durch Dr. Ing. hc. Carl Bachmann wurde die Fertigung mechanischer Signalanlagen für Eisenbahnen aufgenommen.
Im Laufe der Unternehmensgeschichte konnte diese Produktlinie einerseits zum elektronischen **Bahnübergangssicherungs-System** hin weiterentwickelt und andererseits die Produktpalette durch die nach und nach zusätzlich aufgenommene Fertigung von Zapfsäulen — heute komplette **Betankungs-Systeme** —, **Parkhaus-Systeme** und **Fahrausweisverkaufs-Systeme** wesentlich erweitert werden.
Dem sich wandelnden Bedarf des öffentlichen und privaten Verkehrswesens wurde dabei Rechnung getragen, indem die Produkte sowie die Fabrikationsstätten konsequent den neuen Technologien angepaßt wurden.

Bei allen Erzeugnissen aus den 4 Produktbereichen steht heute der *„System-Gedanke"* bei der Konzeption der *Software* und der *modularen Geräte auf Computer-Basis* ebenso im Vordergrund wie die *Datenerfassung und -Verarbeitung* im *Online- und Offline-Verfahren*.

Parkhaus-Systeme

Bahnübergangssicherungs-Systeme

Fahrausweisverkaufs-Systeme

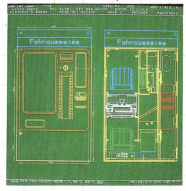

Diese vielfältigen Aufgaben von der Entwicklung über die Herstellung bis hin zum Service werden am Standort Mönchengladbach von ca. 1.200 Mitarbeitern mit den Schwerpunkten Engineering und Produktion wahrgenommen. Hierbei ist die *integrierte Informationsverarbeitung* auf der Basis eines weitverzweigten „In-House-Computer"-Netzwerks von wesentlicher Bedeutung.

Scheidt & Bachmann stellt sich somit heute als ein modernes Unternehmen dar, das in allen von ihm bedienten verkehrstechnischen Anwendungsgebieten zu den Marktführern zu zählen ist.

 Breite Str. 132 · 4050 Mönchengladbach 2 · Postfach 20 11 43 · Tel. (0 21 66) 45 31 · Telefax (0 21 66) 45 33 75 · Telex 852 818

zeichen« eine vollwertige Auskunft zu erteilen. Das AFI-System bestand aus einem Zentralrechner, einem Automatenteil und einem Fernsprechteil. Es wird gegenwärtig als »Standardisiertes Fahrplaninformations- und Auskunftssystem (STAFI)« fortentwickelt.

Das auf der IVA '79 vorgeführte »Prozeßrechnergesteuerte U-Bahn-Automatisierungssystem Hamburg« (kurz PUSH genannt) setzte das seit Gründung der *HHA* andauernde Bestreben zur technischen Weiterentwicklung und Automatisierung fort. PUSH ist ein Automatisierungssystem für den praktischen Betrieb der U-Bahn sowie für die Steuerung und Überwachung der Stellwerke und Haltestelleneinrichtungen. Unter anderem können durch PUSH 20 Prozent des Energiebedarfs eingespart werden. Nach eingehender Erforschung und praktischen Versuchen ab 1982 zwischen Volksdorf und Großhansdorf konnte das PUSH-Programm 1985 erfolgreich abgeschlossen werden.

Im IVA-Jahr 1979 begann der *HVV* zusammen mit dem *ADAC* eine massive Umwerbung der Autofahrer durch die Einführung der CC-Karte für den City-Bereich, die vor allem den Parkplatzsuchenden mit Ziel Innenstadt empfohlen wurde. Der Erfolg war so gut, daß diese CC-Karte, eine besonders günstige Monatskarte, später auch für andere Bereiche angeboten wurde. Allein im Dezember 1988 konnte der *HVV* 71 300 CC-Karten verkaufen. An dieser Stelle soll auch das P+R-Programm erwähnt werden, das der *HVV* immer weiter ausbaut. Die Errichtung des P+R-Hauses über der U-Bahn-Station Langenhorn-Markt im Jahr 1975 war ein Pilotprojekt und Vorbild für weitere P+R-Anlagen. Zur Belebung des Wochenendverkehrs gab der *HVV* ein Wanderbuch heraus, und ab Sommer 1979 konnte man an bestimmten Ausflugsbahnhöfen Fahrräder ausleihen, ein Service, der durch die ab 1981 ermöglichte Mitnahme von eigenen Fahrrädern in U- und S-Bahnen nicht mehr nötig war und wieder eingestellt werden konnte.

Am 1. Januar 1983 schied die *Deutsche Bundespost* mit ihren Omnibuslinien als Verbundpartner aus; sie gab bundesweit den alten Traditionsdienst des »Postautos« auf. Was einst mit der Postkutsche von *Thurn und Taxis* begann, wandelte sich in einen modernen Dienstleistungsbetrieb, die *Deutsche Bundespost*, in der das Postauto in Form von Omnibussen keinen Platz mehr hatte. Im Verbundgebiet Hamburg trat an ihre Stelle die Firma *Kraftverkehr GmbH (KVG)* in Stade. Sie übernahm außer den Postlinien noch die Erschließung der später hinzugekommenen Verkehrsräume Meckelfeld, Maschen, Hittfeld, Hörsten.

Die *Kraftverkehr GmbH, KVG*, wurde 1928 als *Stadt-Omnibus Heinrich Peill* gegründet. Während des Zweiten Weltkrieges ruhte der Betrieb, 1945 erfolgte die Wiederaufnahme mit vier Bussen. 1951 erwarb die *Deutsche Bundespost* die Geschäftsanteile und führte die bisherige Firma als GmbH fort. Seit 1982 ist die *Vereinigte Bundesverkehrsbetriebe GmbH*, Köln, Eigentümerin des Unternehmens, dem inzwischen Betriebe in Buxtehude (1970), Cuxhaven (1974) und Hittfeld (1979) sowie seit 1983 die Firma *Kraftverkehr GmbH, KVG Lüneburg*, als Tochtergesellschaft in Lüneburg angeschlossen sind. Zweigniederlassungen sind *HANSEAT-Reisen* in Hamburg 90 und *FAST-REISEN* in Hamburg 1.

Die *KVG* betreibt Omnibusverkehr an der Unterelbe zwischen Cuxhaven und Lüchow sowie Hamburg und Faßberg. In der Gesellschaft sind in diesem Raum alle Verkehre der *KVG*, ferner die früheren Linien der *Deutschen Bundesbahn* und der *Deutschen Bundespost* vereinigt.

Die gegenwärtig 424 Fahrzeuge der *KVG* befördern auf 197 konzessionierten Strecken jährlich rund 30 Millionen Fahrgäste im Stadt-, Überland-, Berufs-, Schüler- und Reiseverkehr. Als Gesellschafter des *Hamburger Verkehrsverbundes* sorgt die *KVG* mit sechs *HVV*-Linien für die Anbindung der südlichen Umlandgemeinden an das Wirtschaftszentrum Hamburg.

227 *Im integrierten Verkehrssystem hat Park+Ride eine wichtige Funktion*

28. Die Harburger S-Bahn

Viele Jahrzehnte lang ist um eine schnellbahnmäßige Anbindung des Süderelberaums gerungen worden. Die Varianten reichten von der bloßen Beseitigung der »Spitzkehre« im Harburger Bahnhof bis zur Elbhochbrücke bei Othmarschen, die auch eine U- oder S-Bahn nach Süden tragen sollte. Am eindrucksvollsten und überzeugend hat Hamburgs Oberbaudirektor Professor Fritz Schumacher 1927 in seinem »Achsenmodell« auf die Bedeutung eines qualifizierten Schienenverkehrs nach Harburg hingewiesen. Harburg sollte Endpunkt einer der strahlenförmig vom Stadtzentrum ausgehenden Entwicklungsachsen sein. In den Folgejahren waren andere Maßstäbe wichtiger. Als der Krieg immer zerstörerischer wurde, wanderte ein Teil der hamburgischen Bevölkerung in das südliche Umland ab; Vertriebene und Flüchtlinge kamen hinzu. Allein im Raum Hausbruch/ Neugraben wuchs die Bevölkerung von 2 500 im Jahre 1936 auf 18 000 1955. Heute (1989) leben im Süderelberaum rund 450 000 Menschen. Um eine Zersiedelung dieses landschaftlich so schönen Raumes zu verhindern, kam es zur »Gemeinsamen Landesplanung Hamburg und Niedersachsen«. Dieser Arbeitsgruppe dienten als Basismaterial die *Denkschrift zur Neuordnung des Hamburger Stadtverkehrs* von 1954 und der Aufbauplan von 1960. In beiden Schriften war eine S-Bahn nach Harburg gefordert worden. Der Senat setzte eine »Unabhängige Kommission« ein, die die Unabdingbarkeit einer solchen Milliardeninvestition bestätigte. Zu guter Letzt untersuchten die Professoren Dr. Ing. Massute und Dr. Ing. Schlums von der TH Hannover im Auftrag der Baubehörde die Verkehrsprobleme im hamburgischen Süderelberaum. Dieses Professoren-Gutachten bescheinigte der elektrischen S-Bahn einen hohen verkehrlichen und betrieblichen Nutzen, der sich aber nur losgelöst von dem übrigen Schienenverkehr als attraktives Verkehrsinstrument bewähren könne.

In Harburg selbst begannen seinerzeit die Altstadtsanierungen, die auch zur frühzeitigen Stillegung der Straßenbahn führten, so daß ein S-Bahn-Bau also mit diesem Bauzeitenplan in Einklang zu bringen war. Die Entscheidung drängte.

Im Jahr 1965 wurde die *Deutsche Bundesbahn* von der Freien und Hansestadt Hamburg aufgefordert, die Planungsvorbereitungen für eine S-Bahn nach Harburg zu treffen. Die Arbeiten begannen unverzüglich. Am 23. Februar 1966 stimmte die Hamburger Bürgerschaft dem Projekt »Harburger S-Bahn« zu. Ein Vertrag zwischen der *Deutschen Bundesbahn* und der Freien und Hansestadt Hamburg, dem die Bundesrepublik Deutschland zustimmte, besiegelte am 24. August 1973 das Vorhaben. Die *DB* übernahm die Elbüberquerung sowie die Abschnitte im Bereich ihrer Bahnhöfe und Fernbahnstrecken, ferner die gesamte eisenbahntechnische Ausrüstung. Die Baubehörde leitete die übrigen Bauwerke.

Der erste Rammschlag erfolgte am 28. August 1973 durch den damaligen Bundesminister für Verkehr, Dr. Lauritz Lauritzen, und den Ersten Bürgermeister der Freien und Hansestadt Hamburg, Peter Schulz, mitten im

228 *Einschwimmen von Brückenteilen für die neue S-Bahn-Brücke über die Norderelbe, 1979*

229 Bau der Billehafenbrücke 1979

230 Im kühnen Schwung zum Hammerbrook

231 Neuer S-Bahn-Haltepunkt Veddel im Bau

232 ET 471 auf der Norderelbbrücke

Seit Jahrzehnten liefert Krueger ständig zukunftsweisende, praxisgerechte Problemlösungen im öffentlichen Nahverkehr.

Bessere Produkte für den mobilen Einsatz

Seit 60 Jahren steht der Name Krueger für technische Problemlösungen aus einer Hand. Innovationen, Zuverlässigkeit und das Gespür für die Bedürfnisse des Anwenders und Fahrgastes haben Krueger zu einem leistungsfähigen Partner für Verkehrsunternehmen gemacht.

Krueger-Informationssysteme

Rollbandanzeiger incl. Filmband und hochwertiger Druck
Matrixanzeiger, vollflächig oder modular
LCD-Haltestellen-Innenanzeiger
Perlschnuranzeiger
Bediengeräte, IBIS-kompatibel mit Down-Loading
Textprogrammierung

Krueger-Apparate

Stromabnehmer für 3. Schiene
Erdungskontakte
Kurzschließer

Systemanalyse, Beratung und Entwicklung neuer Produkte

Rufen Sie uns an!

Stammhaus Hamburg:
Krueger Apparatebau
GmbH & Co. KG
Lornsenstraße 124-136
Postfach 13 28
2000 Hamburg-Schenefeld
Telefon 040/83039-0
Telex 215 656
Telefax 83039115

KRUEGER

Apparate · Informations-Systeme

Harburger Sanierungsgebiet am Großen Schippsee. Die Bevölkerung konnte aus berufenem Munde vernehmen, daß die Bauarbeiten zehn Jahre dauern würden. Man applaudierte trotzdem – und schließlich folgten den vielen Worten die Taten. Die Harburger S-Bahn beginnt im Hauptbahnhof, durchquert den Stadtteil Hammerbrook mit neuer Station, erschließt die Insel Wilhelmsburg mit den Stationen Veddel und Wilhelmsburg und unterquert den Kernbereich Harburgs. Dort entstanden die Stationen Harburg, Harburg Rathaus und Heimfeld. Im Anschluß verläuft die S-Bahn parallel zur Bahnlinie nach Cuxhaven mit den Stationen Neuwiedenthal und Neugraben. Die Gesamtstrecke wurde auf 23,5 Kilometer zweigleisig ausgebaut, davon 4,7 Kilometer im Tunnel und 3,3 Kilometer als Brückenstrecke. Welche technischen Probleme dabei gelöst werden mußten, zeigen die wenigen nachstehenden Stichworte:

- Herstellung eines neuen S-Bahnsteiges im Hauptbahnhof in Tieflage als Inselbahnsteig für den stadteinwärts gerichteten Verkehr und die Anpassung des Spurplans an die viergleisige Bahnsteiganlage;
- Erweiterung des Bahnkörpers der Fern- und S-Bahn zwischen Hauptbahnhof und Berliner Tor für bis zu fünf neue S-Bahn-Gleise und Bau der Ausfädelungsrampen;
- Überquerung der U-Bahn-Linien U1 und U3 am Hauptbahnhof in Tieflage und Unterfahrung des Museums für Kunst und Gewerbe;
- Errichtung von drei weitgespannten S-Bahn-Brücken über den Billhafen, die Norder- und die Süderelbe mit Längen von 373, 306 und 339 Metern;
- Bau der 4,2 Kilometer langen Tunnelstrecke im Harburger Kerngebiet mit Unterquerung des in Betrieb zu haltenden Fernbahnhofs Harburg und Herstellung der Tunnelstationen Harburg, Harburg Rathaus und Heimfeld.

Die Überraschung gelang: Zehn Jahre nach Baubeginn konnte der Betrieb zwischen Hauptbahnhof und Harburg Rathaus am 23. September 1983 eröffnet werden; am 4. August 1984 war die Endstation Neugraben erreicht. Werktäglich fahren gegenwärtig (Zählung von 1987) 122 200 Menschen mit der Harburger S-Bahn – 6 000 mehr als vor der Eröffnung, ein Zeichen dafür, daß Attraktivität honoriert wird. Die größte Zuwachsrate hat der Bahnhof Neugraben. Seit die S-Bahn dort hält, nutzen 24 Prozent mehr als früher die öffentlichen Verkehrsmittel. Statt 15 600 im Jahr 1983 steigen nun 19 200 Fahrgäste täglich in die Busse und die S-Bahn von und nach Neugraben.

Damit hat die Harburger S-Bahn von Beginn an die Erwartungen erfüllt. Die Bevölkerung im Süderelberaum Hamburgs und im angrenzenden Niedersachsen hat eine leistungsstarke Stadtschnellbahn erhalten; die Bedienung übernahm ein flächendeckendes Netz von Bussen, deren Linienführung auf das Primärsystem S-Bahn abgestimmt ist. Gute Verknüpfungsanlagen an den wichtigsten S-Bahn-Stationen begünstigen dort das »zweigeteilte System«. Die P+R-Häuser in Harburg und Neugraben sind für Autofahrer unverzichtbar geworden.

Mit der Fertigstellung der Harburger S-Bahn endete in der Region Hamburg die Periode der S-Bahn-Großbauvorhaben. Die Harburger S-Bahn erweiterte das Netz der Hamburger Gleichstrom-S-Bahn nochmals beträchtlich. Die Vorhaben Pinneberger S-Bahn, City-S-Bahn und Harburger S-Bahn haben das Bild der ursprünglich aus einer Strecke bestehenden ältesten S-Bahn der Bundesrepublik entscheidend verändert. Die Gleichstrom-S-Bahn stellt sich nunmehr als ein hochleistungsfähiges und stark belastbares Kompaktnetz dar. Es besteht aus zwei innerstädtischen Durchmesserlinien zwischen den beiden Knoten Hauptbahnhof und Altona sowie zwei westlichen und nunmehr drei östlichen/südlichen Zulaufstrecken. Die Knotenbereiche sind so konzipiert, daß die Züge von jeder Zulaufstrecke wechselweise über die Dammtor-Linie oder über Jungfernstieg fahren können.

Wie die übrigen S-Bahn-Strecken, sind die Neubaustrecken mit modernster Signaltechnik ausgerüstet, erfolgt die Zugsteuerung durch leistungsfähige Zentralstellwerke. Betrachtet man die Verbindung Pinneberg – Neugraben als Ganzes, so steuern folgende Stellwerke den Betrieb: Pinneberg, Elbgaustraße, Altona, Hauptbahnhof, Wilhelmsburg, Harburg und Neugraben. Die Stellwerke Pinneberg und Wilhelmsburg können ferngesteuert werden. Der Kernbereich zwischen Elbgaustraße und Hauptbahnhof gestattet eine Zwei-Minuten-Folge, die anderen einen Drei-Minuten-Abstand. Um kurze Fahrzeiten anbieten zu können, läßt die neue Strecke zwischen Hauptbahnhof und Neugraben eine Höchstgeschwindigkeit von 100 km/h zu.

Die gestiegenen Anforderungen an die Betriebsführung in dem vergrößerten Netz erforderten den Einsatz einer speziellen Betriebsleittechnik. Dazu war der Aufbau eines rechnergesteuerten Informations- und Meldesystems erforderlich, bestehend aus einem gedoppelten Zentralrechnersystem in Verbindung mit Bezirksrechnern, Fernwirkzentralen sowie Fahrzeugmeldesendern und -empfängern. Das Informations- und Meldesystem ermöglicht neben der Protokollierung von Betriebsvorgängen und Leistungsdaten eine präzise Zuglaufverfolgung mit Darstellung des Soll- und des Istzustandes auf Datensichtgeräten bei wichtigen Betriebsstellen und in der Betriebsleitzentrale in Altona. Es sorgt außerdem für die automatische Steuerung der Zugzielanzeiger.

Die Stromversorgung auch der neuen Strecke ist Aufgabe der *Hamburgischen Electricitäts-Werke (HEW)*. Sie speisen über eine 100 000-Volt-Leitung das Gleichrichterwerk Harburg mit Drehstrom. Von dort wird der für den Bahnbetrieb benötigte Strom über 25 000-Volt-

Kabel an vier weitere Gleichrichterwerke in Hammerbrook, Wilhelmsburg, Bostelbek und Neugraben verteilt. Alle genannten Gleichrichterwerke wandeln über modernste Halbleitertechnik den Drehstrom in Gleichstrom um, der den Zügen mit 1 200 Volt über Stromschienen als Fahrstrom zugeführt wird. Die neuen Gleichrichterwerke werden wie alle übrigen Werke von der »Zentralen Netzleitstelle« in Sternschanze über Computer ferngesteuert. Die Hamburger S-Bahn verfügt so über eine hochwertige Infrastruktur, über die hohe Leistungen abgefordert werden können. Im integrierten *HVV*-Angebot »Schnellbahn/Bus« ist die S-Bahn eine tragende Säule. Mit der S-Bahn fahren gegenwärtig täglich 380 000 Menschen.

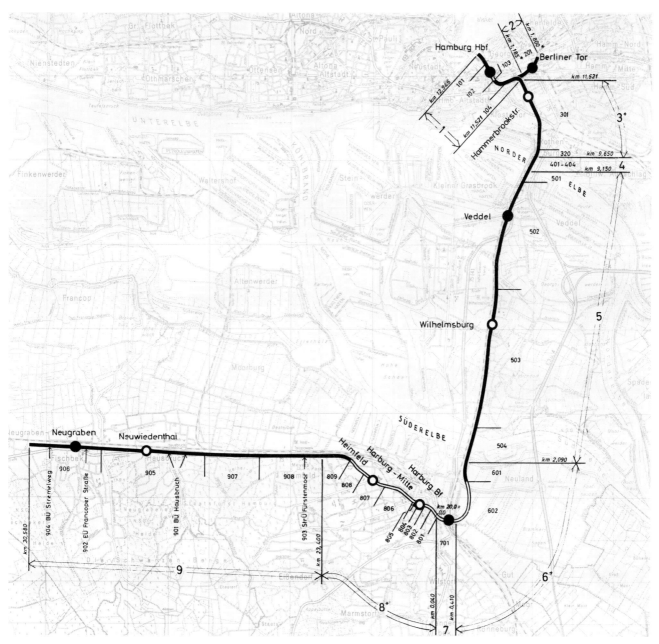

Bauskizze der Harburger S-Bahn

EIN EINKAUFS-ERLEBNIS NACH IHREM GESCHMACK

Willkommen in Ihrer Welt! Freuen Sie sich auf ein Einkaufs-Erlebnis ganz besonderer Art! Entdecken Sie die faszinierenden Seiten eines modernen, sympathischen Warenhauses im Weltstadt-Format. Die großen Marken. Die kleinen Shops. Die vielfältige Auswahl. Und die vorteilhaften Preise.

Vor allem aber eine Atmosphäre, in der Sie sich wohlfühlen und die immer wieder zu neuen, ausgefallenen Ideen anregt. Nicht zu vergessen die praktischen Service-Abteilungen, die Ihren Alltag um vieles leichter machen. Lassen Sie sich überraschen und verwöhnen in einer Welt, wie sie Ihnen gefällt!

Hamburg, Mönckebergstraße 1

29. Das Ende der Hamburger Straßenbahn

Spätestens mit der Umgestaltung des Verkehrsnetzes nach der Verbundgründung waren zielstrebig die Parallel-Linien von Bus und Straßenbahn abgebaut und die Verkehrsströme auf die Schnellbahnstationen gelenkt worden. Die Fahrgäste sollten auf schnellstem Wege und ohne Behinderung durch den ständig wachsenden Autoverkehr ihre Fahrtziele erreichen. Die Einbeziehung der S-Bahn (auch der damaligen Dampf-/Diesel-S-Bahn-Strecken) als wesentliches Element des Verbundvertrags tangierte besonders die Straßenbahn. So verlor beispielsweise die Straßenbahn nach Harburg erheblich an Bedeutung. Das Straßenbahnnetz aber befand sich bereits vor der Einführung des Gemeinschaftstarifs in einer Umbruchphase.

Im Zuge von umfangreichen Straßenbaumaßnahmen wurden bereits 1958 in der Eimsbüttler Chaussee, 1959 in der Großen Bergstraße, in der Kieler Straße und in Rothenburgsort die Straßenbahnen durch Busse ersetzt. 1963 fuhr letztmalig eine Straßenbahn über die Lombardsbrücke.

Die Straßenbahnlinien 6 und 9 mit ihren Ästen nach Ohlsdorf und Bramfeld wurden 1965 aufgegeben; die Streckenlänge nahm damals um 17 Kilometer ab. Dann folgte die Rücknahme der Anbindung von Groß Borstel an das Straßenbahnnetz; die Linie 18 fuhr seit dem Sommerfahrplan 1966 nur noch zwischen Eppendorf und Hauptbahnhof/ZOB. Zur selben Zeit waren bereits zwei Drittel aller Straßenbahn-Triebwagen auf Einmann-

233   Straßenbahn (Typ V 2) auf dem Rathausmarkt in den fünfziger Jahren

234 Als die Straßenbahn noch zum Stadtbild Hamburgs gehörte: Begegnung an der Lombardsbrücke mit dem Dampfer „Emma".

235 Die Linie 2 wenige Tage vor der Stillegung

236 Kombinierte Bus- und Straßenbahnspur am *Stephansplatz*

237 In der Endschleife Schnelsen; Wagen 3584 fährt heute in San Francisco

238   Es war einmal: Betriebshof Wandsbek mit neu gelieferten V 6

239   Die erste Vierachser-Serie (V 1) fuhr nach dem Zweiten Weltkrieg als Reklamewagen

Betrieb umgebaut; ein Jahr später waren auch die beiden Linien 11 und 19 schaffnerlos. Ein äußeres Kennzeichen dafür war die gelbe Bauchbinde um die Triebwagen.

Als 1967 die U-Bahn bis Horner Rennbahn fahren konnte, waren die dort verkehrenden Linien 2 und 4 zwischen Hauptbahnhof und Burgstraße überflüssig. Die Betriebsgleislänge ging abermals um 13 Kilometer auf 214,3 Kilometer zurück, denn auch die Linien 11, 14, 15 und 16 wurden verkürzt oder eingestellt. Der Winterfahrplan 1968/69 wies die Linie 1 zwischen Großer Allee und Billstedt nicht mehr aus; sie fuhr nun zwischen Lurup und Hauptbahnhof und von da weiter auf der Strecke der Linie 3 bis Goldbekplatz.

Am 30. Mai 1969 hörte die Linie 18 auf. Mit dieser Stillegung schrumpfte das Hamburger Straßenbahnnetz auf 193 Kilometer und damit auf rund die Hälfte der Ausdehnung von 1956, dem Nachkriegshöchststand.

Mit Beginn des Sommerfahrplans 1970 erhielt Hamburg ein exzellentes Nachtliniennetz durch die Buslinien 600 bis 618. Damit war die Straßenbahn auch im Nachtverkehr entbehrlich geworden. Doch das Tagesangebot der Straßenbahn verringerte sich ebenfalls. Es betraf die Linie 7 zwischen Hochrad und Bahnhof Altona und im Winterfahrplan 1970/71 die Linie 19 zwischen Billbrook und Burgstraße, die eingestellt wurden; verkürzt fuhren die Linien 14 und 15. Wieder waren es 15 Kilometer weniger.

Mit dem Ende des Winterfahrplans am 22. Mai 1971 kam gleichzeitig das Ende der letzten Straßenbahn in Harburg. Die Linie 12 wurde zwischen Rönneburg – Harburg und Wilhelmsburg, Mengestraße eingestellt; sie störte dort bei der Sanierung der Harburger Altstadt. Für die Harburger galt es Abschied zu nehmen von einem Verkehrsmittel, das in einem Atemzug mit der ersten Süderelbbrücke von 1899 genannt wird, denn Brücke und Straßenbahn öffneten Harburg damals das Tor zum Norden. Im Zusammenhang mit der Neuordnung im Süderelberaum wurde die Linie 12 auch auf dem verbleibenden Abschnitt Wilhelmsburg, Mengestraße – Rathausmarkt aufgegeben und durch die Linie 2 ersetzt, die von diesem Datum an Schnelsen mit Wilhelmsburg verband. Einige Monate später faßte man die Linien 2 und 4 zur Linie 2 zusammen, und die Bedienung erfolgte wechselweise zwischen Schnelsen und Rathausmarkt sowie zwischen Niendorf und Wilhelmsburg.

Das Jahr 1973 war das Jahr der U-Bahn. Die Verbindung Gänsemarkt – Jungfernstieg – Hauptbahnhof-Nord war fertig und damit das große Bauprojekt Billstedt – Stellingen. Die U-Bahn-Züge allerdings verkehrten als Linie U2 zwischen Hagenbecks Tierpark und Wandsbek-Gartenstadt und als U3 zwischen Merkenstraße und Barmbek über Baumwall. Langenfelde, Altona und Lurup verloren ihren Straßenbahnanschluß, denn die Straßenbahnlinien 1, 3 und 11 schränkten ihren Betrieb ein. So fuhr die Linie 1 ab 3. Juni 1973 nur noch zwischen Goldbekplatz und Rathausmarkt, die Linie 3 zwischen Lattenkamp und Rathausmarkt und die Linie 11 zwischen Bahrenfeld, Trabrennbahn und Hauptbahnhof/ZOB. Das Streckennetz der Straßenbahn hatte 1973 ganze 58,6 Kilometer Länge mit sieben Linien und 117 Haltestellen, noch immer fuhren damals rund 42 Millionen Fahrgäste mit der Straßenbahn (mit dem Bus allerdings schon 181 Millionen).

Am 25. Mai 1974 setzte man anstelle der Linie 9 den Bus 109 zum Flughafen ein. Zum Winterfahrplan 1974/75 fuhren die Linien 1 und 3 unter der Liniennummer 1 zwischen Lattenkamp und Rathausmarkt; damit schied die 3 am 28. September 1974 aus.

Ab 7. März 1976 fuhren die letzten Hamburger Straßenbahnen nur noch als Triebwagen; die Beiwagen wurden verschrottet. An diesem Tag gab man die Linie 15 auf, die 14 pendelte nurmehr zwischen Grindelberg bzw. Lattenkamp und Veddel bzw. Burgstraße und die 2 zwischen Schnelsen und dem Hauptbahnhof/ZOB. Damit gab es noch drei Linien, die 2, die 1 und die 14, mit einer Gesamtstreckenlänge von 31,3 Kilometern. Die Bahnen der Linien 1 und 14 fuhren nicht mehr in den Sommer 1977 hinein; sie blieben ab 21. Mai 1977 endgültig im Depot. Die letzte Hamburger Straßenbahnlinie war die Linie 2 – und am 30. September 1978 endete die Straßenbahnepoche gänzlich. Sie hatte 84 Jahre gedauert. Noch im letzten Betriebsjahr fuhren auf der einzigen Hamburger Straßenbahnlinie 8,5 Millionen Menschen auf nur 13,5 Kilometern Streckenlänge mit 26 Haltestellen. Mit der vielgeliebten und genausoviel kritisierten Straßenbahn ging ein Stück Hamburg. 300 000 Menschen winkten ihr auf der letzten Fahrt zu. Den Tag des Abschieds gestalteten sie wie ein großes Volksfest.

240 *Hugo Kahlke stellt die Weiche zum Abstellgleis der Straßenbahn*

30. Mit dem Stadtbus in die Gegenwart

Der erste 1921 in Hamburg eingeführte Linienbus und dessen recht rasche Stillegung lassen vermuten, daß nicht nur das holprige Hamburger Straßenpflaster den Weg dieses Verkehrsmittels bremste. Auf dem Erfolgskurs des Stadtbusses lagen auch sonst noch einige Stolpersteine. Im Zweiten Weltkrieg war der Bus ein reiner Zubringer, und so war es auch in den Nachkriegsjahren. Erst die Ausdehnung der Stadt und die wachsenden Ansiedlungen am Stadtrand zeigten die Unentbehrlichkeit des Stadt- und Regionalbusses, seine Vielseitigkeit und vor allem seine Flexibilität. Die Erschließung der City durch den Bus sollte erst später kommen, denn dort dominierte zunächst noch die Straßenbahn.

Während die *HHA* im Jahr 1950 erst 15 Buslinien mit einer Linienlänge von 99,8 Kilometern betrieb, zeigte der erste Verbundfahrplan 1966/67 107 Stadtbus- und zehn Schnellbuslinien an, die Dienste der *VHH*, der *DB* und der *Bundespost* eingeschlossen. Das Angebot der *HHA* hatte sich bis 1966 von 15 auf 74 Linien erhöht, also um 500 Prozent. 1966 entstand der Betriebshof Mesterkamp neu; der Betriebshof Wendemuth war bereits 1961 ausschließlich für Busse umgebaut worden.

Den ersten großen Höhepunkt brachte die Eröffnung der Verkehrsanlage Wandsbek-Markt am 25. Oktober 1962. Dort wurde sichtbar, daß der Bus gemeinsam mit der U-Bahn in der Lage war, die Straßenbahn vollwertig zu ersetzen. 1969 folgte die Busanlage Billstedt mit zehn Buslinien und drei Nachtbuslinien. Der Bus war nun aus dem Stadtbild nicht mehr fortzudenken.

Als 1971 im Verbundbereich 149 Buslinien und dreizehn Schnellbuslinien mit einer Länge von 2 261 Kilometern angeboten wurden, war es Zeit, an eine weitere Ver-

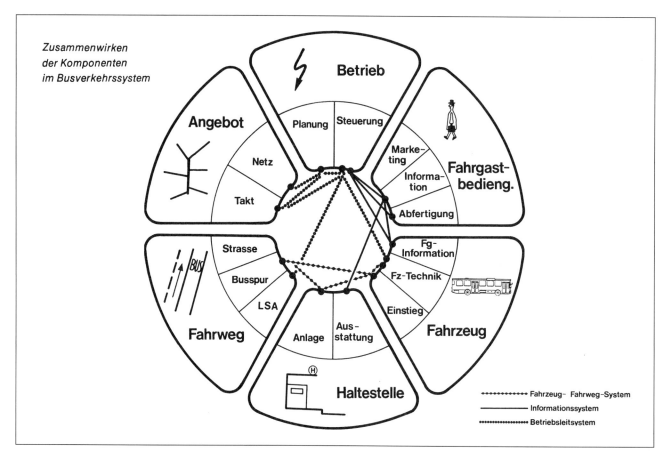

Unsere Energie bringt Hamburg in Bewegung.

Zur Arbeit und nach Haus, zum Sport und ins Konzert, zum Einkaufen und zum Spielen, zu Freunden und Verwandten – jeden Tag fahren 800.000 Menschen in Hamburg mit U- oder S-Bahn. Eine Stadt in Bewegung. Bereits 1912 durchquerte in der Hansestadt die erste U-Bahn den neugebauten Tunnel vom Rathausmarkt Richtung Barmbek, im selben Jahr noch wurde der komplette Hochbahnring in Betrieb genommen. Seitdem sichert Elektrizität dem öffentlichen Nahverkehr freie Fahrt über und unter der Erde.

HEW **Mit Elektrizität in die Zukunft**

Hamburgische Electricitäts-Werke AG · Überseering 12 · 2000 Hamburg 60

Geographisches Institut der Universität Kiel

besserung zu denken – die Beschleunigung. Seit dem 23. Mai 1971 wird die Trennung von öffentlichem Personennah- und Autoverkehr praktiziert. Die erste Busspur gab es in der Mönckebergstraße, betraf aber damals nur die dort verkehrenden Schnellbusse. Mehr als 20 000 Fahrgäste täglich konnten Fahrzeitverkürzungen bis zu 20 Minuten registrieren, weil die Busse nun auch einen kürzeren Weg nahmen. Der Erfolg war so überzeugend, daß der Ausbau von Busspuren wo immer möglich angestrebt wird.

Der Fortschritt im Omnibusbau trug wesentlich zur freundlichen Aufnahme dieses für den Stadtverkehr relativ neuen Verkehrsmittels bei. Die *HHA* und ihre Firmentochter *FFG* hatten sich schon sehr frühzeitig um Erleichterungen und Verbesserungen für die Busfahrgäste und ihre Fahrer bemüht. So waren Vorschläge für bequemere Ein- und Ausstiege oder für eine abgesenkte Frontscheibe zur Verringerung des toten Winkels eingebracht worden, nach denen die Industrie ab 1954 baute. Auch die Kapazitätsvergrößerung durch ein erhöhtes Fassungsvermögen wurde angestrebt. Der seinerzeit hochmoderne *Daimler-Benz*-Omnibus O 321H bot bei einer Länge von 9,23 Metern Platz für 60 Personen. Ab 1958 kam in Hamburg der *Magirus Saturn II* auf die Straßen; er hatte bei zehn Metern Länge für 85 Personen Platz. Die Bemühungen, neben einem großen Fassungsvermögen zu einem niedrigeren Boden zu kommen, um den Fahrgastwechsel zu erleichtern, führten bei der *MAN* zum Bau eines Busses mit einem im Heck liegenden Unterflurmotor. Dieser Prototyp war der Vorläufer des *MAN-Metrobusses*.

Um die Entwicklung von Automatik-Getrieben hatte sich die Industrie schon früh gekümmert. In der zweiten Hälfte der sechziger Jahre war *Daimler-Benz* in der Lage, ein solches Getriebe zu liefern. Kein *HHA*-Stadtbus in Hamburg fährt heute ohne Automatik.

1966 wurde ein völlig neuer Weg in der Omnibusherstellung beschritten. Zusammen mit dem *Verband öffentlicher Verkehrsbetriebe (VÖV)* entstand bei der *FFG* in Hamburg die »Typenempfehlung für den Standard-Linienbus«. In den folgenden Jahren waren von diesem Standardtyp mehrere 10 000 Busse gebaut worden, und zwar von den verschiedensten Firmen wie *Büssing*, *Daimler-Benz*, *KHD* und *MAN* sowie von *Ikarus* in Budapest. Die ersten *VÖV I-Standard-Linienbusse* fuhren in Hamburg 1968. 1975 fuhr die *HHA* mit ihren 766 Standardbussen »typenrein«, ausgenommen die fünf Kleinbusse von Blankenese, die man 1973 erneuert hatte. 1976 stellte die unermüdliche *FFG* der Öffentlichkeit den Niederflurgelenkbus und den Standard-Linienbus SL II vor, die in der Folgezeit auf verschiedenen Linien zu hartem Probeeinsatz gelangten.

Als sich 1978 die Straßenbahn in Hamburg verabschiedete, fuhr auf dieser Trasse ab 1. Oktober die Linie 102 zwischen Innenstadt und Niendorf – weitgehend auf separater Busspur. Von Beginn an fuhren mit dem Bus 20 Prozent mehr Fahrgäste als vorher mit der Straßenbahnlinie 2.

Seit 1979 fuhren auf dieser Linie Gelenkbusse, die ersten in Hamburg. Zunächst wurden 35 Busse des Typs O 305G beschafft, die zeitweise im Drei-Minuten-Abstand verkehrten. Pro Tag waren dort 52 000 Menschen zu befördern, eine für Westeuropa einmalige Zahl.

Mit dem Tage der Eröffnung der City-S-Bahn bis Altona, am 21. April 1979, war auch die erste Baustufe der Omnibusanlage über dem Schnellbahn-Areal Bahnhof Altona abgeschlossen. Der *HVV* bot 1979 in seinem Verkehrsraum 171 Buslinien und neun Schnellbuslinien mit einer Gesamtlinienlänge von 2523 Kilometern an. Mit den Bussen wurden 1979 rund 272 Millionen Fahrgäste befördert; eine enorme Leistung.

Die Schubgelenkbusse O 305G wurden ab 1982 nicht nur auf der Linie 102, sondern auch auf den Linien 105, 108 und 164 eingesetzt. Diese Standard-Gelenkbusse sind 17,26 Meter lang, bieten 61 Sitz- und 113 Stehplätze. Der Motor leistet 177 kW oder 240 PS. Wegen seiner vielen Sitzplätze ist der Gelenkbus bei der Bevölkerung beliebt, er wird von ihr auch »Jumbo-Bus« genannt.

Als am 25. September 1983 die Harburger S-Bahn bis Harburg eröffnet wurde, ist dort und auf der Insel Wilhelmsburg der gesamte Busverkehr neu geordnet worden. Die Busanlage über dem S-Bahnhof Harburg konnte am selben Tag ihren Betrieb aufnehmen.

Im Jahr 1984 sah man die ersten Stadtlinienbusse (*VÖV II*) des Typs O 405 und an den Haltestellen standardisierte Fahrgastinformationen. Die Firma *GUVE* stellte zu dieser Zeit den eintausendsten beleuchtbaren Fahrgastunterstand auf, 1986 gab es schon 1500 dieser beliebten Wartehäuschen.

Nach dem Ende der Sommerferien am 26. August 1985 hatte die *VHH* ihren Schulbusverkehr in den Vier- und Marschlanden neu geregelt; diese Linien wurden in den allgemeinen Verkehr integriert.

Als am 29. September 1985 die Busanlage am Bahnhof Rahlstedt fertig wurde, war der *VÖV*-Standardbus SL II schon eine Selbstverständlichkeit. Die *HHA* besaß davon 115, die *VHH* 61 und die *PVG* 21 Einheiten. Seit 1987 werden weitere Linien mit Gelenkbussen bedient, wofür die *HHA* 50 Fahrzeuge des neuen Standards (Typ O 405G) beschaffte. Am 1. Januar 1989 sah das Bus-Angebot so aus:

		Haltestellen	Linienlänge	Busse
HHA	111 Linien (davon 6 Schnellbus)	1 433	1 388 km	857
VHH	64 Linien (davon 1 Schnellbus)	980	1 290 km	297
KVG	6 Linien	140	110 km	28
PVG	7 Linien	96	59 km	106

Sein Erfolg steht unter vielen Zeichen.

Nach der erfolgreichen Einführung des Standard-Linienbusses O 405 können wir heute stolze Bilanz ziehen. Viele Städte haben sich bereits für den O 405 entschieden. Mehr als die Hälfte aller neu verkauften Linienomnibusse trägt den Stern. Die umweltfreundlichen Dieselmotoren, die Wirtschaftlichkeit der optimal aufeinander abgestimmten Antriebsaggregate und der hohe Fahrgastkomfort haben Verkehrsbetriebe und Fahrgäste überzeugt. Nach den VöV-Richtlinien haben wir aus dem Konzept des O 405 eine ganze Linienbus-Familie für die 90er Jahre entwickelt: den Gelenkbus O 405 G, den Standard-Kleinbus O 402 und den Überland-Linienbus O 407.

In Betreuung so gut wie in Technik. Das heißt für uns unter anderem:
1. Ersatzteil-Expreß. 2. Maßgeschneiderte Finanzierung und Leasing.
3. Über 40 Omnibus-Spezialwerkstätten.
4. Omnibus-Gebrauchtwagen-Centrum.

In Betreuung so gut wie in Technik. MERCEDES-BENZ

241

242 Wandel im Busbereich: Magirus-Deutz Saturn II (oben) und Daimler-Benz Schubgelenkbus O 405 (unten)

243 Seit 1969 prägten sie das Stadtbild, gegenwärtig werden sie abgelöst: Die Standardbusse vom Typ O 305, hier an der Fontenay

Ihr Busunternehmen
im Kreis Pinneberg:

Preiswert
Verläßlich
Gut

Pinneberger Verkehrsgesellschaft mbH
Osterbrooksweg 73 · 2000 Schenefeld
Telefon 0 40/83 90 04-0

244   *56 Menschen unterwegs – entweder in* **einem** *Bus ...*
       ... oder in **vierzig** *Autos*

31. Auf dem Weg zum 150. Geburtstag

Schon die Gründung der *ATG Alstertouristik GmbH* am 27. Februar 1977 zeigte die besondere Entwicklung der Alsterschiffahrt im Angebot des Verkehrsverbundes. Immer stärker stellte sich heraus, daß die Alsterschiffe im eigentlichen Berufsverkehr kaum noch eine Rolle spielten, wohl aber für das touristische Angebot der Stadt erhalten bleiben mußten. Eine der vier Schiffslinien hatte schon Weihnachten 1975 den Betrieb einstellen müssen. Die *HHA* sah für diesen stark defizitär arbeitenden Bereich nur Chancen in werbewirksamen Angeboten wie Alster-Rundfahrten, Kanal- oder Fleetfahrten. Am 12. und 13. April 1975 begann für die Alsterschiffahrt eine neue Etappe. Fleet- und Kanalfahrten wurden ein riesiger Erfolg. 1976 und 1977 kamen zwei neue Schiffe dazu, die *Fleetenkieker* und die *Alsterschipper;* sie waren für diese Spezialangebote gut geeignet. Gleichzeitig kamen »Bergedorf-Fahrten« und »Brückenfahrten« auf der Bille hinzu. Die *ATG*, hundertprozentige *HHA*-Tochter, betreibt das Touristik-Programm auf eigene Rechnung und Verantwortung. Der eigentliche Linienbetrieb wurde vom Zeitpunkt der Gründung an von der *ATG* im Auftrag der *HHA* durchgeführt.

Die Linienschiffahrt entwickelte sich weiter defizitär. Die Lage änderte sich auch nicht, als 1983 ein Zuschlag zur *HVV*-Karte erhoben wurde und die Anzahl der Linien auf zwei zurückging. Mit Beginn des Saisonbetriebs am 1. April 1984 starteten die Alsterschiffe nicht mehr zum *HVV*-Tarif. Diese Entscheidung bedeutete jedoch nicht das Ende der Alsterschiffahrt in Hamburg. Anstelle der auf den Berufsverkehr ausgerichteten Linienschiffahrt bietet die *ATG* nun Alster-Kreuzfahrten zu günstigen Spezialpreisen an. Im Fahrplantakt, seit 1989 sogar halbstündlich, werden die alten Anleger des Linienverkehrs weiterhin bedient. Wer hätte 1975 gedacht, daß noch einmal regelmäßig Alsterschiffe an der Mundsburger Brücke festmachen würden.

1982 begannen die Planungen für den Weiterbau der U-Bahn bis zur Großsiedlung Mümmelmannsberg. Der Senat hatte am 23. Februar 1982 beschlossen, die erforderlichen Mittel als Bedarf zum Haushaltsplan 1983 und zur mittelfristigen Finanzplanung 1982 bis 1986 anzumelden. Das Projekt war schon im Juli 1979 von der Bürgerschaft gebilligt worden. 1984 begannen die Bauarbeiten. Die rund drei Kilometer lange Strecke wird ab Merkenstraße in ganzer Länge im Tunnel geführt. Die Haltestelle »Steinfurther Allee« wird das Wohngebiet Kaltenbergen mit 8 500 Einwohnern erschließen; und der zukünftige Endbahnhof »Mümmelmannsberg« 20 000 Menschen einen schnellen U-Bahn-Anschluß bieten. Der *HVV* erwartet, daß rund 10 000 der dort lebenden Bürger ständige Fahrgäste sein werden. Im Winterfahrplan 1990/91 werden dort die ersten Züge fahren.

Den letzten großen »Paukenschlag« vor seinem 150. Geburtstag inszenierte der hamburgische öffentliche Personennahverkehr im Jahr 1985. Am 1. Juni waren alle Niendorfer auf den Beinen, um die Einfahrt des ersten U-Bahn-Zuges unter dem Tibarg in der Endstation Niendorf-Markt zu erleben. Rund 50 000 Menschen feierten drei Tage lang, ehe der planmäßige U-Bahn-Betrieb begann.

Die Dringlichkeit, Niendorf besser an den öffentlichen Nahverkehr anzuschließen, zeigte 1975 auch ein Gutachten auf der Grundlage von Untersuchungen zum Generalverkehrsplan. Dabei wurde auch der Vorteil der Linienführung über Hagenbecks Tierpark gegenüber der früheren Planung über Stephansplatz – Grindel deutlich: Über die wesentlich kürzere und einfachere Strecke war der Anschluß Niendorfs kostengünstiger und damit früher möglich. Das gesamte U-Bahn-Netz wurde mit der Verlängerung der U2 ausgeglichener belastet, das Zugangebot im westlichen Abschnitt dieser Linie sinnvoller ausgenutzt. Insgesamt gesehen, kann der *HVV* heute dort rationeller bedienen, weil er im Niendorfer Raum mit weniger Bussen auskommt.

Für den Bauabschnitt Hagenbecks Tierpark – Niendorfer Markt erfolgte die Planfeststellung 1978; den ersten Rammschlag nahm die Bevölkerung am 7. Juli 1979 mit Beifall auf. Ein neues Kapitel in der Geschichte Niendorfs begann. (Die Strecke wird ausschließlich im Tunnel geführt; eine Zerschneidung von Wohn- oder Grünflächen konnte so vermieden werden.) Nördlich von den Abstellanlagen des Bahnhofs Hagenbecks Tierpark, die in diesem Zusammenhang neu gestaltet wurden und bereits 1983 wieder voll nutzbar waren, beginnt der 3,5 Kilometer lange Tunnel.

Obwohl die Bevölkerungsdichte zwischen Hagenbecks Tierpark und Niendorf-Markt nur gering ist, wünschten die Öffentlichkeit und das Bezirksamt Eimsbüttel dort eine Haltestelle. Im nordwestlichen Lokstedt entstand mit »Hagendeel« diese – architektonisch bemerkenswerte – U-Bahn-Station. Nach Umgestaltung des Tibarg in eine Fußgängerzone, wobei der alte Dorfkern erhalten blieb, passen sich die unterirdische U-Bahn und die hinter den Fassaden aufgebaute Omnibusanlage (im Dezember 1985 fertig geworden) harmonisch in das Bild ein. Seit dem 2. Juni 1985 fährt die U2 zwischen Niendorf-Markt und Wandsbek-Gartenstadt. Die Fahrtenfolge wird in Spitzenzeiten bis zum Fünf-Minuten-Takt verdichtet. Von Niendorf-Markt bis zum Jungfernstieg dauert die Fahrt jetzt nur noch 19 Minuten. Rund 35 000 Menschen brauchten zuvor im Bus 102 für die gleiche Strecke 28 Minuten. Für Autofahrer wurde ein P+R-Platz mit 100 Plätzen angelegt. Radfahrer können ihre Fahrräder sowohl am Bahnhof Niendorf-Markt als auch an der Haltestelle Hagendeel in besonderen Anlagen abstellen. Hagendeel bietet dafür sogar abschließbare Boxen.

Der neue Streckenabschnitt wird vom Zentralstellwerk Hagenbecks Tierpark aus ferngesteuert. Die Gesamtkosten für diesen Teilabschnitt betrugen 180 Millionen DM.

Der zweite Bauabschnitt umfaßt das Gebiet zwischen Niendorf-Markt und Niendorf-Nord. Dort liegen die dichtbesiedelten Wohnbezirke Niendorfs. Um die zukünftige Endstation Niendorf-Nord wurde ein Geschoßwohnungsbau realisiert; erst weiter entfernt beginnt die Bebauung mit Einzelhäusern. Dort will man also praktizieren, was das »Hamburger Dichtemodell« vorschreibt. Die Endstrecke der Niendorfer U-Bahn wird 2,4 Kilometer lang und weitgehend in der Paul-Sorge-Straße geführt, in deren Verlauf zwei Stationen eingerichtet werden, »Joachim-Mähl-Straße« und »Schippelsweg«. Die Endhaltestelle »Niendorf-Nord« erhält einen südlichen Ausgang zum Nordalbingerweg und zur neuen Busanlage, der nördliche Ausgang wird zum neuen Wohngebiet führen. Mit Beginn des Winterfahrplans 1990/91 werden die U-Bahn-Züge bis Niendorf-Nord fahren. Damit endet vorerst der Ausbau des Schnellbahnnetzes im Norden der Hansestadt, bis auf die geplante Verlängerung der U1 von Garstedt bis Norderstedt-Mitte.

245 *Auf dem Weg nach Mümmelmannsberg: U-Bahn-Tunnel unter dem Knivsbergweg*

SIEMENS

Studiowarten in Kompaktbauweise

Das moderne Leitstellensystem für die Bahnstromversorgung ist die kompakte Studiowarte von Siemens.

- Sie ist nach dem neuesten Stand der Technik konzipiert,
- sie wird ausschließlich mit Sichtgeräten betrieben,
- sie ist übersichtlich und platzsparend,
- ein umfangreiches Trainingssystem für Schaltwärter ist integriert,
- das Trainingssystem erlaubt eine Schulung mit simulierten Prozeßabläufen unter realistischen Bedingungen.

Die kompakte Studiowarte verbessert die Steuerung und Überwachung des gesamten Stromversorgungsnetzes der U-Bahn in Hamburg und erhöht damit weiter die Zuverlässigkeit der Bahnstromversorgung im Bereich der Hamburger Hochbahn.

Siemens AG
E 437 Leittechnik
Postfach 32 40
8520 Erlangen
Tel.: 09131/72 22 36
Tx: 62 921-509 sid

Moderne Technik
für die
Bahnstromversorgung
von Siemens

32. Analysen, Meinungen, Zukunftsperspektiven

Der Verbundraum Hamburg hat eine Größe von 50 x 60 Kilometern. Darin leben 2,4 Millionen Menschen. Im Tagesschnitt werden mit den Verkehrsmitteln im *HVV* 1,4 Millionen Personenfahrten durchgeführt. Umgerechnet fährt jeder Hamburger Einwohner im Jahr 240mal mit den *HVV*-Verkehrsmitteln. Gemessen an anderen bundesdeutschen Städten, ist das eine hohe Zahl. Im Jahresdurchschnitt fahren die Menschen in München 250-, in Stuttgart 160-, in Köln 180- und in Bremen 180mal mit öffentlichen Verkehrsmitteln. Die verschiedenen im *HVV* angebotenen Verkehrsmittel werden zu folgenden Anteilen benutzt: Bus 42 Prozent, U-Bahn 32 Prozent, S-Bahn 25 Prozent und A-Bahnen und HADAG zusammen ein Prozent.

Sieht man U-Bahn, S-Bahn und A-Bahnen als das Angebot »Stadt-Schnellbahn«, so bildet dieser Betriebszweig mit 58 Prozent aller *HVV*-Fahrgäste (einschließlich der Umsteiger zum/vom Bus) das Rückgrat des Verkehrs. Hier zeigt sich, daß sich ein gutes Produkt auch gut vermarkten läßt. Mit 1 460 Schnellbahnfahrzeugen werden auf einer Streckenlänge von 291 Kilometern 182 Haltestellen angefahren und dabei im Innenstadtbereich ein Fünf-Minuten-Takt angeboten. Das P+R-System an Schnellbahnstationen ergänzt diesen Service beträchtlich. Es ermöglicht den individuellen Zubringer- und Verteilerverkehr zu/von den Schnellbahnen. Im Gesamtraum des *HVV* gibt es gegenwärtig 75 P+R-Anlagen (davon 42 in Hamburg) mit 11 340 Auto-Stellplätzen (davon 6 920 in Hamburg). Im System Bike+Ride werden rund 12 000 Fahrradstellplätze angeboten, davon 6 500 in Hamburg.

Mit den Buslinien im *HVV* fahren 42 Prozent aller Kunden (die Umsteiger zu/von den Schnellbahnen eingerechnet). Die 1 300 eingesetzten Busse bedienen auf einem Streckennetz von 1 650 Kilometern Länge 2660 Haltestellen. Mit ihrem dichten Netz leisten die Busse den Zubringer- und Verteilerdienst von und zu den Schnellbahnstationen und erschließen die dünner besiedelten Außengebiete.

Mit seinen Verkehrslinien erhält und fördert der *HVV* die Funktionsfähigkeit der Hamburger City. Dort arbeiten etwa 180 000 Menschen. 80 Prozent von ihnen fahren mit dem HVV. Dadurch wird die Abwicklung des notwendigen Wirtschafts- und Lieferverkehrs mit Kraftwagen in der City überhaupt erst möglich. Sieht man die City als die eigentliche »Einkaufsstadt Hamburg«, so macht der City-Einzelhandel 55 Prozent seines Gesamtumsatzes mit *HVV*-Kunden. Auch hier lohnt sich ein Vergleich. Zum Einkaufen fahren in München 73, in Stuttgart 62, in Köln 45 und in Bremen 52 Prozent mit öffentlichen Verkehrsmitteln.

Von den vorstehenden Zahlen ausgehend, müßte der 150. Geburtstag des Stadtverkehrs in Hamburg ein unbeschwertes Freudenfest sein. Aber so ist es leider nicht. Weder ist das Angebot optimal, noch ist es möglich, die Nachfrage endlos zu steigern. Man betrachte nur die Rahmenbedingungen: Die Einwohnerzahl in Hamburg ist rückläufig. Von 1976 bis 1986 sank die Gesamteinwohnerzahl in Hamburg von 1,7 auf 1,57 Millionen Menschen. Gegenüber 1976 verlor die Stadt also 130 000 Einwohner. 1996 werden die Statistiker nur noch 1,48 Millionen Hanseaten zählen, also gegenüber 1986 weitere 90 000 weniger. Allein die Zahl der 12- bis 25jährigen Hamburger, Schüler, Auszubildende, Studenten und Berufstätige, die das *HVV*-Angebot in hohem Maße nutzen, wird sich bis 1995 um 110 000 (= 36 Prozent) verringern. Trotz dieser sinkenden Einwohnerzahl steigt der Autobestand in Hamburg weiter an. In das Jahr 1976 starteten 489 300 in Hamburg zugelassene Autos. 1986 waren es 594 200, das war eine Steigerung um 104 900 Autos. Nach der Prognose muß man 1995 mit 667 000 Fahrzeugen in Hamburg rechnen.

Bei solchen Zukunftsaussichten zu resignieren wäre selbstverständlich falsch, denn der Kampf um Marktanteile muß auch in der Verkehrswirtschaft geführt werden. Das Problem ist allerdings, daß der öffentliche Personennahverkehr gleichzeitig sowohl gesellschaftspolitische Vorgaben und Eckdaten als auch betriebswirtschaftliche, also unternehmerische, berücksichtigen muß. Als Stichworte seien an dieser Stelle genannt: Daseinsvorsorge und Mobilitätschancen für alle (Allgemeinnutzen), Umweltqualität (Reduzierung von Lärm und Abgasen, Verbesserung der Stadtqualität), Ressourceneinsatz (Energie, Grundstoffe), Zuschüsse zur Kostendeckung.

246 Park+Ride-Haus Langenhorn-Markt: Von dort mit dem Fahrstuhl bequem auf den Bahnsteig

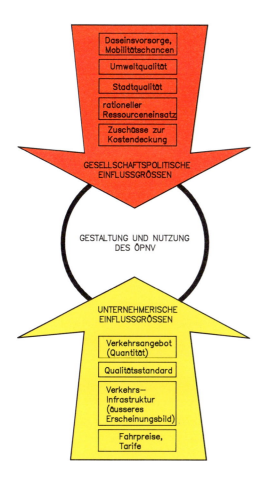

247

Starten auch Sie in Ihre finanzielle Freiheit.

Egal,
wann und wozu Sie ihn brauchen —
einmal vereinbart, steht Ihnen
der Persönliche Kreditrahmen
bequem und kostengünstig
immer zur Verfügung.

Sprechen Sie mit uns.

Was die Zukunft auch bringt, ... auf uns ist Verlaß.

Sparda-Bank

Sparda-Bank Hamburg eG — *Speziell für den öffentlichen Dienst.*
Geschäftsstellen: Altona: Präsident-Krahn-Straße 16/17, 2000 Hamburg 50, ☎ 3 80 15 - 1.
ABC-Straße: ABC-Straße 38, 2000 Hamburg 36, ☎ 3 80 15 - 1. **Mönckebergstraße:** Mönckebergstraße 7/Bugenhagenstr. 10, 2000 Hamburg 1, ☎ 33 54 46. **Hamburger Straße:** Hamburger Straße 27, 2000 Hamburg 76, ☎ 22 20 64. **City Nord:** Überseering 9, 2000 Hamburg 60, ☎ 6 32 13 26.
Harburg: Schloßmühlendamm 14, 2100 Hamburg 90, ☎ 77 30 98. **Kiel:** Walkerdamm 17, 2300 Kiel 1, ☎ 6 20 62. **Lübeck:** Schüsselbuden 20, 2400 Lübeck 1, ☎ 7 10 88.

Betriebswirtschaftlich ist eine volle Kostendeckung für Betrieb, Unterhaltung und Investitionen bei Erhaltung von Breite und Attraktivität des Angebots nicht möglich. Ausgangspunkt der Betrachtung muß vielmehr das Verhältnis von Nutzen und Kosten des öffentlichen Personennahverkehrs für das Gemeinwesen Hamburg insgesamt, d. h. für uns alle, werden. Dabei braucht sich der *HVV* durchaus nicht zu verstecken. Einem Gesamtaufwand von 954 Millionen DM im Jahr 1988 standen Erträge in Höhe von 576 Millionen DM gegenüber. Das ist ein Kostendeckungsgrad von 60,4 Prozent. Der Kostendeckungsgrad der anderen Verkehrsverbünde lag 1986 in München bei 60, in Stuttgart bei 54, in Frankfurt bei 45 und im Gebiet Rhein-Ruhr bei 47 Prozent (Hamburg bei 63 Prozent).

Die betriebswirtschaftlichen Eckdaten bestimmen die Gratwanderung der Verkehrsunternehmen zwischen einem am Verkehrsmarkt orientierten attraktiven Angebot mit hoher Kundenakzeptanz und einem möglichst hohen Kostendeckungsgrad zur Begrenzung der Zuschüsse der öffentlichen Hand. Als Stichworte seien an dieser Stelle genannt: Verkehrsangebot nach Quantität und Qualitätsstandard, Verkehrsinfrastruktur (dazu zählt auch das äußere Erscheinungsbild) sowie Tarife und Fahrpreise.

Im Interesse einer betriebswirtschaftlichen Ergebnisverbesserung muß der öffentliche Stadtverkehr in Hamburg nicht dezimiert, sondern gesteigert werden. Das kann auch erreicht werden, nämlich durch eine Steigerung der Mobilität (größere Fahrtenhäufigkeit je Person und Tag) und eine Veränderung der Verkehrsanteile zugunsten der öffentlichen Verkehrsmittel. Der öffentliche Personennahverkehr ist Teil des Gesamtverkehrs und steht in Konkurrenz zum Individualverkehr mit dem Pkw. Um den Verkehrsanteil von Bussen und Bahnen am Stadtverkehr künftig zu erhöhen, müßten – nach Ort und Verkehrszeit unterschiedlich – Entscheidungen über die Stellung des öffentlichen Verkehrs getroffen werden. Die unterschiedlichen Ausgangsbedingungen lassen sich in drei Stufen beschreiben:
– Vorrangsystem gegenüber dem Pkw
– Wettbewerbssystem zum Pkw und
– System der Daseinsvorsorge.

Das Vorrangsystem sollte für bestimmte Verbindungen und während bestimmter Verkehrszeiten (Beispiel ist der Berufsverkehr zur City) gelten. Zweck wäre die Übernahme von starken, gebündelten Verkehrsströmen durch öffentliche Hochleistungsverkehrsmittel (Schnellbahnen), Entlastung bestimmter Gebiete (City) vom Autoverkehr durch stadtpolitisch gewollte Restriktionen des motorisierten Individualverkehrs.

Der Wettbewerb mit dem Individualverkehr könnte sich zum Beispiel für den Einkaufsverkehr zur City und zu anderen Zentren als sinnvoll erweisen. Zweck wäre, vor allem Autofahrer durch ein attraktives und – gemessen an der Auto-Benutzung – qualitativ adäquates *HVV*-Angebot für den öffentlichen Nahverkehr zu gewinnen.

Das System der Daseinsvorsorge in nachfrageschwachen Gebieten und Verkehrszeiten gilt schon heute als Selbstverständlichkeit. Beispiel ist der Abendverkehr in Außengebieten. Ein Angebot von Grund- und Mindestleistungen des *HVV* für die Mobilität aller Bevölkerungsgruppen muß gewährleistet sein. Dieses System sollte allerdings bedarfsgerechter und rationeller sein.

Aber bevor politische Entscheidungen gefordert werden, sollte untersucht werden, was die öffentlichen Verkehrsunternehmen in Hamburg mittelfristig selber tun, um die angestrebte Akzeptanz zu erreichen. Im Schnellbahnbereich wird das Netz ausgebaut, Haltestellen werden modernisiert und neue Fahrzeuge beschafft. Das P+R-System für Pkw und Fahrräder wird erweitert. Das U-Bahn-Netz wird in den nächsten Jahren durch Verlängerungen der Strecken Niendorf-Markt – Nordalbingerweg (U2), Merkenstraße – Mümmelmannsberg (U3) und Garstedt – Norderstedt-Mitte (U1) um 7,8 auf dann insgesamt 100,5 Kilometer anwachsen. Mit dem Bau von sieben neuen Haltestellen erhalten knapp 80 000 Einwohner und Beschäftigte zusätzlich einen kurzen und direkten Zugang zur Schnellbahn, wodurch sich ihre Mobilitätschancen nachhaltig verbessern. Eine Schnellbahnverbindung zum Flughafen wird diskutiert. Die geplante U-Bahn-Verlängerung von Barmbek nach Steilshoop – Bramfeld kann gegenwärtig aus finanziellen Gründen nicht weiterverfolgt werden. Die Modernisierung von Schnellbahnhaltestellen im Altnetz wird vorangetrieben. Darüber hinaus sollen planmäßig behindertengerechte Zugangsanlagen an U- und S-Bahn-Haltestellen eingerichtet werden. Im U-Bahn-Bereich werden 30 neue vierteilige U-Bahn-Züge (Typ DT 4) den Betrieb aufnehmen. Bei der S-Bahn wird bis Mitte der neunziger Jahre die Einführung eines komfortablen, hochmodernen Schnellbahnfahrzeugs ET 475/875 angestrebt.

Das P+R-System wird sowohl quantitativ als auch qualitativ weiter verbessert. Im Verbundraum wächst der Stellplatzbedarf von gegenwärtig 11 340 Pkw-Stellplätzen und ungefähr 12 000 Fahrradstellplätzen bis zum Jahre 2000 auf 25 000 Pkw-Stellplätze und etwa 16 000 Fahrradstellplätze. Im Busverkehr soll das künftige Angebot durch Einrichtung von Tangential-Buslinien verbessert werden, um durchgehende Verbindungen im ÖPNV-Netz für Fahrten zwischen äußeren Stadtteilen zu schaffen und dabei möglichst große Verkehrspotentiale (z. B. Wohn-, Arbeits-, Einkaufs-, Veranstaltungszentren, wichtige Umsteigehaltestellen) direkt zu erschließen und untereinander zu verknüpfen.

Natürlich verlangt der Kunde für sein (Fahr-)Geld auch Qualität. Hier nachzubessern, wird eine wichtige Auf-

gabe der nächsten Zukunft sein. Zu erwähnen sind folgende Projekte:
- weitere Verbesserung der Anschlüsse zwischen Schnellbahn und Bus für wichtige Relationen,
- »Bus-Beschleunigungsprogramm Hamburg«,
- Taxi-Kooperationen,
- Fahrgastinformationssystem,
- Sauberkeit der Verkehrsanlagen und Fahrzeuge,
- Personalschulung.

Anschlußverbesserung

Bei Maßnahmen zur Verbesserung der Anschlüsse zwischen den öffentlichen Verkehrsmitteln ist zu unterscheiden zwischen fahrplanmäßiger Anschlußbindung und dispositiver Anschlußsicherung. Bei der fahrplanmäßigen Anschlußbindung werden für die einzelnen Verkehrsverbindungen die auftretenden Umsteigewege an den Haltestellen in die Zeitplanung eingerechnet. Die dispositive Anschlußsicherung bei Verspätungen setzt die Kontrolle des laufenden Betriebs durch Leitstellen voraus, um zu vermeiden, daß der umsteigende Fahrgast nur noch die Rücklichter des Verkehrsmittels sieht.

Die planerische Anschlußbindung ist bisher schwerpunktmäßig auf die 110 Verbindungen konzentriert, die rund die Hälfte aller Umsteiger im Abendverkehr benutzen. Für drei Viertel von ihnen sind Umsteigezeiten eingeplant, die eine Wartezeit von höchstens fünf Minuten beinhalten. Dieser Anteil wird von Fahrplanperiode zu Fahrplanperiode größer.

Die dispositive Anschlußsicherung wird von acht Leitstellen mittels Datensicht-Bildschirmgerät praktiziert; von den Leitstellen werden wichtige Anschlußhaltestellen Schnellbus/Bus überwacht. An dem System wird weitergearbeitet.

Bus-Beschleunigungsprogramm

Der *HVV*-Buslinienverkehr unterliegt erheblichen Störungen. In der Hauptverkehrszeit nachmittags müssen über ein Drittel der Busse im inneren Stadtgebiet Verspätungen von drei Minuten und mehr hinnehmen. Insgesamt müssen im Busverkehr täglich weit über 100 000 *HVV*-Fahrgäste aufgrund von Verkehrsbehinderungen unnötige Reisezeitverlängerungen, Unpünktlichkeiten, verpaßte Anschlüsse und überfüllte Fahrzeuge in Kauf nehmen.

Schnelle und pünktliche Busse werden von der Bevölkerung häufiger benutzt. In Zürich, wo die öffentlichen Verkehrsmittel an jeder Straßenkreuzung Vorrang haben, fährt jährlich jeder Einwohner 430mal mit Bus und Bahn, in Hamburg sind es 240 Fahrten je Einwohner und Jahr.

Bei den Verkehrsunternehmen wirken sich die verminderte Reisegeschwindigkeit (4 Prozent in 10 Jahren) und verminderte Fahrleistung (10 Prozent in 10 Jahren) im

248 Über Datenfunk können verspätete Busse die Ampel auf „Grün" schalten (erste Versuche)

Busbereich durch einen erhöhten Personal- und Fahrzeugbedarf bei gleichem Angebot aus. Nur schnelle und pünktliche Busse erlauben eine wirtschaftliche Betriebsführung. Schnelle und pünktliche Busse verbessern insgesamt die Verkehrsverhältnisse in der Stadt, reduzieren die Umweltbelastungen und nutzen damit der Allgemeinheit.

Die Bus-Beschleunigungsmaßnahmen werden auf ein in der Länge stark begrenztes Vorrang-Streckennetz konzentriert. Es enthält nur 13 Prozent der *HVV*-Bus-Streckenlänge und umfaßt lediglich 5 Prozent der Länge des Hamburger Straßennetzes. Es muß also nicht generell in den Verkehrsablauf des individuellen Kraftfahrzeugverkehrs eingegriffen werden. Dennoch wird die teilweise Neuordnung der Fahrbahnen und der Grünphasen an den Ampelanlagen zugunsten der Busse unumgänglich sein.

Das Vorrang-Streckennetz hat trotz seiner geringen Ausdehnung große betriebliche und verkehrstechnische Bedeutung. 65 Prozent aller *HVV*-Buslinien verkehren ganz oder abschnittsweise auf dem Vorrang-Streckennetz und erbringen hier über 50 Prozent der Bus-Betriebsleistung. Rund 59 Prozent der Busfahrgäste im *HVV* würden von diesen Bus-Beschleunigungsmaßnahmen profitieren. Für die Durchsetzung des Bus-Beschleunigungsprogramms ist die politische Unterstützung der parlamentarischen Gremien unerläßlich. Hierbei bedarf

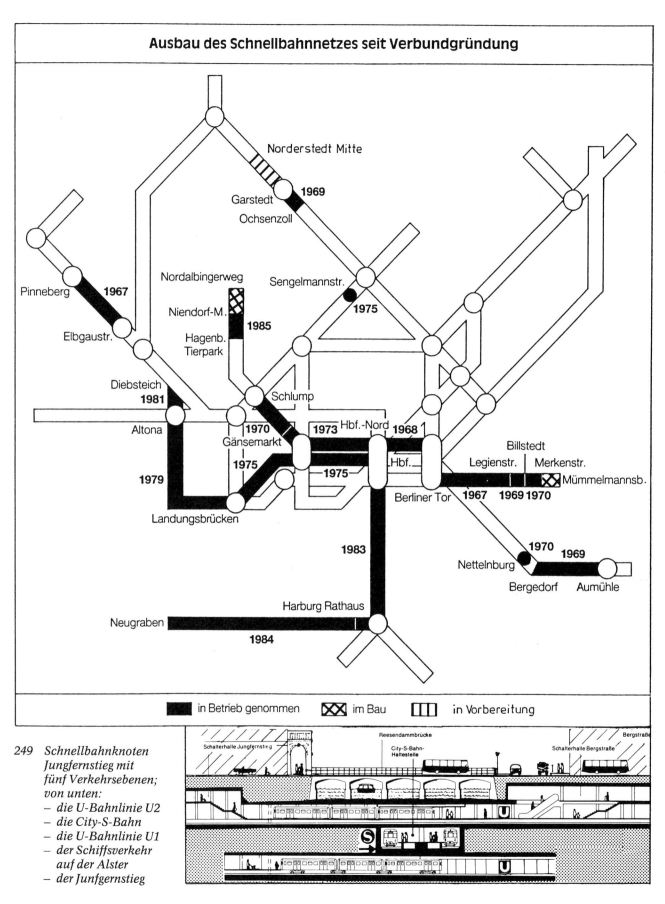

249 Schnellbahnknoten Jungfernstieg mit fünf Verkehrsebenen; von unten:
– die U-Bahnlinie U2
– die City-S-Bahn
– die U-Bahnlinie U1
– der Schiffsverkehr auf der Alster
– der Junfgernstieg

Sie stellen die AUFGABE

Wir bieten die LÖSUNG

hier:
Flankenreinigung
mit unserer FRM 76

H. F. WIEBE

2800 BREMEN 1 HOLLERALLEE 29 ☎ 0421 / 342016
HOCH- U. TIEFBAU SPANNBETON GLEISBAU STRASSENBAU SCHLÜSSELFERTIGE BAUTEN

---

es eines Umdenkens hin zu einer restriktiveren Haltung gegenüber dem Individualverkehr zugunsten des öffentlichen Personennahverkehrs.

Taxi-Kooperationen

Bei der Zusammenarbeit zwischen dem *Hamburger Verkehrsverbund* und dem *Taxengewerbe* werden im wesentlichen folgende Zielsetzungen verfolgt:
- Dem ÖPNV-Fahrgast soll in Zeiten mit geringen Bedienungsfrequenzen (z. B. im Abendverkehr) eine preiswerte und attraktive Ergänzung der öffentlichen Verkehrsmittel geboten werden;
- der Fahrgast soll möglichst häufige Verbindungen mit optimalem zeitlichen Anschluß an das Schnellbahnnetz und einem Höchstmaß an subjektiver wie objektiver Sicherheit erhalten.

Für die Einbindung des Taxis in das *HVV*-Angebot lassen sich drei Stufen angeben:

Den *Taxi-Ruf-Service* können die Fahrgäste der Nachtbusse (diese fahren zwischen Mitternacht und ca. 5.00 Uhr morgens) sowie der Schnellbusse, hier beschränkt auf abends und sonntags, nutzen. Der Busfahrer bestellt dem Fahrgast auf dessen Wunsch eine Taxe zu der Ausstiegshaltestelle.

Bus-Taxi: Seit dem Sommer 1987 werden versuchsweise auf den Abschnitten der Buslinie 168: S-Wellingsbüttel – U-Berne und der Buslinie 240: S-Neugraben – Waldfrieden in den Abendstunden nach 21.00 Uhr Bus-Taxen (VW-Busse mit sieben Fahrgastsitzplätzen und einem herausnehmbaren Klappsitz) anstelle der herkömmlichen Linienbusse eingesetzt. Vom HVV befragte Fahrgäste äußerten sich zufrieden mit dem neuen Service. Die Bedienung wird weitergeführt.

Anruf-Sammeltaxi (AST): Bei dem künftig geplanten Modell einer flächenerschließenden Kooperation ÖPNV/Taxi in Hamburg soll in einem ausgewählten Gebiet zu Zeiten geringer Nachfrage ein Teil der ÖPNV-Bedienung mit Omnibussen eingestellt werden und durch eine attraktivere, flächendeckende Taxenbedienung bis zur Haustür ersetzt werden. Der Taxieinsatz erfolgt nach telefonischer Vorbestellung.

Fahrgastinformationssystem

Damit der Kunde das räumlich und zeitlich sehr differenzierte Angebot des *HVV* ausschöpfen kann, müssen Informationen über Fahrmöglichkeiten schnell und einfach verfügbar sein. Eine wertvolle Hilfe wird das automatische Fahrplaninformationssystem (STAFI) sein, das in der Lage ist, gewünschte Verkehrsverbindungen zu ermitteln und auszudrucken.

Sauberkeit der Verkehrsanlagen und Fahrzeuge

Saubere Haltestellen und Fahrzeuge sind wichtige Voraussetzungen für eine hohe Akzeptanz des ÖPNV durch den Kunden. Hier bedarf es noch erheblicher Anstrengungen, um ein besseres Erscheinungsbild zu erreichen. In diesen Bereich gehört auch die Lösung technischer Probleme, beispielsweise länger stillstehende Fahrtreppen, mangelnde Ausleuchtung und Beleuchtung von Haltestellen oder undeutliche Haltestellenansage in den Fahrzeugen, was von den Kunden mit Recht beanstandet wird.

Personalschulung

Die Schulung des Personals des *HVV* und aller Verbundunternehmer mit Kundenkontakt zu freundlichen, hilfsbereiten, fachkompetenten Repräsentanten ist ebenfalls ein wichtiger Baustein auf dem Wege zu mehr *HVV*-Fahrgästen. Die Personalschulung soll künftig intensiviert werden.

Die Fahrpreise, die Tarifgestaltung

Der HVV bietet gegenwärtig seine Fahrkarten in folgender Gruppierung an:
- allgemeine Zeitkarten
- Zeitkarten mit Spareffekt
- Tages- und Familienkarten
- Einzelkarten

Der Preisaufbau stützt die Zielrichtung, Mobilitätsreserven durch die Begünstigung gebündelter Angebote zu aktivieren. Ein Ziel ist die Bindung von Fahrgästen an den *HVV*. Es sollen möglichst viele Fahrgäste für Zeitkarten gewonnen werden. (Mit jährlich 4,5 Millionen verkauften *HVV*-Zeitkarten hat in Hamburg schon heute praktisch jeder zweite Haushalt eine *HVV*-Zeitkarte.) Ein weiteres Ziel sind die Gewinnung neuer Fahrgäste und die Ausschöpfung noch vorhandener Fahrgastpotentiale durch attraktive Tarifangebote für Nebenverkehrszeiten.

Gute Beweise für eine erfolgreiche Werbung sind die Entwicklungen der CC-Karte und des Abonnements. Für den Fahrkartenvertrieb stehen drei Wege zur Verfügung: der Barverkauf (Busfahrer, Automat, Schalter), der bargeldlose Verkauf (Abonnement) und der indirekte Verkauf.

Die Marktentwicklungen werden in den nächsten Jahren zu folgenden Ergänzungen führen, die den Fahrkartenerwerb für den Kunden erleichtern und vereinfachen:

- Anpassung der Vertriebswege an veränderte Zahlungsweisen (Debit-/Kreditkarten)
- weiterer Ausbau des Netzes von *HVV*-Stadtteilbüros und Verkaufsstellen in unmittelbarer Umgebung von Wohn- und Einkaufsstätten
- Ausbau verkehrssystemunabhängiger Kaufmöglichkeiten (zum Beispiel Telefonkauf, Selbstausfertigung, Pauschalregelung).

Eine zunehmende Bedeutung sieht der HVV im Ausbau des indirekten Vertriebs. Hier bedient er sich durch Kooperationsabsprachen der Vertriebswege anderer Partner, um damit deren Kunden auf einfache Weise direkt ansprechen zu können (als Beispiel sei nur die Hotel-Rezeption genannt). Derartige Absprachen beseitigen weitgehend vorhandene Vorurteile gegen eine »Bus-+Bahn-Benutzung«. Diese Kooperationen sollen künftig auch verstärkt zur Unterstützung einer restriktiven Parkplatzpolitik der öffentlichen Hand eingesetzt werden.

Das Nahverkehrsangebot muß mehr Transparenz durch den Einsatz von Werbung, Information und Public Relations erhalten. Darüber hinaus ist die aktive Fahrgastbetreuung eine wichtige Voraussetzung für eine vermehrte Inanspruchnahme des öffentlichen Nahverkehrssystems.

Der *HVV* ist nicht in der Lage, diese für eine Steigerung der Fahrgastzahlen unerläßlichen Maßnahmen allein durchzuführen. Hierfür bedarf es der nachhaltigen Unterstützung durch die Politiker. Aus der Sicht des *HVV* muß angestrebt werden, vorrangig folgende Maßnahmenkomplexe zu verwirklichen:
- konsequente Durchführung des bereits angesprochenen »Bus-Beschleunigungsprogramms Hamburg«
- Parkraumbewirtschaftung in der City und P+R-Ausbau
- Parkplatzgebührenordnung in den Problemgebieten
- Initiierung von Gesetzesänderungen zugunsten des öffentlichen Verkehrs, wie Einführung einer Kilometerpauschale unabhängig vom benutzten Verkehrsmittel,
Steuererleichterungen für den ÖPNV wie Wiedereinführung der Mineralölsteuerbefreiung, Abschaffung der Mehrwertsteuer für Fahrkarten,
ggf. Einführung einer Transportabgabe von Unternehmen zugunsten des öffentlichen Verkehrs, wie es in Frankreich praktiziert wird.

Parkraumbewirtschaftung in der City und P+R

Die City hat zunehmend unter dem steigenden Druck des Individualverkehrs mit seinen schädlichen Auswirkungen auf die Umwelt zu leiden. 105 000 Parkvorgänge werden täglich auf den rund 30 000 Pkw-Parkplätzen durchgeführt. Untersuchungen des *HVV* haben ergeben, daß ein nennenswerter Teil dieses Verkehrs durch P+R vermieden werden kann. Voraussetzung ist die bereits angesprochene zügige Erweiterung der P+R-Kapazitäten, eine kundenorientierte Betriebsführung der Parkhäuser und Parkplätze und deutliche Wegweisung. Der *HVV* hat die ersten Schritte in diese Richtung eingeleitet. Eine P+R-Betriebsgesellschaft soll Gesellschafter des *HVV* werden; die Entwicklung und Einführung eines einheitlichen Betriebsstandards sowie der Ausbau einer einheitlichen Ausschilderung und Information zu den P+R-Einrichtungen werden vorbereitet.

P+R muß künftig stärker als bisher Bestandteil gesamtstädtischer Parkraumpolitik und somit gleichermaßen Aufgabe der Gebietskörperschaften wie auch der Verkehrsunternehmen werden. Einschränkungen des nicht notwendigen Individualverkehrs zugunsten des ÖPNV sind in den Problemgebieten hinzunehmen.

Im Rahmen der Parkraumbewirtschaftung sollte zum Beispiel Firmen, die in der City neue Arbeits- oder Einkaufsstätten bauen, die Möglichkeit gegeben werden, anstelle der bisher üblichen einmaligen Ablösebeiträge für nicht gebaute Garagenplätze laufende Zuschüsse zu *HVV*-Fahrkarten für ihre Beschäftigten und Kunden zu zahlen. Dies würde nicht nur das Wirtschaftsergebnis des *HVV* positiv beeinflussen, sondern auch ein Umdenken bei allen Beteiligten über zweckmäßige Verkehrsmittelbenutzung bewirken.

Parkplatzgebührenordnung in Problemgebieten

Eine wichtige ÖPNV-stützende Maßnahme wäre eine Anhebung der Parkgebühren für Kurzparker im inneren Stadtgebiet und in anderen Problemgebieten. Gegenwärtig beträgt die Maximalgebühr in der Hamburger City an den Parkuhren 0,50 DM je 30 Minuten. Eine Erhöhung der Gebühr (z. B. Verdoppelung) in Verbindung mit einer konsequenten Überwachung einschließlich Abschleppmaßnahmen verkehrswidrig geparkter Pkw könnten mithelfen, den Stadtverkehr zugunsten des öffentlichen Nahverkehrs zu beeinflussen. Eine nachhaltige Überwachung des ruhenden Verkehrs würde überdies wesentlich dazu beitragen, die derzeitigen Behinderungen des fließenden Busverkehrs in vielen innerstädtischen Wohngebieten zu reduzieren.

In den geltenden, das heißt vom Senat der Freien und Hansestadt Hamburg beschlossenen stadtpolitischen Zielsetzungen und Vorgaben (Leitlinien für den Nahverkehr in Hamburg von 1969, Entwicklung der Verkehrsinfrastruktur von 1979 und 1982, Stadtentwicklungskonzept von 1980, Dichtemodell und Koalitionsvereinbarungen SPD/FDP von 1987) ist u. a. – bezogen auf den *HVV*-Verkehr – festgelegt, daß der öffentliche Verkehr weiter gestärkt und gefördert werden muß, daß er mehr Priorität gegenüber dem Individualverkehr erhalten muß und daß der *HVV*-Anteil am Gesamtverkehr erhöht werden soll.

Hinsichtlich der Rollenverteilung zwischen Individualverkehr und dem *HVV*-Verkehr bestehen folgende Zielvorstellungen:
– Sofern ein *HVV*-Verkehr angeboten wird, mutet der Senat den Bürgern bewußt Einschränkungen bei der Benutzung ihrer Personenkraftwagen zu.
– Ein schneller und flüssiger Autoverkehr kann nicht jederzeit und überall gewährleistet werden. Das Straßennetz wird vor allem für den Wirtschaftsverkehr ausgebaut.
– Anders als für den Wirtschaftsverkehr bieten sich speziell für den Berufsverkehr Busse und Bahnen an.
– An Beschränkungen des Parkraumes in der Innenstadt wird festgehalten.

Probleme bei der Umsetzung der Zielvorstellungen

Die Zielvorstellungen über die Rolle des öffentlichen Verkehrs im Stadtverkehr von Hamburg sind generell positiv zu werten. Ebenso ist die stadt- und umweltpolitische Bedeutung des *HVV* in der öffentlichen Meinung unbestritten, wie Meinungsumfragen und Presseberichte bestätigen. Die Probleme für eine Bus+Bahn-orientierte Gestaltung des Stadtverkehrs liegen darin, daß die Umsetzung der Zielvorstellungen in die Realität nur eingeschränkt erfolgt. Das hat zur Folge, daß der öffentliche Verkehr trotz generell positiver Einschätzung in der Bevölkerung nicht in dem erwünschten Umfang genutzt wird.

Die generellen stadtpolitischen Ziele für die Gestaltung des Stadtverkehrs werden im Detail nicht konsequent durchgesetzt: Der *HVV* hat zum Beispiel in jüngster Zeit (1988/89) allein rund 25 Maßnahmen zur Verbesserung des Busverkehrs nicht realisieren können, weil diese – vielfach mit dem Hinweis auf mögliche Restriktionen des Individualverkehrs – abgelehnt wurden. Ein weiteres Beispiel sind die mangelnde Überwachung des ruhenden Verkehrs und weitgehend fehlende Konsequenzen (Abschleppen) für verbotswidrig geparkte Autos. Die den Bürgern gemäß Zielvorstellung »bewußt zugemutete Einschränkung in der Benutzung ihrer Pkw« wird so konterkariert.

Auf dem Sektor der Verkehrsinfrastrukturmaßnahmen wird vielfach eine Sowohl-für-den-ÖPNV-als-auch-für-den-Pkw-Entscheidung praktiziert (z. B. Ausbau der A 25 parallel zur Bergedorfer S-Bahn, Ausbau der B 75 parallel zur S 4, gleichzeitiger Ausbau der S-Bahn nach Harburg und der Straßen/Parkplätze nach/in Harburg). Hilfreich wäre statt dessen eine eindeutige Entweder-oder-Entscheidung, je nach Bedeutung und Aufgabe der Verkehrsmittelarten im Rahmen des Stadtverkehrs.

Ein besonders schwerwiegendes Problem für eine Bus+Bahn-orientierte Gestaltung des Stadtverkehrs in Hamburg bilden die ökonomischen Zwänge. Ein attraktiver,

250

251 Anpassung und Rationalisierung sind Voraussetzungen für das Fortbestehen des öffentlichen Verkehrs: Oben die »Jan Molsen«, unten das neuartige Einmannschiff »Finkenwerder«, Baujahr 1988

252   Nach Winterhude kommt man heute mit der »Alster-Kreuz-Fahrt«

Alster-nativen!

Ein besonderes Erlebnis:
Chartern Sie sich
Ihr eigenes Alsterschiff

Alster-Kreuz-Fahrten
Fleetfahrten · Kanalfahrten
Vierlandefahrten · Brückenfahrten
Dämmertörn · Alster-Rundfahrten

 ATG ALSTER-TOURISTIK GMBH
Anleger Jungfernstieg
2000 Hamburg 36
Telefon: 040 - 34 11 41/45

Die Alsterschiffahrt wird durch die Volksfürsorge-Versicherungsgruppe gefördert.

das heißt schneller, häufiger, sauberer, komfortabler und dabei preiswerter öffentlicher Personennahverkehr kostet viel Geld.

Der Auftrag an den *HVV* lautet, zum Nutzen der Bevölkerung ein möglichst zweckmäßiges und wirtschaftliches Angebot im Hamburger Verkehrsraum zu verwirklichen. Um diesen Auftrag zu erfüllen, müssen heute bei der Gestaltung des Verkehrsangebotes Ziele aus Fahrgast- und Unternehmenssicht, die sich zum Teil widersprechen, in Einklang gebracht werden. Dafür muß der *HVV* als Teil des Stadtverkehrs finanziell besser ausgestattet werden als bisher; zum Beispiel durch neue Schwerpunktsetzung bei der Finanzierung auf Kosten des motorisierten Individualverkehrs. Die Kostenunterdeckung des öffentlichen Verkehrs ist kein »Defizit«, sondern der Preis für die Einhaltung und Förderung der Stadt- und Umweltqualität.

Eine Wertung der sicher hohen Gesamtaufwendungen für Infrastrukturmaßnahmen hat unter Berücksichtigung des volkswirtschaftlichen Nutzens durch die Entlastung der Stadt vom unnötigen Auto-Verkehr mit seinen negativen Folgewirkungen zu erfolgen. Untersuchungen (IFEU-Studie Nr. 50) verdeutlichen, daß im *HVV*-Verkehrsraum die Personenverkehrsleistung (Pkm) des motorisierten Individualverkehrs um 43 Prozent anwachsen würde, wenn die heute auf den *HVV* entfallende Verkehrsleistung (Pkm) zusätzlich vom Individualverkehr übernommen werden müßte. Damit verbunden wären entsprechende Emissionen an Schadstoffen und Lärm und ein immenser Verkehrs-Flächenbedarf.

Mit den derzeitigen Kartenarten »CC-Stadtkarte«, Abo-Karte »Hamburg-Plus« und »3-Tage-Karte« bietet der *HVV* ein Angebot von Hamburger Umweltkarten mit differenzierten örtlichen und zeitlichen Verfügungsmöglichkeiten, die unterschiedlichen Bedürfnissen gerecht werden. Man sollte sie nutzen. Der erste Smog-Alarm in Hamburg am 3. Februar 1987 sollte der letzte gewesen sein.

253 Mit öffentlichen Verkehrsmitteln unterwegs – damit auch kommende Generationen Freude an ihrer Umwelt haben

254 Ein Beispiel für die Modernisierung der S-Bahn-Anlagen ist der Bahnhof Wedel (Holst)

255 Ein „Birkenwald" als Symbol für Umweltfreundlichkeit in der neuen U-Bahn-Haltestelle Niendorf-Nord

256 »Hagendeel«, einladendes Tor zur Naherholung inmitten der Großstadt

Vom Pferde-Omnibus zur M-Bahn

Epochal wie die Einführung der U-Bahnen um 1900 ist gegenwärtig die Erfindung der M-Bahn.

Damals mündeten innerstädtische Verkehrsbemühungen in eine Entwicklung, die mit Pferde-Omnibussen begann und zu elektrischen Schnellbahnen führte.

1912 wurde in Hamburg nach Berliner Vorbild die Ringlinie eröffnet. Damit war Hamburg die zweite deutsche Stadt, die ihren Einwohnern ein modernes Nahverkehrssystem anbieten konnte.

In diese Zeit fällt auch eine wesentliche Umstrukturierung der Fernbahnen. Die bis dahin separat betriebenen Privatbahnen mit ihren im Stadtgebiet verstreut liegenden Bahnhöfen wurden zusammengefaßt und durch einen zentralen Hauptbahnhof ersetzt. Der Reisekomfort wurde damit bedeutend verbessert.

Heute steht Hamburg vor ähnlich weitreichenden Entscheidungen. Nahezu unbemerkt hat sich der Hamburger Flughafen zu einem Verkehrszentrum entwickelt, der in seiner internationalen Bedeutung neben dem Hauptbahnhof anzusiedeln ist. Die gebotenen Umsteigemöglichkeiten zwischen den beiden Verkehrsknoten sind für eine Stadt, die von Verkehr und Handel lebt, nicht mehr ausreichend.

Die Stadtväter werden Lösungen finden müssen, die gemessen an Mut und Weitblick jenen von 1912 nicht nachstehen.

Modernen Stadtverkehr ohne M-Bahn gibt es nicht.

Mit dem Verlassen des Rades wurden Grenzen durchbrochen und Innovationspotentiale eröffnet. M-Bahn-Fahrzeuge hängen durch die anziehenden Kräfte ihrer Dauermagnete im Fahrweg. Elektrisch erzeugte magnetische Wanderfelder ziehen die Fahrzeuge mit. Schwere Motoren, Getriebe und Räder entfallen. Dadurch sind die Fahrzeuge leichter und benötigen erheblich weniger Bewegungsenergie.

M-Bahnen sind so leise, daß sie eine angeregte Unterhaltung nicht übertönen können.

Zugfolgezeiten von 60 sec. lassen Wartezeiten auf Bahnhöfen vergessen. Oberirdisch geführt bieten sich dem Fahrgast die Bilder einer Stadt.

Umweltschutzthemen sind heute stärker denn je im Bewußtsein der Menschen verankert. Sie sollten bei allen Entscheidungen vorrangig bedacht werden.

M-Bahnen sind sauber, leise, billig und sparen wertvolle Energie.

Berliner Magnetbahn GmbH
Nonnendammallee 15–21
D-1000 Berlin 20

Eine Idee anders
Mö
Karstadt
Hamburg, Mönckebergstraße

Hamburg — das Tor zur Welt!

Hamburg — das Tor zur Welt! Mitten im Herzen der City: KARSTADT Mönckebergstraße — von den Hamburgern liebevoll Mö genannt — das größte Warenhaus der Hansestadt. Bummeln Sie nach Herzenslust durch sechs Verkaufsetagen, und lassen Sie sich von den großzügigen Warenlandschaften inspirieren.
Internationale Kosmetik-Depots sowie Top-Marken sprechen für sich. Die Aktualität und Auswahl eines Weltstadt-Warenhauses erwarten Sie. Erleben Sie das Flair dieser weltoffenen Stadt bei KARSTADT Mö!

KARSTADT

Ferdinand-Gabriel-Weg 10
D-4770 Soest
Telefon (0 29 21) 7 50 71
Telefax (0 29 21) 7 52 30
Telex   84345 mabeg d

Fahrgastinformationssysteme
und Einrichtungen für den ÖPNV

Daten zur hamburgischen Verkehrsgeschichte

1798	Ablehnung eines Konzessionsgesuchs zur Einrichtung einer Pferdeomnibuslinie Hamburg - Altona
17. 6. 1816	Erstes Dampfschiff auf der Elbe (*The Lady of the Lake*)
14. 6. 1818	Erste Fahrt der *Privilegierten Dampffähre*, genannt *De Smöker*, zwischen Hamburg und Harburg
Ostern 1824	Einführung der englischen Stagecoaches (Reisewagen) in Hamburg durch John Andly
13. 12. 1824	Erste Pferdedroschken
27. 7. 1835	Beginn der regelmäßigen Fahrten der *Journaliére von Hamm und Horn*
18. 12. 1838	Gründung der *Hamburg-Bergedorfer Eisenbahn-Gesellschaft*
1. 5. 1839	Zwischen Hamburg und Harburg verkehrt ein zweites Dampfschiff
31. 10. 1839	**Der Linienverkehr mit Pferdeomnibussen der Firma *Basson & Co.* beginnt; »Erste Linie«: Hamburg – Altona, alle 30 Minuten**
November 1839	Wegen des großen Erfolges fahren die Pferdeomnibusse alle 15 Minuten
15. 12. 1839	Zweite Pferdeomnibuslinie, ebenfalls Hamburg - Altona, eröffnet
22. 12. 1839	Eine dritte Pferdeomnibuslinie, ebenfalls von Hamburg nach Altona, nimmt den Betrieb auf
Mai 1840	Der Omnibus nach Blankenese (*La dame blanche*) wird eingerichtet
16. 6. 1840	Omnibuslinie Esplanade - Grenzhaus Hoheluft eröffnet
19. 7. 1840	Omnibuslinie nach Eimsbüttel (zwei Fahrten täglich) eröffnet
27. 9. 1840	Wandsbeker Pferdeomnibuslinie eröffnet
21. 10. 1840	Omnibuslinie nach Eppendorf nimmt den Betrieb auf
22. 3. 1841	Dampfer *Primus* (I) nimmt als erstes taugliches Dampfschiff den Betrieb zwischen Hamburg und Harburg auf
1841	Auch nach Barmbek fahren jetzt Pferdeomnibusse
8. 3. 1842	Omnibuslinie nach Rothenburgsort eröffnet
5. 5. 1842	Feierliche Eröffnung der Eisenbahn Hamburg - Bergedorf entfällt, weil nachts um 1.00 der große Hamburger Brand ausgebrochen ist
16. 5. 1842	Offizielle Eröffnung der Eisenbahnstrecke von Hamburg nach Bergedorf
16. 6. 1842	Gründung der *Altona-Kieler Eisenbahn-Gesellschaft*
15. 8. 1842	Fähre zwischen Uhlenhorst und Harvestehude mit Ruderbooten eingerichtet
7. 8. 1844	Der Harburger Dampfer *Kronprinz von Hannover* brennt im Harburger Hafen völlig aus
18. 9. 1844	Eisenbahn Altona – Kiel eröffnet
30. 9. 1845	Wagenfähre (Kettenbetrieb) zwischen Uhlenhorst und Harvestehude eingerichtet
Oktober 1846	Altonaer Hafenbahn (schiefe Ebene) eröffnet
15. 12. 1846	Durchgehender Eisenbahnbetrieb über Bergedorf hinaus bis nach Berlin
1. 5. 1847	Eisenbahn von Hamburg nach Hannover eröffnet
20. 10. 1851	Die Firma *Wachsmuth & Krogmann* erhält eine Konzession für den Fährverkehr Hamburg – Harburg
1853	Zwischen Hamburg und Harburg wird eine Pferdeomnibuslinie eingerichtet
1853	Beginn der Dampfschiffahrt auf der Este (Linie Hamburg – Buxtehude)
2. 10. 1854	Kaufmann *Droege* beantragt eine Konzession zum Betrieb einer Alsterdampfschiffahrt
November 1854	Zur Überquerung der Süderelbe wird eine Dampffähre eingesetzt
17. 3. 1856	Im zweiten Anlauf erhält *Droege* die Konzession für ein Alsterdampfschiff
1. 4. 1857	Omnibuslinie nach der Uhlenhorst eingerichtet
Januar 1857	Das für die Alster vorgesehene Dampfschiff *Stadt Mülheim* sinkt im Hamburger Hafen
August 1857	Probefahrten des Raddampfers *Helene* auf der Alster scheitern
10. 3. 1859	Konzession für die Alsterdampfschiffahrt an *J. P. Parrau* erteilt
15. 6. 1859	Dampfer *Alina* nimmt den Linienverkehr auf der Alster auf
30. 1. 1860	Drei weitere Alsterdampfer werden vom Senat genehmigt
1860	Auch zur Überquerung der Norderelbe wird nun eine Dampffähre eingesetzt
30. 4. 1860	Vertrag zwischen Hamburg und Dänemark über den Bau einer Verbindungs-Eisenbahn von Hamburg nach Altona
17. 5. 1860	*Parrau* und die *Vereinigten Alsterschiffer* fahren mit ihren Dampfern abwechselnd ca. im 30-Minuten-Abstand ab Jungfernstieg
3. 9. 1860	Dampferlinie St. Georg – Rabenstraße eröffnet
1. 1. 1861	Abschaffung der Hamburger Torsperre
6. 12. 1861	Erstes Konzessionsgesuch für die Anlage einer Pferdebahn
1862	Erste (bekannte) Werbung an Verkehrsmitteln in Hamburg (Pferdeomnibus St. Georg – Ottensen)
29. 6. 1864	»Gesetz betreffend die Anlage von Pferde-Eisenbahnen auf Hamburgischem Gebiet«
1864/1865	Erweiterung des Altonaer Bahnhofs (Bau einer Bahnhofshalle)
März 1865	*H. E. Justus* erwirbt die ehemals *Parrausche* Konzession für die Alsterdampfschiffahrt
1865	Baubeginn der steinernen Lombardsbrücke
1. 8. 1865	Eisenbahn Lübeck – Hamburg eröffnet
30. 9. 1865	Altonaer Teil der Verbindungsbahn für den Güterverkehr freigegeben
16. 7. 1866	Gesamtstrecke der Verbindungsbahn Hamburg – Altona eröffnet
1. 8. 1866	Erste hamburgische Hafenbahn (am Sandtorkai) eröffnet
16. 8. 1866	Erste Pferdebahn in Hamburg: Strecke Rathausmarkt – Wandsbek in Betrieb genommen
24. 10. 1866	Zweiglinie der Pferdebahn zum Bahnhof Wandsbek eröffnet
19. 5. 1867	Eisenbahn Altona – Blankenese eröffnet
8. 6. 1867	Zweite Pferdebahnlinie (nach Barmbek) eröffnet

18. 7. 1868	Steinerne Lombardsbrücke für Eisenbahn- und Straßenverkehr freigegeben
5. 9. 1868	Pferdebahnlinie nach Eimsbüttel (über die Lombardsbrücke) nimmt den Betrieb auf
4. 5. 1870	Pferdebahn nach Hoheluft (Grenzhaus) in Betrieb
1871	Alsterdampfer legen Bellevue an
15. 10. 1872	Erste Eisenbahnfahrt über die Elbbrücken
1. 12. 1872	Eisenbahnverbindung Hamburg – Harburg und neuer Bahnhof in Harburg in Betrieb
1873	Zwischen Harvestehude und Uhlenhorst kommt eine Dampffähre zum Einsatz
2. 9. 1873	Die Uetersener Eisenbahn nimmt ihren Betrieb auf
Dezember 1873	Erste Versuche mit Dampfbetrieb auf der Wandsbeker Pferdebahn
1. 6. 1874	Eisenbahnstrecke Harburg – Bremen in Betrieb
1875	Wagenfähre Harvestehude – Uhlenhorst (Kettenbetrieb) eingestellt
1875	Alsterdampfer nach Winterhude fahren alle 30 Minuten (statt stündlich)
11. 12. 1875	Pferdebahn nach Hamm eröffnet
18. 1. 1876	Hafenbahntunnel Altona eröffnet als Ersatz für die schiefe Ebene
1. 3. 1876	C. H. Soltau richtet eine neue Pferdeomnibuslinie vom Neuen Wall zur Lübecker Straße ein
15. 4. 1878	Eröffnung der *Hamburg-Altonaer Pferdebahn (HAP)* mit auslenkbaren (Fünfrad-) Wagen
8. 9. 1879	Dampfbetrieb auf der Wandsbeker Pferdebahnlinie endgültig genehmigt
1. 1. 1880	Linkselbische Hafenbahn Veddel – Niedernfelde (heute Hamburg-Süd) in Betrieb
7. 6. 1880	Erstes Teilstück der Alsterringbahn in Betrieb (Pferdebahn vom Pferdemarkt über Uhlenhorst nach Winterhude)
24. 7. 1880	Pferdebahn Winterhude – Ohlsdorf (Friedhof!) eröffnet
1880	Alsterdampfer verkehren bis gegen 1.00 nachts
20. 10. 1880	Pferdebahn nach Rothenburgsort eröffnet
1. 11. 1880	*Otto Wichmann* erwirbt die Konzession der *Vereinigten Alsterschiffer* für die Alsterdampfschiffahrt
2. 11. 1880	Pferdebahn nach Horn eröffnet
1. 12. 1880	Gründung der *Straßen-Eisenbahn-Gesellschaft (SEG)*
1881	Dampferlinie in den Isebekkanal eingestellt
1. 4. 1881	*Unterelbesche Eisenbahn* Harburg – Stade eröffnet
14. 6. 1881	»Ringbahn um die innere Stadt« (Pferdebahn) in Betrieb
1. 8. 1881	Fusion von *Pferde-* und *Straßen-Eisenbahn-Gesellschaft*
31. 5. 1882	Altonaer Ringbahn mit auslenkbaren (Fünfrad-) Wagen eröffnet
1882	Mittagspause der Alsterdampfschiffahrt entfällt
1. 9. 1882	Haltepunkt Othmarschen eröffnet
1883	10-Pfennig-Einheitstarif auf der Alster eingeführt
2. 12. 1883	Eisenbahn Blankenese – Wedel eröffnet
24. 1. 1884	*Königliche Eisenbahn-Direktion Altona* gegründet
1. 5. 1884	*The Hamburg, Altona and North Western Tramways Comp. Ltd. (HANWTC)* übernimmt die Altonaer Ringbahn
12. 7. 1884	Pferdebahnlinien der *HANWTC* vom Millerntor nach Eimsbüttel und Hoheluft eröffnet
1. 9. 1884	Eisenbahn Altona - Kaltenkirchen eröffnet
1. 10. 1885	Personenverkehr zwischen dem Hannoverschen Bahnhof und dem Klostertorbahnhof eingeführt
Mai 1886	Versuchseinsatz von Akkumulatorwagen auf der Barmbeker Linie der Pferdebahn
1. 6. 1886	Einführung eines ermäßigten Stadttarifs auf der Verbindungsbahn Hamburg - Altona
Dezember 1886	Gründung der *Großen Hamburg-Altonaer Straßenbahn-Gesellschaft (GHAP)*
1887	Straßenbrücke über die Norderelbe eröffnet; Dampffähre stellt ihren Betrieb ein
5. 9. 1887	*GHAP* eröffnet ihre Pferdebahnlinie Große Allee (Hamburg) – Klopstockstraße (Altona)
1. 10. 1887	*Otto Wichmann* ist Alleineigentümer der Alsterdampfschiffahrt mit 30 Dampfern
8. 8. 1888	Gründung der *HADAG*
15. 10. 1888	Zollanschluß Hamburgs
6. 5. 1890	Letzte innerstädtische Pferdeomnibuslinie eingestellt
25. 5. 1890	Pferdeomnibus Eppendorf – Groß Borstel eröffnet
23. 11. 1890	Fährlinie Rabenstraße – Lohmühlenstraße eingerichtet
23. 12. 1890	Pferdebahn Landungsbrücken – Veddel eröffnet
1. 3. 1891	Haltepunkt Wilhelmsburg eröffnet
Mai 1891	Fusion der Pferdebahngesellschaften *GHAP* und *SEG* (abgeschlossen 31. 12. 1892)
1892	Cholera in Hamburg, 8 605 Tote
2. 12. 1892	*Hamburg-Altonaer Trambahn-Gesellschaft (HAT)* übernimmt die *HANWTC*
22. 12. 1892	Pferdebahn von Hoheluft nach Lokstedt verlängert
2. 1. 1893	Wilhelmsburger Industriebahn nimmt den Betrieb auf
28. 4. 1893	Pferdebahn nach Othmarschen eröffnet
1. 5. 1893	Der Haltepunkt Holstenstraße ersetzt den Bahnhof Schulterblatt; neues Verbindungsgleis Altona – Langenfelde in Betrieb
4. 2. 1894	Alsterschiffe legen an der Krugkoppelbrücke an
5. 3. 1894	Erste elektrische Straßenbahn (die Ringbahn) in Betrieb
9. 4. 1894	Linie Veddel – Schlump auf elektrischen Betrieb umgestellt
13. 5. 1894	Als dritte Linie wird die Strecke Pferdemarkt – Eimsbüttel auf elektrischen Betrieb umgestellt
15. 9. 1894	Die Eisenbahn erhält ein Verbindungsgleis Bahrenfeld – Langenfelde
11. 4. 1895	Elektrische Straßenbahn Barmbek – Ohlsdorf eröffnet
16. 11. 1895	Westteil des neuen Bahnhofs Altona in Betrieb
26. 1. 1896	Teilstück St. Georg – Altona der *HAP* wird elektrisch betrieben
7. 3. 1896	*HAP* eröffnet elektrische Straßenbahn nach Borgfelde
1896	Bahnhof Bahrenfeld eröffnet
15. 7. 1896	Eisenbahn Elmshorn – Barmstedt eröffnet
31. 10. 1896	*Hamburg-Altonaer Pferdebahn (HAP)* wird vollständig elektrisch betrieben und nennt sich *Centralbahn (HAC)*
1. 5. 1897	Bahnhof Harburg in heutiger Lage eingeweiht; Haltepunkt Othmarschen eingerichtet

Fortsetzung Seite 226

Schnell und sicher zum Ziel durch intelligente Fahrausweisautomaten

Wann immer es heißt, technisch Machbares für optimalen Kundenservice einzusetzen, ist KLÜSSENDORF gefragt. Denn wir haben entwickelt, was anspruchsvolle Fahrgäste und moderne Verkehrsbetriebe seit langem fordern.

Einen Beweis für unser Know-how und Können traten wir anläßlich des 48. UITP-Kongresses 1989 in Budapest an:

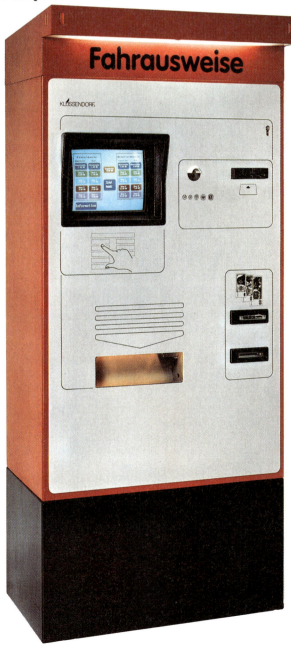

KLÜSSENDORF präsentierte als Weltneuheit das vielbeachtete, zukunftsweisende Automatenkonzept des UniVend® MTS 2000 für den öffentlichen Personen-Nah- und Fernverkehr: der schon heute betriebsbereite Automat mit der Benutzerführung der Zukunft.

Der schnelle und universelle Fahrausweisverkauf durch einfache Kunden-Selbstbedienung – das ist erstmals d e r umfassende Kunden-Service.

Fachbesucher des KLÜSSENDORF-Messestandes in Budapest hatten zu dieser technischen Sensation tausend Fragen. Hier einige der wichtigsten:

Verkehrsexperten: *Wie können wir „Wenigfahrern" bei der Suche nach dem richtigen Fahrausweis rund um die Uhr ohne zusätzliches Personal helfen?*

KLÜSSENDORF: Komplexe Tarifsysteme im ÖPNV stressen den Fahrgast ganz schön – und hier besonders den als Kunden umworbenen „Wenigfahrer" – bei der Suche nach dem richtigen Fahrausweis für die richtige Strecke. Dies erfordert meist personalintensive Beratung des Kunden, um dessen Informationsbedürfnis zu befriedigen. Stetig steigende Personalkosten fordern kostendämpfende Einsparungen im Dienstleistungsbereich. Dienstleistungsautomaten entsprechen diesen Erfordernissen, wenn das Gesamtkonzept stimmt. Das entlastet sowohl Personal und Budget als auch den Fahrgast, der schnell mit dem richtigen Fahrausweis von A nach B will. Schwarzfahren ist nunmehr künftig nur noch vorsätzlich möglich.

Verkehrsexperten: *Steigert ein weiteres Optimieren des Dienstleistungsangebotes der Verkehrsbetriebe auch deren Erfolg?*

KLÜSSENDORF: Ja. Fahrgastverhalten läßt sich leider nicht am grünen Tisch voraussagen. Dienstleistung verlangt nach Individualität und Anpassung auf beiden Seiten: der des Dienstleistungsanbieters und der des Leistungsanforderers. Naturgemäß läßt die Optimierung des Dienstleistungsangebots die größten Erfolge erwarten.

Verkehrsexperten: *Welche Automatenphilosophie steht hinter dem multifunktionalen Fahrausweisautomaten?*

KLÜSSENDORF: Klare Zielvorgabe bei der Entwicklung dieser neuen Generation von Fahrausweisautomaten war das Schaffen eines benutzeroptimierten Leistungsangebotes. Modularer Aufbau und das Anbinden aller einschlägiger Peripherie, einschließlich Online-Anschluß an einen Zentralrechner über Software-Interface. Das ist das Grundkonzept dieser neuen Automatengeneration, auf- und abrüstbar für jeden Bedarf.

Verkehrsexperten: *Wie schafft KLÜSSENDORF eine bedarfsgerechte Geräteausführung bei all den unterschiedlichen Anforderungen der Verkehrsbetriebe?*

KLÜSSENDORF: Da wäre zunächst einmal unsere Basis-Software als eine Art Grundwissen, sozusagen das Grundkapital. In Zusammenarbeit mit den anwendungserfahrenen Verkehrsbetrieben setzen wir sodann die spezifischen Anforderungen des jeweiligen Verkehrsbetriebes in eine ergänzende, kundenspezifische Software um.
Der Fahrgast als Kunde des Verkehrsbetriebes muß sein gewohntes Verhalten nicht ändern. Er erreicht jedoch auf eine für ihn sehr viel einfachere Art und Weise das Ziel seiner Wünsche: informiert und/oder befördert zu werden.

Verkehrsexperten: *Welche spezifischen innovativen Merkmale zeichnen den Automaten aus?*

KLÜSSENDORF: In der Pilotversion fällt äußerlich einmal die gegenüber herkömmlichen Automaten übersichtliche, benutzerorientierte und komfortable tasten- oder bildschirmgesteuerte Bedienerführung auf.
Die Bedienung selbst ist denkbar einfach: Sie erfolgt mit Hilfe des Fingers durch Antippen der auf dem Monitor erscheinenden Symbole. Interaktive TouchTech®-Technologie führt durch einfachste Mensch-Maschine-Kommunikation selbst auch „Otto Normalverbraucher" sicher zu seinem Ziel.

Verkehrsexperten: *Was ist, wenn der deutschen Sprache unkundige Gastarbeiter, Tourist oder Geschäftsreisende den Fahrausweisautomaten bedienen wollen?*

KLÜSSENDORF: Kein Problem! Farbig gestaltete, unterstützende Informationshinweise sind mehrsprachig. Der Benutzer wählt zunächst eine aus mehreren Weltsprachen aus und wird sodann sicher durch das Menu in seiner Sprache geführt.

Verkehrsexperten: *Könnten wir den Automaten nur im Online-Betrieb einsetzen?*

KLÜSSENDORF: Das universelle Gerät läßt sowohl Online- als auch Offline-Betrieb zu. Bei Online-Betrieb mit Zentralrechneranschluß über Datenleitung sind sämtliche Kontroll- und Betriebsfunktionen darüber hinaus fernbedienbar. Das „Hirn" des Automaten bildet ein Standard-PC mit Floppy-Laufwerk, Festplatte und entsprechende Software.

Verkehrsexperten: *Welche Zahlungsmittel können unsere Fahrgäste verwenden?*

KLÜSSENDORF: Unsere Multifunktionalen Fahrausweisautomaten UniVend® MTS 2000 verarbeiten Münzen, Banknoten und Plastikgeld jeder gewünschten Art.

Verkehrsexperten: *Welche Beschränkungen sind den Verkehrsbetrieben hinsichtlich Anzahl und Format der Formulare auferlegt?*

KLÜSSENDORF: Der eingebaute, völlig neuentwickelte Multiformatdrucker bedruckt alle gewünschten Fahrausweisformate. Acht unterschiedliche Größen bis hin zur Fahrscheinabmessung im IATA-Format bieten dem einzelnen Verkehrsbetrieb, nicht zuletzt auch in Verkehrsverbünden, vielfältigste Gestaltungsmöglichkeiten.

Verkehrsexperten: *Ist der Automat besonderen Gefahren durch Vandalismus ausgesetzt?*

KLÜSSENDORF: Nein. Der Bildschirm besitzt eine besonders hohe Schlagfestigkeit. Ganz generell gesagt: Alle eingesetzten Automaten sind leider immer wieder einmal sinnloser Zerstörungswut durch harte Gegenstände ausgesetzt.

Verkehrsexperten: *Was verspricht sich KLÜSSENDORF von diesen auf lange Sicht zukunftsweisenden Innovationen hinsichtlich des Images der Verkehrsbetriebe und des ÖPNV als solchem bei seinen Kunden?*

KLÜSSENDORF: Wir haben uns die an uns gestellten Anforderungen der deutschen und internationalen Verkehrsbetriebe und damit auch von deren Fahrgästen für die 90er Jahre voll zu eigen gemacht. Mit dem Multifunktionalen Fahrausweisautomaten UniVend® MTS 2000 trägt deshalb KLÜSSENDORF zu dem gewünschten service-orientierten, zeitgerechten Erscheinungsbild des modernen öffentlichen Verkehrsbetriebes – an vorderster Front, am sogenannten Point-of-Sales – wesentlich bei. Damit wird deren Profil als zukunftsorientierter, moderner Dienstleistungsbetrieb bei dem zunehmend anspruchsvolleren Fahrgast entscheidend positiv mitgeprägt.

KLÜSSENDORF AG
Zitadellenweg 20 D–F Postfach 20 05 56 D-1000 Berlin 20
Tel.: (030) 332 03-0 Telex: 182 820 Telefax: (030) 332 03 82

1897	Haltepunkt Hochkamp eröffnet
21. 6. 1897	Ende des Dampfbetriebs auf der Straßenbahnstrecke nach Wandsbek (Elektrifizierung)
1. 12. 1897	*HAT* führt elektrischen Betrieb auf den Linien nach Eimsbüttel und Hoheluft ein
30. 1. 1898	Neuer Bahnhof Altona fertiggestellt
9. 2. 1898	Eröffnung der elektrischen Straßenbahn zur Altonaer Hafenstraße *(HAT)*
22. 7. 1898	*HAT* eröffnet die elektrische Straßenbahn nach Bahrenfeld
20. 8. 1898	Verlängerung der Eisenbahn Altona – Kaltenkirchen bis Bad Bramstedt
25. 8. 1898	*Ottensener Industriebahn* (1000 mm-Spur) nimmt den Betrieb auf
1. 11. 1898	Harburger Hafenbahn zum Lotsehafen eröffnet
11. 12. 1898	Altonaer Ringbahn *(HAT)* elektrifiziert; im Großraum Hamburg werden nur noch Stichstrecken mit Pferden betrieben
15. 1. 1899	Bahnhof Hausbruch in Betrieb
1899	*HADAG* übernimmt die *Lauenburger Dampfschiffe*
26. 8. 1899	*Elektrische Bahn Altona-Blankenese (EBAB)* eröffnet (Straßenbahnlinie)
30. 9. 1899	Straßenbrücke über die Süderelbe eröffnet; letzte Fahrt der Süderelb-Dampffähre
30. 4. 1900	Übernahme der *HAT* durch die *SEG* wird wirksam; in Konkurrenz zur *SEG* steht nur noch die *Centralbahn*
8. 8. 1900	*HADAG* übernimmt den Fährverkehr nach Finkenwerder
1901/1902	Verbreiterung der Lombardsbrücke (vier Bahngleise)
ab 1902	Alsterschiffe werden vollständig weiß gestrichen
24. 5. 1902	Durchgehende elektrische Straßenbahn Hamburg – Harburg
20. 7. 1902	Este-Dampfer *Primus* kollidiert mit einem Hochseeschlepper, 103 Tote
1. 5. 1903	Schließung des Berliner Bahnhofs, dafür Interimsbahnhof Lippeltstraße
15. 5. 1903	Neuer Bahnhof Sternschanze eröffnet
7. 7. 1903	Neuer Bahnhof Dammtor eröffnet
1904	»Schnellböte« auf der Alster eingerichtet
1. 10. 1904	Elektrische Kleinbahn Altrahlstedt – Volksdorf eröffnet
12. 12. 1904	»Ohlsdorfer Vertrag« über Bau und Elektrifizierung einer Stadtbahnstrecke Blankenese – Ohlsdorf
31. 8. 1905	*Bergedorf-Geesthachter Eisenbahn AG* gegründet
1. 1. 1906	Die *HADAG* gibt die *Lauenburger Dampfer* wieder ab an *Burmester & Basedow*
1906	Gründung der *Hamburger elektrische Droschken AG (HEDAG)*
7. 10. 1906	Erster Spatenstich für die U-Bahn
5. 12. 1906	Hamburger Hauptbahnhof eröffnet; neue Stadt- und Vorortstrecke Blankenese – Ohlsdorf (mit Dampfbetrieb) eingeweiht
20. 12. 1906	Eisenbahn Bergedorf-Süd – Geesthacht eröffnet
1. 1. 1907	*Reichspost* richtet Kraftomnibus-Ringlinie um Hamburg ein
1. 5. 1907	Haltepunkt Rothenburgsort eröffnet
9. 5. 1907	Elektrische Kleinbahn von Volksdorf nach Wohldorf verlängert
9. 6. 1907	Strecke Elmshorn – Barmstedt über Ulzburg bis Oldesloe verlängert
1. 8. 1907	*Billwärder Industriebahn* (Tiefstack – Billbrook) eröffnet
12. 8. 1907	Bahnhof Hasselbrook eröffnet
1. 10. 1907	Erster planmäßiger Einsatz von elektrischen Zügen auf der Stadt- und Vorortbahn
1. 10. 1907	Haltepunkt Wandsbeker Chaussee und Bahnhof Tiefstack für Personenverkehr eröffnet
15. 11. 1907	Haltepunkt Veddel eingerichtet
12. 12. 1907	*O. Wichmann* wandelt sein Unternehmen um in die *Alsterdampfschiffahrts-Gesellschaft m.b.H.*
17. 12. 1907	Eröffnung der *Südstormarnschen Kreisbahn* Tiefstack – Trittau
29. 1. 1908	Aufnahme des vollen elektrischen Betriebs auf der Strecke Blankenese – Ohlsdorf
1. 5. 1908	Haltepunkt Oberhafen eingerichtet
20. 5. 1908	Uetersener Eisenbahn stellt von Pferde- auf Dampfbetrieb um
1. 7. 1908	Haltepunkt Elbbrücke eingerichtet
18. 3. 1910	Straßenbahnen fahren durch die neuerbaute Mönckebergstraße
1. 5. 1911	Elektrischer Betrieb bei der Altonaer Hafenbahn
27. 5. 1911	Gründung der *Hamburger Hochbahn Aktiengesellschaft (HHA)*
12. 8. 1911	O-Bus Blankenese – Marienhöhe eröffnet
29. 10. 1911	Alsterdampferlinien verkehren rund um die Uhr
1. 1. 1912	Reform des Stadt- und Vororttarifs der Bahn
2. 1. 1912	Schleppbahn (für Pferdefuhrwerke) Altona – Elbberg eröffnet
15. 2. 1912	Eröffnung der Hochbahnstrecke Rathausmarkt – Barmbek
1. 4. 1912	*Vierländer Eisenbahn* (Bergedorf-Süd – Zollenspieker) eröffnet
10. 5. 1912	Hochbahn Barmbek – Kellinghusenstraße eröffnet
25. 5. 1912	Hochbahn Kellinghusenstraße – Landungsbrücken eröffnet
29. 6. 1912	Hochbahn-Ring geschlossen: Strecke Landungsbrücken – Rathausmarkt in Betrieb
7. 12. 1912	Straßenbahn bis Schnelsen verlängert
17. 12. 1912	Neuer Endbahnhof der Eisenbahn Altona – Kaltenkirchen am Kaltenkircher Platz
1913	Baubeginn für die Bahnen von Ohlsdorf nach Poppenbüttel und nach Langenhorn
1. 10. 1913	Haltepunkt Rübenkamp eingerichtet
23. 5. 1914	U-Bahn Schlump – Hellkamp eröffnet
1. 8. 1914	Deutschland erklärt Rußland den Krieg (Erster Weltkrieg)
1. 12. 1914	Hochbahn-Zweiglinie Kellinghusenstraße – Ohlsdorf eröffnet
15. 7. 1915	Hochbahn-Zweiglinie Hauptbahnhof – Rothenburgsort fertig
15. 3. 1916	*Wandsbeker Industriebahn* (1000 mm-Spur) nimmt den Betrieb auf
19. 4. 1916	Eisenbahn von Geesthacht nach Krümmel verlängert
1. 8. 1916	Eisenbahn Altona – Kaltenkirchen bis Neumünster-Süd verlängert *(AKN)*
Januar 1917	Alsterdampfer stellen den Betrieb vorläufig ein
5. 1. 1918	*Langenhorner Bahn* Ohlsdorf – Ochsenzoll provisorisch eröffnet (Dampfbetrieb)
15. 1. 1918	*Alstertalbahn* Ohlsdorf – Poppenbüttel provisorisch mit Benzoltriebwagen eröffnet
Mai 1918	Alsterdampfer fahren wieder
11. 7. 1918	Vertrag über die Fusion von *HHA* und *SEG*

12. 9.1918	*Walddörferbahn* Barmbek – Volksdorf provisorisch eröffnet (Dampfbetrieb)
11. 11. 1918	Waffenstillstand
1. 1.1919	*SEG* von der *HHA* übernommen
1. 4.1919	*HHA* übernimmt die *Alsterdampfschiffahrts-G.m.b.H.*
1. 4.1920	Staatsbahnen der Länder gehen auf das Reich über
6. 9.1920	Aufnahme des elektrischen Betriebs Barmbek – Volksdorf auf der *Walddörferbahn*
17. 12. 1920	Abschaffung der zweiten Wagenklasse bei der Hochbahn (nur noch Einheitsklasse)
9. 1.1921	Letzte Straßenbahn zwischen Altona und Blankenese
21. 5.1921	Erstes Teilstück der *Hamburger Marschbahn* eröffnet (Geesthacht – Fünfhausen)
1921	Die *HADAG* erhält Konzession für Hafenrundfahrten
1. 7.1921	*Langenhorner Bahn* (Ohlsdorf – Ochsenzoll) elektrisch
5. 11. 1921	Strecke Volksdorf – Großhansdorf der *Walddörferbahn* eröffnet
5. 12. 1921	Erste Kraft-Omnibuslinie der *HHA* (Schlump – Landwehr)
27. 12. 1922	Letzte Pferdebahn in Hamburg (Wandsbek – Marienthal) eingestellt
1. 1.1923	Die *HHA* übernimmt die *Hamburg-Altonaer Centralbahn (HAC)* und damit den letzten ernsthaften Konkurrenten (außer der preußischen Stadt- und Vorortbahn)
15. 4.1923	Personenverkehr Altrahlstedt – Volksdorf eingestellt
1. 6.1923	*Hamburger Marschbahn* bis Ochsenwerder verlängert
15. 9.1923	Alsterschiffahrt wird von *Lütgens & Reimers* für die *HHA* betrieben
17. 9.1923	Rothenburgsorter Zweiglinie der Hochbahn für fünf Monate eingestellt
15. 11. 1923	Währungsreform
12. 3.1924	Elektrischer Betrieb Ohlsdorf – Poppenbüttel (*Alstertalbahn*) aufgenommen
22. 5.1924	Motorbootlinie Mühlenkamp – Stadtpark eingerichtet
1. 7.1924	*HHA* übernimmt die Kleinbahn Altrahlstedt – Volksdorf – Wohldorf
1. 2.1925	Hochbahnbetrieb Volksdorf – Ohlstedt eröffnet, Reststück nach Wohldorf wird als »Walddörfer-Straßenbahn« betrieben
9. 2.1925	Letzter Dampfzug auf der elektrifizierten Stadtbahnstrecke
1. 4.1925	Zonentarif im Stadt- und Vorortverkehr eingeführt
30. 5.1925	Stapellauf des *HADAG*-Flaggschiffs MS *Jan Molsen*
1925	Automatische Kupplung bei der Hochbahn eingeführt
29. 5.1926	Erste Sonderfahrten auf der Alster bis nach Ohlsdorf
4. 10. 1926	*BGE* betreibt den Bergedorfer Stadtverkehr mit Autobussen
28. 12. 1926	*Hanseatische Verkehrsgenossenschaft Preuß & Co. KG (HVG)* in Harburg gegründet
1. 5.1927	24-Stunden-Zählung bei der *Reichsbahn* eingeführt
18. 5.1928	Straßenbahnlinie zum Flughafen eröffnet
1. 10. 1928	*Hamburger Marschbahn* von Geesthacht bis Billbrook voll in Betrieb
7. 10. 1928	Abschaffung der vierten Wagenklasse bei der *Reichsbahn*
1928	Automatische Kupplung bei der *Hamburg-Altonaer Stadt- und Vorortbahn* eingeführt
1928	Tarifgemeinschaft *HHA – HADAG* eingeführt
1928	*Südstormarnsche Kreisbahn* nimmt den Busbetrieb auf
23. 3.1929	*HADAG* übernimmt die Stade-Altländer Linie des Reeders Albert Aust
2. 6.1929	Hochbahnstrecke Kellinghusenstraße – Stephansplatz in Betrieb genommen
23. 6.1930	Haltestelle Habichtstraße der Hochbahn eröffnet
11. 2.1931	Stapellauf des letzten Alster*dampfers* (D Alster)
25. 3.1931	Haltestelle Jungfernstieg der Hochbahn provisorisch eröffnet
29. 4.1931	Haltepunkt Stadtpark der Stadt- und Vorortbahn eröffnet (heute: Alte Wöhr)
28. 4.1934	Haltestelle Jungfernstieg der Hochbahn fertig
1. 5.1934	Übergangstarif *Hochbahn/Stadt- und Vorortbahn* eingeführt
1. 5.1934	Der verbliebene Güterverkehr auf der Kleinbahnstrecke Altrahlstedt – Volksdorf – Ohlstedt wird eingestellt
ab 1934	S-Bahn-Symbol in Hamburg eingeführt
23. 10. 1934	Neuer (hochgelegter) Bahnhof Bergedorf eröffnet
1935	Die *HHA* übernimmt den Betrieb der Alsterschiffahrt wieder selbst. Die Linie zum Stadtpark wird nicht mehr betrieben. Das erste Motorschiff wird in Dienst gestellt
1935	Strecke Volksdorf – Buchenkamp zweigleisig ausgebaut
20. 4.1936	Anleger Bachstraße in Betrieb genommen
1936	Abschaffung der Straßenbahn-Dachzeichen
1. 4.1937	Groß-Hamburg-Gesetz
1. 5.1937	Gründung der *Hamburger Verkehrsmittel-Werbung GmbH (HVW)*
1937	Hamburg-Harburger Dampferverkehr geht von *Wachsmuth & Krogmann* auf die *HADAG* über
18. 10. 1937	Die *Verkehrs-AG Altona (VAGA)* wird von der *HHA* übernommen
1. 1.1938	Lübeck-Büchener Eisenbahn verstaatlicht; S-Bahn-Tarif bis Ahrensburg ausgedehnt
28. 8.1939	Alsterschiffahrt eingestellt
1. 9.1939	Kriegsausbruch
1939	Dachlaternen der Straßenbahn abgeschafft
1939	Reiherstieglinie geht von *Oelckers* auf die *HADAG* über
1. 10. 1939	Erster Gleichstrom-S-Bahn-Zug
22. 4.1940	Fahrplanmäßiger Gleichstrom-S-Bahn-Betrieb zwischen Ohlsdorf und Poppenbüttel
15. 7.1940	Auch zwischen Altona und Blankenese kommen Gleichstromzüge zum Einsatz
10. 4.1941	Mischbetrieb Gleichstrom/Wechselstrom auf der Gesamtstrecke Blankenese – Poppenbüttel aufgenommen
1. 7.1941	Nördliche Güterumgehungsbahn (Reststück Barmbek – Lokstedt) eröffnet
1. 1.1942	*Hamburger Marschbahn* von der *BGE* übernommen
1. 10. 1942	Vereinfachter Tarif bei der *HHA* eingeführt
27. 10. 1942	Ringbahn um die innere Stadt (Straßenbahnlinie 26) eingestellt

Fortsetzung Seite 230

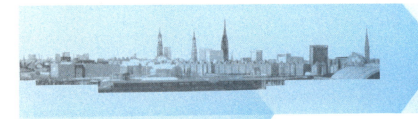

150 Jahre
Hamburg und sein
Stadtverkehr

Wir gratulieren

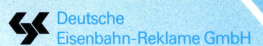

Deutsche
Eisenbahn-Reklame GmbH

Werbung im Verkehr

Zentraldirektion
3500 Kassel
Am Hauptbahnhof
Postfach 10 08 60
Telex 9 9 298
Tel. (05 61) 70 02-0

AEG und ÖPNV in Hamburg

150 Jahre ÖPNV in Hamburg – diese Zeit wurde von AEG, die 1988 ihr 100-jähriges Jubiläum auf dem Gebiet der Bahntechnik in Berlin festlich begehen konnte, über 80 Jahre begleitet.

Ein Markstein war hier die Gründung der Hamburger Hochbahn AG im Mai 1911.

Die AEG war Mitbegründer dieses bedeutenden Verkehrsunternehmens.

Die erste Fahrzeugserie der Hamburger U-Bahn wurde mit Fahrmotoren der AEG ausgerüstet. Das erste Fahrzeug (der Wagen Nr. 11) dieser Serie T1 wurde von der HHA in den Original-Zustand zurückversetzt, ist noch heute fahrbereit und wird von 2 AEG-Fahrmotoren aus der damaligen Zeit angetrieben.

Die AEG führte in Hamburg damals auch die von unten bestrichene, hängende Stromschiene ein.

Im Jubiläumsjahr des ÖPNV in Hamburg läuft die Beschaffung der neuesten Fahrzeugserie DT4 der HHA. Wieder ist AEG mit einem wesentlichen System an der Ausrüstung der Fahrzeuge beteiligt, diesmal ist es das gesamte Bordnetz-Versorgungssystem. Jedes Fahrzeug erhält dabei zwei redundant aufgebaute Bordnetzanlagen. Deren Hauptkomponenten sind zwei statische Drehstrom-Bordnetzumformer modernster Technik mit abschaltbaren Thyristoren (GTO). Beide Umformer arbeiten synchron auf eine Drehstrom-Sammelschiene der Fahrzeuge.

Dieses Konzept der Bordnetzversorgung könnte auch in gleicher – oder abgewandelter – Form Eingang in die für die 90-iger Jahre geplanten neuen Fahrzeuge für die Hamburger S-Bahn finden.

Drehstrom-Bordnetzumformer für DT4

AEG

Verkehrs-Know-How aus Hamburg

Wir,
die Hamburger Hochbahn AG und die Hamburg-Consult, helfen Ihnen bei

Planung
Betrieb
Organisation
Technik

des öffentlichen Personennahverkehrs

Unsere Tätigkeitsschwerpunkte:
- Städtische und regionale Nahverkehrsplanung
- Verkehrskonzepte und Marketing
- Kooperationsformen und Verkehrsverbünde
- Liniennetz- und Angebotsplanung
- Fahrzeug- und Personaleinsatz
- Planung und Steuerung des Betriebsablaufs
- Fahrgastbedienung und Information
- Entwurf von Verkehrsanlagen
- Fahrzeugentwicklung
- Instandhaltung und Werkstattwesen
- Wirtschaftlichkeitsuntersuchungen
- Personaltraining

 Hamburger Hochbahn AG
Steinstraße 20 · 2000 Hamburg 1
Tel. 040 / 32 10 41 · Telex: 2 161 858 hha d
Telefax: 040 / 32 64 06

 HAMBURG – CONSULT
Gesellschaft für Verkehrsberatung und Verfahrenstechniken m. b. H.
Steinstraße 20 · 2000 Hamburg 1
Tel.: 040/30 10 07-0 · Telex: 2 162 277 hc d
Telefax: 040 / 30 10 07–77

7. 12. 1942	*HHA*-Omnibusse fahren mit Stadtgas
24. 7. 1943	Beginn der verheerenden Luftangriffe, u. a. Zerstörung der Hochbahnlinie nach Rothenburgsort
1. 9. 1944	S-Bahn-Tarif von zehn auf zwei Zonen vereinfacht; weitere Vereinfachung des *HHA*-Tarifs
27. 12. 1944	Fähre Uhlenhorst – Harvestehude stellt den Betrieb ein
3. 5. 1945	Britische Truppen rücken in Hamburg ein
5. 5. 1945	S-Bahn und Hochbahn fahren wieder
14. 5. 1945	Straßenbahnen fahren wieder
25. 11. 1946	Alsterschiffahrt auf der Linie Jungfernstieg – Winterhude wiederaufgenommen
ab 1947	U-Bahn-Symbol in Hamburg eingeführt
20. 10. 1947	Alsterschiffe fahren wieder zum Mühlenkamp
16. 5. 1948	Straßenbahn nach Bramfeld eröffnet (Linie 9)
20. 6. 1948	Währungsreform
24. 7. 1948	Fährlinie Uhlenhorst – Harvestehude wieder in Betrieb
1. 4. 1949	Fähre Rabenstraße – Holzdamm (Atlantic Hotel) eingerichtet
28. 4. 1949	O-Bus-Betrieb in Harburg eröffnet (Sand – Bostelbek)
Mai 1949	MS *Nienstedten* als erster Nachkriegsneubau an die *HADAG* abgeliefert
7. 9. 1949	Aus der *Deutschen Reichsbahn* wird die *Deutsche Bundesbahn (DB)*
30. 9. 1949	Eisenbahnstrecke Geesthacht – Krümmel stillgelegt
25. 1. 1950	Fährlinie Rabenstraße – Holzdamm stellt den Betrieb ein
1950	Elektrische Schleppbahn Altona eingestellt
14. 5. 1950	S-Bahn Blankenese – Sülldorf elektrisch; Haltepunkt Iserbrook eingerichtet
14. 5. 1950	Erstes Teilstück der *Hamburger Marschbahn* stillgelegt (Geesthacht – Krauel)
1. 7. 1950	Hochbahnring wieder vollständig befahrbar
1950/1951	Der letzte Alsterdampfer *(Alster)* wird zum Diesel-Elektro-Schiff umgebaut
4. 7. 1951	Der erste Nachkriegsneubau für die Alsterflotte, das Diesel-Elektro-Schiff *Goldbek*, läuft vom Stapel
1. 6. 1951	Zentral-Omnibus-Bahnhof (ZOB) eröffnet
28. 9. 1951	Ende des Stadtgas-Antriebs bei den *HHA*-Bussen
1. 3. 1952	Reststrecke der *Hamburger Marschbahn* stillgelegt
15. 3. 1952	*Südstormarnsche Kreisbahn* stillgelegt, es verbleibt noch der Güterverkehr bis Glinde
24. 4. 1952	Als Erstes »Typschiff« der *HADAG* läuft das Diesel-Elektro-Schiff *Finkenwerder* vom Stapel
30. 4. 1953	Die Neue Lombardsbrücke wird dem Verkehr übergeben
9. 5. 1953	Jungfernfahrt der Alsternordbahn
17. 5. 1953	*Vierländer Eisenbahn* stellt den Personenverkehr ein
17. 5. 1953	Regelmäßiger Betrieb auf der *Alsternordbahn* mit Akku-Triebwagen aufgenommen
1. 9. 1953	*BGE* übernimmt die *Verkehrsbetriebe des Kreises Stormarn* für eigene Rechnung
26. 10. 1953	Der Personenverkehr auf der *BGE*-Stammstrecke Bergedorf – Geesthacht wird eingestellt
7. 4. 1954	Aus dem Zusammenschluß von *BGE* und den *Verkehrsbetrieben des Kreises Stormarn* entsteht die *Verkehrsbetriebe Hamburg-Holstein AG (VHH)*
1. 5. 1954	Alsterschiffahrt wird über Bachstraße bis zur Saarlandstraße ausgedehnt
3. 5. 1954	Auflösung des »Alsterrings« (Straßenbahnlinie 18)
20. 5. 1954	S-Bahn Sülldorf – Wedel elektrifiziert
4. 7. 1954	Straßenbahn nach Jenfeld eröffnet
1. 5. 1955	Anlegesteg »Atlantic« in Betrieb
22. 5. 1955	Ende des Mischbetriebs Wechselstrom/Gleichstrom bei der S-Bahn
30. 10. 1955	Straßenbahn nach Lurup eröffnet
30. 10. 1955	Erste Schnellbuslinie eingerichtet (Linie 36 nach Blankenese)
1. 1. 1956	Die *AKN* übernimmt die Betriebsführung auf den Eisenbahnanlagen der *VHH*
3. 6. 1956	Abschaffung der dritten Wagenklasse bei der S-Bahn (statt 3./2. Kl., jetzt 1./2. Klasse)
19. 1. 1958	Einstellung des O-Bus-Betriebs in Harburg
1. 6. 1958	Aufnahme des elektrischen S-Bahn-Betriebs zwischen Bergedorf und Berliner Tor
9. 6. 1958	City-Bus-Linie eingeführt
4. 10. 1959	Durchgehender S-Bahn-Betrieb Hauptbahnhof – Bergedorf
1959	Die *HADAG* verkauft die Raddampfer *Delphin* und *Phönix*
31. 12. 1959	Ausmusterung der Straßenbahn-Reklamewagen
22. 2. 1960	Erste Neubaustrecke der U-Bahn nach dem Krieg eröffnet: Jungfernstieg – Meßberg
2. 10. 1960	Straßenbahnlinien nach Wandsbek (-Jenfeld) eingestellt
2. 10. 1960	U-Bahn-Strecke vom Meßberg bis Hauptbahnhof verlängert
29. 1. 1961	»Walddörfer-Straßenbahn« durch Buslinie 76 ersetzt
1. 5. 1961	Die Alsterfähre wird im Einmannbetrieb gefahren, Magnete ersetzen den Festmacher
27. 5. 1961	Einstellung des Güterverkehrs auf der *Vierländer Eisenbahn* zwischen Pollhof und Zollenspieker
2. 7. 1961	U-Bahn Hauptbahnhof – Lübecker Straße eröffnet
1961	Letzte Saison der *Lauenburger Dampfschiffe*
1. 10. 1961	Verlängerung der U-Bahn von Lübecker Straße bis Wartenau
22. 2. 1962	Elektrische S-Bahn Holstenstraße – Langenfelde eröffnet
1. 3. 1962	Unter grüner Flagge fahren Alsterschiffe zur Mundsburger Brücke über Rabenstraße
28. 10. 1962	U-Bahn von Wartenau bis Wandsbek-Markt verlängert; Busanlage Wandsbek-Markt fertig
1. 3. 1963	Die *HADAG* übernimmt die *Hamburg-Blankenese-Este-Linie (HBEL)*
3. 3. 1963	U-Bahn um eine Station bis Straßburger Straße verlängert
24. 3. 1963	Flächenzonentarif bei der *HHA* eingeführt
28. 4. 1963	Die Schiffe der grünen Flagge auf der Alster fahren jetzt den Kurs Jungfernstieg – Mundsburger Brücke – Rabenstraße
30. 5. 1963	Einführung des 10-Minuten-Betriebs zwischen Blankenese und Wedel
2. 8. 1963	Letztes Teilstück der Wandsbeker U-Bahn fertig (Straßburger Straße – Wandsbek Gartenstadt)
20. 1. 1964	Raucherabteile in der U-Bahn abgeschafft
1. 5. 1964	U-Bahn Schlump – Hellkamp wegen Bauarbeiten vorübergehend stillgelegt
6. 4. 1965	Elektrischer Zugbetrieb (Fernbahn) Hamburg – Hannover aufgenommen

29. 5. 1965	Letzter Betriebstag der Straßenbahn nach Ohlsdorf und Bramfeld
30. 5. 1965	U-Bahn Schlump – Lutterothstraße (wieder-) eröffnet
30. 5. 1965	Omnibusanlage Barmbek in Betrieb
30. 5. 1965	Personenverkehr Uetersen – Tornesch auf Busbetrieb umgestellt
26. 9. 1965	S-Bahn von Langenfelde bis Elbgaustraße verlängert; die *AKN* hat ihren Endpunkt in Eidelstedt
29. 11. 1965	*Hamburger Verkehrsverbund (HVV)* gegründet, Gründungsmitglieder sind: *HHA, DB, VHH* sowie die *HADAG/HBEL* (über *HHA* assoziiert)
22. 5. 1966	Haltepunkt Stellingen der S-Bahn eingerichtet
30. 6. 1966	*Wandsbeker Industriebahn* stellt den Betrieb ein
30. 10. 1966	U-Bahn von Lutterothstraße bis Hagenbecks Tierpark eröffnet
1. 12. 1966	*AKN, ANB* und *EBO* treten dem *Hamburger Verkehrsverbund* bei
1. 12. 1966	Der Gemeinschaftstarif wird eingeführt
2. 1. 1967	Die Fahrpläne aller Verbundpartner sind im *HVV*-Fahrplanbuch zusammengefaßt
2. 1. 1967	U-Bahn Berliner Tor – Horner Rennbahn in Betrieb
28. 5. 1967	10-Minuten-Betrieb bei der S-Bahn von Elbgaustraße bis Bergedorf eingeführt
30. 7. 1967	Wegen Bauarbeiten für die U-Bahn-Verlängerung wird die *Alsternordbahn* von Ochsenzoll bis Garstedt-Richtweg zurückgenommen
31. 8. 1967	Ende des Akku-Betriebs bei der *Alsternordbahn*
22. 9. 1967	S-Bahn von Elbgaustraße bis Pinneberg eingeweiht
24. 9. 1967	U-Bahn von Horner Rennbahn bis Legienstraße verlängert
1. 10. 1967	Die *Deutsche Bundespost* tritt mit zwei Buslinien dem *HVV* bei
17. 10. 1967	Baubeginn für die City-S-Bahn
1. 9. 1968	S-Bahn von Holstenstr. bis Haferweg zweigleisig
28. 9. 1968	Letzte Dampf-S-Bahn auf Dieselbetrieb umgestellt (Bergedorf – Friedrichsruh)
29. 9. 1968	U-Bahn Berliner Tor – Hauptbahnhof-Nord in Betrieb (U21)
29. 9. 1968	(Fernbahn-) Elektrifizierung Hamburg-Harburg-Neugraben in Betrieb genommen
1. 4. 1969	Seniorenkarte beim *HVV* eingeführt
30. 5. 1969	Letzter Betriebstag der Straßenbahnlinie 18
30. 5. 1969	Elektrischer Betrieb von Bergedorf nach Aumühle löst den Dieselbetrieb ab
1. 6. 1969	U1 von Ochsenzoll bis Garstedt verlängert; die *ANB* erhält den neuen Endpunkt Garstedt
1. 6. 1969	*HVV*-Tarif bis Maschen ausgedehnt
28. 9. 1969	U3 von Legienstraße bis Billstedt verlängert
1. 1. 1970	Die formale Trennung von »Staatsbahnen« (*Walddörferbahn, Langenhorner Bahn*) und *HHA* endet
1. 4. 1970	Der *HVV* führt das bargeldlose Abonnementsverfahren ein
28. 5. 1970	Haltepunkt Nettelnburg der S-Bahn eröffnet
31. 5. 1970	U3 von Billstedt bis Merkenstraße verlängert und U22 Schlump – Gänsemarkt eingerichtet
31. 5. 1970	Nachtliniennetz neu organisiert (Busse ersetzen die Straßenbahn)
26. 9. 1970	Ende des *HADAG*-Schiffsverkehrs nach Harburg
Dezember 1970	Erster U-Bahn-Zug mit »Popwerbung« (=Ganzflächen-Reklame)
1. 4. 1971	Erster Straßenbahnzug mit »Popwerbung«
23. 5. 1971	Straßenbahn nach Harburg eingestellt
23. 5. 1971	Erste Busspuren eingerichtet (in der Mönckebergstraße)
14. 2. 1972	Erste Eilbuslinien eingerichtet (E62 Rahlstedt Ost – U Wandsbek-Markt und E84 Osdorfer Born – S Hochkamp)
1. 10. 1972	Die *Pinneberger Verkehrsgesellschaft (PVG)* tritt dem Hamburger Verkehrsverbund bei
3. 6. 1973	Straßenbahnlinie nach Lurup auf Busbedienung umgestellt; keine Straßenbahnen mehr am Altonaer Bahnhof
3. 6. 1973	U-Bahn-Strecke Gänsemarkt – Jungfernstieg – Hauptbahnhof-Nord für die U2 eröffnet, die Pendellinien U21 und U22 entfallen
3. 7. 1973	*Norderstedter Industriebahn* eröffnet
28. 8. 1973	Erster Rammschlag für die Harburger S-Bahn
29. 9. 1973	Stillegung der *EBO*-Strecke Barmstedt – Ulzburg – Bad Oldesloe
30. 9. 1973	Raucherabteile in der S-Bahn abgeschafft
1. 11. 1973	Tageskarte beim *HVV* eingeführt
Nov./Dez. 73	Ölkrise erzwingt »autofreie Sonntage«
25. 5. 1974	Bus 109 ersetzt Straßenbahn Linie 9 zum Flughafen
20. 9. 1974	Köhlbrandbrücke eingeweiht
26. 12. 1974	Elbtunnel eingeweiht
3. 3. 1975	Erster Einsatz der neuen S-Bahn-Züge BR 472/473
6. 4. 1975	Haltepunkt Meckelfeld und Bahnhof Maschen in neuer Lage in Betrieb genommen
12. 4. 1975	Erstmals werden Fleetfahrten per Alsterschiff angeboten
13. 4. 1975	Wiederbelebung der Kanalfahrten auf der Alster (erstmals 1964 als »Frühschoppenfahrt« durchgeführt)
30. 5. 1975	Erstes Teilstück der City-S-Bahn als Linie S10 eröffnet (Hauptbahnhof – Landungsbrücken)
28. 9. 1975	Haltestelle Sengelmannstraße eröffnet
24. 12. 1975	Die Alsterschiffe zur MundsburgerBrücke (grüne Flagge) verkehren letztmalig
1. 1. 1976	Die *HADAG* wird Verbundgesellschafter (bisher über *HHA* assoziiert)
6. 4. 1976	Erstmals erreicht ein Alsterschiff den Bergedorfer Hafen
August 1976	Erster dieselelektrischer Triebwagen VT2E bei der *AKN*
27. 2. 1977	*Alster-Touristik GmbH (ATG)* gegründet
29. 3. 1977	Taufe des Alsterschiffes *Alsterschipper*
22. 5. 1977	Einstellung der Straßenbahnlinien nach Winterhude und zur Veddel (Linien 1 und 14); letzte Straßenbahnlinie in Hamburg ist die 2
25. 9. 1977	Die *Stadtwerke Norderstedt* treten in das Verbundsystem ein (Linie 393)
25. 9. 1977	Die letzte Bahnbuslinie im *Verkehrsverbund* wird von der *HHA* übernommen
18. 5. 1978	Inbetriebnahme des hochgelegten Haltepunkts Iserbrook
30. 9. 1978	Letzter Betriebstag der Straßenbahn (Linie 2, Schnelsen – Rathausmarkt)
1. 10. 1978	Hamburg verabschiedet die Straßenbahn mit einem Volksfest
1. 11. 1978	Zugbahnfunk bei der S-Bahn in Betrieb genommen

Jan./Febr. 79	Schneekatastrophe in Norddeutschland		1. 4. 1984	Die Winterhuder Linie der Alsterschiffahrt wird als »Alster-Kreuz-Fahrt« wiedereröffnet
April 1979	Erste Gelenkbusse (O 305G) bei der *HHA* im Einsatz		4. 8. 1984	Die Harburger S-Bahn wird bis zum Endpunkt Neugraben eröffnet
19. 4. 1979	Eröffnung der City-S-Bahn bis Altona		29. 3. 1985	Die »Alster-Kreuz-Fahrt« wird bis zum Mühlenkamp ausgeweitet
3. 11. 1979	Familienkarte beim *HVV* eingeführt		1. 6. 1985	Eröffnung der U-Bahn bis Niendorf-Markt
28. 9. 1980	Inbetriebnahme des Bahnsteigs 0 im Hauptbahnhof		29. 9. 1985	Die Omnibusanlage Rahlstedt wird in Betrieb genommen
1. 1. 1981	*ANB* und *EBO* gehen in der *AKN* auf		3. 12. 1985	Omnibusanlage Niendorf-Markt eröffnet
1. 5. 1981	Fahrradbeförderung bei S- und U-Bahn eingeführt		2. 10. 1986	Neuer Service des *HVV*: Fahrgastbetreuung durch ABM-Kräfte
31. 5. 1981	Fertigstellung der City-S-Bahn mit dem Abschnitt Altona – Diebsteich		3. 2. 1987	Erster SMOG-Alarm in Hamburg
April 1982	Ein Versuch mit Außenwerbung an den Alsterschiffen scheitert		9. 5. 1987	Neuer ZOB Wedel und P+R-Haus eröffnet
			31. 5. 1987	City-Bahn (Hamburg-)Neugraben – Stade eingerichtet
31. 12. 1982	Die ersten 457 Fahrgastunterstände der Firma *GUVE* sind aufgestellt		31. 5. 1987	Bus-Taxi im Linienverkehr auf den Linien 168 und 240
1. 1. 1983	An die Stelle der *Deutschen Bundespost* tritt die *Kraftverkehr GmbH – Stade (KVG)* als Verbundpartner		26. 9. 1987	Omnibusanlage Eidelstedt als erste Bus-/Bus-Anlage in Betrieb genommen
1. 1. 1983	Hittfeld wird in den *HVV*-Bereich einbezogen		1. 5. 1988	*HVV*-Reform-Tarif eingeführt
1. 4. 1983	Die Alsterfähre wird in die Linie nach Winterhude einbezogen; für die Alsterschiffahrt wird ein Zuschlag erhoben		30. 5. 1988	Erster U-Bahn-Zug DT4 in Hamburg
			2. 6. 1988	1650 *GUVE*-Fahrgastunterstände in Hamburg
			1. 12. 1988	Taufe der ersten Einmann-Fähre der *HADAG*, MS *Finkenwerder*
29. 5. 1983	Einführung des »HVV-Airport-Expreß« (Buslinie 110) zwischen U/S-Ohlsdorf und dem Flughafen		1. 2. 1989	*HVV*-Abonnenten können sich günstig versichern lassen
29. 5. 1983	Umbenennung der *AKN/ANB/EBO*-Linien in A1 bis A3		1. 4. 1989	»Alster-Kreuz-Fahrt« erneut ausgeweitet zur Mundsburger Brücke, Bachstraße und Saarlandstraße
23. 9. 1983	Eröffnung der S-Bahn bis Harburg Rathaus			
29. 10. 1983	Letztmalig fahren Alsterschiffe zum *HVV*-Tarif			

Bildnachweis

Baubehörde Hamburg 99, 175–179, 188, 190, 212, 213, 229, 245, 255
Beig-Archiv 222
Bellingrodt Archiv 120, 147
Böhlke 232
Bürgerverein Blankenese 105
Commerzbibliothek 3
DB-Archiv 59, 182, 189, 207, 228
DB (Bw Ohlsdorf) 95, 128, 129, 127–129, 181
DÜWAG-Archiv 202
FFG 48, 100, 101, 102, 104, 106,
Focken 7, 8, 16, 32, 33, 43, 73, 78, 204, 206, 223, 235, 248, 251, 252
Foto-Anhalt 152, 167–169
Geisau, v. (Nachlaß) 4–6, 10, 21, 22, 29, 30, 32, 34–36, 56
Grabmeister 74, 116, 136, 137
HADAG Archiv 84, 87, 89, 156, 219, 250
Hamann-Archiv 46
HHA-Archiv 9, 20, 31, 52, 66–72, 80, 81, 93, 103, 113, 119, 139, 141, 148, 159, 164, 173, 203, 205, 215, 217, 237, 238, 246, 256
Hartz-Archiv 98, 112, 115, 125, 165
HVV-Archiv 25, 123, 160, 193, 197, 214, 216, 220, 231, 243, 244, 247, 249
HEW 162
HVW 233, 239
Ihde, Sammlung 149

Jakob, Sammlung 17, 79, 82, 92, 107, 109, 110, 111, 114, 117, 121, 130, 131, 135, 146, 151, 155, 221
Kipke, Sammlung 163, 170, 185
Klobedanz, Sammlung 64
Landesbildstelle 19, 134, 138, 142, 143, 153, 161
Löpev 187
Lutz 44, 85, 234
Mertes 25, 97
Museum f. Hamb. Geschichte 11, 18, 23, 24, 91
Rehders 50, 51
Sammlung Arnemann 37, 38, 41, 76, 77
Schmalfeld 150, 208
Schuld 183
Staatsarchiv 126
Stephan 28
UITP Brüssel 2, 45, 65
Unterlauf 88, 108, 113

Alle nicht aufgeführten Bilder stammen aus der Sammlung des Verfassers

Bei der Bildauswahl haben geholfen:
Elisabeth Staisch und Niels Focken

Bibliographie

Allgemeine Darstellungen

Denkschrift des Senats »Neuordnung des Hamburger Stadtverkehrs«, Hamburg 1955
»Fahr mit uns«, Periodika, Herausgeber: HHA
Forschung im ÖPNV: Forschung für den Menschen, Köln 1987
Geschäftsberichte Hamburger Hochbahn Aktiengesellschaft, sämtliche
Geschäftsberichte Hamburger Verkehrsverbund, sämtliche, auch der Verbundpartner
»Hamburger Blätter« für alle Freunde der Eisenbahn, Jahrgänge 1956 bis 1989
Hamburg in Zahlen, Herausgeber: Statistisches Landesamt der Hansestadt Hamburg, Heft 1/1952 und weitere
»Hamburger Nahverkehrsnachrichten«, Mitteilungsblatt des gemeinnützigen Verein Verkehrsamateure und Museumsbahn e. V., Hamburg (alle Jahrgänge)
Melhop, W.: Historische Topographie der Freien und Hansestadt Hamburg von 1895 bis 1920
Straßen-Eisenbahn-Gesellschaft in Hamburg, historisch biographische Blätter, Der Staat Hamburg, 1915
via Hamburg, Das Magazin der Hansestadt, alle Ausgaben
VÖV, Statistische Jahrbücher und Zahlen
Weltverkehr und seine Mittel, 1901
Zeitschrift des Vereins für Hamburgische Geschichte, alle Bände

Einzeluntersuchungen

Achilles, Lutz:	125 Jahre Verkehrsmittelwerbung in Hamburg – 50 Jahre Hamburger Verkehrsmittel-Werbung GmbH (HVW)
	Hamburger Verkehrsnachrichten, Hefte 4/87 und 1/88
Bartels, Werner:	Verkehr 2000, Hamburg 1988
Baubehörde Hamburg:	U-Bahnbau in Hamburg, 25 Jahre Schnellbahnbau bei der Baubehörde Hamburg, 1983
Baubehörde Hamburg:	Die Harburger S-Bahn, Sonderheft 1983
Blunck, Jürgen:	Geschichte der Alsterschiffahrt, Husum 1985
Bock, Hans:	Die Harburger S-Bahn, Die Bundesbahn, Heft 12/73
Bode, Hamberger, Zängl:	Alptraum Auto, München 1986
Borcherdt, Albert:	Das lustige alte Hamburg, 1890
Bosse/Behrendt:	Die Harburger S-Bahn, ETR, Heft 9/1983
Brennan, Thomas Kevan:	Johann und Andreas Culin, Schrittmacher und Erfinder im Nahverkehr
	Hamburger Verkehrsnachrichten, Heft 3/85
Erber, Ekkehard:	Produktion und Technik im erweiterten Streckennetz der Hamburger S-Bahn, Die Bundesbahn, Heft 9/1983
Focken, Niels:	Flaggenkarte der Alsterböte, »Fahr mit uns«, Heft 2/87
Freie und Hansestadt Hamburg:	Entwicklungsmodell für Hamburg und sein Umland, Senatsdrucksache 2239/1969
Grabe/Westphal:	S-Bahn nach Harburg – Verbesserung der Verkehrsbedienung im Süderelberaum
	Die Bundesbahn, Heft 9/1983
Günthel, D.E.:	Die Hamburger Hochbahn, Deutsche Bauzeitung 66ff/1912
Häger/Simmersbach:	Hammonia und ihre U-Bahn, Hamburg 1986
Hamburger Hochbahn AG:	Eröffnungsschrift 1912
Hamburger Hochbahn: AG:	Bericht 1924
Hamburger Hochbahn AG:	50 Jahre U-Bahn Hamburg, 1912–1962, Festschrift des Hauses
Hamburger Hochbahn AG:	Festschrift zum 70. Jubiläum
Hamburger Hochbahn AG:	Die Hamburger U-Bahn, sicher und zuverlässig, Infoschrift der HHA, 1983
Hamburger Hochbahn AG:	PUSH »Prozeßrechnergestütztes Automatisierungssystem Hamburg« Sonderheft, 1980
Hamburger Hochbahn AG:	Stationen im alten Glanz, Hamburg 1987
Hamburger Verkehrsverbund:	Die Erschließung des Süderelberaumes durch den öffentlichen Personennahverkehr
	Heft 5 der HVV-Schriftenreihe
Hamburger Verkehrsverbund:	Untersuchung zur Lage der Straßenbahn in Hamburg, Sonderheft 1975

Hamburger Verkehrsverbund:	Optimierung von P+R, P+R-Pilotprojekt Hamburg, 1989
Hartmann, Reichardt:	Autobusse im Linienverkehr, Düsseldorf 1978
Heinze Werner:	Neuer Gemeinschaftarif des Hamburger Verkehrsverbundes (HVV), Die Bundesbahn, Heft 16/71
Hendersen, W.O.:	Die industrielle Revolution 1780–1914, Wien 1969
Heise, Herbert:	City-S-Bahn Hamburg, Kernstück einer modernen S-Bahn, Die Bundesbahn, Heft 3/79
Heise, Herbert:	Harburger S-Bahn – Brückenschlag über die Elbe in den Hamburger Süden, Die Bundesbahn, Heft 9/1983
Heyden, Rolf:	Die Entwicklung des öffentlichen Verkehrs in Hamburg von den Anfängen bis 1894, Hamburg 1962
Hoffstadt, Josef:	Was müssen Verkehrsunternehmen tun, um im Markt zu bestehen, Der Nahverkehr, Heft 2/86
Hoyer, Hermann:	Die Hamburger Straßenbahn, Wagenpark 2. Teil 1921–1945, Hamburg 1978
Ihde, Egon:	50 Jahre Busse bei der HHA, Hamburger Verkehrsnachrichten Heft 18/1971
Ihde, Egon:	Die Hamburger elektrische Straßenbahn, unveröffentliche Manuskripte
Kausche, Dietrich:	Harburg und der südelbische Raum, Köln 1967
Kielmann, Hans-Jürgen:	Die Alsternordbahn, Hamburg 1980
Kielmann, Hans-Jürgen:	Ein Jahrhundert Eisenbahn Altona-Kaltenkirchen-Neumünster (AKN), Hamburg 1984
Klessmann, Eckart:	Geschichte der Stadt Hamburg, Hamburg 1981
Kludas, Arnold:	Hundert Jahre HADAG-Schiffe 1888–1988, Herford 1988
König Hans-Joachim:	Neuordnung des Hamburger Personen-Nahverkehrs Eisenbahntechnische Rundschau, Heft 5/1965
Kühn, Gisela:	J. A. Schlüter Söhne, Hamburg 1957
Lau/Hahn:	Vom Dampfroß zum Triebwagen, Hamburg 1984
Lehne, Pascal Horst:	Die elektrische Kleinbahn Altrahlstedt-Volksdorf-Wohldorf, Hamburg 1978 (3. Auflage)
Lichte/Ungerbieler:	Die Uetersener Eisenbahn, Hamburg 1973
Mattersdorf, W.:	Die neuen Wagen der Hamburger Hochbahn und ihre Ausrüstung, Verkehrstechnik Heft 1/1920
Mandel, Georg:	Wiederherstellung des U-Bahnringes, HHA-Bericht 1950
Mandel, Georg:	Der U-Bahnbau in Hamburg, Hamburg 1957
Meyer, Hans Hermann:	Die künftige Rolle des öffentlichen Verkehrs, V+T 1/1980
Mroß, Max:	Verkehrs- und Tarifgemeinschaften in Großsiedlungsräumen, Nahverkehrspraxis 1963, Heft 4
Müller, Hans H.:	Alsterdampfer, Christians Verlag Hamburg, 1976
Opravil, Jürgen:	Die Bergedorf-Geesthachter Eisenbahn, Schwarzenbek 1978
Pampel, Fritz:	Integrierte Verkehrsplanung im Hamburger Verkehrsverbund, Verkehr + Technik, Heft 6/1967
Pampel, Fritz:	Voraussetzungen für die Gründung eines Verkehrsverbundes, Verkehr und Technik, Sonderheft 1970
Runkel, Martin:	Die funktionsgerechte Gestaltung von Stadtbahnfahrzeugen, Nahverkehrspraxis, Heft 4/5 1972
Runkel, Martin:	Die Bedienungs- und Beförderungsqualität bei den Hamburger Schnellbahnen, Verkehr + Technik, Heft 11/1975
Schmidt, Rudolf:	Das schöne Hamburg, Hamburg 1938
Schönfeldt, Peter:	Die Hafen-Dampfschiffahrt A.G. (HADAG) HR, Hamburger Rundbrief für Schiffsliebhaber. . ., Heft 5/84
Schönfeldt, Peter:	Die Hamburger Seebäder- und Fährschiffe von der Jahrhundertwende bis 1945, Hamburg 1974
Schultz, O.W.O. und Feutlinske, Hilmar:	Der Gelenk-Urbanbus, V+T, Heft 9/1973
Seewig, Kurt:	Planung und Bau der Harburger S-Bahn, Die Bundesbahn, Heft 9/1983
Seewig, Kurt:	City-S-Bahn, Kernstück der Hamburger S-Bahn, vollständig im Betrieb, Die Bundesbahn, Heft 5/1981
Staisch, Erich:	Hamburg und die Eisenbahn, Eppstein 1969
Staisch, Erich:	Straßenbahn adieu, Hamburg 1978
Staisch, Erich:	Die Hamburger S-Bahn, Hamburg 1979
Stein, Wilhelm:	Erweiterungsbauten der Hoch- und Untergrundbahn in Hamburg Elektrotechnische Zeitschrift 36/1928
Stephan Rolf:	Brücken für Hamburg, Hamburg 1987
Terjung, Bernhard:	Die Hamburger Straßenbahn – nur noch ein Torso, Straßenbahnmagazin 27/1978
Trost, Heinz:	Die Lauenburger Dampfschiffe und ihre Nachfolger, Wesselburen 1975
UITP:	Bus, Tendenzen und Empfehlungen, Brüssel 1987
UITP:	Ein Jahrhundert des öffentlichen Verkehrs, Brüssel 1985
UITP:	Stadtbahnen, Tendenzen, Brüssel 1987
Verg, Erik:	Das Abenteuer das Hamburg heißt, Hamburg 1977
Volker, Ullrich:	Kriegsalltag, Hamburg im Ersten Weltkrieg, Hamburg 1985
Wagner, Fritz:	Zwischen Hamburg und Stade (Niederelbe-Dampfschiffahrt), Wesselburen 1970
Weichmann, Herbert:	Langfristige Leitvorstellung für Stadt und Umland, 1969
Weigelt, Horst:	Die Entwicklung der S-Bahn im Hamburger Verkehrsverbund Die Bundesbahn, Heft 4/1971
Weigelt, Horst:	Die City-S-Bahn Hamburg – eine Herausforderung an Planung, Bau und Betrieb, Die Bundesbahn, Heft 5/1975
Werner, F.:	Das Gesicht der Hansestadt Hamburg im Wandel der Jahre 1939–1945, Hamburg 1945
Westphal/Grabe:	City-S-Bahn für Hamburg, Die Bundesbahn, Heft 3/79
Westphal, Peter J.:	Kostentrenduntersuchungen für neue Nahverkehrssysteme, ETR, Heft 5/1981
Westphal, Peter J.:	Der Öffentliche Personennahverkehr in den Ballungsräumen unter Marketinggesichtspunkten ETR, Heft 7/8 1983
Wobbe, Rolf:	Chronik der Vierländer Eisenbahn, Geesthacht 1984

Register

A-Bahn 105
Abonnement 179
Abschaltmarken 125
Achsenkonzeption 91, 187
AOAC 186
AEG 44, 56f, 62, 64, 229, 233
Akkumulatorwagen 18, 50
»Alardus« 77, 79
»Alina« 30f
»Alster« 99, 133
Alster-Dampfschiffahrts-Gesellschaft 77, 80
Alsterhaus 68, 228
Alster-Kreuz-Fahrt 205
Alster-Touristik GmbH (ATG) 205, 217
Alsterdorf 75
Alsternordbahn (ANB) 105, 161, 163
Alsterring 51, 141
Alsterrundfahrt 80 f, 99, 133, 205
Alsterschiffahrt 27ff, 63, 77, 79ff, 99, 122, 132f, 170, 194, 205, 217
»Alsterschipper« 205
Alstertalbahn 68, 76f, 87
Altona (Bahnhof) 25, 53f, 146f, 178, 200
Altona-Kaltenkirchen-Neumünster Eisenbahn (AKN) 104. 106f, 152f, 161, 172, 182
Ampel 90
 -beeinflussung 211
Anhänger (Bus) 92, 94
Anruf-Sammeltaxi 213
Anschlußverbesserung 211
Arbeitsmaiden 116, 120
ASEA-Brown-Boveri (ABB) 171
»Astor« 134
Aumühle 155
Aust, A. 82
Auto 70, 90, 92, 114, 137, 152, 162, 208
Autobahn 114
Automatische Fahrplan-Information (AFI) 182, 184, 186, 213f

Badeanstalten 68f, 71
Bahnbus 159, 170, 186, 198
Bahnpolizei 103
Bahnsteigsperren 144
Bahnsteigverlängerung 85
Bahnübergänge 52ff
Bahrenfeld 60
Ballin, A. 64
Barkassen 80, 82, 122, 133
Barmbek (Bahnhof) 65, 74, 126
Basedow, H. 42
Basson & Co. 12
Baumwall 139
BDM 120
Behinderte 210
Beimann 156
Beimoor 103
Beiwagen (Straßenbahn-) 61, 197
Benzoltriebwagen 77
Bergedorf 16, 152, 205
Bergedorf-Geesthachter Eisenbahn (BGE) 42, 105f, 108, 152
Beringer, A. 48
Berliner Bahnhof 17
Berliner Tor 154
Beschleunigungsprogramm (Bus) 211
Betriebshöfe
 -Bus 91f, 182, 190
 -Straßenbahn 89, 120
Billstedt 154, 163, 198
Billwärder Industriebahn 105, 152
Blankenese 26, 34, 46, 48, 54, 60, 96, 101, 179f
»Blankenese« 82
Bombenschäden 116, 118ff, 127, 136
Bramfeld 72, 128, 193, 210
Brauer, Max 132
Briefkästen (Straßenbahn-) 89, 143
Briefmarke 23
»Brunshausen« 71
»Bürgermeister Burchard« 71, 77
»Bürgermeister Mönckeberg« 135
»Bürgermeister Roß« 134

Buessing 121, 128, 131
»Bunte Kuh« 134
Burchard, H. 61, 64
Burgstraße 154
Burmeister, Gebr. 42
Bus siehe Omnibus
Busspur 195, 200, 211

CC-Karte 186
Chinesenbahn 46, 89
Cholera 51f, 71
City-S-Bahn 24, 152, 158f, 163, 175ff
Citybus 145, 147
»Courier« 34
Culin, G.A.A. 50
Culin, J. A. 49

Dachlaternen (Straßenbahn) 100f
Dachzeichen (Straßenbahn) 100f
Dänemark 24, 26
Daimler-Benz 97f, 145, 182, 200ff
Dammtorbahnhof 54
Dampf-S-Bahn 150f, 155, 179
Dampfstraßenbahn 18, 20f, 48f
Daseinsvorsorge 210
»Dat ole Land« 134
Deichtortunnel 148
»Delphin« 34, 101, 181
Demontage 133
Deutsche Bank 64
Deutsche Bundesbahn 154ff, 175ff, 187ff
Deutsche Bundespost 179, 186, 198
Deutsche Werft 128, 134
Doppeldeckbus 94, 97f
Drehstromantrieb 56, 167
Droege, G. A. 30
Droschken 10, 70, 73, 90
 (s.auch Taxi)
DT 1 166f
DT 2 167
DT 3 167
DT 4 167f

Eidelstedt 104, 152, 172
»Eilbek« 133
Eilbekkanal 31
Eilbus 179
»Eilenau« 133
Einmannbetrieb
 - Alsterschiff 133
 - Bus 144
 - HADAG 216
 - Straßenbahn 193, 197
Eisenbahn 16ff, 24ff, 34, 36, 52ff, 56ff, 154 ff
Eisenbahn-Reklame-Gesellschaft (ERG) 228
Elbbrücken 36, 39, 51, 170, 187f, 190
»Elbe« 40
Elbgaustraße 152
Elbschiffahrt 33ff
 (s. auch HADAG)
Elbtunnel 69f, 175, 177
Elektrifizierung
 - Fernbahn 154, 156
 - Stadtbahn 57ff
 - Straßenbahn 44ff
Elektrische Bahn Altona-Blankenese 46ff
Elektrische Kleinbahn Altrahlstedt-Volksdorf-Wohldorf 74, 83f, 103
Elmshorn-Barmstedt-Oldesloer Eisenbahn (EBO) 105, 108, 161, 165
»Emma« 194
Esplanade 142

Fähre
 - Alster- 30f, 77, 80, 122, 133
 - Elb- 40, 77, 101
 - Hamburg-Harburg 33, 71, 101
 - Hoopte-Zollenspieker 43
»Fährcanal« 42
Fahrgastfluß 140
Fahrgastinformationssystem 213 f
Fahrgastunterstände 200

Fahrplanbuch 161
Fahrpreise 13, 26, 31, 40, 46, 48, 66f, 69, 83, 100, 102 (s. auch Tarif)
Fahrrad
 - Abstellplätze 208
 - Boxen 206
 - Mitnahme 186
 - Verleih 186
Fahrsperre 88
Falkenried (FFG) 47, 51, 67, 72f, 97, 99, 121, 128, 136, 200
»Falkenstein« 135
FAST-Reisen 186
Feddersen, Helga 175
Finkenwerder 42, 77, 133
»Finkenwerder« 216
Flaggen
 - der Alsterschiffahrt 31f, 80
 - der HADAG 134
Fleestedt 128, 130
»Fleetenkieker« 205
Fleetfahrten 205
»Fliegender Hamburger« 95
»Flora« 43
Flughafen 116, 197, 210
Flutkatastrophe 147, 152
Freihafen
 - Hamburger 37f, 52
 - Harburger 34
 - Hochbahn dorthin 85
Friedrichsruh 17
Fuchs 136
Fünfradwagen 18f, 45, 52

Gänsemarkt 163
Gall, P. 40
Garstedt 163
Gasbetrieb (Bus) 121f, 128
Geesthacht 108
Geld 10
Gelenkbusse 200, 202
Gemeindeverkehrsfinanzierungsgesetz (GVFG) 159, 175
Gemeinschaftstarif 161
»Germania« 42f
Gleichstrombetrieb (S-Bahn) 112, 114, 150
Gleim, C. O. 62
»Goldbek« 133
»Gorch Fock« 80, 82, 123
Grell, J. H. 40
Groß-Hamburg-Gesetz 73f, 110
Große Hamburg-Altonaer Straßenbahn-Gesellschaft 23, 45
Großer Burstah 46
Güterverkehr (Straßenbahn) 73, 89, 120f, 127
Guttmann, J. F. 30
GUVE 200

Habichtstraße 101
HADAG 40ff, 69, 71, 77ff, 80ff, 101, 122, 133ff, 158f, 179, 181
Hafenbahn 36f, 122, 133
 - Altona 58
Hafenrundfahrt 80
Hafenschleppbahn (Altona) 95f
Hagenbecks Tierpark 68, 154, 205f
Hagendeel 206, 219
Haltestelle (Bus) 144
»Hamburg« 42, 82
Hamburg-Altonaer Centralbahn-Gesellschaft 18, 46, 48, 61, 68, 89
Hamburg-Altonaer Pferdebahn-Gesellschaft 19, 22, 42, 46
Hamburg-Altonaer Stadt- und Vorortbahn 48, 77, 86ff, 110
Hamburg-Altonaer Trambahn-Gesellschaft 45f, 48, 51, 72
Hamburg, Altona & Northwestern Tramways Co. Ltd. 45
Hamburg-Blankenese-Este-Linie (HBEL) 134, 159
Hamburg Consult 229

Fortsetzung Seite 238

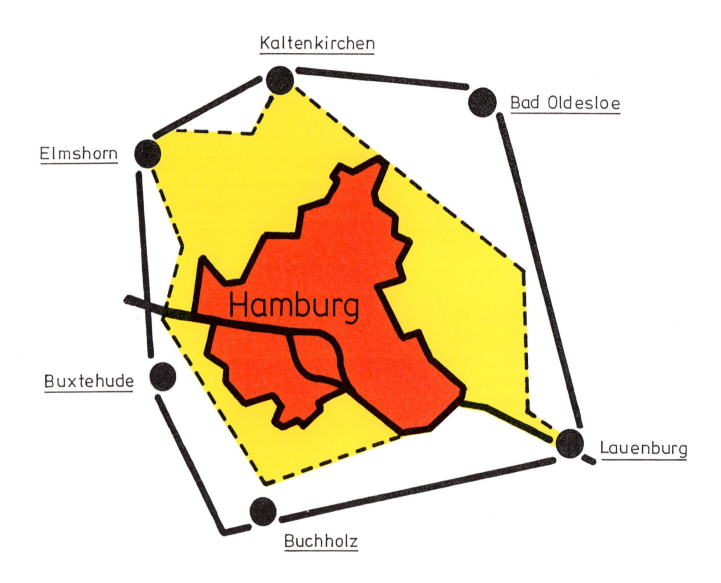

Europas bestes Nahverkehrs-System beginnt Am Baum.

"Am Baum": Das ist eine der 2.852 HVV-Haltestellen, die Ihnen zur Verfügung stehen.

Doch nicht nur die große Anzahl an Haltestellen für Busse, U- und S-Bahnen sondern auch das vielfältige Fahrtenangebot überzeugte die Verkehrsexperten aus Paris, London und anderen europäischen Großstädten.

Anläßlich der 12. Internationalen Verkehrsausstellung 1988 in Hamburg war man sich einig: Die gastgebende Stadt hat das beste Nahverkehrssystem in Europa.

Wir sorgen auch weiterhin dafür, daß Sie, liebe Hamburgerinnen und Hamburger, schnell und bequem durch Ihre Stadt fahren können.

HVV-Fahren - Ihr Beitrag zum Umweltschutz!

Hamburg-Stade-Altländer Linie 40, 82
Hamburger Bauweise 148
Hamburger Marschbahn 105f
Hamburger Verkehrsverbund 159ff, 179ff, 237
Hamburgisch-Preußische Hafengemeinschaft 82
Hammerbrook 188, 190
Hannoverscher Bahnhof 39
Hansa-Rundfahrt-Gesellschaft 71, 91
HANSEAT-Reisen 186
Hanseatische Verkehrsgesellschaft
 Preuß & Co. 95
Harburg 33, 51ff, 95, 97, 120, 127ff, 133, 141, 179, 181, 187ff, 193, 197, 200
»Harmonie« 42
Hasselbrook 115
Hauptbahnhof 54f, 117, 125, 153, 190
 – Nord 162f
 – Süd 148, 156 f
HEDAG (Droschken) 70
»Heinz Brands« 99
»Helene« 30
Hellkamp 62, 154
Henschel 130
HEW 58, 83, 110, 124f, 150, 190, 199
HHA (siehe unter den einzelnen
 Verkehrsmitteln), 229
 – Gründung 64
 – Symbol 164
»Hochbahn« (Straßenbahn) 45
Hochbahnhaus 118f
Hochlegung von Bahnanlagen 54
Höger, F. 90f
Hoffmann, E. A. 127
Holstenstraße 110, 152f
Hoopte 34
Horner Rennbahn 154, 197
Horten 192
Hotels 214
Huber, J. L. 50

Industrialisierung 16
Inflation 83, 86
Informations- und Meldesystem (S-Bahn) 190
Intercity-Restaurant 178
Internationaler Permanenter Straßenbahnverein 50
»Irmgard« 122
»Isebek« 99
Iserbrook 150f

»Jan Molsen« 81f, 216
Jasper 91
Jenfeld 141
Jollenführer-Dampfer 42, 133
Jungfernstieg 13, 27f, 31, 86, 101, 103, 132, 162, 166, 180, 212

Kahlke, H. 197
»Kaiser Wilhelm« 42
Kaiser-Wilhelm-Straße 52
Kanalfahrten 205
Karstadt 68, 127, 221
Keifler, A. 45
Kellinghusenstraße 160
Kelljung-Linie 85, 101
Kitson 49
»Kirchenpauer« 42
Kleiderordnung 100
Kleinbus 146f, 180, 200
Kleudgen 33
Klostermann 179f
Klosterstern 85
Klostertor (Bahnhof) 26
Klüssendorf 224f
Knorrbremse 174
Kock, G. 178
Köhlbrandbrücke 175, 177
König, H. J. 158f
Kostendeckungsgrad 210
Kraftverkehr GmbH Stade (KVG) 184, 186
Kraftwerk
 – der Hochbahn 66f, 102
 – der S-Bahn 57f, 77, 86, 110, 124f, 150
Krauss & Co. 49
»Kronprinz von Hannover« 34
Krueger 189
Krümmel 105f
Kutsche 9f

Lademann, Dr. 136
»Lady of the Lake« 33

Landungsbrücken 20, 35, 123, 135, 175
Langenfelde 104, 152, 197
Langenhorner Bahn 68, 76, 83, 103, 118, 163
Lauenburger Dampfer 42f
Lauenstein (Waggonfabrik) 49
Lauritzen, L. 187
Legienstraße 154
»Lessing« 41
Lessingtunnel 54
»Lichtwark« 82
Light Rail 61
Liniennummern 72
Linke-Hofmann(-Busch) 58, 173
Lombardsbrücke 25f, 122, 133, 155, 170, 193f
Lübeck-Büchener Eisenbahn 54, 56, 110f
Lübecker Straße 149
Lüders, Gebr. 40
Lühe-Schulau-Fähre 134
Lütgens & Reimers 80, 99
Lurup 141, 159, 197
Lutz, R. 120

M-Bahn 220
MABEG 221
Magirus 200, 202
Magnete (Anlege-) 133
MAN 200
Marienhöhe 96f
Marschbahn 105f
Massute, Dr.-Ing. 187
MBB 171
Mehrpreisautomat 182, 185, 224, 225
Merkenstraße 154, 205
Mönckebergstraße 61, 68f, 118, 120, 141, 150, 200
Molsen, Jan 42, 78, 101
Mroß, Max 158, 160f
Mühlenkamp 27, 45, 133
Mümmelmannsberg 205f
Mullikas, P. 182
Mundsburg 27, 79, 168, 205

Nachtbusse 92, 98, 120, 128, 197
Nachtverkehr (Alsterdampfer) 31
»Neptun« 33, 35
Netzleitstelle (S-Bahn) 191
Neugraben 110, 190
Nevermann, P. 159
Niedersächsische Waggonfabrik 140
Niendorf-Markt 205
Niendorf-Nord 206, 219
Norderstedt-Mitte 206
Notbremsüberbrückung 167
O-Bahn 182
O-Bus 95ff, 128ff
Ochsenzoll 163
Ohlsdorf 162
Ohlsdorfer Friedhof 51, 56, 62
Ohlsdorfer Vertrag 57
Omnibus (Kraft-) 90ff, 97ff, 105f, 121, 128, 130f, 144ff, 179f, 182f, 198ff, 211f
 – Anhänger 92
Ost-West-Straße 147f
»Osterbek« 99
»Otto Schlick« 77

Park+Ride 186, 190, 206, 208ff, 214f
Parkplatzgebührenordnung 215
Parkraumbewirtschaftung
Parrau, J. P. 30
PCC-Wagen 140
Peill, H. 186
Personalschulung 214
Pferde-Eisenbahn-Gesellschaft 18, 49
Pferdeeisenbahn 18ff, 31, 49, 89
Pferdeomnibus 12ff, 31
»Phoenix« 34, 101
Phoenix-Rillenschiene 50
Piktogramme 179
Pinneberg 152, 156, 178, 183
Pinneberger Verkehrsgesellschaft 179, 203
Pläne für Schnellbahnbau 85, 104, 110, 112, 116, 136f
Platzkilometer 160
Postbeförderung (Straßenbahn) 89
Postbuslinien 91, 179, 182, 186, 198
Prahl, H. 182
Preußisch-Hessische Staatsbahn 56f
»Primus« 34, 102
Punschbowle 10
PUSH (U-Bahn) 182, 186

Rahlstedt 74, 200
Rambcke (Fährmann) 30
Raucherabteile 156
Rauhes Haus 154
Reimers Autohaus KG 179, 182
Rillenschiene 50
Ringbahn 44
 – um Altona 23, 45
 – um die Alster 51, 141
Ringlinie (Hochbahn) 62, 66, 84, 118, 136
Rissen 150
»Bodenbek« 133
Rödingsmarkt 84, 138
Röhl, J. 50, 61
Rollenstromabnehmer 44
Rothenburgsort (Hochbahnlinie) 62, 65f, 73, 83, 85, 116, 118f
Rowan, Ing. 48

S-Bahn 104, 110, 114, 124f, 150ff, 154, 175ff, 187ff (s. auch Hamburg-Altonaer Stadt- und Vorortbahn)
S-Bahn-Symbol 88, 110, 240
Saarlandstraße 133
Sänfte 9f
Salonwagen 51
Sambawagen 141
Samuelson, Ing. 49
»Saselbek« 99
Sauberkeit 214
Scharfenberg Kupplung 88, 239
Scheidt & Bachmann 185
Schiemann & Co. 96
Schienenzeppelin 95
Schildvortrieb 148, 154, 163
Schleppbahn (Altona) 95f
Schlump 154
Schlums, Dr.-Ing. 187
Schnellbus 145f, 179, 200
Schuckert & Co. 46
Schulterblatt 26, 54
Schulz, P. 187
Schumacher, F. 90f, 187
»Seebeck« 132f
Seewig, K. 178
»Senator Petersen« 80
Sengelmannstraße 62
Seniorenkarte 179
Siemens 58, 62, 64, 76, 207
Sierichstraße 64
Signalsystem
 – AKN 182
 – S-Bahn 114, 190
 – U-Bahn 85
»De Smöker« 33
SMOG-Alarm 218
Sonderlinien (Bus) 93, 146f, 179
Sparda-Bank 209
Speicherstadt 38
Sprague, F. J. 44
Stader Zoll 34
»Stadt Mülheim« 30
Stadtpark 68, 80, 91
Stadtrundfahrt 70f, 91
Stadtteilbüros 214
Stadtwerke Norderstedt 182
Städtische Bahnanlagen Altona 153
STAFI 213f
Stagecoach 10
Stangenstromabnehmer 44
»Stavenhagen« 80
Steilshoop 210
Stein, w. 62, 80
Sternbrücke 54
Sternschanze 24, 54f
Stephansplatz 101
»Die Stoer« 34
Straßen-Eisenbahn-Gesellschaft 18, 22f, 44ff, 49ff, 56, 61f, 72, 78, 89
Straßenbahn (elektrische) 44ff, 51ff, 56, 61, 67, 75, 89ff, 99ff, 120f, 127f, 140f, 147f, 150, 154, 193ff
Straßenbeleuchtung 132
Straßenverkehrsordnung 92
Stromschienenanlage 66
Stuhlwagen 10f
Südstormarnsche Kreisbahn 106f, 109, 152
Sülldorf 150

T-Wagen 66f, 139, 166ff
Talbot 136

Tarif (s. auch Fahrpreise) 36, 59, 86f, 110, 114, 116, 118, 158, 214
Tarifgemeinschaft HHA-HADAG 82
Tarnung der Alster 122
»Tarpenbek« 99
Taxi 90, 213
TEE 154f
Thyssen 173
TIM-Drucker 147
Tore 12
Torsperre 12
Tragflächenboote 134
Trümmerbeseitigung 127, 140

U-Bahn 61ff, 73ff, 83ff, 101ff, 114ff, 136ff, 148ff, 162ff, 205f, 217
U-Bahn-Symbol 110, 136f
Übergangstarif HHA/Stadtbahn 102, 158
Uetersen 182
Uetersener Eisenbahn 105, 183
UITP 50
Umweltkarte 218
Uniform 100
»Union« 42
Union Elektrizitäts-Gesellschaft 44
Unterelbesche Eisenbahn 53

V2 89f, 99, 193
V3 bis V5 100
V6 140, 194ff
V7 140f, 143
VG 141
Veddel 88, 188
Verbindungsbahn 24f, 36, 53f, 124, 178
Verbundraum 161, 208f
Verein Verkehrsamateure und Museumsbahn e.V. 167 ff
Vereinigte Alsterschiffer 30
Vereinigte Bundesverkehrsbetriebe GmbH 186
Verglasung der Plattformen 89
Verkehrs-AG Altona (VAGA) 96, 98
Verkehrsbetriebe des Kreises Storman 106, 109, 130f
Verkehrsbetriebe Hamburg-Holstein AG (VHH) 106, 130f, 144, 152, 158f, 165, 182, 200
Verkehrsverbund (Gründung) 158ff
Verkehrszählung 160
Verstärkungslinien (Straßenbahn) 89
Vierländer Eisenbahn 105f
VÖV 200
Vorrangssystem 210
Vorreiter 13

Wachsmuth & Krogmann 34, 69, 101f
Wagenklassen (Hochbahn) 67, 83
Walddörfer-Straßenbahn 103
Walddörferbahn 68, 73f, 83, 101, 103, 118, 137, 148, 154, 163
Walther, Chr. 40
Wandsbek-Markt 147f, 150, 154, 164, 198
Wandsbek-Gartenstadt 154
Wappen von Hamburg 134
Wedel 150, 219
Weigelt H. 159
Wendemuth (Depot) 20
Westphal, P. J. 178
Wettbewerbssystem 210
Wichmann O. 31
Wiebe-Bau 213
»Winterhude« 122
Winterthur (Lokomotiven) 49
Wohldorf 103

Zahlungsmittel 10
Zentrale Zugabfertigung (ZZA) 156
ZOB 131
Zollkanallinie 42
Zollverein 34, 37
Zugbegleiter 103, 144

Van der Zypen & Charlier 58

International bewährt seit 75 Jahren

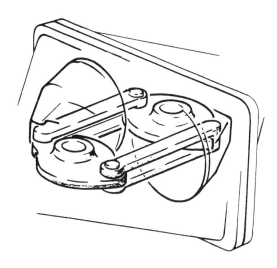

Scharfenberg-Kupplungen

für
- Kabinenbahnen
- Bergbahnen
- Straßenbahnen
- Stadtbahnen
- U-Bahnen
- Vorortbahnen
- Triebwagen
- Personenwagen
- Güterwagen
- Spezialwagen
- Lokomotiven

SCHARFENBERGKUPPLUNG GMBH
3320 Salzgitter 41
Ein Unternehmen der Salzgitter-Gruppe

Übersicht der Verkehrslinien 1989